新形态一体化教材

Front Office Service and Management

前厅服务与管理

（第二版）

主编◎姜　华

国家精品在线开放课程
《前厅服务与管理》免费学习资源

中国旅游出版社

编委会名单

《前厅服务与管理》编委会名单

主　编:

姜　华

副主编:

潘　援

参　编:

郭小东、宋锦波、郑晓旭、

支海成、王正芳

主　审:

洪　涛

序 言

“十四五”时期，中国特色社会主义已经进入新时代，我国社会主要矛盾已经转化为人民日益增长的美好生活需要和不平衡不充分的发展之间的矛盾。旅游产业作为服务人民群众美好生活的重要组成部分，已成为现代社会的主要生活方式，正以其强劲的势头成为我国经济产业中具有活力的“朝阳产业”，为国民经济和社会发展提供了强有力的支撑。

旅游职业教育是以服务为宗旨，以就业为导向，以服务产业经济发展为重点的类型教育。近年来，随着文旅融合深入推进、大众旅游持续发展，以“互联网＋旅游”为特征的旅游业发展新模式，以融合创新、开放共享为特征的旅游新业态层出不穷，各种现代新科技、新理念、新产品的应用，为推动旅游产业转型升级注入了新的活力，也为旅游职业教育改革提出了新的挑战。面对旅游业日新月异的发展，面对产业融合和信息技术快速发展，旅游院校必须加快推动教育综合改革，紧贴行业办学，紧贴需求育人，进一步提升人才培养适用性，为现代旅游产业发展提供有力的人才保障。

为了进一步提升旅游专业学生和行业从业人员的综合素养、职业技能和可持续发展能力，培养适应旅游产业发展需求的高素质技术技能和管理服务人才。由南京旅游职业学院与校企合作单位共同编写了这套旅游职业教育精品系列教材。这套系列教材的编写旨在贯彻落实党中央、国务院的决策部署，服务“四个全面”战略布局，以服务旅游业发展为宗旨，以促进旅游就业创业为导向，具有针对性和实用性，利于学生综合素质与职业能力的提升。这套系列教材由旅游通识教育系列和旅游专业教育系列两部分组成，包括《中华经典诵读》《礼仪文化》《形体训练》《中式烹饪基础工艺与实训》《民航服务心理学》《烹饪英语》《前厅服务与管理》《旅游概论》《旅游策划实务》《大学生创新理论与实践》《旅游景区概论》《酒店工程管理》《酒店信息智能化》《南京景点日语导游》《酒店日语》《新编计算机应用基础（office 2016 版）》等教材，是南京旅游职业学院在教学改革方面的最新成果。

本套丛书是集体智慧的结晶，尽管编写过程中编写组力图全面反映旅游专业知识和旅游行业发展的最新成果和趋势，使教材既便于教师教学，也能促进学生自主学习，但囿于经验和学识有限，教材中难免有瑕疵，敬请读者批评指正。

教材编委会

2021 年 8 月

前言

《前厅服务与管理》是酒店管理与数字化运营专业的一门核心课程，是培养学生专业核心技能的课程之一。本教材先后获评“十三五”江苏省高等学校重点教材、“十四五”职业教育江苏省规划教材、“十四五”职业教育国家规划教材。2021年，国家教育部对职业教育专业目录进行了调整，高职“酒店管理”专业更名为“酒店管理与数字化运营”专业，2022年，编写组结合产业升级、技术进步和前厅职业岗位变化的要求，对教材内容进行了修订。2023年，根据“十四五”职业教育国家规划教材评审专家的修改意见，编写组又进一步完善了修订工作，新增了前厅各岗位数字化运营的内容以及世界技能大赛酒店接待赛项相关拓展资源。同时，结合岗位变化要求，更新了相关操作流程、教学案例和图例。教材注重融入前厅工作中的新知识、新技术、新工艺和新方法，体现以学生为主体的观念，符合学生职业能力的培养规律，突出产教融合、任务驱动，同时对接酒店前厅职业标准、行业标准，引入国际先进理念，并配套建有2018年国家精品在线开放课程、2022年职业教育国家在线精品课程《前厅服务与管理》立体化网络教学资源。

本教材的特色与创新之处主要有以下几点：

（一）职业导向、突出技能

1. 内容选择：对接职业标准、体现“四新”，融入产业文化。充分反映酒店前厅职业岗位的工作发展要求，将当前酒店前厅服务与数字化运营的新知识、新技术、新工艺和新方法及时纳入其中，并引入国际、国内品牌酒店的前厅工作规范和标准，以拓宽学生的专业视野。

2. 内容组织：以职业工作逻辑为脉络，编写开发能力本位教材。遵循“产教融合、任务驱动”的教材开发与建设思路，根据酒店前厅工作实际需要，合理选用项目式课程、理实一体化课程，充分发挥学生的主观能动性，让学生在做中学、学中做，加深对理论知识的理解。

3. 内容呈现：目标先行、体例完整、科学规范、图文并茂。本教材的每一项目前均设有项目导读、学习目标、案例导入，项目后设有项目总结、项目链接、放眼看世赛、专业英语和项目评价；每一工作任务中均设有任务导入、任务执行、任务拓展和任务总结，并配有相关知识图表、阅读资料等，以帮助学生更好地理解专业知识。

（二）行业特色、标准引领

在教材编写过程中，坚持行业指导、企业参与、校企合作的教材开发机制，确保教材开发要反映职业（岗位）能力标准，对接企业用人需求。采取“校企合作、融入企业案例、企业参加编写”的做法，突出酒店行业（职业）特色，融入“企业标准、原国家职业技能鉴定标准、国家星评标准”，以标准引领教学。

（三）立体配套、全面服务

教材在中国大学慕课网配套建有2018年国家精品在线开放课程、2022年职业教育国家在线精品课程《前厅服务与管理》网络资源（https://www.icourse163.org/course/JLTU-1001752162），提供课前导读、课前测试、教学视频、教学课件、单元测验、企业案例、专业英语、放眼看世赛等学习资源，设有课堂讨论、答疑交流等互动活动，从而为教师的教学和学生的学习提供了动态、立体的数字化教学资源支持，可满足学生个性化、自主性和实践性的多元化职业学习需求。

（四）全球视野、国际对接

编写组将美国饭店业协会教育学院《前厅部的运转与管理》教材中的先进理念和方法作为知识链接融入教材中，同时嵌入世界技能大赛酒店接待赛项模块，在课程内容上实现与国际对接；结合酒店对前厅部从业人员英语要求较高的特点，教材渗透双语教学特色，注意使专业术语双语化、工作表格双语化，并配有前厅英语专业术语或对话；将目前国际最先进，并已广泛运用到各大国际酒店管理集团的Opera酒店管理信息系统（前厅）的操作内容融入其中，让学生在学习过程中，体会酒店管理的先进理念。

本教材以客人在酒店的活动过程为线索，以工作过程为导向，共包含以下11个项目：入门入职、总机服务、预订服务、礼宾服务、总台入住接待、总台在店服务、总台收银服务、宾客关系管理、前厅服务质量管理、前厅安全管理、前厅人员管理。

本教材线下资源由南京旅游职业学院前厅课程组教师共同编写，由姜华老师担任主编，并负责设计教材体系构架及统稿工作。具体分工如下：项目一由郑晓旭老师编写，项目二、项目三、项目四由潘援老师编写，项目五、项目六、项目七、项目十、项目十一由姜华老师编写，项目八由郭小东老师编写，项目九由宋锦波老师编写，新增项目四任务六数字化礼宾、项目五任务五数字化总台入住、项目七任务四数字化总台退房，由南京御冠酒店王正芳经理编写。本教材线上资源——国家精品在线开放课程《前厅服务与管理》由南京旅游职业学院姜华、洪涛、潘援、宋锦波、陈瑶、尤兴、贲培娣、赵程凌云老师，以及南京御冠酒店支海成、王正芳共同完成。

在编写过程中，我们参考了国内外大量的文献著作和网络资料，还得到了我校诸多实习实训基地酒店的支持和帮助，特别感谢我校教学酒店——南京御冠酒店总经理支海成、前厅部副经理王正芳全程参与了本教材线上线下资源的建设和指导工作，在此一并表示衷心的感谢。由于编者水平有限，书中难免会有不妥和疏漏之处，敬请专家和广大读者不吝赐教，以便日后改正和完善。

主　编

2023年6月

国家精品在线开放课程
《前厅服务与管理》免费学习资源

目录
CONTENTS

国家精品在线开放课程
《前厅服务与管理》免费学习资源

项目一　入门入职

项目导读

前厅部（Front Office）是设在酒店前厅，负责销售酒店客房及其他产品，组织接待工作，调度业务经营和为客人提供订房、登记、行李、电话、留言、商务、问询、委托代办、退房等项服务，并为酒店各部门提供信息的综合性服务部门。前厅部是每一位客人抵达、离开酒店的必经之地，是整个酒店业务活动的中心。前厅部的服务与管理水平直接关系到酒店的经营命脉。

学习目标

【知识目标】

· 掌握前厅部的概念和地位

· 掌握前厅部的任务

· 熟悉前厅部的组织机构和岗位设置

· 熟悉前厅分区布局

【能力目标】

· 能够在工作中充分展现前厅人员的职业素养

· 能够在工作中充分发挥前厅人员的职业能力

案例导入

参观酒店前厅

小王应聘进入某酒店工作，上班第一天她被分配到前厅的服务岗位，对于如何做好前厅工作，小王觉得有些迷茫。参加工作五年的前厅主管告诉小王，要想尽快熟悉前厅部工作，应从以下几个方面做起。

第一，观察酒店前厅功能布局及前厅设施设备的种类和用途。第二，观察酒店大门内外环境布置，如装饰、灯光、温度、绿化等。第三，感受酒店前厅氛围，体会酒店前厅对客服务。

任务一　初识前厅部

【任务导入】

请学生以小组为单位参观一家五星级酒店，调研酒店的前厅环境布局、大堂风格，拍下照片（外观、大门、公共区域，柜台，公共设施，洗手间），并画出酒店大堂的平面图。

【任务执行】

一、前厅部的概念

前厅部（Front Office）是负责销售酒店客房、餐饮、娱乐等各类产品，沟通、协调酒店各部门的对客服务，为酒店管理机构和相关职能部门提供各种信息以供参考决策，同时为宾客提供多种综合服务的部门。

二、前厅部的地位

前厅部是现代酒店的重要组成部分，在酒店经营管理中具有举足轻重的地位，前厅部的运转和管理水平直接影响到酒店的经营效果和对外形象。前厅部在酒店的重要地位主要表现在以下几个方面。

（一）前厅部是酒店经营活动的中心

前厅部是一个综合性服务部门，服务项目多、服务时间长。前厅部通过客房的销售来带动酒店其他各部门的经营活动，为此，前厅部积极开展客房预订业务，为抵店的客人办理登记入住手续及安排住房，积极宣传和推销酒店的各种产品。同时，前厅部还要及时地将客源、客情、客人需求及投诉等各种信息通报有关部门，共同协调全酒店的对客服务工作，以确保服务工作的效率和质量。同时，前厅部自始至终是对客服务的中心，是客人与酒店联络的纽带。前厅部人员为客人服务从客人抵店前的预订、入住开始，直至客人结账，建立客史档案，贯穿于客人与酒店交易往来的全过程。

（二）前厅部是酒店形象的代表，是酒店的门面

酒店前厅部的服务机构通常设在客人来往最为频繁的大堂，客人一进酒店，都会对大堂的环境艺术、装饰布置、设施设备和前厅部员工的仪容仪表、服务质量、工作效率等产生深刻的“第一印象”。而这种“第一印象”在客人对酒店的认知中会产生非常重

要的作用，它产生于瞬间，但却会长时间地保留在人们的记忆表象中。

客人离店时，大堂，前厅部服务人员在为客人办理结算手续、送别客人时的工作表现，也会给客人留下“最后印象”。优质的服务会使客人对酒店产生依恋之情。客人在酒店的整个居住期间，前厅部要提供各种有关服务，客人遇到困难会找前厅部寻求帮助，客人感到不满时也会找前厅部投诉。在大堂会集的大量人流中，除了住店客人外，还有许多前来就餐、开会、购物、会客、检查指导工作等的其他客人。因此，前厅部的管理水平和服务水准往往直接反映了整个酒店的管理水平、服务质量和服务风格。前厅部是酒店工作的“窗口”，代表着酒店的对外形象。

（三）前厅部是酒店创造经济收入的重要部门

为宾客提供食宿是酒店的基本功能，客房是酒店销售的最主要的商品。在酒店营业收入中，客房销售额通常要高于其他各项。据统计，目前国际上客房收入一般占酒店总营业收入的 50% 左右，而在我国，客房收入还要高于这个比例。前厅部的有效运转是提高客房出租率、增加客房销售收入、提高酒店经济效益的关键。

（四）前厅部为酒店的管理提供重要信息

作为酒店业务活动的重要部门，前厅部通过信息化、智能化工具能搜集到有关整个酒店经营管理的各种信息，并对这些信息进行认真整理和分析，每日或定期向酒店提供真实反映酒店经营管理情况的数据和报表。前厅部还定期向酒店提供咨询意见，作为制订和调整酒店计划和经营策略的参考依据。综上所述，前厅是酒店的重要组成部分，是加强酒店经营的第一个重要环节。

三、前厅部的任务

（一）销售客房

客房是酒店的主要收入来源，而客房每日的销售量除了预订的一部分客人以外，大部分来自前厅员工的销售，因此推销客房的技巧就显得尤为重要，前厅部员工要结合旅游淡旺季，并根据客人不同的身份地位、消费能力、喜好等来准确地推销客房，提高客房出租率。

（二）提供各种前厅服务

前厅部必须向客人提供优质的订房、登记、邮件、问询、电话、留言、行李、委托代办、换房、钥匙、退房等各项服务。高质量的前厅服务能使客人对酒店的总体管理水平留下良好、深刻的印象。

（三）联络和协调对客服务

前厅员工除了做好前厅对客服务工作外，还要有多方面的综合技能知识，前厅是酒店最为醒目的部门，前厅部员工从事的是一线对客服务工作，酒店客人在遇到问题或者麻烦时，最先想到的就是前厅员工，最先找到的也是前厅员工。所以，前厅员工还要有充分的心理准备和知识储备，随时应付客人提出的问题和遇到的麻烦（包括客人的投诉）。这也是所有工作中最难调节和做好的工作，因为所涉及的部门和机构太多，它们都交织在一起，例如，客人到前厅退房→前厅员工通知客服中心→客服中心通知楼层服务员查房→楼层服务员查完房将信息反馈给客服中心→客服中心通知前厅员工。以上这样一个简单的沟通工作，就需要几个程序步骤去完成，如果有一个环节协调不好，等在前厅不耐烦的客人就会向前厅员工发火。可见，这中间的沟通协调工作是多么重要。

（四）管理客账

前厅部可以在客人预订客房时商定并建立客账（收取定金或订金），也可以在客人办理入住手续时建立客账。建立客账的目的是记录和监督客人与酒店之间的财务关系，以免酒店发生经济上的损失。前厅部要确保建立正确的客账，提供客人以往消费和客人信用的资料，以保持酒店良好的信誉和经济效益。

（五）控制房况

前厅部一方面要协调客房销售与客房管理工作，另一方面还要能够在任何时候正确地反映客房状况。在协调客房销售与客房管理方面，前厅部应向销售部提供准确的客房信息，防止超额预订，避免工作被动；前厅部必须向客房部提供准确的销售客情，以使其调整工作部署。正确反映并掌握客房状况是做好客房销售工作的先决条件，也是前厅部管理的重要目标之一。

（六）提供信息

前厅是客人聚集活动的场所，前厅服务人员与客人保持着最多的接触，因此前厅服务员应随时准备向客人提供其所需要的和感兴趣的信息资料。例如，酒店近期推出的美食周、艺术品展览等活动信息，这样可以使住店客人的生活更加丰富多彩。前厅服务人员还应充分掌握并及时更新有关商务、交通、购物、游览、医疗等详细和准确的信息，使客人“身在店内便知天下事”，处处让客人感到温馨、方便。

（七）建立客史档案

前厅部会在酒店管理信息系统中为每一位曾经住宿的客人建立电子客史档案，客史档案记录了酒店所需要的有关客人的主要信息。这些信息是酒店为客人提供周到的、具有针对性服务的依据，同时也是酒店寻找客源、研究市场营销的信息来源。

（八）辅助决策

前厅部每天都要接触大量有关客源市场、产品销售、营业收入、客人意见等方面的信息，通过统计分析，及时将整理后的信息向酒店决策管理机构汇报，并与有关部门协调沟通、采取对策。前厅部管理人员还经常参与客房营销分析和预测活动，进行月、季和年度的销售统计分析，提出改进工作和提高服务水平的有关建议。

四、前厅部组织机构

（一）前厅部组织机构组成部分

前厅部的组织机构要根据酒店企业的类型、体制、规模、星级、管理方式、客源特点等因素进行设置。前厅部组织机构一般由以下部分组成：预订、问询、接待、礼宾、收银、大堂副理、总机、商务中心等。另外，在有些酒店的前厅还设有其他非酒店所属的服务部门，如银行驻店机构、旅行社分社驻店机构、民航以及其他交通部门驻店机构等，以作为完善酒店不同服务功能需求的必要补充。

（二）前厅部组织机构设置的原则

1. 因店而异的原则

前厅部组织机构的设置应结合酒店企业性质、规模、地理位置、管理方式和经营特色等实际情况，不宜生搬硬套。例如，规模小的酒店或以内宾接待为主的酒店，可以考虑将前厅接待服务划入客房部管辖，不必单独设置。

2. 因事设岗、因岗定人、因人定责的原则

机构精简遵循“因事设岗、因岗定人、因人定责”的劳动组织编制原则，在防止机构重叠、臃肿的同时，要处理好分工与组合、方便客人与便于管理等方面的矛盾。

3. 明确隶属关系的原则

在明确各岗位人员工作任务的同时，应明确上下级隶属关系以及相关信息传达、反馈的渠道、途径和方法，防止出现职能空缺、业务衔接环节脱节等现象。

4. 协作便利的原则

前厅部组织机构的设置不仅要便于本部门岗位之间的协作，而且还要有利于前厅部与其他相关部门的合作。

（三）前厅部的组织机构的异同

1. 管理层次不同

小型酒店前厅部管理层次少，而大型酒店管理层次多。小型酒店前厅部组织机构中可能只有经理级、领班或主管级、员工级三个层次。而大型酒店前厅部组织机构中有房务总监级、部门经理级、主管级、领班级和员工级五个层次（图 1–1）。

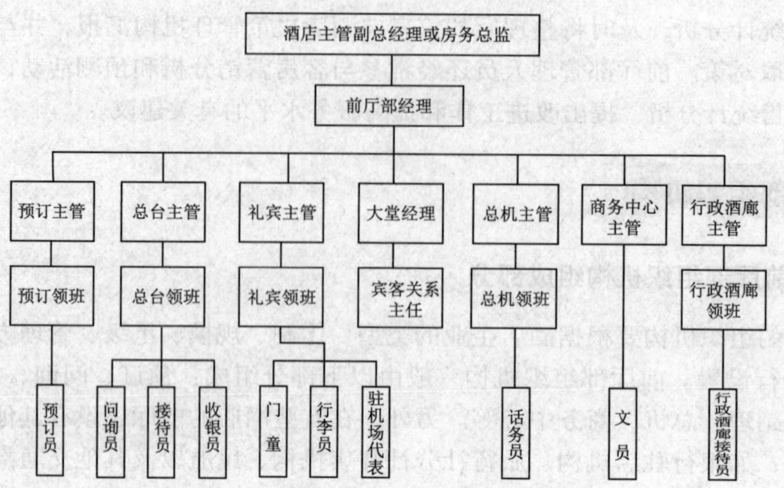

图 1–1　大型酒店前厅部组织机构示意图

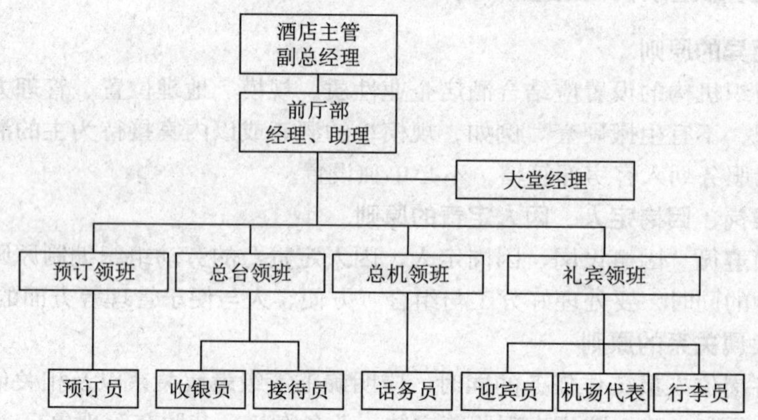

图 1–2　中型酒店前厅部组织机构示意图

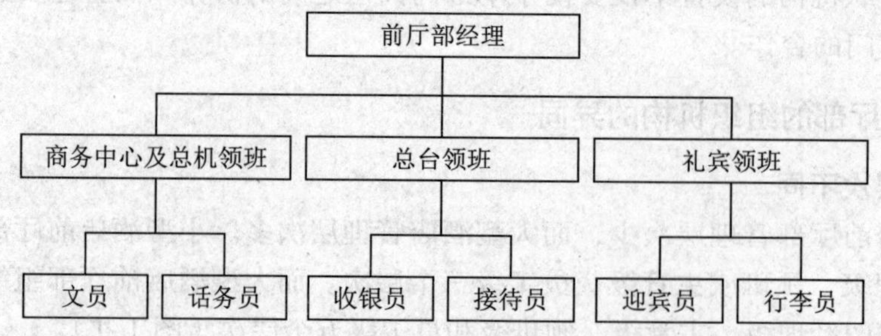

图 1–3　小型酒店前厅部组织机构示意图

2. 内容范围不同

中小型酒店前厅部组织机构内容少、范围小，而大型酒店内容多、范围广。例如小型酒店的前厅部没有商务中心、机场代表和车队等（图 1–2、图 1–3）。

3. 职能划分不同

小型酒店前厅部职能划分较粗，不同的岗位可能合三为一，甚至合四为一，而大型酒店则分工细致、划分精细，将很多职能分开，由不同的岗位来负责。需要说明的是，为了方便宾客，提高前台人员的工作效率，同时也是从节省人力成本的角度出发，目前绝大部分酒店均将图 1–1 中的前台收银员、接待员、问询员职能做了合并，即前台人员需同时承担接待、收银、问询职能。从工作的协调性和统筹性考虑，大部分酒店已将预订岗位划归至酒店营销部，但在营销部下班后，仍需由前厅部的总机或总台等岗位来完成客房预订的相关工作。

五、前厅部主要岗位设置及业务分工

酒店规模、等级不同，前厅部业务分工也不同，但一般设有以下几种。

（一）总台（Front Desk）

总台也叫前台，一般包含接待、收银、问询职能。此外，在市场营销部下班后，有的酒店会将其散客预订工作安排给总台来承担，也有酒店安排总机或其他岗位承担。

1. 接待功能（Reception）

总台负责接待抵店住宿的客人，包括散客、团体、长住客、非预期抵店以及无预订客人；利用信息化、智能化工具办理客人住店手续，分配房间；与预订处、客房部保持联系，及时掌握客房出租变化，准确显示房态；制作客房销售情况报表，掌握住房客人动态及信息资料等。

2. 收银功能（Cashier）

总台负责利用各类信息化、智能化工具，为住店客人建立客账并进行管理。在客人入住时，收取足够的押金，方便客人在店期间签单消费；客人在住期间，总台需完成催收、核实账单工作；客人退房时，总台负责结账、收款并开具发票。此外，总台还要负责外币兑换、会员卡充值、夜间统计当日营业收益、制作报表等工作。

3. 问询功能（Information）

总台负责回答客人的询问，利用各类数字化工具，提供各种有关酒店内部和外部的信息，为客人解决问题。

4. 预订功能（Reservation）

总台为上门询价的客人提供预订服务。需要注意的是，由于涉及业务的关联性，目前许多酒店在实际运营中将预订部作为收益管理的一部分，直接划归至市场营销部门，而前厅部仅保留部分散客预订的功能。

（二）礼宾部（Concierge）

礼宾部负责酒店门口或机场、车站、码头迎送客人的工作；调度门前车辆、维持门前秩序；代客卸送行李、陪客进房、介绍客房设备和服务，并为客人提供行李寄存和托运服务；分送客人邮件、报纸，转送留言、物品；代办客人各项委托事务。许多酒店礼宾部拥有智能机器人、E-Concierge 金钥匙服务系统、物品电子寄存管理系统等数字化工具，可满足酒店的多群体客户需求。

（三）客户关系部（Guest Relation Officer，GRO）

客户关系部的职责包括协助处理前台相关事务，确保前台各个区域有足够的服务人员；处理基本的投诉，让客人感到满意；整理、汇总并上传有效的客史信息；接机并带客人进房间办理入住登记手续；为抵店的贵宾安排房间，并赠送欢迎礼品，如鲜花和水果；向当天过生日的客人表示祝贺并赠送生日礼物；在大堂与客人沟通，解决问题并创造良好的人际关系，以提高客人满意度；最大限度地协调各部门之间的关系及酒店与外部客人的关系。在不设客户关系部的酒店，这些职责由大堂副理（Assistant Manager）承担，大堂副理还负责大堂环境、大堂秩序的维护等事项。

（四）总机（Switch Board）

总机负责转接酒店内外电话，承办传统电话回答客人的电话询问；提供电话找人、留言服务；叫醒服务；播放背景音乐；充当酒店出现紧急情况时的指挥中心。有的酒店还设有 AI 智能电话可以提供智能语音应答、智能查询、智能回访、智能叫醒等服务。

（五）商务中心（Business Center）

商务中心提供信息及秘书类服务，如收发传真和电报、复印、打字及计算机文字处理等。随着网络技术的日益发展，酒店的商务中心功能在逐步弱化，不少酒店已不单设商务中心，而是利用行政楼层服务完成客人的商务需求。

（六）行政酒廊（Executive Lounge）

为了迎合商务客人私密空间的需求，不少酒店都设置了行政楼层。行政酒廊就是为行政楼层客人提供服务的“店中店”，能够承担多个岗位的职能，为客人提供便利的服务：①为行政楼层客人办理入住、退房手续；②提供早餐、下午茶、咖啡等餐饮服务；③在酒廊的会议室提供会议服务；④为客人办理委托代办服务；⑤与客人沟通，维护与客人的关系。

六、前厅布局认知

（一）前厅布局的原则

1. 安全与舒适

前厅布局首先应考虑安全因素，例如各个通道均纳入员工的视线范围，酒店标识幕墙、台阶、障碍处应有明显标志等。舒适原则是指每个细节的设计都要尽可能地符合人体舒适的需要。这样，既便于员工提高服务工作效率，又有利于保证客人的人身和财产安全，还可以让客人和员工感到舒适。

知识链接

表 1–1　设施设备评分表（前厅舒适度）

序号	设施设备评分表	各大项总分	各分项总分	各次分项总分
3.11	前厅整体舒适度		6	
3.11.1	绿色植物、花卉摆放得体，插花有艺术感，令宾客感到自然舒适			2
3.11.2	光线、温度适宜			2
3.11.3	背景音乐曲目适宜、音质良好、音量适中，与前厅整体氛围协调			2

舒适度是心理学上的一个概念，指环境对人的刺激所引起的心理反应及由此而产生的行为。当环境对人的刺激引起美好愉悦的心理感受时，人便对环境产生依赖，留下深刻记忆。因此，舒适度是一个复杂、动态的系统，将因时、因地、因人而发生变化。

饭店舒适度就是指建立在专业化管理和整体氛围协调性基础之上的高质量服务的一种结果。通常情况下，影响饭店舒适度的一般因素有温度高低、湿度大小、光线明暗、噪声强弱、布草优劣、床垫软硬、水质清浊、水温高低、水压大小、气味浓淡等。

前厅绿色植物、光线、温度、背景音乐、空气质量等要求参照相关具体释义。

对于 3.11.2 中的“温度适宜”，在前厅刻意营造人与自然密切接触氛围的度假型饭店可不作要求。

资料来源：中国旅游出版社《旅游饭店星级的划分与评定释义》

2. 分区与渐变

分区原则是指前厅在布局时要考虑各类设施在功能方面的区别，并在陈设时自然而明显地加以区分。渐变原则是指在设计前厅布局时，不同功能区的风格应有所变化。

3. 美观与实用

前厅的设计美观、典雅，设施的布局显得庄重、规范。前厅各类设施讲究科学，既要对客人和服务人员双方都实用、适用，又要便于服务人员提高工作效率。

4. 特色与绿色

成熟的酒店前厅均会有自己的特色和风格。前厅布局设计者会按照国家星级酒店评定标准，倡导绿色设计、清洁能源、节能减排、绿色消费等符合环保的理念。

5. 管理与效益

前厅布局不能一味地追求奢华，酒店应综合考虑投资效益、成本控制、便于管理、充分利用空间等因素。

总之，前厅布局是展示酒店等级、规模、类别、品质以及酒店所处地区区域文化、民俗文化和企业文化等的一种艺术。

（二）前厅功能布局

为了能更好地提供服务，前厅内的各功能区域布局总体上应合理划分，前厅布局按照功能划分，可分为大门及人流区、服务区、公众休息区和公共卫生间。

1. 大门及人流区

酒店的大门（图 1–4）由正门和边门构成，大门的外观要新颖、有特色，能对客人有较强的吸引力。一般的酒店都采用玻璃门作为正门。酒店的玻璃门要选用厚度、强度、颜色适当的玻璃制作，安装要牢固，防止玻璃落下碰伤客人。玻璃门要有醒目的中英文及图形标志，酒店的店名牌、店徽及星级标志要醒目、美观，不易被来往的车辆挡住。大多数酒店的正门分成两扇，便于客人进出以及门卫为客人提供开门服务，也可以根据客流量的大小增设更多扇门，正门两侧应各开一两扇边门，以便于酒店员工及团队客人的行李进出酒店。正门安装自动感应门的酒店，应同时开设手开边门，以防感应失灵时客人无法进出酒店。有些酒店使用双道门（图 1–5），即两道有一定间距的门，内道门开则外道门关，外道门开则内道门关，这样可以节约能源。使用旋转门为正门的酒店，旋转门的性能应可靠，螺丝要牢固以防夹伤客人。为安全起见，酒店的正门在夜间应关闭只留边门。

酒店的大门前，应有供客人上下车的空间及回车道、停车场，使客人进出方便、安全，正门外还应留有足够的空间，以暂时摆放进出店团队客人的行李。有些酒店正门前还设计了小花园和喷泉，以给客人留下良好的第一印象。正门前台阶旁还应设立专供残障客人轮椅出入的坡道，以方便残障客人出入酒店。通常在大门口还铺设一块地毯，供客人擦干净鞋底后进入前厅，以维持前厅的整洁，也能防止湿鞋带入前厅的水珠滑倒客人。边门旁应设置伞架，供客人存放雨伞。酒店大门外的空地上通常应设置旗杆，一般设置三根，分别用来悬挂店旗，国旗和在酒店下榻的各国国家元首所在国的国旗。

图 1–4　酒店大门

图 1-5　酒店大门（双道门）

2. 服务区

前厅的对客服务区主要包括总服务台、大堂副理工作台、礼宾台等。

（1）总服务台。总服务台（图 1-6）的设计，一般要考虑两个因素：外观和大小。总服务台的外观形状往往与酒店大堂的建筑结构条件和装修装饰风格相适应。高度应以方便客人住宿登记和总服务台员工的接待服务工作为原则，其理想高度为 120~130 厘米，柜台内侧有工作台。有的酒店为了方便客人，可以请客人坐下来办理入住登记手续，这时总服务台的高度只需要 80 厘米左右即可。总服务台的高度和结构布局根据酒店的等级和对客服务方式而定。从发展的趋势看，随着科学技术的不断进步，总服务台将日益小型化。

图 1-6　总台

（2）大堂副理工作台。大堂副理工作台（图 1–7）是大堂副理的工作地点，一般设在离总服务台或者大门较近又相对安静的位置，通常配有电话、计算机等工作设备，以便为客人提供服务。

图 1–7　大堂副理工作台

（3）礼宾台。礼宾部柜台（图 1–8）一般设在靠近总台或者酒店大门处，以方便礼宾员观察宾客到店情况，及时为客人提供迎送及其他礼宾服务。

图 1–8　礼宾台

3. 公共休息区

前厅的风格、面积必须与酒店的规模和星级相适应，酒店前厅应设置足够的空间供宾客来往酒店时等候、休息或约客会友。休息区（图 1–9）主要摆放供客人休息的沙发座椅和配套茶几等家具。休息区既要位置明显又需保持相对安静，沙发可根据场地实际和宾客需要进行摆放。

图 1–9　公共休息区

4. 公共卫生间

酒店应设有用中英文文字及图形明显标志的供男女客人使用的卫生间（图 1–10），卫生间要宽敞，配有各种用品，如手纸、面巾纸、香皂或洗手液、烘手机等设备和用品。卫生间应干净无异味。公共卫生间是酒店的“名片”，从一定意义上讲，公共卫生间可以反映酒店的档次和服务水准。因此，酒店除了要注意清洁卫生、设施完好以外，还要注重卫生间的装修布置风格以及材料和质地的选择。

图 1–10　公共卫生间

任务拓展

参观三家不同星级的酒店，观察其前厅的环境、布局、大堂风格及总服务台、礼宾台、大堂经理处的特点，拍摄酒店的外观、大门、公共区域、柜台、公共设施、公共洗手间，画出酒店大堂的平面图。从视觉、听觉、嗅觉等方面写出分析和评价报告。

任务总结

前厅部是酒店的“神经中枢”，是酒店联系宾客的桥梁和纽带，是酒店经营管理的窗口，是酒店接待、销售、处理客情关联、处理对外关系、把握酒店财务现金流的重要部门。前厅部运转的好坏将直接反映酒店的服务质量和管理水平，影响酒店的经济效益和形象。随着大数据技术的发展，酒店前厅部利用数据资料分析预判宾客的需求，提升服务品质和管理水平是未来发展的必然趋势。

任务二　前厅职业要求认知

【任务导入】

某住客夜里11点回到酒店，却怎么也打不开门，便到前台询问。当班的正好是昨天帮他办理入住手续的服务员小王。小王告诉他，因为他昨天办理入住登记时说的是住一晚，因此，过了今天中午12点，房卡就会失效，所以打不开门。这位客人不满地说昨天自己明明说的是住两晚。小王也不示弱，强调自己昨天清楚地听到客人说住一晚。结果为了“一晚”还是“两晚”的问题，这位服务员便和客人争执起来。值班经理迅速到场，了解事情原委后，一方面制止小王，让他别再多说；另一方面不断向这位客人道歉，承认是酒店不对，并主动提出房费可以给予八折优惠。在这位值班经理的安抚下，这位客人趋于平静，准备拿房卡回房休息。但是，没想到不再说话的服务员小王，明显不高兴地将新做好的房卡从台面推向客人。这使得本已消气的客人又被激怒了，任凭值班经理好话说尽，也不肯原谅，结完账甩袖而去。你如何看待案例中小王的行为？

通过与酒店前厅部经理交流或网络查找有关酒店业内成功人士的故事，记录、整理其获得成功的要素，总结归纳前厅服务人员必备的职业素养，以“职业认知”为题，完成一份“我对前厅工作认知书”。

【任务执行】

前厅部服务人员对酒店良好客户关系的建立起到非常重要的作用。前厅部服务人员的素质不仅仅影响到本部门的工作效率，而且是酒店形象的具体反映，是赢得宾客好感的重要因素。一般来说，酒店前厅部服务人员需具备以下职业素养：

一、职业素养要求

前厅部服务人员的仪容仪表不仅是其个人素质象征，更是酒店精神风貌、服务水平的体现。具体要求如下：

（一）仪表要整洁

现代酒店中，一般都为员工配备统一服装及工号牌，具体要求如下：

（1）制服。制服要体现层次感，干净整洁；纽扣扣齐全；衫袖、裤腿不可卷起。

（2）工号牌。统一置于左胸前第二、第三粒纽扣之间。

（3）鞋、袜。上岗着酒店统一规定的鞋袜，男员工着黑色袜子，女员工着肉色的长筒袜或裤袜；鞋子一般为黑色的皮鞋或者布鞋等。

（二）仪容要大方

（1）头发。要常洗、常梳理，保持清洁。男员工统一要留短发；女员工不可披头散发，要束起头发，但不可用抢眼的头饰。

（2）面部。男员工不可留胡须；女员工要求化淡妆。

（3）手部。不可留长指甲，更不可涂指甲油。

（4）个人卫生要清洁。起码要做到“三勤”，即勤洗澡，勤换制服，勤刷牙漱口。上班前不吃带有异味的食物。

（三）礼节礼貌要得当

（1）见到客人要问好，并使用恰当的称呼语，最好熟记客人的姓名。

（2）与客人搭话时要与客人保持一定的距离。

（3）接待客人要热情，要与客人有目光接触，目光接触要自然。

（4）讲究服务次序，即先来先服务，后来后服务。

（5）待客要一视同仁。

（四）言谈要规范

（1）使用礼貌语言，而且要多使用敬语和服从性语言。

（2）要注意言谈的语言艺术。

（3）讲话声调要柔和。

（4）三人以上讲话时，使用大家都听得懂的语言。

（5）不开过分的玩笑。

（6）任何时候不可说“不知道”及“喂”。

（7）谈话内容不可涉及客人的隐私及酒店的商业机密及第三者的隐私。

（8）接听电话时应先报自己的岗位和姓名，然后表达为对方服务的愿望。

（五）仪态要规范

（1）坚持站立服务。

（2）走路要轻而稳，上身正直、抬头，双目平视。

（3）手势运用要规范：手指自然并拢，手与前臂成一条直线，肘关节自然弯曲，手掌倾斜成 45°，上身向前斜，幅度不宜过大，动作不宜过多。切忌用一只手或其他东西指人。

（4）对客服务不能有不雅动作。

（5）微笑服务。

二、职业能力要求

（一）语言表达能力

语言是沟通和交流的工具。掌握并熟练运用服务用语，是提供优质服务的保障。在学习之前，请检查一下自己是否具备了必要的语言交际能力，可不要小看这种能力，它是你从事任何一种职业都要具备的基本能力，是你不断进步的有力保障。

1. 能力要点

（1）使用优美的语言和能使客人愉快的语调，服务过程就显得有生气。

（2）使用迎宾敬语、问候敬语、称呼敬语、电话敬语、服务敬语、道别敬语，为客人提供规范化服务。

（3）能够用英语或其他外语进行服务，并解决服务中的一些基本问题。

（4）善于用简单明了的语言来表达服务用意，并能和客人进行沟通和交流。

2. 自我评估

（1）你如果掌握并会运用能力要点（1）（2）条，表明你已经具备了使用饭店服务用语的交际能力，可以为客人提供一般性的服务。但是要想成为一名优秀的服务员，还要继续努力才行。

（2）你如果掌握并会运用能力要点（3），表明你不仅可以通过语言这一工具为自己本国客人提供服务，还能为外国朋友提供一般性的服务。

（3）你如果掌握并会运用能力要点（4），表明你已经具备了成为一名优秀服务员的重要技能。接下来要做的，就是不断充实业务知识、强化业务技能、培养高尚的职业情操。相信你一定会在前厅服务的岗位上有所成就的。

（二）自我控制能力

1. 能力要点

（1）有较强的自我控制能力，能在短时间内调整自己的不良情绪。

（2）面对压力有调整心态的能力，以最佳的状态为客人服务。

（3）对客人的过激言行，能以平和的心态和语言，平息或化解矛盾。

2. 自我评估

（1）你如果想早日成为一名出色的前厅服务员，就要掌握和运用能力要点（1）和（2），就会在处理突发事件的时候，做到忙中不乱、遇事不惊。

（2）你如果会运用能力要点（3），说明你已具备了解决问题的能力，你能对突发事件的处理恰到好处，既不让酒店受损失，又不会让客人不满意。

（三）人际交往能力

1. 能力要点

（1）能和领导、同事以及客人处理好各种关系。

（2）尊重领导和同事，尊重客人。

（3）能遵守各种管理制度和规定。

（4）有和其他同级业务部门互相协调的能力。

（5）有能及时和领导、同事沟通信息的能力。

2. 自我评估

（1）如果你具备了能力要点中的（1）（2）（3）条，就会把互助、互敬和互爱的精神体现在言行中，成为一个受领导和同事赞许的员工。

（2）如果你具备了能力要点中的（4）（5），你就具备了一名前厅服务员应有的团队精神，你的业绩就能在团队中充分体现出来，并且得到领导和同事的认可。

（四）推销能力

1. 能力要点

（1）有委婉推销客房的能力。

（2）有灵活多变的推销技巧。

（3）有敏锐多变的推销语言。

2. 自我评估

（1）如果你具备了能力要点中的（1）和（2），你就会在对客服务中，有目的地推销酒店客房，为酒店赢得更多的客源。

（2）如果你具备了能力要点中的（3），你就会在向客人推销酒店客房时，得到最好的回报——客人入住了满意的客房，酒店的入住率因此提高，你的工作业绩也会日益突出。

（五）记忆能力

记忆能力应是一个前厅服务员的必备能力，它要求你对曾住过该酒店一次或一次以上的客人记住姓名或单位，使客人有亲切感和被尊敬的感觉。

1. 能力要点

（1）对住店客人的姓名和兴趣、爱好能很快记住。

（2）能记住回头客人的个性化需求。

2. 自我评估

如果你掌握上述能力要点，就能为客人提供个性化服务，有助于你在客人心中树立良好的职业形象。

（六）预测与判断能力

如果你具备了预测与判断能力，能使你的优质服务先于客人需求之前提供。这需要你能根据客人的个性化需求，在工作中仔细观察、反复思考、认真过滤和优化整合之后，得出一个正确的判断。

1. 能力要点

（1）有对客人服务的预测能力，提前为客人的需求做好准备。

（2）能在观察客人的需求的基础上，具有较强的判断能力，给客人以最佳的服务。

（3）有根据客人眼神、表情和言谈等肢体语言，在短时间内正确判断出客人的身份、文化层面和地位，预测出可提供的服务项目，从而为客人提供最佳服务的能力。

2. 自我评估

（1）如果你具备了能力要点中的（1）和（2），你就具备了超前的与国际接轨的服务理念和服务水平，你的工作一定会很出色。

（2）如果你具备了能力要点中的（3），你的业绩就上升到一个比较高的层面，你被领导重用和提升的机会就会大大增加。

（七）使用信息化、智能化工具的能力

1. 能力要点

（1）能熟练操作酒店信息管理系统，完成前厅各项业务流程。

（2）能熟练利用计算机快速记录各类信息、编制各类图表。

（3）能利用酒店管理信息系统相关数据分析宾客需求，构建用户自画像。

（4）能够熟练运用前厅智能化设备。

2. 自我评估

（1）如果你具备了能力要点中的（1）和（2），你就能够胜任前厅最基本的服务工作。

（2）如果你具备了能力要点中的（3）（4），你就能在繁忙紧张的工作中，通过利用现代化工具大大提高工作效率。

知识链接

前厅任职条件

任职条件的内容包括某人的资格、技能以及为能出色完成岗位任务而必须具备的特长。一般来说，前厅的任职条件清楚地说明了前厅管理者对现有的和未来的员工的期望。前厅经理负责《员工任职条件》的编写。任职条件通常在岗位职责制定后编写，因

为一项特定的工作需要相应的技能和特长。任职条件应考虑的因素有接受正规教育的学历、工作经验、一般知识、曾经接受过的培训、身体条件、沟通能力以及使用设备的技能。任职条件常常用来公布招聘启事和甄别求职者的资格，也用来衡量员工的晋升条件。表 1–2 展示了前厅员工任职条件的范例，虽然全行业没有规定任职条件的统一标准，但许多酒店的任职条件中都写明一些必须具备的特征和技能。由于处在对客服务第一线，前厅岗位常常要求有较好的人际交往技能。评估一位求职者是否有这些特长可能是非常主观的。前厅工作需要具备下列重要特点：

· 专业化的举止；
· 合群的性格；
· 助人为乐的态度；
· 良好的听写、语法能力和嗓音；
· 灵活性；
· 仪表整洁；
· 强烈的学习意识。

表 1–2 前厅部员工任职条件范例

任职条件：前厅部员工

我们酒店认为下列素质对成功履行前厅职责至关重要

1. 专业化的举止
   准时上班；对工作、对酒店持积极的态度；
   能区分工作中正面的与负面的方面；
   成熟的处事态度和方式；有商业头脑；
   遇到难题能镇静应对，控制局面。
2. 合群的性格
   面带笑容；态度真诚、令人愉快；有人缘。
3. 助人为乐的态度
   善于识别宾客的需求、有幽默感；
   反应灵敏，口头表达机智、得体。
4. 灵活性
   遇到工作需要，能愿意接受变动工作班次的安排；
   能理解他人的不同观点；
   愿意接受不同的做事方法，富有革新精神；
   能与宾客和同事和睦相处，有团队协作精神。
5. 注重仪表
   穿着得体；在着装、佩戴饰物和个人修饰方面能符合酒店标准。

只有通过教育和工作经验的积累，才能掌握胜任前厅工作的技能。有价值的员工不仅具备操作技能、文化学识，而且天资聪颖。前厅工作需要的两项专业技能分别是计算技能（收款及会计事务）和键盘技能（文字记录和计算机操作）。有些酒店认为前厅员工掌握一门以上的外语能够更好地服务国际客人。

最后，前厅员工必须有团队精神，愿意与人共事，为争取全酒店整体利益而努力。

资料来源：美国饭店协会教育学院系列教材《前厅部的运转与管理》

任务拓展

5~6人为一组，以小组为单位，针对你所在地区的三家五星级酒店开展实地调研，总结归纳出五星级酒店前厅部各岗位人员的职业素质和职业能力有哪些异同点。

任务总结

前厅服务人员是分布于不同规模、不同档次的现代酒店的通用性技术工种，整个职业具有覆盖面广、技术差异大、服务要求高、工作责任大等特点，前厅服务人员必须努力提升自己的综合素质。

项目总结

在本项目中，我们学习了前厅部的概念、地位、任务、组织机构、主要岗位设置及业务分工、前厅布局认知以及前厅人员的职业素养和职业能力要求等内容。前厅服务具有涉及面广、影响大、内容多、专业要求高等特点，前厅服务人员必须注重自己的仪容仪表，举止大方得体，同时具备良好的服务意识、沟通交流能力以及灵活应变能力，更要有勤奋好学、探索求知的精神，从而能够更好地为宾客服务。

项目链接

表 A1　四星级必备项目检查表（前厅部分）

序号	项目	是否达标
1	前厅	
1.1	区位功能划分合理	
1.2	整体装修精致，有整体风格、色调协调、光线充足	
1.3	总服务台位置合理，接待人员应24小时提供接待、问询和结账服务。并能提供留言、总账单结账、国内和国际信用卡结算及外币兑换等服务	
1.4	应专设行李寄存处，配有饭店与宾客同时开启的贵重物品保险箱，保险箱位置安全、隐蔽，能够保护宾客的隐私	
1.5	应提供饭店基本情况、客房价目等信息，提供所在地旅游资源、当地旅游交通及全国旅游交通信息，并在总台能提供中英文所在地交通图、与住店宾客相适应的报刊	
1.6	在非经营区应设宾客休息场所	

续表

序号	项目	是否达标
1.7	门厅及主要公共区域应有符合标准的供残障人士出入的坡道，配备轮椅，有残障人士专用的卫生间或厕位，为残障人士提供必要的服务	
1.8	应 24 小时接受包括电话、传真或网络等渠道的客房预订	
1.9	应有门卫应接服务人员，18 小时迎送宾客	
1.10	应有专职行李员，配有专用行李车，18 小时提供行李服务，提供小件行李寄存服务	
1.11	应提供代客预订和安排出租汽车服务	
1.12	应有相关人员处理宾客关系	
1.13	应有管理人员 24 小时在岗值班	

表 A2　五星级必备项目检查表（前厅部分）

序号	项目	是否达标
2	前厅	
2.1	功能划分合理，空间效果良好	
2.2	装饰设计有整体风格，色调协调，光线充足，整体视觉效果和谐	
2.3	总服务台位置合理，接待人员应 24 小时提供接待、问询和结账等服务，并能提供留言、总账单结账、国内和国际信用卡结算、外币兑换等服务	
2.4	应专设行李寄存处，配有饭店与宾客同时开启的贵重物品保险箱，保险箱位置安全、隐蔽，能够保护宾客的隐私	
2.5	应提供饭店基本情况、客房价目等信息，提供所在地旅游资源、当地旅游交通及全国旅游交通的信息，并在总台能提供中英文所在地交通图、与住店宾客相适应的报刊	
2.6	在非经营区应设宾客休息场所	
2.7	门厅及主要公共区域应有符合标准的供残障人士出入的坡道，配备轮椅，有残障人士专用的卫生间或厕位，为残障人士提供必要的服务	
2.8	应 24 小时接受包括电话、传真或网络等渠道的客房预订	
2.9	应有专职的门卫应接服务人员，18 小时迎送宾客	
2.10	应有专职行李员，配有专用行李车，24 小时提供行李服务，提供小件行李寄存服务	
2.11	应提供代客预订和安排出租汽车服务	
2.12	应有专职人员处理宾客关系，18 小时在岗服务	
2.13	应提供礼宾服务	
2.14	应有管理人员 24 小时在岗值班	

放眼看世赛

一、世界技能大赛酒店接待赛项介绍

世界技能大赛是世界技能领域的“奥林匹克”，是当今地位最高、规模最大、影响

力最大的职业技能赛事。酒店接待项目是第45届世界技能竞赛（简称第45届世赛）新增项目。全球化、社会经济和人口流动变化以及交通运输的方便快捷，极大地推动了旅游业的快速增长和商业旅行的繁荣发展。因此，旅行和旅游业在世界各地的社会和经济增长中发挥着重要作用。不同类型、不同规模、不同品牌、多种格调的酒店为世界各地的客人提供住宿和一系列的规范服务，营造宾至如归、畅享商旅的温馨氛围和生活体验。酒店服务品质和价格定位通常是相对应的，国际星级酒店系统可以为客人提供一个合理通用的参考值。同时，酒店在品牌建设及市场营销的过程中，可根据自己的所在位置、历史背景、建筑特色和目标客户，进行符合自己特色的产品文化推介。酒店接待是酒店关键的形象窗口，更是一门对客接待的服务艺术。酒店前台接待区域是酒店工作人员与客人主要沟通的工作场所。客人对酒店的第一印象，主要来自酒店接待人员。其职业形象、礼仪修养、表达艺术、服务质量、销售技巧等都会影响和决定客人在酒店居住期间的满意度，无论是正面的还是负面的差异化，都将会影响酒店服务的品质声誉和顾客的回头率，让酒店商业价值大幅增加。酒店接待人员主要在酒店的前台工作，既要充分展现酒店的风格品位，也要充分展现个人良好的职业素养。

因此，酒店接待赛项以酒店前台接待岗位为载体，但绝对不仅仅是前台接待工作技能，还包括礼宾、总机、市场营销、大堂副理的角色。参赛选手需要按照酒店接待服务标准（或要求）展示酒店接待服务技能和相关专业知识。包括：当地和相关旅游文化信息知识、良好的书面英语和口语表达、较好的礼仪修养、得体的职业着装、良好的沟通表达技巧、解决突发事件的能力、宾客公共关系（大堂副理、宾客关系主任岗位）、计算机互联网应用技能、收银知识、预订程序、接待问询、入住退房。所以选手的身份不能局限为前台接待员，可以是礼宾，可以是销售，在处理客户投诉时，也可以是大堂副理。本技能竞赛全程使用英文，是对酒店前台接待服务技能的展示和评估，仅测试技能操作方面的表现能力和水平。

根据世界技能大赛酒店接待赛项的技术文件对选手能力的要求，英语听说读写和Opera的操作是最基本的能力。还要了解相关旅游文化信息知识。比赛前一个月，主办方就会发布虚拟酒店的资料，老师和学生们就要做大量的研究。第45届世赛的虚拟酒店是在伦敦，因为那一年英国没有参赛。虚拟酒店的资料有很多，里面有一张叫 fact sheet，包括酒店的位置、房型、服务等信息，要求选手熟记。除了掌握虚拟酒店的所有信息之外，选手还要研究当地的地理位置，旅游和文化，宗教信仰等信息，做好全面的知识储备。

二、酒店接待世界技能标准规范概述

世界技能组织标准规范规定了酒店接待技术和职业最高国际水平所需的知识、理解力和具体技能。它必须能反映全球范围对于该项行业或工作或职位的理解。技能竞赛的目的既是展现世界技能组织标准规范（WSSS）所述的本项技能在世界上的最高水平，或至少在尽可能程度上它能够对此予以展示。因此，该标准规范就是该技能备赛和培训的指南。

在技能大赛上，有关该项技能的知识和理解将通过选手的表现予以考核，只有在存在非常充分理由的情况下，方可举行单独的理论测试。该标准规范被分成若干部分，均配有标题和编号。每个部分有一个百分数来表示它在标准规范中的重要性，通常被称为“权重”。百分比总和是100，工作组织和自我管理占15%；沟通、客户关怀和人际沟通技巧占30%；酒店预订相关步骤占9%；入住流程占3%；后台办公室流程占8%；销售推广占14%；投诉管理占8%；结账退房流程占8%；当地景点和文化的推介占10%。

【专业英语】

1. Front Office　前厅部
2. Lobby　大堂
3. Front Desk/Reception　前台/接待处
4. Reservation: RSVN　预订处
5. Information　问询处
6. Cashier　收银处
7. Concierge/Bell counter　礼宾部
8. Service Center　服务中心
9. Business Center: BC　商务中心
10. Assistant Manager　大堂副理
11. Guest Relations Department　客务关系部
12. Shopping Arcade　商场
13. Health Center　健康中心
14. Driveway　车道
15. Front Entrance　正门
16. Wish you good luck! 祝您好运！
17. Wish you a happy festival!　祝您节日愉快！
18. After you, please, sir.　先生，您先请。
19. Thank you for your compliment.　谢谢您的赞扬。
20. Thank you for your kind understanding.　谢谢您的谅解。

项目评价

✧ 知识评价

一、单选题

1. 酒店前厅部的首要任务是（　）。

A. 清洁客房　　B. 为客人提供餐饮服务
C. 销售客房　　D. 为客人提供洗衣服务

2. 不属于前厅部的岗位是（　）。

A. PA　　B. 总机　　C. 商务中心　　D. 礼宾部

3. 在酒店服务中，使用（　）是对服务员的基本要求。

A. 语言交际　　B. 礼貌用语　　C. 感情　　D. 情绪

4. “前厅部”这一术语，在英语中被称为（　）。

A. Lobby　　B. Front desk　　C. Front office　　D. Reception

5. 从信息传递角度来看，前厅部是（　）。

A. 接待中心　　B. 客源组织中心　　C. 信息集散枢纽　　D. 大厅

二、简答题

1. 简述前厅部的地位和主要任务。
2. 酒店前厅部组织机构的设置应符合哪些原则？
3. 前厅部的主要岗位有哪些？
4. 简述前厅从业人员的职业素质要求，并举例说明。
5. 简述前厅从业人员的职业能力要求，并举例说明。

✧ 实践活动

实训内容：分别参观三家五星级酒店，调研酒店的前厅，了解认识前厅；通过与酒店前厅部员工交流，了解员工的服务标准。以小组为单位形成调研报告，每小组派代表进行课堂汇报，师生共同总结归纳。

实训目标：对酒店前厅部的功能布局知识有更直观的认识和理解。

实训组织：学生以小组为单位

实训评价：

<table>
<tr><th>项　目</th><th>操作标准与要求</th><th>分　值</th><th colspan="2">得　分</th></tr>
<tr><td rowspan="2">仪容仪表</td><td rowspan="2">整齐着装，符合职业要求</td><td rowspan="2">10</td><td>A</td><td rowspan="2"></td></tr>
<tr><td>B</td></tr>
<tr><td>礼貌礼仪</td><td>发型符合行业规范，精神面貌佳，微笑，有礼貌</td><td>10</td><td colspan="2"></td></tr>
<tr><td rowspan="4">汇报总结</td><td>调研内容丰富、真实、实用</td><td>30</td><td colspan="2"></td></tr>
<tr><td>PPT 制作美观、设计合理</td><td>20</td><td colspan="2"></td></tr>
<tr><td>语言表达流畅、言简意赅</td><td>15</td><td colspan="2"></td></tr>
<tr><td>小组分工明确，团结协作</td><td>15</td><td colspan="2"></td></tr>
<tr><td>合　计</td><td></td><td>100</td><td colspan="2"></td></tr>
<tr><td>实际综合得分</td><td colspan="4"></td></tr>
</table>

项目二　总机服务

项目导读

总机（Operator）是酒店内外信息沟通联络的枢纽，代表着酒店的形象，体现着酒店服务的水准。作为总机话务员，要有良好的语言素养、应变能力、纪律观念。总机话务员要做好转接电话服务、留言服务、叫醒服务、免打扰及保密服务等。

学习目标

【知识目标】

· 熟悉总机话务员的主要工作内容
· 掌握人工电话转接程序和标准
· 掌握电话留言程序和标准
· 掌握叫醒服务程序和标准
· 熟悉 AI 智能话务服务
· 熟悉房间保密和免打扰服务要点

【能力目标】

· 学会与人有效电话沟通
· 能礼貌准确地转接电话
· 能正确为宾客提供留言服务
· 能正确为宾客提供叫醒服务
· 能正确处理房间保密、免电话打扰等常见问题

案例导入

某位客人打电话给酒店总机，说正在驾车去酒店的路上，快到某一高速公路的岔口了，有点分不清方向，不知路怎么走。话务员小林因刚上班不久，对有些信息了解不准确，于是她对客人说："我不是很清楚。请稍等，我问一问……"约半分钟后，小林回答客人说："您就在这个岔口下高速，然后右转直走约两公里就到我们酒店了。"

“就在你问别人的时候我已经开过这一岔口了！你真把我害惨了！”客人很气愤，也很无奈……

1. 在这个案例中，哪位服务人员有过错？有什么过错？
2. 如何避免此类情况的发生？

任务一　人工与AI话务服务

【任务导入】

凌晨三点多，有一位女士来电要求转2108房间，总机接线员小孙随即迅速地将电话直接转入了2108房。谁知，第二天上午，大堂副理接到了2108房住客童小姐的投诉电话，说今天凌晨的来电找的并不是她本人，她的正常休息受到了干扰，希望酒店对此做出解释。经酒店大堂副理调查，原来凌晨来电的李女士要找的是前一位住在2108房的客人，而前一位住在2108房的客人恰恰于昨晚9点就退房离店了。童小姐是后半夜一点半登记入住的，谁知刚洗完澡睡下不久，就被电话铃声吵醒了，过了许久才终于又睡着。于是，大堂副理登门向童小姐道歉。幸好，童小姐也是个通情达理的人，接受了大堂副理的致歉。

谁知一波未平，一波又起。前一位住在2108房间的张先生紧接着也打来了投诉电话，说昨晚他太太打电话来找他，由于话务员不分青红皂白就将电话接了进去，接电话的人又是位女士，从而引起了太太的误会，导致他回到家太太就和他吵闹。张先生说此事破坏了他们夫妻俩的感情，如果不给他一个圆满的答复，他绝对不会放过那个话务员，甚至今后他将会要求他公司的人都不再入住此酒店，从此取消合作协议。

1. 引发这两起投诉的原因是什么？
2. 如何正确地转接电话？
3. 接下来如何妥善处理好此事？

【任务执行】

当今的世界无时无刻不在连线中，电话成为各方沟通联络的重要途径。酒店的总机话务员日常最频繁的任务是转接各类电话，外线电话接内线、内线电话接外线、店内电话转接等，通过转接电话服务能够充分体现总机工作的重要性和高效率。

一、让声音充满微笑

话务员虽然不与宾客直接见面，但却用声音语言与客人交流，其服务水平的高低通过声音表现出来。

声音表明一个人的个性和态度，“带微笑的声音”在打电话中是最重要的。令人愉快、清晰的声音，有修养和悦耳的语调，会使来电者产生良好的印象。在某酒店的总机房，有一面镜子，上面写着“让宾客听见你的微笑”。非常令人寻味的一句话，反映出了优质总机工作的真谛。因此，话务员需要调节好自己的情绪和态度，具备良好的音质、清晰的口齿、悦耳的语音、亲切的语调。另外，话务员应至少掌握一门外语（酒店通常要求话务员至少能用英语提供服务），要有较快的反应能力和较强的应变能力，具备一颗时刻为客服务的心和很强的责任心，恪守职业道德。

二、转接电话服务程序

（1）首先认真聆听完宾客讲话再转接，如果来电要转客人的房间，应向打电话的人询问住客的姓名：“请问您找哪一位？”并在系统中调出所要转接的客人房号、姓名等资料，以免接错房间打扰其他客人。转接时说“请稍等”。若宾客需要其他咨询、留言等服务，应对宾客说：“请稍等，我帮您接通 ×× 部门。”

（2）在等候转接时，按音乐键，播放悦耳的音乐。

（3）转接之后，如对方无人听电话，铃响 30 秒后，应向宾客说明：“对不起，电话没有人接，您是否需要留言或过会儿再打来？”给酒店管理人员的留言，一律记录下来，并重复确认，然后通过有效方式尽快将留言转达给相关的管理者。

（4）为了能够高效地转接电话，话务员必须熟悉本酒店的组织机构、各部门职责范围及其服务项目，并掌握最新的、正确的住客资料。

知识链接

话务员要掌握什么业务信息与技能

酒店总机话务员应了解相关业务知识和信息，掌握相关技能，这是服务的基础。以下是某酒店对总机新员工的培训内容，从中可知晓总机话务员的必备知识及技能：

1. 介绍总机工作
2. 酒店概况及现场参观
3. 熟悉酒店内部的电话分机
4. 熟记酒店各经营网点的时间和概况
5. 熟记各部门经理及主要岗位的人员的姓名
6. 熟记酒店写字间和常用酒店电话
7. 熟悉客房的设施物品
8. 掌握话务台操作方法
9. 如何拨打国际、国内电话，区号和收费标准，以及对方付费号码
10. 如何上网及网络维护
11. 酒店 Opera 系统的操作
12. 学习总机服务用语
13. 常用英语的培训

三、转接电话注意事项

（1）为了能准确、快捷、有效地转接电话，话务员必须熟记常用的电话号码，了解本酒店的组织机构以及各部门的职责范围。正确掌握最新住客的资料，尽可能辨认住店宾客、酒店管理者及服务员的嗓音特点。

（2）电话铃响时，在三声振铃（或 10 秒钟）之内接起，不应该让来电者久等。根据内、外线的来电显示向客人问候及自报家门，并亲切地向对方问好和询问是否需要帮助。要根据来电者不同的声音带称呼，男的为先生，女的为女士。

（3）全神贯注地听，以免要求来电者重复。在听清楚客人要转接的号码或部门后，要说："好的，请您稍等。"然后再转接来电，忌讳一声不吭就直接将电话接过去。

（4）一般酒店规定，接转酒店高层管理人员，如总经理、副总经理，以及部门总监或部门经理的电话时，首先转接至他们各自的秘书处。

（5）在转接房间客人时，许多酒店，尤其是高星级酒店规定，只有在确认来电者所报的房号和找的客人名字相符后才能接入。如在系统上看到房号保密标志，那就应该按保密房处理。

（6）双方交流时，有时需要确认对方姓名、身份或其他信息，以免因表达不清或接听有误而出现混淆及误会。确认时尽量用褒义词语，避免使用让人听了感到不舒服的确认词，如"您姓孙，是孙子的孙吗？""您姓马，是一匹马的马吗？"诸如此类。话务员可以改成"是孙子兵法的孙吗？""是马到成功的马吗？"。如遇需用英语确认时也同样要尽量使用褒义或中性词语。

知识链接

话务员常用服务用语

酒店总机作为客人"无形的第一印象"，电话礼仪显得非常重要。它不仅将影响外界对酒店的第一印象，也反映出酒店话务员的服务态度和服务素质。因此，多数酒店要求话务员的语言、语气和声调统一。表 2–1 是某酒店对接听电话基本用语的规范。

表 2–1　某酒店话务员接听电话基本规范用语

场景	服务用语中文	服务用语英文
对外线电话的问候	早晨好 / 下午好 / 晚上好！ L 酒店。请问有什么可以帮您？	Good morning/afternoon/evening，L Hotel，How may I help you?
对内线电话的问候	您好，总机。请问有什么可以帮您？	Operator，may I help you?
听清来电者的话	请您稍等。	Hold on the line please.
	请您稍等。电话帮你转接，我马上给您接通。	Hold on the line please，I'll put you through.

续表

场景	服务用语中文	服务用语英文
询问来电者要找哪位	请问您要找哪位啊？	May I know who you want to speak to?
	请问他是在哪个部门工作的？	May I know in which department he is?
礼貌道歉时	恐怕……	I'm afraid... /I'm sorry...
告诉对方打错电话了	对不起，您打错了。	I'm sorry that you've got the wrong number.
为让对方等候而道歉	对不起，让您久等了。	I'm sorry to have kept you waiting.
告诉对方电话已经接通	您好，电话已经为您接通，请讲。	The line is connected for you. go ahead，please.
询问对方是否要留言	请问您要留言吗？	Would you like to leave a message?
	对不起，您要的电话（房间）没有人接，请问您要留言或稍后再打来吗？	Sorry. There is nobody in the room./ There is no answer. Would you like to leave a message or call back later?
电话忙音 / 占线时	对不起，您要的电话占线，请您稍等，不用挂机。	Sorry，the line is busy now. Would you like to hold on please?
客人来电查询住店客人	请问先生 / 女士您找哪位？可以告诉我客人的全名吗？请把客人的姓拼给我好吗？	May I know the guest's name? Can you tell me the full name? Please spell the last/first name for me.
叫醒服务时	早上好，先生 / 小姐，这是您的（6：00）点叫醒，祝您愉快！	Good morning，Sir. This is your（six o'clock）morning call. Have a nice day!
来电询问客人房号时	对不起，根据我们酒店的规定我们不能告诉您客人的房号。	Sorry，according to our hotel's rule，we can't tell you the guest's information.
问客人是否需要另外的帮助	请问您还有什么需要我们帮助的吗？	Is there anything we can do for you?
结束电话	谢谢你的来电。	Thank you for your calling.

四、多情形下的话务服务技巧

（一）住店客人生病，想找医生看病时

了解客人病情，通知大堂经理，视情况建议客人去就近医院，并说明所需要的交通费用和时间。

（二）客人来电话询问遗留或遗失物品时

如遇客人来电话说有东西遗失在客房时，直接转到客房中心，因为客房中心是失物招领中心。如果是在餐厅或酒店其他地方遗失的，就接至大堂副理处。

（三）客人要求接转客房部的电话时

若遇客人要求接转客房部的电话，通常要问清是什么事情，然后再接转，因为有许多客人搞不清酒店的组织结构，有大多数客人其实是要订房。

（四）客人要求开客房门时

如果有客人要求开客房门的电话，请转去客房中心，客房中心需核对客人身份才能为其开门。这也是出于安全考虑，以防止骗子或小偷入室行窃。

（五）客人需要留言时

在留言簿上写下以下内容：被留言人的姓名、房号，来电的时间和日期，来电者的姓名，来电者的留言。在记完留言后要和客人核对内容，并告知对方“请您放心，我们会及时将留言转告客人的”。在计算机上打好该房的留言单，通知礼宾部将留言单送到客人房间。过后要再和礼宾部确认是否已将留言单送到客人房间。在交班本上做好记录。

（六）客人有问询要求时

要确保告诉客人的信息是对的。如果客人的提问不在总机的已知范围内，可以先让客人稍等，然后再尽力找寻答案，例如可打电话到某个部门询问。找到信息后，话务员要尽早告诉客人。

（七）夜间发生特殊事件时

在夜间，酒店的大堂副理就是夜间经理，如果在夜间发生什么事情时，先和大堂副理联系。大堂副理会按照实际的情况处理，如果他不能处理的，则会通知晚上的值班经理。

（八）接到消控中心火警处理指令时

酒店通常规定，火灾发生时，发现火情的第一人应立即将信息传递给酒店安全部的消控中心。总机接到消控中心火警通知后，应按规定立即通知酒店安全委员会成员、安全部消防主管以及值班工程师。不同的酒店对夜间、白天的火警通知顺序会有所不同。总机同时要将所有情况记录下来。

知识链接

一、总机房主要设备及用品

电话机（图 2–1）、电话交换机、话务台、电话自动计费器、打印机、计算机、时钟、记事本等。

图 2–1 总机房电话机

二、总机房的环境要求

1. 安静、保密

话务员在对客服务时，宾客会通过总机房的背景声音来判断总机的管理和服务水平，因此总机房的氛围应安静。未经许可，总机房以外的人员不得擅自进入。

图 2–2 总机房的环境

2. 便于与总台联系

在对客服务过程中，总机与总台有着极为密切的联系。因此，总机房设立的位置应尽量靠近总台。有些小型酒店将交换机直接安装在总台，由接待员兼管。

3. 清洁、整齐

总机房内的各种办公用品应明确定位，各类表格也应归类存放。否则，杂乱的环境会给话务员带来慌乱及不耐烦的心理暗示，从而影响其对客服务的精神状态。

知识链接

表 2-2　饭店运营质量评价表（总机）

2.1.1	总机	优	良	中	差
2.1.1.1	在正常情况下，电话铃响 10 秒内应答	3	2	1	0
2.1.1.2	接电话时正确问候宾客，同时报出饭店名称，语音清晰，态度亲切	3	2	1	0
2.1.1.3	转接电话准确、及时、无差错（无人接听时，15 秒后转回总机）	3	2	1	0
2.1.1.4	熟练掌握岗位英语或岗位专业用语	3	2	1	0

“电话铃响 10 秒钟内应答”的要求是基于宾客拨打电话时的心理活动过程提出的。通常情况下，宾客拨打电话后，铃响第一声，宾客的心理活动是“接通了”；第二声，宾客的心理活动是“有人接听吗”；第三声响后，宾客便会产生疑虑，对饭店的服务效率形成不满。因此需要饭店总机在宾客产生疑虑以前接听电话，报出饭店名称，使宾客安下心来、寻求服务，这一过程大致在 10 秒时间内。

资料来源：中国旅游出版社《旅游饭店星级的划分与评定释义》

五、AI智能话务服务

数字化总机的体现之一是 AI 智能电话。人工智能不再是未来，而是当下的趋势，语音识别，人机交互，基于深度脑网络算法的 AI 将改变人们的生活，无数的行业将被颠覆，AI 已经上升到国家战略高度。

（一）智能语音应答

使用 AI 客服重塑电话接听流程，AI 客服可以回答公众简单、通用的问题，复杂的问题可以转人工。可以对客人需求进行筛选，减少人工客服的工作量。

（二）智能查询与智能应答

智能机器人应答服务是指机器人通过对知识库内容的学习，为客人提供智能化自助查询服务与应答交互服务。人工智能语音电话系统是指在语音电话交流中自动理解客户意向，并做出最恰当的回应。

（三）智能回访

系统可设置需要智能语音回访的数据，部门将客人需求处理完成后，系统自动拨打公众电话，并进行智能语音回访。语音引导客人进行满意度评价，系统自动记录满意度信息，对无法识别的客人回复自动保存录音并交人工研判。

知识链接

AI 客服的起源与发展

提到“客服机器人”“智能客服”，很多人都想到被“用坏”的外呼机器人——骚扰电话。其实智能外呼只是客服机器人的一支，本意是为了更高效地与用户沟通，但技术一直就是一把双刃剑，智能外呼技术也不例外。

我们反对骚扰电话，但不能否定客服机器人。它已经在多个场景提升了用户体验，例如实时在线解答用户疑问、根据用户需求推荐合适的产品，帮助用户订机票、酒店等。并且正在得到越来越多企业的认可和接受，毫无悬念，机器人将占据客服场景半壁江山。

客户服务概念起源于美国，最早是在 1956 年由泛美航空公司推出客服中心，用于客户机票预订。这种通过电话进行客服、营销以及其他商业活动的服务形式很快在全球范围得到推广。

20 世纪 90 年代末，以呼叫中心为主的客服系统进入中国。而后，随着互联网、移动互联网、云计算、AI 等技术的应用普及，逐渐演化出多种形态。

总体来看，中国客服软件市场大致经历了三个发展阶段：传统呼叫中心软件、PC 网页在线客服 + 传统客服软件、云客服 + 客服机器人。但是长久以来，客服行业都存在诸多痛点：客服人员流动性大、培训成本高、客服效果难以把控、大量重复性问题过度消耗人工客服，同时，如何提升售前转化、如何优化客服流程、如何从客服数据中发现企业业务问题等，也一直困扰着各大企业。直到客服机器人的出现：早期客服机器人，在一定程度上解决了简单重复性问题，紧接着，深度学习算法的应用，大幅降低了客服机器人知识库构建和维护的成本，加之大数据和自然语言处理技术的逐渐成熟，AI 正在变革客服行业的原有业态。

如今，无论是 2C 业务还是 2B 业务，提升用户体验感都越来越重要。曾经在金融、电商、互联网等行业落地生根的客服机器人，如今已经蔓延至各个行业，遍地开花。

资料来源：也来科技

任务拓展

1. 请尽量多地记住中国各省会城市的区号，以及主要客源国国家的区号。

2. 思考一下，当交流中需要确认你及同学的姓名时，用什么褒义或中性词语为好？

3. AI 客服的应用对客人入住体验的影响有哪些？不同类型酒店在提供 AI 客服时应如何取舍？

任务总结

为了保证服务质量，话务员要掌握应有的业务信息与技能，尤其要习惯通过服务用语与人对话。转接电话是总机最常规的工作。话务员要努力通过声音与礼貌让客人感知到酒店的热情好客。

酒店行业智慧化、智能化并不意味着人工智能将完全取代酒店员工，反而拥有过硬的专业知识，良好的服务意识的员工在今后的酒店行业中将发挥更为重要的作用。员工不必从事烦琐、重复的工作，而将更多的注意力转移到提高服务品质上。

任务二　叫醒与留言服务

【任务导入】

2014 年 6 月，南京市某五星级酒店服务员小张接到 1208 房客人王先生的电话，客人要求酒店第二天早上 6:30 提供叫醒服务，他要在 8:30 赶到南京禄口国际机场搭乘航班，听完客人的要求，小张在叫醒记录本上做了相应的记录。第二天早上，总机服务员小李正好上早班，她看了看叫醒记录本的叫醒安排，一看手表正好 6:30，于是小李便拨通了 1208 房的电话进行人工叫醒，可是一连打了好几个电话都无人接听，没有办法，小李只能通知客房中心赶紧派人去 1208 房敲门，客房服务员整整敲了 5 分钟，王先生这才醒来开门，一看时间已经 6:50 了，王先生暴跳如雷，打电话给总机质问她们为什么这么晚才叫醒自己，如果耽误了航班，酒店要承担所有责任！小李电话中向王先生再三解释，可是王先生根本听不进去，口口声声闹着要投诉酒店。

1. 对此类问题，酒店是否存在过失？
2. 如何正确地看待客人的此类投诉？
3. 如何更好地避免此类事件的发生？

【任务执行】

叫醒服务即 Wake-up Call，其中的叫早服务即 Morning Call。可能有人会有这样的疑惑：多数客人是有手机的，其可以实现闹钟功能，但为什么还需要总机叫醒呢？客人请总机叫醒说明了他对话务员的信任。客人相信，话务员一定会准时致电叫醒自己。因此，话务员不能辜负来自宾客的嘱托和信任，要当好宾客的“温馨闹钟”。

在提供叫醒服务时，准确无误是前提，适当可以体现酒店的个性化服务。为了做好叫醒服务，话务员应注意以下几点：

第一，当客人有叫醒服务需求时，话务员要问清房号或团队团号、叫醒的具体时间，填写“叫醒服务登记表”（表 2–3）。

表 2-3　叫醒服务登记表

序号	姓名	叫醒时间	单天或周期性叫早	备注	受理人签名

第二，叫醒预约的来源一般有总机、客房中心、总台、礼宾部等。话务员要将要求叫醒服务的受理岗点记录清楚，以便追溯。

第三，根据“叫醒服务登记表”，话务员要重复宾客的要求，得到客人的认同后，询问客人是否需要第二次叫醒服务。第二次叫醒一般是在 5 分钟后。然后按时间顺序把房号与相应的叫醒时间输入系统，并核对。

第四，酒店总机的叫醒工作可以有两种方式：话务员人工叫醒、系统自动叫醒。采取何种方式，用什么问候语，由酒店视情况而定。例如，有的酒店规定，若是提供二次叫醒，一次是系统叫醒，一次是话务员人工叫醒，以使服务更加人性化，在人工叫醒时还会向宾客介绍当日的天气情况、穿衣指数建议，同时视情况进行早餐推荐服务等。对于 VIP 客人的叫醒，多数酒店不采用系统叫醒，而是提供人工叫醒，且以尊称称呼贵宾。

第五，要等客人先挂电话，话务员才可挂断电话。

第六，如果房间无人接听，要通知客房中心，让客房服务员前往房门口去叫醒。有些酒店规定，如果客人房间开启了免打扰灯，就通知大堂副理去房间叫醒。

一、人工叫醒

（一）人工叫醒服务的程序和标准

1. 接受叫醒

（1）问清宾客房号、姓名及叫醒时间。

（2）复述并确认宾客的叫醒要求。

（3）填写叫醒记录表。

2. 使用定时钟

在定时钟上定时。

3. 叫醒宾客

（1）定时钟敲后，用电话叫醒宾客：“×× 先生（女士），早上好，叫醒您的时间到了，祝您一天愉快。”

（2）若无人应答，隔 3 分钟再人工叫一次。

（3）若再次无人应答时，应立即通知大堂副理和客房部，查明原因，采取措施。

4. 注销

在叫醒记录上登记注销。

（二）人工叫醒的注意事项

酒店向宾客提供的叫醒服务是一项重要的服务项目。在提供人工叫醒服务时，要注意以下要求：

（1）若宾客不是在房间内打电话来预约安排叫醒，要问清宾客的房号、姓名并与计算机系统核对。

（2）按时间顺序誊写在叫醒总表上，并交叉检查叫醒的誊写记录。

（3）夜班在凌晨1点左右要将所有叫醒的原始记录与总表核对，防止遗漏。

（4）在叫醒闹钟上拨上每一个时间段的时间，提醒及时检查。

知识链接

表2-4 饭店运营质量评价表（叫醒服务）

2.1.6	*叫醒服务	优	良	中	差
2.1.6.1	重复宾客的要求，确保信息准确	3	2	1	0
2.1.6.2	有第二遍叫醒，准确、有效地叫醒宾客，人工叫醒电话正确问候宾客	3	2	1	0
2.1.7	结账	优	良	中	差
2.1.7.1	确认宾客的所有消费，提供总账单，条目清晰、正确完整	3	2	1	0
2.1.7.2	效率高，准确无差错	3	2	1	0
2.1.7.3	征求宾客意见，向宾客致谢并邀请宾客再次光临	3	2	1	0

人工叫醒是指通过员工将电话打进宾客房间叫醒宾客的一种饭店服务的个性化方式。其内容包括：

第一，问候宾客。

第二，告知时间。

第三，通报天气情况。

第四，询问是否需要再次提醒。

资料来源：中国旅游出版社《旅游饭店星级的划分与评定释义》

二、自动叫醒

（一）自动叫醒的服务要求

酒店在制作自动叫醒服务的录音带时要保持准确的措辞、合适的语音语调、标准的外语发音及规范的用语。

在实施自动叫醒时，除了需注意人工叫醒服务的要求外，还应注意以下两点：

（1）在接受叫醒电话的同时在系统中输入叫醒时间，这样可以确保房号准确。

（2）如宾客需要二次叫醒，在接受叫醒的同时输入所需叫醒的两次时间中的第一次时间（交换机上每一间客房一次只能输入一个时间的叫醒）。第一次自动叫醒实施后，在交换机台上将第二次叫醒时间输入。

（二）自动叫醒服务的程序和标准

1. 接受叫醒

（1）接到宾客要求叫醒的电话，问清宾客房号、姓名及叫醒时间。

（2）复述宾客的叫醒要求并得到确认。

（3）检查叫醒客房的种类和宾客类型，如是 VIP，需作特别提示。

2. 将信息输入交换机

（1）按机台上的叫醒键，输入客房号码和叫醒时间。

（2）按机台执行键。

（3）将套房的叫醒信息输入卧室的电话分机。

3. 记录

（1）在叫醒登记表上按时间顺序填写宾客的房号和叫醒时间。

（2）复查并签名。

4. 再次核查

（1）夜班服务员再次检查叫醒的输入情况、客房情况和套房状况等。

（2）按照最早的叫醒时间，打开叫醒打印机并检查叫醒系统是否正常工作。

5. 团队叫醒

（1）根据总台提供的叫醒记录，找出相应的团队分房表，将分房表上的房号与系统中此团的房号核对，防止有差异。

（2）将房号和时间输入交换机。

（3）打印总叫醒报告。

（4）核对报告上的叫醒记录。

（5）按时间先后将团队表摆放好。

（6）在每一叫醒时刻逐一检查宾客接受叫醒的反馈情况。

（7）宾客未应答的应立即通知客房中心。

知识链接

住在 705 号房的韦恩先生是位性格古怪的美国老大爷，7 月 20 日晚他打电话到前台需要叫醒服务，告诉前台 7 月 21 日早晨 6 点叫醒他，他要到机场乘坐飞机返回美国。随即前台将他的需求转达给总机。结果到了 21 日 8 点半，韦恩怒气冲冲地来到前台，向大堂副理投诉，总机没有给他提供叫醒服务，导致他延误了航班。后经大堂副理查实：总机的叫醒设备没问题，而且在早晨 6 点的确为韦恩先生提供了叫醒服务，而且韦恩先生接通了电话，只是电话里没出声而已。后经过核查，原来是韦恩先生接了叫醒电话后又睡着了，导致他延误了航班。

1. 对此类问题，酒店是否存在过失？

2. 如何正确地看待客人的此类投诉？

3. 如何更好地避免此类事件的发生？

三、叫醒服务的问题与对策

（一）叫醒服务失误的原因

叫醒服务失误主要有酒店和宾客两方面的原因。酒店方面的原因有：

（1）话务员漏叫。

（2）话务员做了记录，但忘了输入系统。

（3）记录太潦草、笔误或误听，输入系统时输错房号或时间。

（4）系统出了故障。

客人方面的原因有：

（1）错报房号。

（2）电话听筒没放好，无法振铃。

（3）睡得太沉，电话铃响没听见。

（二）叫醒服务失误的对策

为了避免叫醒失误或减少失误率，酒店方面可从以下几方面着手，积极采取措施：

（1）经常检查计算机系统运行状况，及时通知有关人员排除故障。

（2）宾客报房号与叫醒时间时，接听人员应重复一遍，以期得到宾客的确认。

（3）遇到电话没有应答，通知客房服务员或大堂经理敲门叫醒。

（4）如宾客要求多次叫醒，服务员要在叫醒登记表上做特别说明。

（5）宾客需要两次叫醒时，一般是一次自动叫醒，一次人工叫醒，这样可以防止因设备故障而造成的叫醒失误，两次叫醒通常将人工叫醒放在后一次。

（6）如发现漏叫或没有打印出宾客的叫醒要求，服务员必须用电话人工叫醒宾客，并做好记录。

知识链接

住客可能会由于睡过头而错失了一个重要约会、一次航班或耽误了一次外出度假的机会。所以总台接待员必须十分小心地处理宾客唤醒的要求。前厅的机械装置或前厅的计算机系统可以用来提醒总台接待员，及时地提供唤醒服务。计算机系统可以自动实施唤醒，播出已录制好的唤醒语。尽管有了先进的技术手段，许多饭店仍倾向于让总台接待员或总机话务员来实施唤醒服务，这主要是因为宾客最喜欢的是面对面的服务。

总机房有用于唤醒服务的时钟，这一做法很常见。这个时钟也叫饭店时钟，时钟指示的是饭店所在地的时间。每天要校对时钟，以保证它的准确性。饭店的其他计时器如时间戳印等都应与饭店时钟保持一致，以确保部门间工作和服务的准确性。饭店时钟一般都放在总机旁侧。

当然，技术的发展使得在这方面又有了新的服务手段。不再需要饭店总机或其他服务部门来提供唤醒服务，宾客可以用电话拨一个分机号码，然后按系统指示输入唤醒的时间。这样饭店可以选择是采用自动唤醒服务设备，还是由饭店总机话务员来提供个性化的唤醒服务。饭店也可以将唤醒服务与提供房内用膳服务两者结合起来，使得宾客在接受唤醒服务时可以下早餐订单。

资料来源：美国饭店业协会教育学院系列教材《前厅部的运转与管理》

四、智能叫醒

数字化总机与客房的智能家居系统绑定。可以为客人提供智能叫醒服务。通过控制窗帘、灯光、音乐等，达到让客人更舒适的被唤醒的效果。

智能闹钟：在最佳时间叫醒你

早上的闹钟铃声大概是人们最不想听到的一种声音了，它似乎永远都在你睡得最香的时候“不知趣”地响起，扰了你的清梦。不过现在好了，科技进步为我们带来了一批“懂事”的智能闹钟，它们会在最理想的时间唤醒你。

据美国《华尔街日报》网站报道，销售智能闹钟的公司称，这种闹钟可以监测你的睡眠，在你处于浅睡阶段时轻柔地唤醒你，从而减轻醒来后昏昏沉沉的感觉。但睡眠专家对这种闹钟能否让人醒来时更清醒表示怀疑，他们强调晚上睡个好觉才是关键。

不过，介绍一下这种小玩意也无妨。

能在最佳时间把人唤醒的闹钟其实在 2005 年左右就面世了，但它们价格偏高，用法常常也很复杂。当前出现的新一代智能闹钟用法要简单一些，而且也便宜一些。

有几种闹钟的原理是利用“静息活动监测仪”来监测你的身体活动，因为人们在浅睡眠时更容易动。这类闹钟通过探测身体的活动情况来决定唤醒你的最佳时间。检测设备既可以佩戴在身上，也可以放在床上。你可以设定一个你想被叫醒的时间段。

也有一些设备不使用静息活动监测仪，Zeo 便是其中之一。Zeo 是一个头戴式，装有可测量脑电波和眼部活动电脉冲的银电极，分为两款，一款可通过蓝牙与 iPad、iPhone 或安卓手机设备连接，通过手机闹钟叫醒你，售价为 99 美元。另一款即为放在床头的闹钟，售价149美元。Zeo网站显示，其系统可以在“你睡眠周期的最佳时间轻柔地唤醒你”，而这个最佳时间是在浅睡眠向快速动眼期（有时被称为REM或者有梦睡眠期）过渡的阶段。

总部位于亚特兰大的睡眠监测用品公司Innovative Sleep Solutions LLC也声称，该公司出品的一种名为SleepTracker的腕表式闹钟亦可在“真正的最佳时间”唤醒你。你可以在震动和音乐这两种铃声之间任选一种，或者两种同时使用。这种闹钟售价同样是149美元。

如果你觉得上述产品价格都太贵的话，也有便宜的选择。售价99美分的Sleep Cycle是一种iPhone应用程序。开发该程序的瑞典公司Maciek Drejak Labs AB称，该应用程序使用一个“专有算法”来分析人的睡眠模式，让iPhone“在你睡眠最浅的阶段”把你唤醒。

不仅如此，上述三种闹钟都能绘出睡眠曲线图供你分析，但只有Zeo可以精确区分睡眠阶段。

《华尔街日报》记者亲身体验了一下这些闹钟。“Zeo的移动款很有意思，用法也很简单。我喜欢它发送到我iPad上的详细睡眠曲线图，它还能记录我的REM睡眠状态。这个头带一开始令我感觉不爽，让我额头上起了些红包。不过，在我按照公司的建议，洗掉头带上的残留物后，这个问题就解决了。”

“SleepTracker一般会在我设置的时间段结束时唤醒我。有两次我已经醒了。Innovative Sleep Solutions的执行合伙人李·洛里解释说，设备可能是认为我没睡够，所以允许我睡得长一点。”

“在使用Sleep Cycle应用程序时，你要设定闹钟，并将iPhone面朝下放在床上。清晨似乎只要我身体一动，闹钟就会响；我的猫在床上跳上跳下也会启动闹钟。”对此，Sleep Cycle的首席开发员马西克·德勒雅克表示，这个应用软件确实能记录小的动作，但它在分析你的睡眠模式时，可以“过滤”那些它认为不相关的动作。他还说，来自用户的反馈显示，该软件能让用户醒来时有个好心情。

不过，一些睡眠专业医师对此持怀疑态度。耶鲁大学的睡眠专家迈尔·克里格指出：“如果睡眠不足，我的脾气就会不好。我不确定这样一种机器对我有没有帮助，而且现在肯定没有科学文献能证明这种产品值得推荐。”他说，就算这种产品真的能减轻昏昏沉沉的感觉，其效果可能也只能在你醒后维持15或20分钟，至多2小时。

资料来源：特约撰稿王紫京《青年参考》（2012年05月16日39版）

五、留言服务

【任务导入】

一天，王先生向酒店大堂经理投诉，说因为酒店漏送了他的留言信息导致耽误了他的大事，本来谈好的合作泡汤了，要求酒店赔偿。经过酒店查实，事情原来是这样的：一位访客打电话拜访住在酒店204房间的王先生，总机致电204房间的王先生，发现其不在房内。访客说有重要的事情要找王先生，希望王先生回酒店之后立刻给他回电，因此，总机服务员帮访客给王先生做了留言。意想不到的是，总机服务人员匆忙之中把王先生的房间号写错了，结果留言单被送到了205房间……

1. 如何在工作中有效避免此类事情的发生？

2. 如果你是大堂经理，应该如何妥善处理此事？

【任务执行】

留言服务是酒店帮助住店客人传递口信的服务，总机为客人提供的留言服务主要为电话留言服务。

在移动通信十分发达的现今，有不少人会质疑留言存在的必要性。但是实际情况中，移动通信会存在不能使用的情况，比如说无移动信号、无顾客手机号码，再比如说身处游轮、保密酒店、重要政治接待酒店、会议酒店等。因此，固定电话是可靠稳定的象征，所以酒店服务中心的留言功能还是很有必要保留的。

（一）访客留言程序与工作标准

（1）如分机或客房的电话正忙或无人接听，且来电者选择使用语音信箱留言，总机可以说：

“很抱歉，先生/小姐，××先生/小姐不在房间，您是需要留言还是稍后再拨呢？”

（2）如来电者希望留言，需与来电者确认如下信息：

· 客人或员工的姓名；

· 来电者的姓名；

· 来电者的联系方式；

· 如有可能，询问来电者公司的名称；

· 文本留言。

（3）精确地记录所有留言信息。

（4）向客人确认留言信息，包括联系方式，留言信息。

（5）记录日期和时间并签名。

（6）确保字迹清楚和拼写无误。

（7）在系统中输入信息，并注明客人的姓名和房号。

（8）按“MESSAGE”键把信息输入计算机中。客人电话上的留言灯亮则表明留言已成功被记录。

（9）打印留言。仔细调整打印纸边框，打印并将留言放入信封。在信封上注明客人的姓名及房号。

（10）通知行李员及时把留言送给客人。

（11）记录留言被送的时间。

（12）当客人因房间的留言灯亮询问是否有留言时，在系统中查询。通知客人留言的时间和来电者的姓名，并询问客人是否已收到文本留言。

“有一个在早上十点钟由 ×× 留的言，您是否已经收到？”

（13）如需要，向客人复述留言内容。当客人告知留言已收到时，在系统中选择留言已被递送以关闭电话上的留言灯。

访客留言单样式见表 2–5。

表 2–5 访客留言单（Visitors Message）

女士或先生（Ms or Mr）＿＿＿＿		房号（Room No.）＿＿＿＿
当您外出时（When You Were Out）		
来访客人姓名（Visitor's Name）＿＿＿＿		
来访客人电话（Visitor's Tel.）＿＿＿＿		
□有电话找您（Telephoned）	□将再来电话（Will Call Again）	
□请回电话（Please Call Back）		
□来访（Came to See You）	□将再来看您（Will Come Again）	
留言（Message）＿＿＿＿＿＿＿＿		
经手人（Clerk）	日期（Date）	时间（Time）

（二）访客留言注意事项

1. 核对房号

（1）与计算机核对留言对象的姓名、房号是否一致。

（2）避免留言送错对象。姓名、房号必须和计算机记录一致。

2. 接受留言

准确传递信息，方便客人联系。

3. 填写访客留言单

（1）记录准确，使用礼貌用语。

（2）使用客人全名并加上称谓。留言要使用敬语，开头用“您好”，结尾用“谢谢”。

4. 复述留言

（1）确保留言内容准确、无误。按照留言的内容逐项复述，避免遗漏。

（2）复述时应特别注意核对留言内容中所涉及的时间和数据。

5. 取消书面留言

（1）关闭留言灯，避免重复。

（2）及时取消。

知识链接

1. 办理访客留言单的注意事项

留言具有一定的时效性，为确保留言单传递速度，有些酒店规定话务员要每隔一小时就通过电话通知宾客，这样做的目的是让宾客最迟也可在回酒店一小时之内得知留言内容，以确保万无一失。另外，为了对宾客负责，若不能确认接受留言的宾客是否住在本酒店或虽然住在本酒店，但已经结账离店，则话务员不能接受对该宾客的留言（除非宾客事先有委托）。

2. 电话查询服务及服务程序

（1）客人查询电话号码时，话务员要先请客人稍等，立即查明电话号码通知客人。

（2）查询住店客人房间电话时，话务员应先礼貌、委婉地进行核准，再予以转接，未经住客同意，不得泄露客人房号。

（3）如果暂时找不到被访客人，话务员应立即与总台问询处联系或进行查找，不能简单回绝。

（4）话务室内设记事板，用于记载有关通知和事项，提醒话务员注意。

（5）从门缝下塞入留言时，应注意从门靠近把手一侧的下方塞入，以防宾客开门后未注意到留言。

任务拓展

1. 如果在叫醒时需要告知宾客今天的天气情况，但该宾客只懂英语。你能用英语说出以下的天气状况吗？

多云＿＿＿＿＿＿＿＿

雨天＿＿＿＿＿＿＿＿

阴天＿＿＿＿＿＿＿＿

阵雨＿＿＿＿＿＿＿＿

晴天＿＿＿＿＿＿＿＿

下雪＿＿＿＿＿＿＿＿

气温 23℃~28℃＿＿＿＿＿＿＿＿

天气预报＿＿＿＿＿＿＿＿

2. 请以两人一组为单位，自设场景进行电话留言服务的模拟练习。

情景参考：

外线来电 TCL 公司的刘女士给 1102 的王先生留言，邀请他参加 14∶30 在酒店玄武厅的研讨会议。

提示：是否需要给客人送书面留言，如果需要，应如何送达给客人。

任务总结

小小的叫醒服务承载着客人对总机的充分信任。虽然随着智能手机的普及，这项服务在酒店的使用频次降低了，但是叫醒服务的服务要求没有降低。话务员在接受叫醒要求时要认真记录并核对，在实施叫醒时应当准时、亲切。

留言服务本身并不复杂，但在服务过程中要注意提高其准确性和时效性，并且一定要记录下来电者的姓名和联系方式等信息。在传递留言时注意客人的隐私设置，否则会给宾客的工作和生活带来不必要的麻烦。

任务三　房间保密与免打扰服务

【任务导入】

“隐私”对应的英语单词是“privacy”。什么是“隐私”？你认为一个人的哪些事务可归类为隐私？酒店中客人的隐私又表现在哪些方面？

【任务执行】

隐私可分为个人事务、个人信息、个人领域三大类。隐私可以说是一种与公共利益、群体利益无关，当事人不愿他人干涉或他人不便干涉的个人私事，当事人不愿他人知道或他人不便知道的个人信息，以及当事人不愿他人侵入或他人不便侵入的个人领域。

一、现代酒店强调尊重客人隐私

在中国，“隐私”一词据说最早出现于周朝初年，当时的意思是衣服，也就是把个人身体私处藏起来的东西。在中国古代的物种进化思想中，有没有“隐私”是文明人与野蛮人及野兽最明显的区别。到了东周，“隐私”开始有扩大化的倾向，女人的胳膊、手、腿、脚、脖子等身体部位也都被划入了“私”的范围。

在 20 世纪初，欧洲的里兹酒店第一次使用“请勿打扰”（图 2–3）这样一个简单的标识，从那时开始，酒店行业有了尊重客人隐私的传统。

图 2–3　请勿打扰

随着理念的进步和高科技的应用，现代酒店也越来越多地在保护客人隐私方面做文章。例如，目前国外有些酒店的客房外不装门铃，因为在上流社会，事先不联系而径直敲门到访的情况是很少见的，而酒店服务的原则是服务员基本不与客人接触，因此，门铃也就显得没有必要；某酒店将客房门外常挂着的“请勿打扰”（DND）牌换成“隐私”（Privacy）牌；北京某酒店在房门外墙角平台放上一盆鲜花，当客人离开时，就将鲜花挪走，当客人进房后，又将鲜花放在门边上；刷卡用电梯也正体现了酒店对客人隐私和安全的保护。

二、房间保密或免打扰服务要点

有些住店宾客在住店期间，由于种种原因，不希望酒店透露自己的住店信息，常常会在办理入住登记时告知总台接待员要求房号保密及保密等级程度。总台接待员会将此信息输入系统，联网的总机系统亦会显示此信息，总机话务员可根据信息提示为住店宾客做好房号、姓名等的保密工作。另外，客人也可能在住店期间提出不希望被电话打扰，或在某个时段不愿接听电话，向酒店提出“免电话打扰”服务。话务员可以根据客人对其房间免打扰的时限、程度，对其分机电话进行设置。

（1）将所有要求DND服务的宾客姓名、房号以及要求DND服务的时间记录在交接班本上或注明在记事牌上，并写明接受宾客通知的时间。

（2）将电话号码通过话务台锁上，并将此信息准确通知所有其他当班人员。

（3）在免打扰期间，如发话人要求与住客讲话，话务员应将有关信息礼貌、准确地通知发话人，并建议其留言或待取消DND之后再打来电话。

（4）宾客要求取消DND后，话务员应立即通过话务台释放被锁的电话号码，同时，在交接班本上或记事牌上标明取消记号及时间。

为了保证客人更好地休息，有些酒店在每天的23:00至第二天的7:00，给酒店的所有客房做免打扰服务，即所有客房在这段时间内的内、外线电话都需经过总机进行转接与拨打。总机在向客人做好预先说明的同时，对于不需要如此设置的房间，会尊重客人，取消这项服务。

任务拓展

讨论：有人认为，酒店一方面想要保护客人隐私，另一方面又注重收集客人的资料作为客史档案，这是一种矛盾。你认为呢？

任务总结

尊重客人的隐私是酒店应遵从的服务准则。话务员在工作过程中，要以住店客人为先，恪守为客人房号保密或使其免受打扰的承诺。

项目总结

在本项目中，我们学习了人工与AI话务服务、叫醒与留言服务、房间保密与免打扰服务。电话是对客服务的桥梁，总机的服务质量直接影响客人对酒店的印象。总机房在对客服务及酒店经营管理过程中发挥着非常重要和不可替代的作用。总机话务员以电话为媒介，用悦耳动听的声音为客人提供各种话务服务，被称为“看不见的接待员”。而AI智能电话将话务员从重复的对客服务工作当中解放出来，更关注于宾客满意度的提升。

项目链接

“一键式”服务

酒店在服务工作中坚持站在宾客的立场上改善服务内容和服务方式。不少酒店对客房内客人常拨电话号码进行了缩位，缩位至1位或2位数，极大地方便了客人。近年来，国外酒店使用了“Star Service”，即客人只要按一下电话机的星号键，就可解决一切问题。我国不少酒店也在这方面进行了改进，推出了类似的“一键式”服务（图2–4），客人在客房内有任何服务需求时，不再像以往那样需要分别拨打客房中心、餐厅、总台、总机或其他营业岗点的电话，而是只需在电话机上拨打指定的一个键，即可获得所需要的订餐、订房、叫醒、行李、洗衣、客房服务、电话请勿打扰、留言、紧急需求和其他服务。

提供“一键式”服务的意义在于减少服务程序，增加服务的可获得性，减少信息传导过程中的重叠环节，从而提高工作效率。另外，它实质上也是一种客户关系管理方法的扩充，更可以满足一些紧急需求，如宾客生病、火灾等。设立“一键式”服务需要酒店的政策支持、硬件支持、软件支持，以及人员素质与技能的支持。

图2–4 一键通

“一键式”服务需要专职或兼职的客服人员。“一键式”总机或执行部门通常设在总机或客房中心。服务人员不仅需要较高的专业素质，而且要熟悉整个酒店的运作流程和操作技能。

如果酒店将“一键式”服务设在了总机岗位。那么，总机员工需要承担两类工作，即总机话务员和总机客服人员，每天的工作量自然也就增加了不少，尤其是中班或晚班当客房部人员大都下班时。例如，当总机员工接到客人需要拖鞋的电话时，他就会及时为客人送至房间；当客人因调整电视频道困惑时，他得去客房为客人解决问题。所以，有些酒店在适当增加总机人手的同时，也提高了总机员工的薪水待遇，与其实际工作量相挂钩。当然，如果服务中心设在总机，则应在总机相应地设置一个“小仓库”，储放一些提供服务时需用的客用品等。中国的一家JW万豪酒店将“一键式”服务中心取名为“At Your Service”，设在了总机，归属房务部管辖，在客情繁忙时，酒店会调剂其他人员进行帮助，以保证服务效率。

放眼看世赛

世界技能标准规范解读——沟通、客户关怀和人际沟通技巧

1.个人（选手）需要了解的知识点

（1）与客人有效沟通的重要性。

（2）与酒店客人沟通的程序和指南。

（3）有效沟通的障碍和克服障碍的办法。

（4）酒店接待（前台）与其他部门之间的联系，以及接待（前台）作为部门间沟通的枢纽作用。

（5）酒店关于制服和个人外观的相关规定。酒店接赛项的技术文件上明确规定了选手的制服和个人外观。男士需身着深色西装、白色长袖衬衫、领带；指甲干净且修剪整齐。女士需身着深色西装配长裤或裙子，裙子必须到膝盖以下，主要使用棕色、黑色和深灰色等显得坚实的中性色。穿无任何花饰深色皮鞋，鞋跟高度应在3~5厘米。可佩戴款式小巧的耳环或印有虚拟酒店LOGO的名牌。

2. 个人（选手）应具备的能力

（1）根据客人类型和／或情况，欢迎、照料客人并进行沟通，包括残障人士和沟通存在困难的客人。比如选手需要提前走到柜台前面迎接客人，接待残障人士时，应该尽量保持与客人平视。

（2）提供有关酒店的准确和全面的信息服务和设施。

（3）向客人提供旅游信息。如果客人到前台来询问旅游信息时，选手应该合理利用前台的材料，比如地图，向客人介绍，必要时画出对应的路线图，并且请客人将地图带走。如果客人询问酒店的娱乐设施，可以把相关宣传册拿出来介绍，这样才能达到更好的沟通效果。如果介绍的信息太多，还可以要客人留下电子邮箱地址，稍后发送一份详细的讲解到客人的邮箱。

（4）与客人、同事和供应商保持良好的专业关系和沟通。

（5）从客户／向客户、同事、供应商等接收和传递信息。

（6）拨打和接听电话、收发电子邮件。选手需要掌握拨打和接听电话的礼仪，也需要注意，电话铃三声之内要接起。

（7）在住宿期间照顾客人，确保他们满意。

（8）保持优秀的个人表现，遵守有关制服、姓名、徽章和个人外貌的相关规定。

（9）对非言语沟通方式，如肢体语言和手势有适当的认识和反应。

（10）有效地应用倾听技巧。

（11）进行适当的、专业的交流。

（12）在对话中展现出自信。

（13）与酒店内其他部门有效、及时沟通。

（14）表现机智、具备交际能力。

（15）对特殊要求做出适当回应。比如客人需要携带宠物办理入住，选手需要向客人解释酒店的规章制度，并且提供让客人满意的解决办法。

【专业英语】

1. Good morning，Center Hotel，Can I help you？早上好，中心大酒店，请问需要帮助吗？
2. Sorry，I've dialed the wrong number. 对不起，我拨错号了。
3. Could you put me through to Room 218，please? 请转218房间。
4. I will connect you with the Restaurant Reservation Desk. 我帮您转到宴会预订处。
5. For calls outside Shanghai，please dial 0 and then the area code and number. 您要打电话到上海，请拨0，再拨区号和号码。

6. I'd like to be woken up tomorrow morning. 我明天早上需要叫醒。
7. Could you hold the line，please? 请稍等。
8. Sorry，he is not in at the moment. 对不起，他现在不在。
9. Would you like to leave a message? 您要留口信吗？
10. I beg your pardon. 对不起，请再说一遍，好吗？
11. It's my pleasure. 非常高兴为您服务。
12. Sorry to have kept you waiting. 对不起，让您久等了。
13. Sorry to interrupt you. 对不起，打扰您了。
14. Just a moment，please. 请稍等一下。
15. I'd like to speak with Mr. Brown. 我想请布朗先生听电话。
16. I'm afraid there is no reply from Room 210. 210 号房恐怕没人接电话。
17. Could you try again? 请再试一次好吗？
18. I'm afraid your partner was cut off. 对方恐怕已经挂断了。
19. I'd like to call my friend in his room. 我想打电话到朋友的房间。
20. Please dial 60 and then the room number. 请先拨 60 再拨房间号码。
21. What number are you calling，please? 请问您要拨的电话号码是多少？
22. Is this a paid call? 这是已付费电话吗？
23. I'd like to make an international call. 我想拨一个国际电话。
24. You may call direct from your room，Sir. 先生，您可以直接由客房拨出去。
25. The country codes are listed in the Service Directory in your room. 国家代号列在您房间里的服务指南上。
26. I'd like to make a collect call to the U. S. A. 我想打一个对方付费电话到美国。
27. Thank you Mr. ××，your room number is ×× and we will call you at ×× in the morning. ×× 先生，请允许我重复一下，您的房号是 ××，我们将于早晨 ×× 时叫醒您。
28. I am sorry，Sir，we are not allowed to give-out our guest's room numbers. Can you give me your name and telephone number and I'll have Mr. ×× call you back. 对不起，我不能将宾客的房号告诉您。请将您的姓名及回电号码告诉我，我可以请 ×× 先生给您回电。
29. I am afraid such information is confidential，I am so sorry. 很对不起，此类信息属于保密范围。

项目评价

✧ 知识评价

一、单选题

1. 有关“话务员岗位职责”的描述不妥的是（　）。

A. 为宾客提供长途电话的代拨、计费及咨询服务
B. 负责酒店消防报警及应急情况的内部沟通工作
C. 充分掌握电话业务知识，尽自己最大的能力帮助客人，满足宾客的需求
D. 提供委托代办服务
2. 在有关“接打电话语言要求”中，下列叙述不妥的是（　）。
A. 一接来电，敬语当先，如说“您好！”“请讲”等
B. 说话时语调亲切、委婉，使通话人感受到你的关心和协助
C. 使用专业术语，彰显高规格
D. 音色要柔和、悦耳，使通话人好像听到家中亲人的呼唤一般
3. 在转接内、外线电话时，下列做法不妥的是（　）。
A. 外线电话用中英文问候并报出酒店名称
B. 对本地宾客可以使用方言，以示亲切
C. 内线电话报明总机并问候
D. 10 秒之内接听电话
4. 对总机房的工作环境要求，下列描述不妥的是（　）。
A. 总机房的位置要便于与总台联系
B. 总机房要安静、保密，未经许可，总机房以外的人员不得擅自进入
C. 前厅部可以在总机房召开小型会议
D. 话务员的座椅应舒适、轻松
5. 提供叫醒服务时，下列做法不妥的是（　）。
A. 每个话务员负责自己接到的叫醒服务
B. 夜班在凌晨 1 点左右要将所有叫醒的原始记录与总表核对，防止遗漏
C. 每个时间段要及时提醒
D. 叫醒两次后仍无人应答，应请大堂经理或楼层服务员敲门查看情况

二、简答题

1. 客人打电话找总经理或部门经理，怎么办？
2. 电话中对方声音太小听不清，怎么办？
3. 你认为酒店应提供自动叫醒服务还是人工叫醒服务，为什么？
4. 转接电话的注意事项有哪些？
5. 电话留言服务的程序和标准有哪些？

✧ 实践活动

实训内容：

学生以大组为单位，分别对三星、四星、五星级酒店及非标住宿的总机服务进行调研，了解总机服务的流程和标准，并写出相应的调研报告。

实训目标：

1. 能够总结出总机对客服务流程
2. 能够总结出总机对客服务标准

实训组织：

1. 全班分为四大组，每组在三星、四星、五星级酒店及非标住宿中选择一家，就其总机的服务程序和标准进行调研。

2. 学生可通过访谈、参观、电话、图书馆、网络等多种途径进行调研，注意收集好相关资料。

3. 每组编写调研报告，用 PPT 形式在班级进行汇报交流。

4. 各小组形成完整的调研报告，师生共同对不同星级酒店及非标住宿总机的服务程序和标准进行对比、总结。

实训评价：

评价内容		个人自评（30%）	小组评分（30%）	教师评分（40%）	综合评分
被调研酒店或非标住宿的总机对客服务流程及质量评价（100分）	对总机调研内容设计的合理性（15分）				
	对总机服务质量评价的准确度（15分）				
	对总机服务流程总结的准确度（20分）				
	对总机服务标准总结的准确度（20分）				
	PPT 制作的质量（15分）				
	语言表达流畅（15分）				
合计					

项目三 预订服务

项目导读

在多数酒店中，预订处（Reservation）是前厅部的一个重要岗位，但随着酒店对销售工作的强化，有不少酒店将其划归至营销部管辖。也有的酒店规定，散客预订由预订处负责，而团队预订则由营销部受理。预订处主要的工作是进行客房预订，其中包括预订的准备、预订的受理、预订的控制等。预订员要掌握这些工作的操作程序及技巧。

学习目标

【知识目标】

· 了解预订员的主要工作内容
· 熟悉酒店的客房类型和房价种类
· 熟悉预订方式与途径
· 掌握受理、变更、婉拒预订的流程
· 掌握超额预订数量的补救措施
· 了解数字化预订

【能力目标】

· 在为客人预订时能向客人介绍房型及特点
· 能说出常见的预订方式和途径并比较其优缺点
· 能够独立受理、变更、婉拒散客电话预订
· 能够妥善处理超订过度的问题

案例导入

一天下午，宾客罗先生来到酒店总台，准备办理Check-in手续，罗先生告诉总台接待员自己前几天就预订好了酒店的房间。然而，总台接待员小姜通过罗先生的姓名、手机号等信息在系统中查询了几次，都没有找到此预订。罗先生的情绪开始有些激动，并坚持自己已经通过携程旅行网预订过房间，同时也得到了携程的确认短信。

总台接待员小姜见此情形，赶紧看了一下酒店系统上所显示的房态，发现当前仍有几间符合罗先生预订要求的空房，而且罗先生为前台现付，也不存在账务问题。于是她灵机一动，为了尽快安抚罗先生的情绪，她先为罗先生安排了相应的房间入住。

罗先生刚入住不久，酒店前台便接到了携程旅行网的来电，对方表示酒店预订部早在一个星期前已经在 EBOOKING 上给予了确认，为何今天却告诉客人没有此预订。事后，酒店根据携程旅行网提供的确认信息以及当班人员的回忆，查明了原因，由于当日酒店有停电现象，网络不太稳定，从而造成当班预订员在确认此订单时出现停电状况（预订单其实并未打印出），而当时预订员又在接听其他预订电话，故后来将此事忘到了九霄云外，未能及时将订单内容录入系统，从而导致了客人的投诉。

资料来源：洲际酒店集团 Inter Continental Hotels Group PLC（IHG）

1. 在这个案例中，哪位服务人员有过错？有什么过错？

2. 如何避免此类情况的发生？

任务一 预订员须知

【任务导入】

请学生以小组为单位尝试用不同的方法去预订一间客房，找出最多可以通过多少种方式订房，并分享在预订过程中搜集到的各种客房类型。

【任务执行】

酒店的利润主要依靠成功出租客房，进而带动宾客使用酒店的各类服务项目和设施获得的收入。客房预订服务是酒店前厅服务中非常重要的一环。预订服务做得好，可以帮助酒店开拓市场、掌握客源动态、稳定提高客房出租率，还可以预测酒店未来业务的走向。

一、预订就是销售和服务

客房预订是指宾客在抵店前对酒店客房使用权的预先订购，或宾客与酒店间达成的客房租用的预先约定。客房预订是客房销售的首要环节。它既可以让宾客的住宿需求预先得到保证，又能使酒店最大限度地利用客房资源，获得理想的出租率，并提高酒店的服务质量。

预订员既是酒店的服务人员又是酒店的销售人员。预订员肩负着满足宾客预订服务需求的任务，也通过销售客房为酒店增加营业收入。

二、预订渠道和方式

（一）预订渠道

宾客可通过两大渠道在酒店订房：一类为直接渠道；另一类是间接渠道。直接渠道，是指宾客不经过中介机构而直接与酒店预订处联系，办理订房手续。间接渠道则是订房人由旅行社等中介机构代为办理订房手续。酒店的间接订房渠道主要有旅行社订房、与酒店签订合同的企事业单位订房、政府机关或会议机构订房、连锁酒店或合作酒店订房、航空公司订房，以及酒店所加入的预订网络订房。

（二）预订方式

就预订的方式而言，由于高科技的发展，客房预订已经由传统的信函预订、客人来访预订等转向基于高科技手段的预订。目前比较常用的有电话预订、传真预订、信函预订、网络预订等。

1. 电话预订（Telephone）

电话预订是指订房人通过电话向酒店订房，这种方式应用最为广泛，特别是在提前预订的时间较短时，这种方式最为有效。这种方式的优点是能够直接、迅速、清楚地传递双方信息，酒店可当场回复客人的订房要求。

2. 传真订房（Fax）

传真是一种现代通信技术，目前已得到广泛使用。通过发传真预订客房，是进行预订联系最理想的通信手段之一。其特点是传递迅速、内容详尽，可将客人预订资料原封不动地保存，不易出现预订纠纷，操作方便，即发即收，可传递发送者的真迹，如签名、印鉴等，还可传递图表。

3. 信函订房（Mail）

信函订房是指由客人或其委托人发信件至酒店要求预订的方式。大部分是提前预订时间较长、预订数量较多的客户，如旅行社、会议团体等。这种方式的特点是内容完整，客人可以写明特殊要求，信息准确可靠，信函如同合约，形成契约关系，对客人和酒店起到一定的约束作用，信函预订是客人或其委托人在离预期抵店日期尚有较长时间的情况下，采取的一种传统而正式的预订方式。

4. 口头订房（Verbal）

口头订房是客户亲自到酒店，与订房员面对面地洽谈订房事宜，这种订房方式能使订房员有机会详尽了解客人的需求，并且当面解答客人提出的问题，有利于推销酒店产品。在与客户口头订房时预订人员应注意仪表端庄、举止大方、讲究礼貌礼节、态度热情，语音、语调应适当、婉转，同时要懂得把握客户心理，运用销售技巧，灵活地推销客房和酒店其他产品。必要时，还可向客人展示房间及酒店其他设施与服务，以供客人选择。

5. 合同订房（Contract）

合同订房是指酒店与旅行社或是某团体之间通过签署订房合同的方式来达到长期出租客房的目的。应注意订房合同的样式与内容要依据酒店的不同而有所变化。

订房合同，由酒店与旅行社、商务公司或订房中心双方签署。还应包括旅行社、商务公司、订房中心名称，价钱，付款方式，确认方式等一系列资料，内容为双方愿意共同执行的契约。

6. 网络预订（Internet）

随着现代电子信息技术的发展，通过国际互联网向酒店订房的方式正迅速兴起，越来越多的客人开始采用这种方便、快捷、先进、廉价的方式进行客房预订，它已成为酒店业 21 世纪发展趋势的重要组成部分。主要包括：

（1）互联网预订。互联网预订是指客人在酒店自身网络或者 OTA 网站进行预订的方式。当前许多酒店都建有自己的网站（图 3–1），并实现了全方位的在线预订，客人可以在其官网上进行日期、房型、预订需求的选择，直接下单；也可以在携程、艺龙、去哪儿等在线旅行代理商网站进行预订选择（图 3–1、图 3–2）。互联网上的信息资料图文并茂，让客人可以对酒店有更多的直观了解，从而提高预订的成功率。

图 3–1 洲际酒店集团官网首页

图 3–2 携程旅行网首页

（2）App 预订。伴随移动电子商务时代的到来，微信和支付宝等支付功能日益完善，越来越多的人开始通过手机购买商品、预订酒店、规划旅行线路。通过手机定位查找附近酒店的功能深得人心，使得住客查找酒店的方式越来越快捷和多样化（图 3–3）。

图 3–3　洲际酒店集团 App（IHG）

（3）微信预订。在过去的几年中，随着智能手机渗透率的不断提升，酒店开发独立的预订 App 成为一股风潮。如今微信又席卷而来，所谓的微信订酒店，是指用户通过关注微信公众号平台，然后进入其个人资料页面，在微信内部完成酒店的预订。O2O 是一个大的趋势，即使目前来看预订效果不明显，但仍然值得尝试。

酒店业是最早使用微信营销的行业，微信对于酒店而言，不仅是扫描一个二维码、推送一些优惠信息，还是对酒店全链条环节的包围，降低信息送达客户的成本，进一步提升酒店对客户的服务质量，极大地推动客户通过微信订酒店的习惯，并直接产生经济效益（图 3–4）。

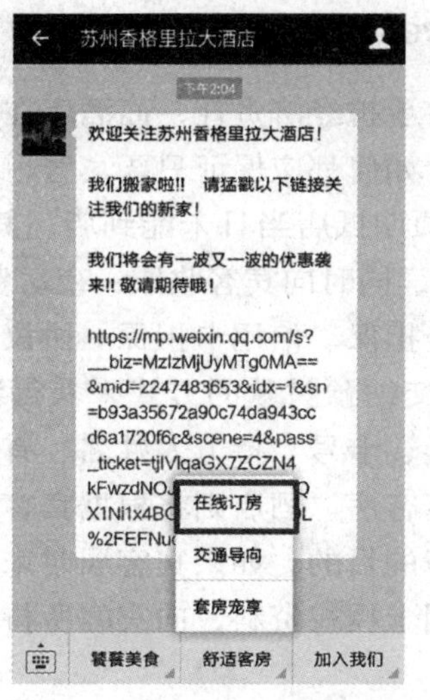

图 3–4　苏州香格里拉大酒店微信公众号

微信预订不但为客户提供人性化的服务，而且不断挖掘顾客的服务需求，创新服务模式，从不同的细分客户需求出发，不断提升改进服务质量。通过微信预订入住酒店时用户可享受水果、热饮、早餐赠送或延迟退房等待遇；也可以通过微信与客户进行沟通，获得客户的反馈、想法、诉求，与客户保持良好的沟通对于初次预订和二次预订都至关重要。

三、预订的种类

（一）临时类预订（Advanced Reservation）

客人虽然预订了客房，但未就其预订进行实质性的赴店担保，常见于客人在抵达酒店前很短的时间内或在到达的当天联系订房。由于时间紧迫，酒店无法要求客人预付定金，也没有时间进行书面确认，但可以口头形式进行确认。按照国际惯例，酒店对预先订房的客人，会事先声明为客人保留客房至某一具体时间（一般是当天的18:00），这个时限被称为“取消订房时限”或“截房期限”。如果订房客人到了这个时间仍未抵店，也未事先与酒店联系，则酒店有权取消该预订或将客房出租给其他客人。

（二）确认类预订（Confirmed Reservation）

确认类预订是指那家酒店以口头或书面形式确认客人的预订，并且保留所预订的客房到双方事先约定的某一时间。确认类预订有口头确认和书面确认，通过书面确认可以使酒店了解客人更多、更准确的个人资料，比如说姓名、地址等，并且能得到进一步证实，向他们收取欠款的风险较小，因此持有确认函来登记入住的客人在信用上更为可靠，酒店通常对这类客人予以较高的信用限额，或提供一次性结账服务等优惠服务。

（三）保证类预订（Guaranteed Reservation）

保证类预订指宾客保证前来住宿，否则将承担经济责任，而酒店在任何情况下都应保证落实的预订。对于保证类预订，酒店无论如何都应保证只要宾客一到就为其提供房间或代找一间条件相仿的房间。而若宾客在预期抵店当日未能到店，其又未联系酒店，则酒店通常会将其客房保留至次日中午12:00，同时向宾客收取一夜房费。

保证类预订的担保方式通常有：预付定金担保、信用卡担保、协议合同担保。预付定金担保是指宾客在抵店入住前，通过先行交纳预付款的方式来获得酒店对其订房保证。信用卡担保是指宾客将所持信用卡的种类、卡号、持卡人姓名、有效期等信息以书面的形式告知酒店，以此来保证所预订的酒店客房。酒店则将根据宾客所提供的信用卡信息，预先向银行申请授权，以达到房费保障的目的。如果宾客届时未到酒店，又未通知取消预订，那么酒店可根据宾客签署的信用卡授权资料，向宾客所持的信用卡公司或授权机构收取相关房费。

协议合同担保是酒店与有关公司、旅行社等就客房预订事宜签订协议或合同，协议或合同规定了双方的利益和责任。

知识链接

在现实生活中，我们经常会接触到“定金”与“订金”这两个词。它们有区别吗？有什么区别？

订金在我国法律上没有明确规定，审判实践中一般被视为预付款，或者视为对立约的保证，但这种保证是单方的，它只对给付方形成约束。若收受方违约，给付方的订金得不到双倍返还；若给付方违约，收受方会以种种理由用订金抵赔偿金或违约金而不予返还。

定金与订金的区别主要有以下三点：第一，定金合同是主合同的从合同，定金合同不成立或不生效，不影响主合同的效力。订金合同是主合同的一部分，依约定应交付订金而未交付的，主合同不成立。第二，给付定金的一方不履行约定的债务的，无权要求返还定金；收受定金的一方不履行约定的债务的，应当双倍返还定金。交付或接受订金的一方不履行合同债务的，不发生丧失或者双倍返还订金的后果，订金仅可作为损害赔偿金。第三，定金具有担保性质，而订金只是单方行为，不具有担保性。其他诸如留置金、担保金、保证金、订约金、押金如果没约定定金性质的，也不具有定金的法律后果。

（四）等候类预订（Waiting List）

等候类预订也被称为候补订房。当酒店订房已满而无法接受客人的更多预订时，为了满足客人的订房要求，并尽可能地实现酒店效益最大化，预订员可征求客人同意将其预订列入等候名单之列，当有另外预订者取消预订或有住店客人提前退房时，酒店会安排候补预订，且在第一时间通知客人。

四、客房的类型

预订员对自己酒店的客房应该了如指掌。总体而言，按其房间数量、位置以及满足宾客需求的不同角度，酒店客房可被分为不同的类型。

（一）按房间数量划分

1. 单间房

（1）单人房（Single Room）是指房内放一张单人床（宽度不小于 1 米）的客房。

（2）大床房（Double Room）是指房内有一张双人床（宽度不小于 1.5 米，现多为 1.8 米宽度以上）的房间。

（3）双人房（Twin Room），房内设有两张单人床，也称为“标准房”（Standard Room）。

（4）三人房（Triple Room），一般是指房内设有三张单人床。

2. 套房

（1）标准套房（Standard Suite），又称普通套房（Junior Suite）、双套房或家庭套

房，一般由连通的两个房间组成，一间作卧室（Bedroom），另一间作会客室或起居室（Living Room）。

（2）高级套房（Deluxe Suite），又称豪华套房，通常由卧室、会客室、卫生间、小厨房、餐室、办公室、陈列室、阳台等组成。

（3）总统套房（Presidential Suite），又称总统房，一般由7~8间房所组成，包括总统卧室、总统夫人卧室、分用的男女卫生间、会客室、会议室、随员室、警卫室、书房、厨房及餐厅等。总统房在酒店独一无二。

（二）按客房位置划分

（1）外景房（Outside Room），即窗户朝向大海、湖泊、公园或景区（点）的客房。

（2）内景房（Inside Room），即窗户朝向酒店内的房间。

（3）角房（Corner Room），通常位于走廊过道尽头的客房。角房因形状比较特殊，装饰无法循规蹈矩而比较不受欢迎，但有些角房因其打破了标准间的呆板，反而受到某些宾客的青睐。

（三）按满足宾客个性化需求划分

从满足宾客特殊消费需求的专用客房角度来分，主要包括商务房（Business Room）、高级行政房（Advanced Administration Room）、无烟房（Smoke-free Room）、淑女房（Ladies Room）、无障碍房或残疾人房（Disabled Room）、体育人士房（Sports Room）等。必要时可设置专用楼层，如行政楼层、无烟楼层、女士楼层等。

知识链接

洲际酒店集团借力美团点评拓展在线酒店预订市场

2016年12月1日，全球领先的国际酒店集团之一——洲际酒店集团宣布与中国O2O领域的领先平台美团点评签署酒店分销合作协议。根据合作协议，洲际酒店集团的中央预订系统将和美团点评的酒店预订平台实现系统直连对接。实现直连后，旅客可以直接在www.meituan.com及www.dianping.com上看到洲际酒店集团旗下各大品牌酒店的即时价格、房态及相关促销信息。此举将为中国旅客提供更加便捷的在线酒店预订体验。

美团点评是美团网与大众点评网在2015年10月共同成立的公司。新成立的美团点评刚一问世，就已成为中国最大的服务业互联网平台之一，是继阿里巴巴之后的中国第二大电子商务平台。美团点评在旅游目的地资源整合上的优势，深入中国各大城市的市场覆盖率将帮助洲际酒店集团更好地拓展新兴旅游商务目的地。

洲际酒店集团大中华区首席商务官陆怡华表示："洲际酒店集团始终致力于为中国旅客提供更高效、更优质的在线预订体验。我们此次和美团点评的合作，是对集团官方网络预订、官方移动应用程序预订以及电话预订中心强有力的补充，将极大便利中国旅客的出行。”

美团点评酒店旅游事业群总裁陈亮表示：“‘互联网+’时代下，酒店业作为服务业核心支柱之一，更需要精准营销，聚焦生态链，做好精细化运营。此次与洲际酒店集团的战略合作将聚焦在共同探索旅游酒店业升级与发展新思路，携手实践更具未来发展潜力的 O2O 运营方式。美团点评希望打造酒店创新营销，与酒店共赢。”另外据介绍，本次合作也使美团点评的“酒旅共赢生态圈”愈加壮大，促使未来更多高星酒店将加入其中，并为美团点评进军海外奠定了良好的市场基础。

据悉，洲际酒店集团和美团点评的战略合作将率先在洲际酒店集团大中华区的超过 270 家酒店实现。未来，双方的合作将拓展至洲际酒店集团的全球范围。

资料来源：洲际酒店集团 Inter Continental Hotels Group PLC（IHG）

任务拓展

在本任务当中，向同学们介绍了常见的客房种类和类型。但是实际上每家酒店的房型都是不一样的，每家酒店都有自己的房型房价体系，请同学们以一家五星级酒店为例，登录其官网，找到其官网上的所有的房型，并尝试对其房型进行分类。

任务总结

预订既是销售的环节，也是服务的前沿。预订的种类、方式有多种，预订员要了解这些知识，以便灵活处理宾客预订要求。

任务二　预订受理

【任务导入】

意大利某四星级酒店隶属某国际酒店集团，距威尼斯约 25 公里，其客房的标准价格为每晚 90~150 欧元。2009 年 8 月的某一天，该酒店在网站上发布促销信息，促销内容原为“预订周末两晚享受半价”，但不慎将房价写成 0.01 欧元，即周末两晚房价仅为 1 欧分。结果，当晚酒店就收到了 228 份有效订单，损失预计将达 9 万欧元。

酒店经调查发现，该局面是由于酒店所属集团网站工作人员的人为错误所致。面对自身失误而造成的损失，酒店又是如何处理的呢？酒店方面表示，虽然标价有误，酒店还是会尊重持有有效订单的顾客，但这些订单是“不可转让”的，即只允许订单中约定的入住者按此价格住店。

资料来源：洲际酒店集团 Inter Continental Hotels Group PLC（IHG）

阅读以上案例，请谈谈：预订对酒店经营有什么重要影响？酒店如何做好预订工作？预订该如何体现契约精神？

【任务执行】

预订员在受理预订时，要根据预订对象和预订方式进行针对性的服务，掌握相应的服务环节。

一、散客预订

（一）电话预订

对于散客而言，有较大部分是通过电话进行预订的，尤其在旅游旺季。受理普通电话预订时要了解酒店房况及未来一段时间的客情，要准备好散客预订单（表 3 –1）与纸笔，随时记录与填写预订单，同时，将计算机开着并运行酒店前厅操作系统，以便时刻进行房态、房价等信息的查询。

表 3–1　散客预订单

假日酒店 Holiday Inn. 南京水游城 NANJING AQUA CITY

订房单
RESERVATION FORM

□ 免费房 Complimentary
□ 自用房 House use
□ 预订 Reservation
□ 更改 Amendment
□ 取消 Cancellation

预订编号 Reservation No. ________

先生/太太/小姐　姓 Mr./Mrs./Miss. Surname ________ 名 First Name ________

公司名称 Company Name ________

到店日期 Arrival Date ________ 离店日期 Departure Date ________

到达时间 Arrival Flt/Time ________ 离开时间 Departure Flt/Time ________

要求房间（数量/类型） Accommodation Required ________ 房价 Room Rate ________

________ 房价 Room Rate ________

________ 房价 Room Rate ________

________ 房价 Room Rate ________

付款方式 Payment ________ □ 付保证金 (Guarantee Booking) □ 没付保证金 (Non-Guarantee)

预订人 Reserved By ________ 联系电话/传真 Contact Tel./Fax No. ________

贵宾待遇 VIP Treatment ________

备注 Remarks ________

____

记录人 Handled By ________ 日期 Date ________ 复核人 Checked By ________

总经理批准 GM Approval: ________

资料来源：洲际酒店集团 Inter Continental Hotels Group PLC（IHG）

受理散客电话预订的程序一般如下：

（1）接听电话。在电话铃响三声之内，接起电话，并按酒店规范语言问候宾客、报出部门，如有的酒店对问候语的规范是这样的："Good morning/ Good afternoon / Good evening. Reservation，×××speaking. May I help you?"

（2）询问客人姓氏，倾听客人要求。礼貌地询问客人如何称呼，并在通话过程中带姓称呼客人。仔细倾听客人的订房要求，必要时进行简短重复。

（3）提供适合客人要求的房型信息。向客人详细描述其所需房型的特点，如位置、楼层、景观等。如所需日期内无宾客所需的房型，则向客人推荐其他房型。

（4）说明房价所含内容。向客人详细说明房价所包含的内容，如客房价格、服务费、是否包含早餐等。

（5）询问客人相关信息。询问客人姓名及拼写；询问客人的联系方式，最好能得知其手机号码，并输入系统；询问客人的抵店时间；询问客人是否需要安排接机；询问客人是否需要无烟房。

（6）说明酒店入住规定。向客人解释酒店保留房间的相关规定，根据惯例，虽然非保证性预订的"取消订房时限"大多为18：00，但酒店一般根据客情灵活掌握，如根据宾客具体的抵店时间延后1小时左右。在住房高峰期或如果客人的到店时间超过16:00，有的酒店会建议客人进行保证性预订。

（7）重复所有信息。在通话结束前，再次重复确认预订单上填写的所有细节。

（8）提供预订编号。向客人提供预订编号、预订员工号或姓名，必要时发传真或短信、电子邮件等确认。

（9）结束通话。通话结束前，要感谢客人的致电。等客人挂上电话后，再挂电话。如果客人一时没挂上电话，可礼貌地询问客人是否还有其他要求。

（10）将预订信息输入系统。

（二）书面预订

书面预订的形式主要有传真、电子邮件等。预订受理步骤如下：

（1）阅读传真、电子邮件，录入信息。阅读并分析客人的要求，必要时打电话进行询问确认，然后将预订信息输入计算机系统。

（2）预订回复。对客人的预订进行回复的方式主要有传真和电子邮件。一般预订应该半小时内回复，急件必须立即回复。

（3）付款内容。预订中对方有挂账要求的，对于有账号及协议的预订，要将其原件复印留底；原件作为预订单交与前台，预订人无账号但仍需挂账的，要求与预订方协商后，签署《批准挂账授权书》或经前厅部经理在订单上签署同意挂账意见并签字（如果预订处归营销部管辖的，则由营销部与其签署该授权书，或由营销部经理在订单上签署同意意见）。

（4）存档。可将传真件、电子邮件打印后作为订单存档，客人入住当天转至前台。

（三）网络预订

对于宾客而言，网上预订可以使其在世界上任何地方，不受时间限制，按照自己的喜好搜索、认识、比较酒店（图 3–5）。对于酒店来说，网络预订代表着酒店业在网络新时代生存发展的必然方向。它已经成为酒店最重要的分销渠道。酒店可以将自己的产品、特色、价格等明明白白地告知浏览者，甚至可以提供虚拟酒店活动，实现了酒店与宾客的对接，减少了中间的分销环节。

对于宾客通过商务网站的订房，酒店一般与合作的商务网站事先签有协议，对双方的责任、义务、权利、利益等做了约定。商务网站即是中间商，它能获得酒店给予的优惠房价，同时会得到一定的佣金，如携程网、艺龙旅行网等。这些网站在帮助酒店实现预订的同时，也在为酒店做营销。

商务网站在接到客人的预订后，将此预订与酒店进行沟通。酒店对于来自合作商务网站提供的预订信息，要及时确认与反馈，尤其注意是否有宾客重复预订。

关于宾客通过酒店网站的订房，酒店预订员在接到宾客预订要求后，要及时处理预订单，并进行预订确认，即将预订确认单发至订房者的电子邮箱，或致电话、发传真告知订房者。若酒店无法接受客人的预订，更要及时通知客人，以便客人另做安排，并向其表示歉意。

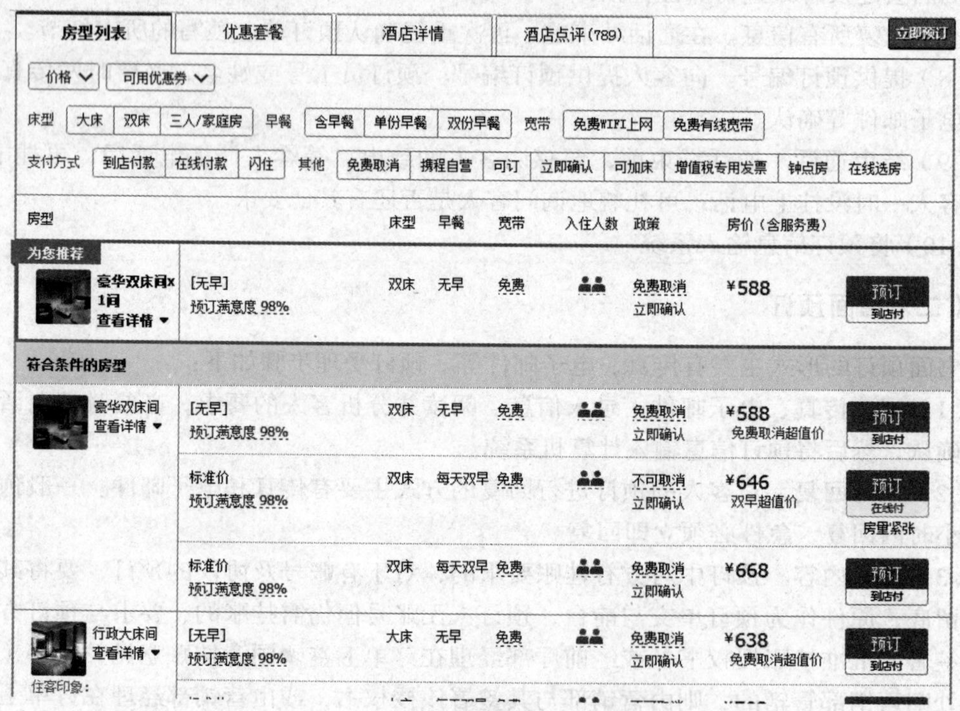

图 3–5　携程网预订酒店选择界面

二、团队预订

团队预订通常由营销部与对方进行洽谈，预订处则要做好对团队预订的登记和其他细节准备工作。团队是酒店的重要客源，同时，这类预订牵涉的环节较多，所以预订员一定要非常仔细，并尽可能地考虑周全。一般的团队预订程序如下：

（1）仔细阅读并将团队预订单录入系统。收到团队宾客预订单（表 3–2）后，需将有关信息输入系统中，并再次确认。

表 3–2 团队宾客预订单

团队号		团队名称	
国 籍		城 市	
人 数		陪同人数	
到店日期		离店日期	
1. 预订房型 / 间数	/	房 租	元 / 间晚
2. 预订房型 / 间数	/	房 租	元 / 间晚
3. 预订房型 / 间数	/	房 租	元 / 间晚
陪同房型 / 间数	/	房 租	元 / 间晚

续表

用餐标准				
早餐	餐费： 元 / 人	用餐时间：	用餐人数：	用餐地点：
午餐	餐费： 元 / 人	用餐时间：	用餐人数：	用餐地点：
晚餐	餐费： 元 / 人	用餐时间：	用餐人数：	用餐地点：
其他				

（2）满足团队的特殊要求。根据团队提出的房间、餐饮等方面的特殊要求，为其做出合理安排。

（3）团队资料存档。在输入名单后，需通过计算机系统打印一份团队入住名单，与团队资料进行核对，并将所有资料装订在一起，根据日期进行存档，以便日后查询。

（4）确认预付款。对于所有需要预付费用的团队，需要核对预付款是否已经到账，如果没有，则必须及时通知营销部进行催款。如果团款已经预付，则需核对预付款是否正确。如果正确的话，需在计算机中和团队资料上注明。

酒店接待的团队通常有旅游团队、公司团队、MICE 团队三大类。

旅游团队包括旅行社定期组织团队入住酒店和不固定的旅行社团队两种。酒店预订处要注意与旅行社、领队、导游等做好沟通工作，如排房、用餐、行李服务、叫醒服务，以及客人私人费用结算约定等。

公司团队包括入住酒店并有会议的合约公司团队和入住酒店但无会议的合约公司团队两种。对于公司团队订房，要注意团队包价中包含的服务内容和客用品规格，还要注意各项特殊安排和要求，例如，抵达时间、接机、行李的处理要求、入住安排等。

MICE 是会奖旅游的英文缩写，即 Meeting（会议）、Incentive（奖励）、Convention（年会）、Exhibition（展览）。对于 MICE 团队预订，预订处要积极与营销部配合，尽早了解会议、展会等具体情况，了解组织者对酒店设施和服务的具体要求，注意各方面的协调。

三、预订受理时注意事项

（1）预订员要随时了解酒店的预订情况，以减少查询时间。

（2）电话预订时，应确保电话背景无干扰和噪声。

（3）注意对客人使用尊称，使用“您”代替“你”。在预订过程中，应不止一次地带姓称呼客人。

（4）在介绍推销客房时，要注意重点介绍客房产品的主要特色及能给客人带来的利益，要注意报价方式。

（5）要善于从客人的言语和相关信息中去捕捉客人潜在的服务需求，争取做到服务在宾客开口之前。

（6）对于女士，要主动询问是否需要安排无烟房。

（7）客人的喜好应得到尊重。

（8）预订员应重视客人提出的要求，尽可能予以满足。

（9）整个预订过程中应表现出热情、礼貌、专业，要让客人感觉到预订员的“微笑”。

（10）对于贵宾的预订，除了要了解客人信息外，还要确定接待等级，以便制定服务方案。

四、对宾客预订特殊要求的处理

（1）宾客要求接机 / 车。宾客要求接机 / 车服务的，要与宾客确认费用、航班或车次，接受预订后，预订员记录相关信息，并转交给礼宾部，由礼宾部安排出车。

（2）宾客要求订票。宾客订票必须请宾客提供明确的航班、时间等，预订员记录相关信息，开订票单到商务中心，由商务中心办理，留一联附于预订单上交宾客作为取票凭证，同时在预订单上注明已订票。

（3）宾客要求留言。如有给预订宾客的留言应仔细倾听，记录要点，填写“留言单”，将留言单附于“预订单”上，待宾客入住时由总台接待员交与宾客。

知识链接

《旅游饭店星级的划分与评定释义》中关于预订有如下描述：

第一，饭店产品与房型差异的描述是预订服务中的一门艺术，目的在于让宾客对饭店产品有更深入的了解。

第二，“通话结束前重复确认预订的所有细节”是为了保证预订内容的准确、无遗漏，这是饭店服务中容易被遗忘的环节。

第三，饭店网络主页设定应客观真实。言过其实的宣传形成虚假的心理预期，往往导致宾客总体感受的降低，对饭店危害极大。

表 3-3　标准要求（宾客预订）

2.1.2	预订	优	良	中	差
2.1.2.1	及时接听电话，确认宾客抵离时间，语音清晰，态度亲切	3	2	1	0
2.1.2.2	熟悉饭店各项产品，正确描述房型差异，说明房价及所含内容	3	2	1	0
2.1.2.3	提供预订号码或预订姓名，询问宾客联系方式	3	2	1	0
2.1.2.4	说明饭店入住的有关规定，通话结束前重复确认预订的所有细节，并向宾客致谢	3	2	1	0
2.1.2.5	实时网络预订，界面友好，及时确认	3	2	1	0

资料来源：中国旅游出版社《旅游饭店星级的划分与评定释义》

任务拓展

进入某酒店网站，进行模拟网络预订，并取消该预订。然后谈谈对网络预订方式的心得体会。

任务总结

预订员要重点掌握普通散客预订、普通团队或会议预订、VIP 客人预订的操作程序，熟知相关表单。

任务三　预订控制

【任务导入】

超额订房

杭州某酒店，地处西子湖畔，环境幽雅，设施高档。在旅游旺季的 5 月，该饭店的出租率已经连续达到 100%，客房供不应求。为了满足宾客需求，酒店只能超额接受预订，并尽最大努力妥善安排客人。一天，经大堂副理及前台的配合，已将大部分客人安排妥当。当时 2305 房间的客人为预离房，直至 18 点时才来前台办理延住手续，而此时，2305 房间的预抵客人已经到达（大堂副理已在下午多次打电话联系 2305 房间的预离客人，但未找到）。大堂副理试图向刚刚到达的客人解释酒店超额预订，并保证将他安排在其他饭店，一旦有房间，再将其接回，但客人态度坚决，称这是你们饭店的问题，与我无关，我哪儿也不去。鉴于客人态度十分坚决，而且多次表示哪怕房间小一点儿也没关系，他就是不想到其他饭店，在值班经理的允许下，大堂副理将客人安置到了值班经理用房，客人对此表示非常满意。

资料来源：洲际酒店集团 Inter Continental Hotels Group PLC（IHG）

1. 此事件中，酒店有哪些做得不够到位的地方？

2. 如果你是大堂副理或者前台接待员，遇到此类事情你会如何处理？

【任务执行】

预订控制是指客房预订管理过程中采取多种方法和措施来保证客房预订的准确性。由于预订工作随时可能受到宾客取消、更改、提前、延后、增减人数等的变化，所以酒店预订员要及时掌握预订信息，采取多种方法和措施来做好预订控制。

一、预订检查

（1）从计算机系统中打印出次日预期抵店客人名单。

（2）取出所有原始预订凭证，将次日将抵店散客报表与原始凭证进行核对。

（3）核对预订信息。对于散客预订，需要具体核对的内容有：抵店日期、离店日期，客人姓名、房型、房价、付款方式。对于团队而言，除了核对与散客相同的内容外，还应留意是否已在计算机系统中做了分账指令，核对早餐及特殊要求，检查是否根据要求在计算机中设置了免费房、陪同房，以及是否有其他特殊要求。如发现有错误，需根据相关信息进行及时修改。

（4）在核对完毕后，在预订报表上签字确认，并将此报表存放于相应的文件夹内。

（5）将预付款尚未到账的订单与已到账的订单分开，交与总台。

二、确认预订

预订员在接到客人的预订要求后，要立即将客人的预订要求与酒店未来时期客房的利用情况进行对比，决定是否能够接受客人的预订，如果可以接受，就要对客人的预订加以确认。

确认预订（Confirmation）的方式通常有两种，即口头确认（包括电话确认）和书面确认。如果条件允许，酒店一般应采用书面确认的方式，向客人寄发“确认函”，这是因为：

（1）书面确认能使客人了解酒店方面是否已正确理解了其订房要求，可以减少差错和失误。

（2）确认函可以进一步证实客人的个人情况，如姓名、地址等，从而减少给予客人的各种信用风险。

（3）确认函除了复述客人的订房要求以外，还写明了房价、为客人保留客房的时间、预付订金的方法、取消预订的规定及付款方式等，实际上在酒店与客人之间达成了某种书面协议，因而对于客人具有一定的约束力，有助于酒店提前占领客源市场。

总之，书面确认比较正式。对于大型团体、重要客人，特别是一些知名人士、政府官员、国际会议等订房的确认函，要由前厅部经理或酒店总经理签发，以示尊敬和重视（表 3-4）。

表 3-4　预订确认表

<table>
<tr><td>× × 酒店
________先生 / 女士：
　　您好！很高兴向您确认下列安排：
酒店地址：
酒店电话：
　　您________________________的预订已经被确认。</td><td>客房类型数量：
房价：
抵店离店日期：
结账方式：
预交定金：
宾客地址：
宾客姓名：
宾客电话：</td></tr>
<tr><td colspan="2">本酒店愉快地确认了您的房间预订。由于宾客离店后，需要一定的时间整理房间，因此，下午 2：00 前可能无法安排入住，请谅解。另外，未付定金或无担保的订房恕只能保留到下午 6：00。</td></tr>
</table>

三、拒绝预订

如果酒店无法接受客人的预订，就对预订加以婉拒（Turning down）。婉拒预订时不能因为未能符合客人的最初要求而终止服务，而应该主动提出一系列可供客人选择的建议。比如建议客人更改房间类型、重新选择来店日期或变更客房预订数等。此外，还可征得客人的同意，将客人的姓名、电话号码等登记在“候补客人名单（On-waiting list）”上，一旦有了空房，立即通知客人。

总之，用建议代替简单的拒绝是很重要的，它不但可以促进酒店客房的销售，而且可以在顾客中树立酒店良好的形象。

婉拒预订时，要向客人签发致歉信（表 3-5）：

表 3-5　婉拒致歉信

<table>
<tr><td>致歉信
________女士 / 先生：
　　由于本店　　年　　月　　日的客房已经订满，我们确实无法接受您的订房要求，对此我们深表歉意。感谢你对本店的关照，希望以后能有机会为您服务。
× × 酒店预订处
年　　月　　日</td></tr>
</table>

四、预订的取消

由于各种缘故，客人可能在预订抵店之前取消订房（Cancellation）。遇到订房取消时，不能在电话里表露出不愉快，而应使客人明白“他今后随时都可光临本酒店，并受到欢迎”。正确处理订房的取消，对于酒店巩固自己的客源市场具有重要意义。在国外，取消订房的客人中有 90% 以后还会来预订。

客人取消预订单时，预订员要做好预订资料的处理工作：在预订单上盖上“取消”的印章，并在其备注栏内注明取消日期、原因、取消人等，然后，将其存档。此外，还应在计算机或预订控制簿上将其注销。

如果在客人取消订单以前，预订部门（或总台）已将该客人（或团体）的预订情况通知各有关接待部门（如客房部、餐饮部等），那么在客人取消预订后就要将这一新的信息通知以上部门。

如客人在原定住店日期当天未到，则由总台接待员办理有关事项（但仅限住一天的），这时，接待员应即时与旅行社或其他预订单位或个人取得联系，问清是“Canceled”还是“No Show”。如属于前者，同样要通知有关部门；如属于后者，则要根据实际情况，必要时为客人保留房间（如住一天以上，当转预订员处理）。

为了防止因客人临时取消预订而给酒店造成损失或使酒店工作陷入被动，酒店可根据实际情况，在旺季时，要求客人预先支付一定数额的定金，尤其是团队客人，可以预收相当于一天房费的定金，并在客人抵达前一个月通知对方付款，收款后将有关资料送交前台收银处，待客人结账时扣除。

五、预订的变更

预订的变更（Amendment）是指客人在抵达之前临时改变预计的日期、人数、要求、期限、姓名和交通工具等。

在接到客人要求改变预订的申请后，预订员首先应查看计算机或有关预订控制记录，看看是否能够满足客人的变更要求。如果能够满足，则予以确认，同时，填写“预订更改表”，修正有关预订控制记录。如在此之前已将客人预订情况通知各有关部门，则应将变更信息重新传送上述部门。假如不能满足客人的变更要求，则要求预订员将酒店空房类型与有关房的日期告知客人，并与之协商解决。

六、核对预订

有些客人提前很长时间就预订了房间，在入住前的这段时间内，有的客人可能会因种种原因而取消预订或更改预订。为了提高预订的准确性和酒店的开房率，并做好接待准备，在客人到店前（尤其是在旅游旺季），预订人员要通过书信或电话等方式与客人进行多次核对，即再确认（Reconfirming），问清客人是否能够如期抵店，以及住宿人数、时间和要求等是否有变化。

核对工作通常要进行三次，第一次是在客人预计抵店前一个月进行，具体操作是由预订部文员每天核对下月同一天到店的客人或订房人；第二次核对是在客人抵店前一周进行；第三次则是在客人抵店前一天进行。在核对预订时，如果发现客人要取消或更改订房，则要及时修改预订记录，并迅速做好取消或更改预订后闲置客房的补充预订。如果变更或取消预订是在客人预计抵店前一天进行的，补充预订已来不及，则要迅速将更改情况通知前台接待处，以便及时出租给其他未预订而来店的“散客”（Walk-in Guest）。

以上是针对散客预订而言，对于大型团体客人而言，核对工作还要更加细致，次数更多，以免因团队临时取消或更改订房后，造成大量客房闲置，使酒店蒙受重大经济损失。

七、超额预订

超额预订（Overbooking）是指酒店在一定时期内，有意识地使其所接受的客房预订数超过其客房接待能力的一种预订现象，其目的是充分利用酒店客房，提高开房率。

由于各种原因，客人可能会临时取消预订，出现“No Show”现象，或提前离店，或临时改变预订要求，从而可能造成酒店部分客房的闲置，迫使酒店进行超额预订，以减少损失。

超额预订应该有个“度”的限制，以免出现因“过度超额”而不能使客人入住，或“超额不足”而使部分客房闲置。通常，酒店接受超额预订的比例应控制在10%~20%之间，具体而言，各酒店应根据各自的实际情况，合理掌握超额预订的“度”。

对于超额预订，从实践上虽然是可以理解的，但从法律意义上讲，则是违法的，因为酒店接受了客人的预订，就意味着在酒店和客人之间确立了关于客房出租的某种合同关系，而酒店进行超额预订，势必会因此而在某个时间，使某个或某些客人不能按“合同”约定的条件（预订要求）入住，这就相当于酒店单方面撕毁合同，因此，客人有权利进行起诉。对此，酒店经营者应当有个清醒的认识，对于因超额预订而不能入住的客人，应该妥善处理。

如果因超额预订而不能使客人入住，按照国际惯例，酒店方面应该做到：

（1）诚恳地向客人道歉，请求客人谅解。

（2）立即与另一家相同等级的酒店联系，请求援助。同时，派车将客人免费送往这家酒店。如果找不到相同等级的酒店，可安排客人住在另一家级别稍高一点的酒店，高出的房费由本酒店支付。

（3）如属连住，则店内一有空房，在客人愿意的情况下，再把客人接回来，并对其表示欢迎（可由大堂副理出面迎接，或在客房内摆放花束等）。

（4）对提供援助的酒店表示感谢。

如客人属于保证类预订，则除了采取以上措施以外，还应视具体情况，为客人提供以下帮助：

· 支付其在其他酒店住宿期间的第一夜房费，或客人搬回酒店后可享受一天免费房的待遇；

· 免费为客人提供一次长途电话费或传真费，以便客人能够将临时改变地址的情况通知有关方面；

· 次日排房时，首先考虑此类客人的用房安排。大堂副理应在大堂迎候客人，并陪同客人办理入住手续。

任务拓展

阅读以下资料，体会酒店在预订工作中所应受到的约束。

《中国旅游饭店行业规范》中有关于饭店预订的规范规定（第四条、第五条、第六条）：

第四条　饭店应与客人共同履行住宿合同，因不可抗力不能履行双方住宿合同的，任何一方均应当及时通知对方。双方另有约定的，按约定处理。

第五条　由于饭店出现超额预订而使客人不能入住的，饭店应当主动替客人安排本地同档次或高于本饭店档次的饭店入住，所产生的有关费用由饭店承担。

第六条　饭店应当同团队、会议、长住客人签订住房合同。合同内容应包括客人进店和离店的时间、房间等级与价格、餐饮价格、付款方式、违约责任等款项。

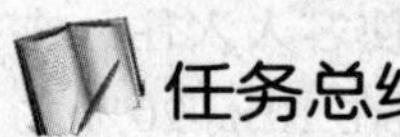

任务总结

预订控制包括预订检查、预订确认、预订未到处理、预订更改以及超额预订管理等环节。预订员要掌握相关工作要点，以确保预订的严谨性与成功性。

任务四　预订常见问题处理

【任务导入】

1005 房变成 1522 房

住店客人毛先生通知前台，他们公司有几间房都在 10 层，明天他们的老板到店，希望订的套房也能安排在同层。前台员工小焦查询系统后，答复客人没有问题，房号为 RM1005。当天一位有预订的客人入住，订的是套房。另一位前台员工小钱查询系统后发现只有一间 1005，查系统看有第二天预抵客人占上了此房。于是就把此房号从该预订上解锁下来，先出租给当天到店的客人。待第二天毛先生带着公司老板到前台办理入住手续时，前台给客人分了 RM1522 房，毛先生当时很是不解，讲昨天已订好住 1005 房。但前台一查系统 1005 房已经出租给别的客人，于是毛先生由于无法向自己的老板交代，很是生气，马上要求找饭店负责人投诉。

资料来源：洲际酒店集团 Inter Continental Hotels Group PLC（IHG）

1. 在酒店客房预订的过程中可能会发生哪些差错？
2. 这些差错对客人会造成什么影响？
3. 酒店应该如何避免这些差错的产生？

【任务执行】

一、预订的注意事项

这部分的内容并不构成预订的组成部分。但是对预订员来说了解有关预订的法律条文，熟知等候名单、包价服务、团队订房以及受理订房过程中容易发生的差错是很重要的。

二、有关法律条文

饭店和宾客间的预订协议起始于饭店与宾客的联络。这个协议可以是口头的或是书面的。确认一位未来住客的预订，用宾客将在某个指定日期入住饭店这样的话来表述，就是建立了合约，就要求饭店在那段时间向宾客提供住宿。如果预订确认符合未来宾客提出的要求，就要求未来宾客履行自己的预订。

三、等候名单

有时饭店的客房已被订满，对新的订房只好婉拒。但若距离宾客到店还有一段时间的话，可以把有意向的宾客按日期先后排列在等候名单上。通过运用这一技术，饭店可获得大量订房。准备一份等候名单，要注意下列事项：

（1）告诉宾客，他所要求的时间段，目前已无房可租。

（2）索取宾客的姓名、电话或电子邮件地址。

（3）承诺宾客如原有预订出现取消或更改，会立刻告知。

（4）如仍然无此房可租，帮助宾客选择另个日期或更换住房类型。

能够提供等候名单服务，又能很好地管理和实施，这无疑是个良好的经营办法，还能创造优良的服务气氛。

知识链接

某天，酒店可售房数量十分紧张，一个大型会议预订了酒店2/3的房间，有一些散客在住当天不退房，剩下的一小部分房间也早早地被一些散客预订一空。

早晨，有一位曾经入住过的散客打电话来要订一间高级大床房，在了解到客人当天入住时间较晚，且附近其他同档次的酒店也已经满房的情况下，预订员根据以往经验，及时给客人做了等候名单，并告知会在14:00左右给一个回复。到了下午，就在客人还在为订不到房而焦急的时候，预订员打电话告诉客人，正巧有客人提前离店，空出了一间高级大床房，房间已经帮其预订好。本以为今天不会有房，现在却被告知房间已经订好，客人听到这个好消息后如释重负，感到非常高兴，并对酒店的这一做法给予肯定。

资料来源：洲际酒店集团 Inter Continental Hotels Group PLC（IHG）

四、包价服务

许多酒店和度假村向宾客提供包价服务。包价服务一般在房价以外加入一些用餐、高尔夫、网球、运动课程、轿车服务、观光游览或其他店内或附近的活动内容。大多数酒店和度假村会给购买包价服务的宾客一些折扣。而宾客也通常因包价的方便和实惠，无须自己一一劳神而去购买这些服务。

预订员必须十分清楚饭店提供包价服务的信息。预订网页的内容也要随之及时变动。在购买包价服务前，宾客通常会询问预订员或查看网上消息，了解更多、更详细的包价服务内容，包括所含的项目和价格。预订员必须了解包价服务的特色和所有关联的价格。例如，宾客希望在一个度假地住上 4 天，但度假地只提供 3 晚的包价服务，预订员或网上预订系统必须能报出另一晚住宿所需要的价格。包价服务对酒店和度假村的经营非常有帮助，尤其是那种经过很好设计销售又很得法的包价服务项目。

五、预订的潜在问题

预订过程中有些步骤很容易出错。如果预订员对这些环节增加了了解，并且知道如何处理，差错的机会就会减少。下面就来讨论预订中一些常见的问题。

（一）预订记录中的错误

不幸的是预订员或宾客在操作网上订房时很有可能出差错，如：

记录的抵店和离店日期是错的、宾客的姓名拼写错了、把姓和名的位置颠倒了，以及在预订记录上订房人变成了住店客人。

为了避免出现类似的错误，预订系统或预订员应验证输入的预订信息，要向建立订房记录者重现输入的信息。另外，同时还要提示饭店的预订取消政策以及相关的收费价格。这样做的目的在于避免今后可能出现的预订既不取消又不入住所造成的费用和不退回定金所引起的纠纷。这些沟通对于接待国际旅行者尤为重要。

（二）对行业术语的误解

有时，预订员或预订系统使用的行业术语并未为大众理解，这就可能出错。例如，一家庭旅行团的订房已被确认，但他们在酒店规定的取消预订时刻之后两小时抵店，结果发现无房可住；那个家庭的成员把确认类预订（confirmed reservation）等同于保证类预订（guaranteed reservation）。两位商务旅行者订了一间大床间（double room），在他们想象中应是两张床，当他们知道房内只有一张大床时很不高兴。父母希望他们的孩子与他们安排在连通房（connecting room），但却要了间相邻房（adjacent room）。在办理入住时，父母发现孩子的房间与他们的房间不直接连通而是要走过走廊或在隔壁。

为了避免类似的错误，预订员或预订系统应尽量少用行业术语来解释他们店内各种项目的意思。预订确认后，预订房的用语和条件应符合酒店政策和系统程序的规定。

（三）与中心订房系统在沟通中出现错误

有些沟通上的错误只会在宾客或预订员和中心预订系统联络时发生。例如，中心预订系统为同一城市的好几家酒店服务，可能会发生宾客订错房的情况；宾客要的是机场酒店而不是市中心的酒店。系统在处理相似店名的订房时可能会在城市名或州名上出差错。

为了避免出现以上问题，预订员应提供所要求预订的酒店的完整地址。当一订房系统为同一城市的多家酒店服务时，对酒店地址的详细说明是非常有助于宾客的。计算机系统有一个核对邮编的功能。在操作时预订员输入酒店的邮编，计算机会通过邮编识别城市，可减少由地名导致的错误。

（四）在线预订中的失误

尽管酒店与在线预订系统中的沟通一直进行得不错，但问题仍可能出现。例如，酒店可能没及时将最新可租房数和房价变动通知在线预订系统；在线预订系统没有把已受理的订房及时通知酒店；在线预订系统或酒店的沟通设备发生故障；酒店决定在某日暂停在线预订，但通告出晚了；相反的情况也可能发生，酒店因发生了取消预订或提前离店的情况而有多余房可提供，但来不及通知在线预订系统；全球分销系统也会出现类似的问题。预订系统和全球分销系统之间没有很好地连接，只好通过其他渠道来更新信息。这既费时又易出错。

为避免出现以上问题，预订员必须了解维持酒店与在线预订系统间准确、及时沟通的必要性。需要暂停某天的订房时，酒店必须先弄清在线预订已经确认但尚未通知酒店的订房数。许多公司已经在酒店订房系统和中心订房系统之间安装了自动连接装置，这样就减少了因可出租房和房价变动而引发的问题。沟通双方中任何一方出现的设备故障都会对预订操作造成损害。此类问题必须予以关注，以确保预订系统良好的工作状态。

另外，还要经常反复检查全球预订系统所显示的可出租房和房价的准确性。这可以通过定期查看全球预订系统所列的报价表的复印件，也可以与当地有良好工作关系的旅行社联系，了解全球分销系统显示的内容。还有一个办法是选择一个互联网址进行检查，看看上面的可出租房和房价是否正确。

任务拓展

既然把客人列入等候名单没有办法保证客人来店时有房可住，那么设立等候名单的意义是什么呢？

任务总结

有效的饭店运转需要一个快捷的预订程序。预订系统必须能快捷、准确、礼貌地回应订房的要求。订房的操作过程包括按订房要求寻找可出租房，记录订房要求，确认订房以及保管订房记录，还要制作管理报表。预订信息对发挥前厅部的其他功能特别有用。

任务五　数字化预订

一、线上预订个性化推荐

经济的发展及消费环境的变革使得如今的消费者不再满足于标准化服务，其消费需求愈来愈多元化和个性化，期待酒店带给他们的是有专属标识、充满个性化的消费体验。酒店基于消费者行为数据向顾客提供个性化推荐，可以改善消费者的购物体验。

（一）个性化推荐的依据

个性化推荐就是人们常常说的“千人千面”，系统根据收集的已知用户信息，利用信息过滤和算法，为用户推荐符合其当前兴趣的产品、内容和信息。它是建立在用户的行为数据挖掘基础上向每个用户提供个性化的信息服务和决策支持。它有效地提高了客人搜索及选择效率，为其带来了良好的消费体验。该技术能够帮助酒店管理者更全面地了解用户行为，挖掘用户行为数据中隐藏的商业机会，进而针对性地瞄准需求点及时采取措施，让营销推广手段与用户特征更加契合，实现用户运营的高度个性化。

个性化推荐是建立在数据挖掘基础上的，在酒店的实际场景的落地应用上主要体现在两方面，一是用户主动搜索时的个性化信息呈现，二是企业主动推送营销信息时的个性化精准推送。

（二）个性化推荐的应用场景

搜索场景的个性化推荐在各大OTA平台应用得比较普遍。OTA作为旅游行业的综合性服务平台，为顾客入住酒店提供了丰富多元的选择。顾客可以在OTA平台快速获取各类酒店信息，并从价格、服务、评论等多个维度对酒店产品进行对比。基于这些功能，OTA平台赢得了大量顾客的认可与支持。在海量的信息中，消费者的决策链条势必会拉长，借助智能算法技术，当用户在OTA平台主动搜索时，网站基于用户的历史预订信息，诸如消费价格、偏好品牌、出行类型等数据，优先展示符合其偏好的商品条目，避免消费者产生信息过载，提升消费者的决策效率，从而实现OTA网站与相关企业的收益最大化。

（三）个性化推荐的价值体现

一方面，OTA以平台方的身份对酒店的客房、餐饮、增值服务等费用进行规范，让酒店进一步让利顾客；另一方面，OTA会不定期推出各种营销活动，以平台红包、代金券的形式补贴顾客，为顾客降低入住成本。在这个背景下，酒店的盈利空间确实受到一定程度的挤压，越来越多的酒店开始自拓渠道，沉淀客户。集团整合多来源用户数据，借助数据让营销发挥更大价值。一方面CRM系统中存储着诸如性别、年龄、在店消费等客户基本属性及订单数据，另一方面通过触点问卷的方式收集客户在店的行为偏好数据，通过打标签的方式为用户刻画更清晰完整的用户画像。基于这些数据进行用户分群，制定符合目标客群的营销方案，诸如沉睡客户的激活、特定客群的产品促销组合方案，实现精准的个性化信息推送，提升营销转化效率。

二、线上预订VR实景选房系统

网络预订商业模式极大地颠覆了以往传统旅宿产品的销售模式。例如，传统时代的客人是到旅行社在线下的实体店中，在众多住宿项目中仅凭个人“直觉”预订自己所喜好的酒店。由于缺乏足够的参考依据，很容易“踩坑”，整体的消费旅程烦琐且体验较差。在各种在线预订网站中，客人可以在众多酒店中根据酒店评分、酒店图片、酒店视频、个人偏好及预算等信息筛选出合适的几家酒店，参考在线点评板块中其他消费者的评论信息以辅助做出最佳的预订决策。这样一来，消费者的决策成本、决策风险大幅度降低，消费体验也随之提升。根据中国互联网络信息中心的数据，截至 2021 年 6 月，中国在线旅行预订用户规模达 3.67 亿，足以表明在线预订的巨大影响力。

（一）在线选房需求的产生

酒店对于大多数出门在外的人来说，就像是第二个家，我将如何更加放心、便捷地找到称心如意的“家”，是很多人关心的问题。在预订酒店的时候，客人都希望能够选到一间自己合心意的房型，让自己住得更舒服，而传统酒店预订的方式已经无法满足宾客日益升级的需求和期望。另外，现在的消费者了解酒店的信息，主要就是通过酒店官网发布的信息和酒店发布的平面图以及消费者以往的评价。但是平面图的空间感和客户评价的主观色彩很容易让消费者受到误导。消费者很容易接受不全面的，甚至是错误的信息。就很难让消费者再进行二次消费。这些已经成为酒店消费中长期的痛点。

很多酒店集团开始推出在线选房服务。在推出这个服务之前，客人在预订酒店时，通常在下达预订订单时只能预选房型，而无法选择具体哪一间客房，酒店的排房通常是由酒店根据当天客房分配情况安排的。酒店的客房属于体验型产品，不像手机等搜索型产品，只要有了产品属性、参数等就能够对产品有大概的认知，体验型户品是客人要亲身经历过后才能够对产品有所认知，对产品做出评价。因此，只有图片和文字介绍的线上客房不能完全打消消费者的顾虑，担心被网络图片所欺骗。但当前市场竞争激烈，消费者选择越来越多样化，越来越多地消费者倾向于“确定性”的体验。伴随互联网技术的发展，“在线选房”技术愈发被酒店业所重视。

（二）VR 实景选房系统的功能

VR 技术是综合利用计算机图形系统和各种现实及控制等接口设备，在计算机上生成的，可以交互的三维环境中提供沉浸感觉的技术。随着数字化室内地图、VR 等技术在酒店行业的运用，VR 酒店选房则为酒店提供了一种更加全面的宣传方式，为消费者提供了一个能够更直观地了解酒店环境的渠道。“VR+”全景酒店实景选房系统，可以带客人体验真正的选房乐趣，告别枯燥无味的选房过程，客人可以通过 VR 身临其境地找到在酒店中自由行走的感觉，感受不同房间的风格。通过内嵌的“VR+”功能，我们可以体验到从正门穿过前台、经过走廊、走进房间的一系列感受。同时客人通过“VR+”选房功能也可以将房间内部设施 720° 无死角地尽收眼底，弥补现在很多酒店选房无法“眼见为实”的遗憾。透过 VR 还可以感受到酒店周围的环境，而这些现在只需要一部手机就能轻松搞定。

当前行业中已有一些酒店将 PMS 与微信的后台直接相连，以方便客人利用微信进行在线选房。客人通过点击服务菜单上的订房按键，进入订房页面后会显示酒店的楼层和客房布局——房间在几楼、是否位于拐角处、是否靠近电梯、是否临街等，而且想住在一起的亲朋好友可以自行选择相近的房间，随后通过微信支付便能够实现在线选房。携程则结合虚拟现实（VR）技术打造的 VR 360° 全景在线选房功能中，客人不仅能够提前了解酒店的室内外分布及相关设施，选择心仪的楼层。更有室内实景 VR 效果展示，有房间正中、窗户边、洗手间浴室等若干个 VR 视角点，用户进入一个视角点，便能开启“上帝视角”，转动手机，身临其境地 360° 转动察看，对客房的全貌和细节一目了然，再也不用担心被网上照片所欺骗，让用户身临其境地了解室内设施，满足用户的个性化需求，从而打消顾虑、提升消费体验。

三、酒店管理信息系统中的预订操作

Opera PMS 中预订单的录入有以下几个步骤。

（1）在 Opera 系统当中打开新的预订，会出现基本信息填写界面，此时需要根据客人的预订要求填写房型、数量、抵离日期等（图 3–6）。

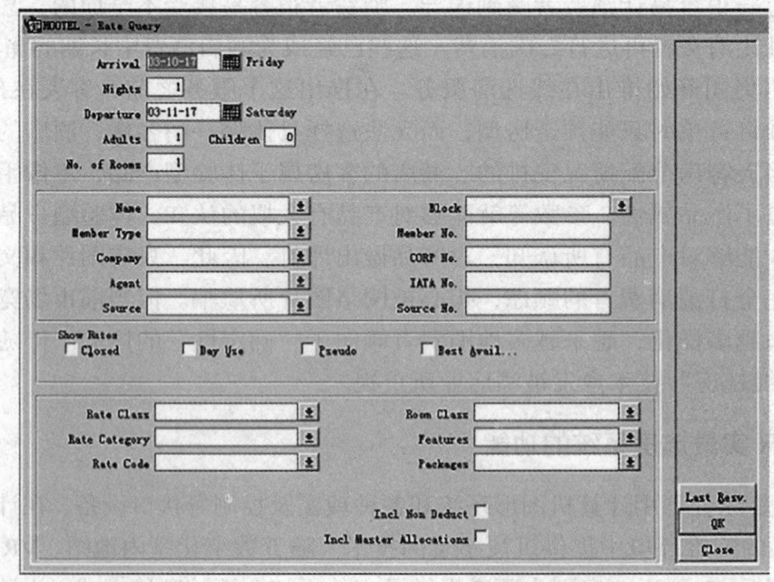

图 3–6　Opera 预订基本信息填写界面

（2）选择客人档案，如果客人是第一次入住，需要新建客人档案（图 3–7）。

MOOTEL - Profile Search

Name Pan　　ty / Postal Cd.　　Client ID.　　Search
First Name Yuan　　Mem. Type / No.　　IATA No.　　Clear
View By Individual　　Keyword　　Corp No.
Neg. Rates　　Show Inactive　　Communication　　A/R No.
A/R No.　　Passport No.
Has Hierarchy

$	Name	Alt. Name	Address	City	Postal Code	Company	A/R No.
	Pan, Yuan	潘，援	No.1 Road Yuehuaxi	Nanjin	210000		
	Pan, Yuan	潘，援	Rd Yuehuaxi No.1	Nanjing	211000		

Pan, Yuan
Future

Room	Room Type	Arrival	Departure	Rooms	Status	Group/Company	Travel/Source

Enrollment　Resv.　OK　New　Edit　Close

图 3–7　Opera 新建预订客人档案界面

（3）根据客人来源和所订房型，选择相应的房价（图 3–8）。

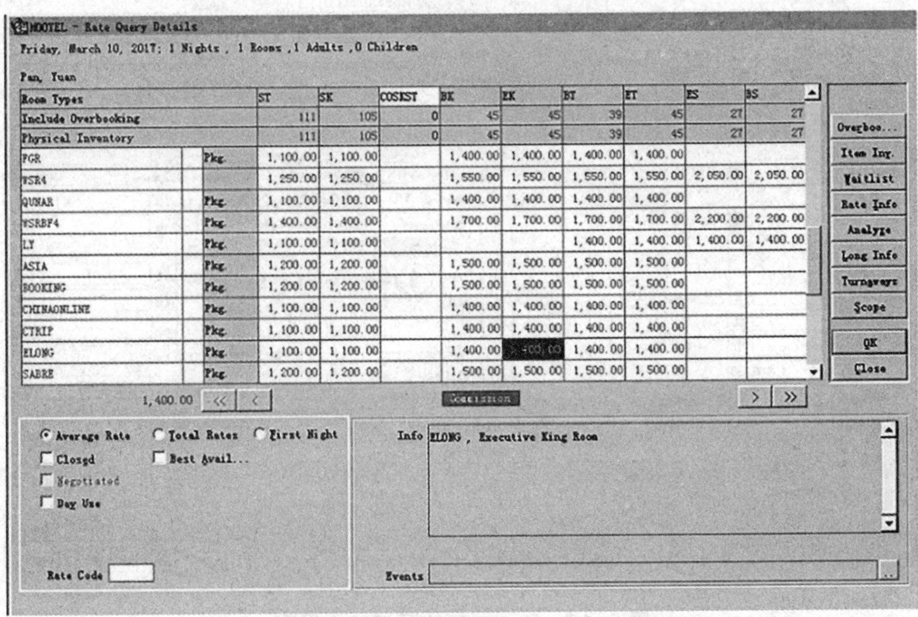

MOOTEL - Rate Query Details

Friday, March 10, 2017; 1 Nights , 1 Rooms ,1 Adults ,0 Children

Pan, Yuan

Room Types		ST	SK	COSKST	BK	EK	BT	ET	ES	BS
Include Overbooking		111	105	0	45	45	39	45	27	27
Physical Inventory		111	105	0	45	45	39	45	27	27
FGR	Pkg.	1,100.00	1,100.00		1,400.00	1,400.00	1,400.00	1,400.00		
WSR4		1,250.00	1,250.00		1,550.00	1,550.00	1,550.00	1,550.00	2,050.00	2,050.00
QUNAR	Pkg.	1,100.00	1,100.00		1,400.00	1,400.00	1,400.00	1,400.00		
WSRBF4	Pkg.	1,400.00	1,400.00		1,700.00	1,700.00	1,700.00	1,700.00	2,200.00	2,200.00
LY	Pkg.	1,100.00	1,100.00				1,400.00	1,400.00	1,400.00	1,400.00
ASIA	Pkg.	1,200.00	1,200.00		1,500.00	1,500.00	1,500.00	1,500.00		
BOOKING	Pkg.	1,200.00	1,200.00		1,500.00	1,500.00	1,500.00	1,500.00		
CHINAONLINE	Pkg.	1,100.00	1,100.00		1,400.00	1,400.00	1,400.00	1,400.00		
CTRIP	Pkg.	1,100.00	1,100.00		1,400.00	1,400.00	1,400.00	1,400.00		
ELONG	Pkg.	1,100.00	1,100.00		1,400.00	[illegible]	1,400.00	1,400.00		
SABRE	Pkg.	1,200.00	1,200.00		1,500.00	1,500.00	1,500.00	1,500.00		

1,400.00

Overboo...　Item Inq.　Waitlist　Rate Info　Analyze　Long Info　Turnaways　Scope　OK　Close

Average Rate　Total Rates　First Night
Closed　Best Avail...
Negotiated
Day Use
Rate Code

Info ELONG , Executive King Room
Events

图 3–8　Opera 新建预订房型、房价选择界面

（4）在预订界面，把客人预订的其他信息补充完整（图 3–9）。

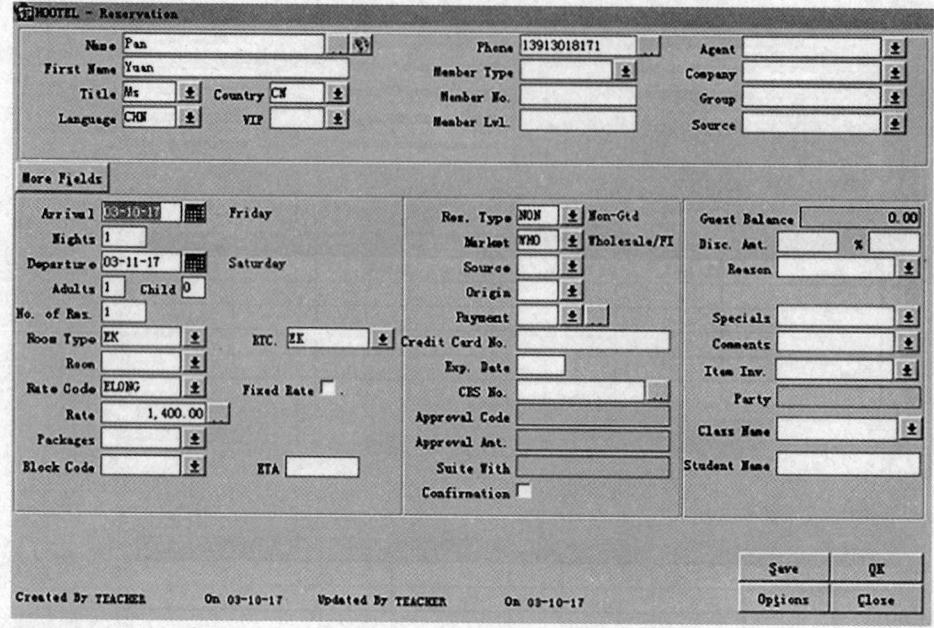

图 3–9　Opera 新建预订完整信息界面

（5）预订成功后，屏幕上会显示此次预订的预订确认号（图 3–10）。

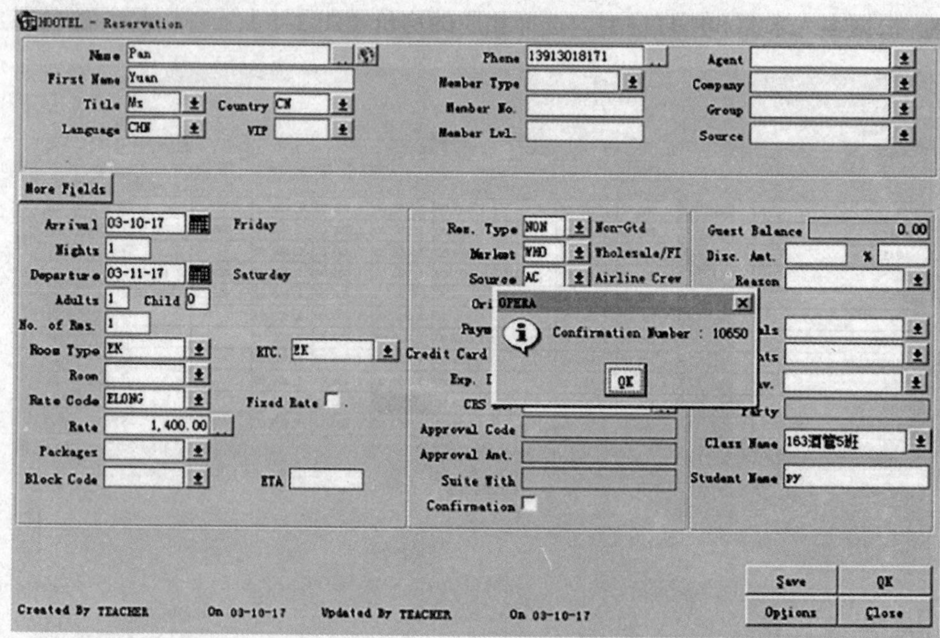

图 3–10　Opera 新建预订完成界面

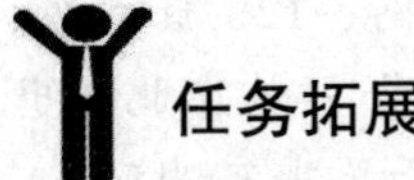

任务拓展

同学们可以想想看，你们在预订酒店的过程当中感受到了一些什么样的数字化技术？大家可以相互分享，并且可以预测一下在未来预订数字化又应该向什么样的方向发展。

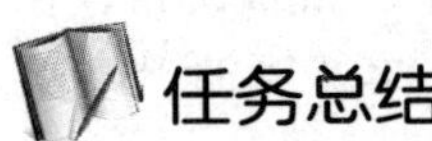

任务总结

数字化预订是通过数字化技术来优化顾客的住前体验，数字化的运用会让酒店客户在选房订房的时候更加方便快捷。同时数字化预订方便酒店统计客户需求数据、生成用户画像，可以优化酒店的营销方案。

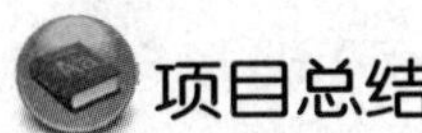

项目总结

在本项目中，我们学习了预订的基础知识、预订的受理、预订的控制、预订当中常见问题的处理以及数字化预订。虽然将客房预订放至酒店营销部已成为主流趋势，但前厅部仍需在酒店需要时承担起客房预订的职责。做好预订可以掌握客源动态，预测酒店未来业务走向，开拓酒店市场，稳定、提高客房出租率，进而提升酒店的经营利润。而数字化技术在预订服务中的运用，更是提高了顾客在住前环节的满意度，而且还能为酒店降本增效。

项目链接

关于网络预订的更多谈论

科技的进步正日益改变着人们的生活方式和工作方式。据国家统计局发布的2017年国民经济和社会发展统计公报显示，互联网用户增长迅速。

酒店业同样分享着高科技的成果。随着网络用户的迅速增加，网络营销已成为目前酒店经营发展的趋势。据统计，大多数主要知名酒店都已经通过它们的品牌网站进行了超过40%的预订。

酒店的自主网站可以是酒店自办的网站，也可以是集团酒店的实体类网站。2010年版的《旅游饭店星级的划分与评定》中的相关必备项目中规定：四星级酒店“应24h接受包括电话、传真或网络等渠道的客房预订”，五星级酒店除了有与以上四星级同样的要求外，还“应有运行有效的计算机管理系统，前后台联网，有酒店独立的官方网站或者互联网主页，并能够提供网络预订服务”。酒店自办网站或主页可以提供实时的房态和优惠的价格，但是缺少顾客群。另外，值得一提的是，随着搜索排名的竞争，当网民通过Google、Baidu等搜索网站，输入酒店名称的关键词找寻酒店的官方网站时，常常会出现酒店网站排名靠后或被其他网站“淹没”而找不到的现象，这就使酒店网站失去了一定的竞争力。

商务网站目前也越来越多，如艺龙、携程旅行网、中国商务订房网、128旅行网、中国订房网等。这类网站相当于是车站，许多酒店与其签协议，将“车”停放在此，也就是将自己酒店的信息挂在这些网站上。需要网上订房的客人就相当于要乘车的客人，他们会到车站去看有什么合适自己的车，并有选择地买票乘坐。当然，停车需要支付停车费，也即酒店要付给商务网站佣金，这减少了酒店的客房收入。商务网站的服务质量较高且顾客多，但是房态不实时。

另外，一些信用卡公司、航空公司、旅行社等也会与酒店相互合作，相互促销，以带动和提升各自的产品销售，争取更多客源，达到双赢的效果。例如，客人通过消费某种银行卡或乘坐某航空公司航班，可以获得在某酒店入住的折扣优惠。

不能忽视的是，有些政府的旅游类网站也尽力宣传本地的包括酒店在内的旅游服务产品，为酒店争取到了不少客源。

放眼看世赛

世界技能标准规范解读——酒店预订

1. 个人（选手）需要了解的知识点

（1）房间分配流程，包括：密度控制图（density chart），常规图表（conventional chart），软件解决方案酒店连锁的中心预订地点。

（2）用于记录酒店预订情况的软件系统。选手需要了解Opera系统预订菜单的界面和使用功能。

（3）费用的种类和范围。选手需要了解虚拟酒店不同房型的房费、各个餐厅的特色和人均消费水平，休闲娱乐的种类和对应的价格等。

（4）临时、确认和保证预订的状况。选手需要了解虚拟酒店关于临时预订、确认预订和担保预订的规章制度。

（5）订金相关政策及在订房时收取订金的流程。选手需要向客人询问是否担保预订，并告知客人根据酒店的规定，未担保房间保留到哪个时间段。

（6）酒店关于预订超额预订相关规定。选手需要了解如何处理超额预订的订单。

（7）酒店内使用的与预订相关的文档。选手需要了解如何撰写预订确认信；也要知道如何用邮件回复客人关于预订的任何问题，比如客人发邮件来表示想要到酒店来开年会，知有多少人参加以及预期房间数，需要酒店安排会议的场所，以及茶歇等服务，选手需要知道如何回复这类问询的邮件。

（8）酒店的收益管理规定。

（9）有关使用代理或经纪人的规定。选手需要知道如何在Opera中进行相应的记录，以及佣金等信息的设置。

2. 个人（选手）应具备的能力

（1）接受来自面谈、电话、电子邮件、传真或信函的个人预约。

（2）接受来自电话、电子邮件、传真或信函的团体预订。

（3）通过批准的代理或经纪人进行预订，并进行适当的记录。

（4）根据房间的可用性，费用与客户达成一致，接受预订，根据酒店的相关规定支付经费。选手还要能进行适当的增值销售。

（5）根据酒店的规定要求并接收订金。

（6）根据酒店的规定和流程进行房间分配。

（7）录额外服务或销售物品的要求，以确保交付和正确收费。比如接机服务，选手需要向客人准确报价，征得客人同意后，详细记录客人的接机信息。

（8）使用 Opera 制作和记录预订的详细信息。

【专业英语】

1. I'd like to book a single room for Monday next week. 下周一我想订一个单人房间。
2. How long will you be staying? 您打算住多久？
3. What time do you expect to arrive，sir? 先生，您何时到达？
4. How many guests will there be in your party? 同行的有几位客人？
5. We'll be leaving on Thursday morning. 我们将在周四上午离开。
6. What's the price difference? 两种房间的价格有什么不同？
7. A double room with a front view is 100 dollars per night，one with a rear view is 90 dollars per night. 一间双人房朝阳面的每晚 100 美元，背阴面的每晚 90 美元。
8. I think I'll take the one with a front view then. 我想我还是要朝阳的吧。
9. What's your flight number，please，in case the plane's late. 您的航班号是多少？如果飞机晚点怎么办？
10. And we look forward to seeing you next Monday. 我们期待下周一见到您。
11. We do have a single room available for those dates. 我们确实有一个单间，在这段时间可以用。
12. I'm afraid our hotel is fully booked on that date. Is it possible for you to change your reservation dates? 那天我们酒店客满，您能否更改预订日期？
13. What is the rate，please? 请问房价多少？
14. The current rate is $ 100 per night. 房价是 100 美元一天。
15. What services come with that? 这个价格包括哪些服务项目呢？
16. That doesn't sound bad at all. I'll take it. 听起来还不错。这个房间我要了。
17. By the way，I'd like a quiet room away from the street if it is possible. 顺便说一下，如有可能我想要一个不临街的安静房间。
18. May I have your name and telephone number，please? 请问你的姓名和电话号码？
19. We look forward to hearing from you. 我们静候您的佳音。
20. Could you hold the line，please'? I'll check the room availability for that day. 请稍等，我查一下那天是否有空房。

21. His company will pay. 费用将由公司支付。

22. Our hotel is located in the centre of the city. 我们酒店位于市中心。

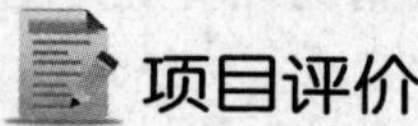

项目评价

✧ 知识评价

一、单选题

1. 酒店标出的客房价格若是含房租和一日三餐费用，这种计价方式是（ ）。

A. 欧式计价　B. 百慕大计价　C. 美式计价　D. 欧陆式计价

2. 保证类预订是（ ）。

A. Guaranteed Reservation　B. Confirmed Reservation

C. Waiting Reservation　D. Advance Reservation

3. 放置两张单人床的房间属于（ ）。

A. 单人间　B. 标准间　C. 大床间　D. 套间

4. 预订确认信通常在受理预订后（ ）个小时内发出。

A. 1　B. 1.5　C. 2　D. 2.5

5. 按照国际惯例，饭店对于预订客人的“取消预订时限”即“截房时间”一般是指（ ）。

A. 抵店日当天下午二时　B. 抵店日当天下午六时

C. 第二天中午十二时　D. 第二天下午六时

二、简答题

1. 预订客房对酒店和客人来说，分别有什么好处？

2. 预订时，如果没有客人想要的房型，我们应该如何处理？

3. 酒店为什么要做超额预订？

4. 客房预订有哪些常见的种类？

5. 在受理散客预订时，我们要在预订单上记录下哪些信息？

✧ 实践活动

实训内容：

分角色操作电话客房预订服务的过程。

实训目标：

1. 掌握前厅电话预订服务的操作技能。

2. 提高工作适应性和应变性，具备良好的自我管理能力、创新能力、分析和解决问题的能力。

实训组织：

学生两人一组，抽签决定角色（预订员、客人），由教师和其他各小组打分。

实训评价：

序号	考核内容	考核要点	配分	评分标准	扣分	得分
1	仪容仪表	服装整洁得体、无破损，纽扣齐全；鞋袜洁净；不留长指甲；不佩戴过于醒目奇特的饰物；男服务员不留胡须，发长不盖耳；女服务员化淡妆	3	有一项不符合要求，扣1分，扣完为止		
2	仪态	行走、站姿正确，行为规范有礼	2	有一项不符合要求，扣1分，扣完为止		
3	了解客人需求	礼貌地问清客人是否需要订房，以及订房的时间和房间的类型	4	每出现一处错误或遗漏扣2分，扣完为止		
4	介绍房间	向客人介绍三种（含三种）以上的客房，并正确描述各类客房的优点；正确报价	5	只向客人介绍一种或两种客房，扣1分；描述各类客房的优点基本正确，但不够充分、全面，扣1分；每报错一种客房的价格，扣1分；扣完为止		
5	表单填写	规范、完整地填写预订单	5	出现一处表格填写错误，扣1分，扣完为止		
6	确认订房情况	确认客人订房的时间、天数、房型、房数、房价、付款方式、保留时间、特殊要求等	4	每出现一处错误或遗漏扣1分，扣完为止		
7	道别	礼貌地向客人道谢、道别	2	每出现一处遗漏扣1分，扣完为止		
8	预订程序	按照正确的程序向客人提供预订服务	5	出现一处程序错误，扣1分，累计出现两处程序错误，扣5分		
合计			30			
否定项：若考生出现下列情况之一，则应及时终止其考试，考生该题成绩记为零分。 （1）没有穿着工装或制服。 （2）没有填写预订单。 （3）因考生出现失误或过错致使客人没有预订成功。 （4）预订程序出现三处以上（含三处）错误。 （5）超过规定时间。						

评分人：　　年　　月　　日　　　核分人：　　年　　月　　日

资料来源：国家职业技能鉴定标准

国家精品在线开放课程
《前厅服务与管理》免费学习资源

项目四　礼宾服务

项目导读

在客人心目中，前厅礼宾部（Concierge）是能提供全方位“一条龙服务”的岗位。礼宾部员工要在工作中充当迎宾员（Doorman）、行李员（Porter）、机场代表（Airport Representative）等角色。礼宾部的全体员工是最先迎接和最后送走宾客的酒店服务群体，是酒店的前沿营销员，也是体现酒店“礼”的形象代表。

学习目标

【知识目标】

· 掌握店外、店内迎送宾客的服务流程

· 掌握散客、团队入（离）店时的行李服务程序

· 掌握行李寄存服务流程

· 掌握完成委托代办的服务流程和技巧

· 熟悉金钥匙服务理念及各项委托代办服务程序

· 了解数字化礼宾

【能力目标】

· 能够进行前厅迎宾、行李运送服务操作

· 能够进行行李寄存与提取服务操作

· 能够完成机场接机服务

· 能够完成客人的委托代办要求

案例导入

某日，一宾客在大门外要坐车外出游览，上车时，门童正在和其他人聊天，未注意观察宾客，在关车门时，夹住了宾客的手指，也未向宾客道歉。宾客手指疼痛，一天的游兴全无。

1. 请分析门童在哪几个环节点上出了问题。

2. 如果是你，遇到这种情况该如何处理？

任务一 机场代表工作

【任务导入】

假设你朋友的一位亲戚将于明天坐火车到达本地，而你朋友因有事不能前去接车，委托你帮忙代劳。你准备如何做，以不辜负朋友之托？

【任务执行】

有些宾客在订房时会声明需要接车服务，并事先告知航班（车次）和到达时间。当客人有接机或接车要求时，酒店会在派出车辆的同时，再派礼宾部员工与车一同前往机场、车站或码头，因此，这时的礼宾员也就是酒店代表。由于礼宾员去飞机场接客人的情况较多见，所以有时也被称为机场代表。

机场代表是代表酒店欢迎宾客的第一人，应该特别注意自身的仪容仪表，举止言谈要温和得体，动作要迅速准确，要充分体现出责任心、自觉性、灵活性、协调性、独立性的工作特点。

一、接机程序

图 4–1 接机“迎客牌”

（一）做好准备工作

（1）掌握预抵店宾客名单。向预订处索取“宾客接车通知单”，了解宾客的姓名、航班（车次）、到达时间、车辆要求及接待规格等情况。

（2）安排好车辆。机场代表要按每批抵达宾客的人数和要求，向车辆管理部门订好车辆，并告知车辆到达机场的时间。接团队宾客时，可视人数要求车队调整或增加班次，负责接机的车辆应该提前 30 分钟到达机场。

（3）备好“迎客牌”。“迎客牌”（图 4–1）的正面是中英文对照的酒店名称，反面是宾客的姓名，牌子手把的长度在 0.5 米左右。有些酒店也采用纸质“迎客牌”，上面写有酒店名称和欲接宾客的姓名。

（二）到达机场迎接宾客

机场代表应该着装整洁、精神饱满地站在显眼的位置，拿着“迎客牌”等候宾客的出场。当人流较多时，应高举“迎客牌”。当宾客出现后，应主动上前向宾客热情问候并介绍自己，根据预抵店宾客名单确认宾客身份，防止错接或漏接。

（三）为宾客提取行李

帮宾客搬运行李时要确认行李件数，检查行李的完好程度，如有破损要立即与宾客说明。在行李上挂好行李牌，引领宾客前往接站车。

（四）接宾客回酒店

请宾客乘坐酒店预先安排好的车辆，如果酒店的巴士还需等候其他宾客，可以让宾客选择在车上等候或到附近的休闲场所休息，但必须要告知发车时间。车辆返回酒店途中，向宾客介绍酒店设施。

（五）通知酒店接机及预期抵店信息

电话通知酒店总台接机情况，以及宾客将到店的有关信息，如离开机场的时间、将到达酒店的大概时间。如果有重要宾客在车内，要先打电话通知大堂副理。

（六）做好服务交接

抵达酒店后，与行李员交接做好行李入店服务，带领宾客去总台接待处登记。与宾客分别时预祝宾客住店愉快。

二、机场代表注意事项

（1）在接宾客回酒店途中，要与酒店总台或大堂副理保持联系，以沟通可能出现的未预料状况。

（2）如果宾客漏接，则应及时与酒店接待处联系，查核宾客是否已经到达酒店。

（3）除迎接有预订的宾客外，还可视情况积极向未预订宾客推销本酒店，争取宾客入住。

（4）除迎接宾客和推销酒店产品外，还向本酒店已离店宾客提供送行服务，为宾客办理登机手续。

知识链接

机场行李丢失服务

礼宾员需耐心地听取客人的陈述并且说：“我们听到您丢失行李的消息也深表遗憾，

我们会协助您跟踪您行李的情况，请提供给我们您护照的复印件，行李丢失报告及授权书。”这些资料都应存放在礼宾部。

员工从资料中获得相关信息，根据这些内容打电话至机场失物招领处核实相关情况，如果行李仍没有被发现，员工需每隔一小时跟踪一次。

礼宾部值班台需通过酒店司机将相关资料送往机场递交给当值的机场代表。

机场代表需带上相关资料前往机场失物招领办公室认领客人的行李。将客人的行李交由司机送回酒店。

在客人的行李被送到客人房间之前必须事先电话与客人联系。

当客人有回应，就说：“您好！ ×× 先生，您的行李已被从机场取回，现存于行李房。现我们可以将其送到房间吗？”如果客人不在房间，员工需留言：“您的行李已被取回，请您回来后与礼宾部联系商讨安排递送事宜。”

任务拓展

请设计一块接机或接车时用的“迎客牌”，客人姓名等信息自拟。大家比较一下，哪组的“迎客牌”设计得最棒？

任务总结

机场代表既是对客服务的前沿人员，也是酒店的形象代表，因此，机场代表一定要注意自已的言行，使客人形成对酒店的良好第一印象。

任务二　门厅迎送服务

【任务导入】

不少客人是乘坐出租车抵达酒店的。有时候我们会发现，酒店的门童会将出租车牌号记在一张小纸条上，然后交给客人。你知道门童这样做的目的是什么吗？

【任务执行】

迎宾员（Doorman）又叫门童，是指站在酒店大门口负责开启车门，迎送宾客的酒店服务员（图 4–2）。迎宾员是酒店的门面，他们通常身材高大、身着制服、头戴礼帽、彬彬有礼，是酒店形象的具体表现。

图 4–2　迎宾员

一、迎宾员仪表仪容要求

头发前面不过眉毛，后面不过衣领，发角不过耳；不蓄胡须；名牌位于前胸左上方；衣裤无开线、破损，扣子无松落；袜子为黑色或深藏青色，皮鞋着黑色；帽子装饰物完好；手套完好、清洁。

二、迎宾员值岗要求

迎宾员在值岗期间，即使在没有宾客进入门厅时也要时刻保持工作状态，站立姿势不能歪斜，思想不能走神，要随时准备为宾客提供服务。具体要求为保持站岗姿态符合标准，不弯腰、不稍息、双手放在裤缝处。站岗位置相对固定。注意周围有无客人需要服务；注意周围环境卫生；注意疏导交通。在岗位上不与他人闲聊。对客服务时动作准确，语言到位、规范。换岗人员未到时，坚守岗位。时刻保持注意力集中。

图 4–3　雨伞架

三、迎宾员的职责

负责迎接和欢送抵店、离店的宾客，准确及时地提供开门、拉门服务。宾客车辆停稳后，按规定的程序主动为宾客开启车门、欢迎宾客，并记录其乘坐的出租车牌号，立即送给宾客，以便宾客需要时查找遗忘在车内的物品。记住常客、商务宾客和重点宾客的姓名，做到能用姓氏或头衔称呼宾客。送宾客离店时，代宾客叫车，开启车门，送宾客上车。协助保安人员调度和控制酒店门前抵离的各种车辆，保持大堂门口整齐、清洁、秩序良好。为住店宾客提供雨伞（图 4-3）、轮椅车的租借服务。注意观察进出酒店的宾客，发现可疑情况立即报告，劝阻衣冠不整者进入大堂并及时采取有效行动。协助行李员疏导抵达或离店的团队，搬运散客行李。了解酒店各项服务设施的位置及营业时间。保持仪表整洁、态度和蔼，给宾客留下良好的印象。

知识链接

2013 年年底，因为到了冬季天气格外的寒冷。早上 10 点多礼宾员小何像往常一样在门口站着头岗。这时开过来一辆车，把车子招呼停好后，小何把车门打开，等待客人下车。按平时，客人的速度应该是很快的，但这位客人显得和一般客人不一样，左腿行动不是那么方便。这时小何想：是不是脚受伤了？于是他主动上前说道："您好，您需要一辆轮椅车吗？"客人显得很难为情，说道："我的脚走路确实不太利索，但应该没有多大问题，还不至于要依靠轮椅，我自己试着走走看吧。"客人谢绝了小何的好意，坚持要自己走上楼去。但每一步都好像显得很吃力。小何见状又说道："还是我扶您上去吧！"客人满脸不高兴，用手推开小何，说道："谢谢了！不用麻烦你了，我自己可以的！"客人的行为让小何十分费解，让他感到不知道如何是好？

迎宾员小何服务有何不妥之处？

四、迎宾员的日常工作

（一）大门的安全

迎宾员是前厅服务的重要岗位。迎宾员在大门出入口向客人提供服务的同时，又是安全员。经过专门培训的迎宾员，应该在工作中与保安人员密切合作，增强识别、防范和控制突发事件的能力。

（二）大门周围的警戒

迎宾员在工作时，应密切观察进出的宾客，发现衣冠不整或食用饮品的客人进出大厅应礼貌地加以劝阻；对行为可疑的人要立即通知保安人员。在进出客高峰时要配合相关人员做好车辆疏导，保证车道畅通无阻。

（三）回答客人的询问

迎宾员要掌握店内店外的相关信息，给住店或非住店的客人提供问询服务。

（四）大门周围的检查和清洁

客人进出的大门周围是酒店给客人第一印象的区域，因此要保持干净、整洁。迎宾员发现细小纸屑、烟头等应尽快打扫，如有大片污渍应立即通知保洁人员清扫。发现宾客拿着冷饮等食物边吃边进入大厅，应委婉地请宾客吃完后再进大厅。对带宠物进店的宾客进行劝阻："对不起，宠物是不能带进酒店的，但酒店可以代为保管。"

五、迎送服务

门厅迎送服务，是对宾客进入酒店正门时所进行的一项面对面的服务。门厅迎接员要承担迎送客人，调车，协助保安员、行李员等人员工作的任务，通常应站在大门的两侧或台阶下、车道边，站立时应挺胸、手自然下垂或下握，两脚与肩同宽。其迎送宾客服务程序如下所示：

（一）迎客服务程序

1. 做好迎宾准备

站立在大门两侧或台阶下、车道边，站立时要挺胸收腹；双手自然下垂或背于身后，双脚自然分开与肩同宽，表情自然，面带微笑。

2. 迎候宾客

当车辆抵达酒店迎面距离 10 米左右时，向前伸直右臂，由左向右挥动左臂。将宾客所乘车辆引领到适当的地方停车，以免酒店门前交通阻塞。

3. 开启车门

趋前开启车门，用左手拉开车门成 70° 角左右，右手挡在车门上沿，为宾客护顶，防止宾客碰伤头部，并协助宾客下车。原则上应优先为女宾、老年人、外宾开车门。若遇有行动不便的宾客，则应扶助他们下车，并提醒其注意台阶；若遇有信仰佛教或信仰伊斯兰教的宾客，则无须为其护顶；若遇雨天，应为宾客提供撑雨伞服务，礼貌地暗示宾客擦净鞋底后进入大堂，并将宾客随手携带的湿雨伞锁在伞架上。

4. 问候宾客

面带微笑，使用恰当的敬语欢迎前来的每一位宾客。例如，"欢迎光临，×× 先生 / 女士"。

5. 确认有无行李

询问后备厢有无行李。如有，用手势召唤行李员，并协助卸行李，提醒宾客核对行李件数。提醒宾客检查车厢内有无遗留行李和物品。

6. 请宾客进店

如是出租车，应迅速在卡片上记下车牌号，将卡片交给宾客。用手势向宾客示意"请进"。

（二）送行服务程序

1. 迎候宾客

召唤宾客的用车至便于宾客上车而又不妨碍装行李的位置。

2. 确认行李

协助行李员将行李装上汽车的后舱，请宾客确认无误后关上后舱盖。

3. 请宾客上车

为宾客护顶，等宾客坐稳后再关车门，切忌夹住宾客的衣、裙等。

4. 送行

站在汽车斜前方 0.8~1 米的位置，亲切地说“再见，一路顺风”等礼貌用语，挥手向宾客告别，目送宾客。

（三）散客的迎送服务要求

熟悉各种重要公共场所（如风景名胜、古迹、知名餐厅）的英语称呼及准确地点与开放时间。口袋内随时备有本酒店的名片卡（图 4–4），需要时送给宾客，以防宾客迷路。了解餐饮、宴会动态，为开启大门及安排车辆停放做准备。熟记贵宾及常客的车型、车号。迎宾员在宾客需要时，应主动为宾客叫车。宾客乘坐出租车抵达时，应等其付完车费后再把车门打开。客人上下车时，须注意其手脚安全，车未停妥勿开车门，客人坐稳后方可关门。如遇行动不便或老弱客人，需妥善地照顾其上、下车。开车门时，原则上先女宾后男宾、先外宾后内宾、先老人后小孩。在为客人护顶时，要注意伊斯兰教客人、佛教客人无须护顶；无法判断客人身份时，可将手抬起而不护顶。注意礼节、姿态、仪容。绝不可擅离岗位。

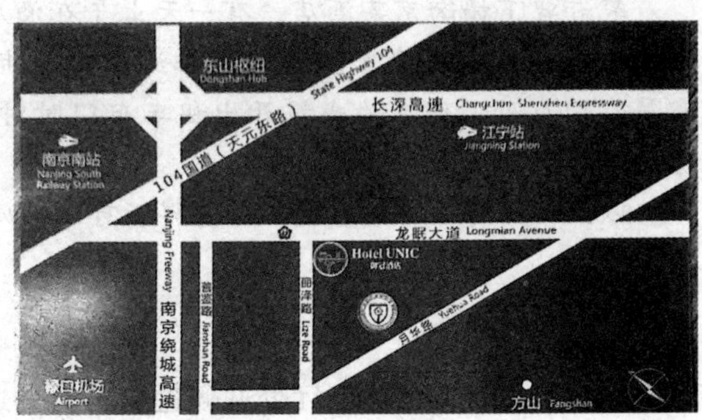

图 4–4 酒店名片卡

（四）门厅贵宾（VIP）迎送服务程序和要求

门厅贵宾迎送是酒店给下榻的重要宾客的一种礼遇。门厅迎接员应根据客房预订处发出的接待通知，做好充分准备。

（1）根据需要，负责升降某国国旗、中国国旗、店旗或彩旗等。

（2）负责维持大门口秩序，协助做好安全保卫工作。

（3）正确引导、疏通车辆，确保大门前交通畅通。

（4）讲究服务规格，并准确使用贵宾姓名或头衔向其问候致意。

对贵宾的送别，切忌虎头蛇尾，即不能出现贵宾进店时热烈欢迎，离店时悄无声息的现象。

贵宾住店期间，大堂经理、销售经理或总台服务员应保持与接待人员的联系，问清贵宾的离店时间，然后通知总经理；需要组织欢送队伍的应提前通知各部门，以便做好准备。

知识链接

一个夏天的傍晚，南京金陵酒店迎宾员小周在值岗，一位马来西亚老华侨向他打听某商场怎么走，小周热情地告诉他此商场就在酒店的斜对面，过街走一段路就到了。说完小周又加了一句：天快黑了，您老人家过街要小心！客人听后非常感动，回到马来西亚后写了一封表扬信，用快递的方式寄给酒店，信中感谢酒店总经理培养出这么尊敬老人的服务生。

迎宾员的工作看似简单，但如果不用心，就会出现宾客进出10次门，迎宾员就说10次“您好”这样简单而机械的服务。要想做好迎宾服务，除了专业的培训外，服务员还要具备爱宾客、爱酒店、爱工作之心。

任务拓展

笔者曾下榻南京某酒店，有一天上午在酒店门厅处请礼宾员叫出租车欲外出。礼宾员叫车时问笔者去哪里，笔者说去沃尔玛超市。数小时后当我返回酒店时，恰逢该礼宾员在门厅处，他在为我拉开出租车车门时对笔者说：“女士，在沃尔玛超市购物得愉快吗？”

以上案例对你有何启发？你觉得还可以从哪些细节方面来提高门厅迎送服务质量？

任务总结

迎宾员负责在酒店门厅处迎候进店客人、送别出店客人。迎宾员要适时、适地地为客人服务，细心揣摩客人心理、想其所想、注重细节、提高服务质量。你有以下学习疑惑吗：迎宾时总是说“您好”“欢迎光临”“再见”等问候语，是否很无聊？

解惑释疑：貌似简单的工作，要做得优秀也并非易事。只要能重视每一位客人，你的语言就不会呆板，客人的感觉也会不同一般。

任务三 行李运送服务

【任务导入】

在一天晚上6点半左右，大厅里十分忙碌。这时有位客人登记完毕后直接离开了酒店，他的行李一件在礼宾部，另一件在总台桌上。总台告诉行李员直接把行李送入客人的2309房间。行李员在接到通知后没有在系统里进行任何的核实，就将行李直接送入了2309房间。可这2309房间实际上并不是客人的房间，而是一间空房。当晚10点时真正的2309房间客人登记入住这间房间，发现房间居然摆着两件陌生行李。客人为此有些不满。在之后的及时补救之中，客人情绪才渐渐好转。

1. 发生错送、漏送行李的原因是什么？

2. 如何防止类似事件的发生？

【任务执行】

有旅行就通常会有行李，酒店客人的来来往往也总是伴随着行李的进进出出。

行李服务是前厅服务的一项重要内容，由行李员负责提供。内容主要包括宾客行李搬运和行李寄存保管服务。

为了能做好行李服务工作，行李员要熟知礼宾部行李服务的工作程序及操作规则、标准；熟悉酒店内的各条路径及部门岗位所处位置；要善于与人交往，和蔼可亲，做到为客服务及时、到位。

一、行李服务要求

为了能做好行李服务工作，要求行李组领班及行李员必须具备下列条件：

（1）掌握饭店服务与管理的基础知识。

（2）了解店内、店外诸多服务信息。

（3）具备良好的职业道德，诚实，责任心极强。

（4）性格活泼开朗，思维敏捷。

（5）熟知礼宾部、行李员的工作程序及操作规则、标准。

（6）熟悉饭店内各条路径及有关部门的位置。

（7）能吃苦耐劳，做到眼勤、嘴勤、手勤、腿勤。

（8）善于与人交往，和蔼可亲。

（9）掌握饭店内餐饮、客房、娱乐等服务内容、服务时间、服务场所及其他相关信息。

（10）掌握饭店所在地名胜古迹、旅游景点及购物场所的信息。

二、散客的行李服务程序与标准

（一）散客入住行李服务

散客抵店时，行李员帮助客人卸行李，并请客人清点过目，准确无误后，帮助客人提拿行李，但对于易碎物品、贵重物品，可不必主动提拿，如客人要求帮助，行李员则应特别小心，轻拿、轻放，防止丢失和破损。

行李员手提行李走在客人的左前方，引领客人到接待处办理入住登记手续，如为大件行李，则需用行李车。

客人到达接待处后，行李员站在客人身后，距客人 2~3 步远，行李放于面前，随时听候接待员及客人的召唤。

从接待员手中接过客人的房卡和钥匙卡，引领客人进入客房。

主动为客人叫电梯，并注意相关礼节：让客人先进电梯，行李员进电梯后，按好电梯楼层，站在电梯控制牌处，面朝客人，并主动与客人沟通；电梯到达后，让客人先出电梯，行李员随后提行李跟出。

到达客房门口，行李员放下行李，按酒店既定程序敲门、开门，以免接待处卖重客房给客人造成不便。

打开房门后，开灯，退出客房，手势示意请客人先进。

将行李放在客房行李架上，然后介绍房间设备、设施，介绍时手势不能过多，时间不能太长，以免给客人造成索取小费的误解。

行李员离开客房前，应礼貌地向客人道别，并祝客人住店愉快。

返回礼宾部填写“散客进店行李登记表”，如表 4–1 所示。

表 4–1 散客进店行李登记表

In–coming FIT Luggage Record

日期：
Date：

房号 RM No.	行李员姓名 PORTER NAME	进店时间 TIME IN	行李员回到大厅时间 PORTER DOWN	行李件数 NO. PC	备注 REMARKS

（二）散客离店行李服务

当礼宾部接到客人离店搬运行李的通知时，要问清客人房号、姓名、行李件数及搬运行李的时间，并决定是否要带上行李车，然后指派行李员按房号收取行李。

与住客核对行李件数，检查行李是否有破损情况，如有易碎物品，则贴上易碎物品标志。

弄清客人是否直接离店，如客人需要行李寄存，则填写行李寄存单，并将其中一联交给客人作为取物凭证，向客人道别，将行李送回行李房寄存保管。待客人来取行李时，核对并收回行李寄存单（有关行李寄存服务的内容后面将有详细介绍）。

如客人直接离店，装上行李后，应礼貌地请客人离开客房，主动为客人叫电梯，提供电梯服务，带客人到前厅收款处办理退房结账手续。

客人离店时协助其将行李装车，向客人道别。

填写“散客行李（入店／出店）登记表”（表 4–2）。

表 4–2　散客离店登记表
Out-going FIT Luggage Record

日期：
Date：

房号 RM No.	收取行李的行李员姓名 PORTER NAME	收到行李时间 TIME DOWN	客人离店时间 TIME DEPT.	送客离店行李员姓名 PORTER NAME	是否结账 BILL PAID	行李件数 NO. PC	车号 CAR NO.	备注 REMARKS

知识链接

一天晚上，一位客人急匆匆地来到礼宾柜台反映，刚刚迎宾员帮他从出租车取行李时少拿了一件放在后座上的拎袋。行李员送客人行李进房间与客人确认行李时，客人发现少了一个拎袋。开始以为是不是遗漏在大厅，但找遍整个大厅内外也没有发现客人的拎袋。发生这种情况只有两种可能，一种遗漏在出租车上；另一种可能就是被不良分子顺手牵羊了。还好客人保留了乘坐出租车的发票，小夏及时联系出租车公司找到了司机，询问司机刚刚从机场送客人到金陵饭店下客后车上是否遗留了一个拎袋。司机回答：“是啊！你们饭店迎宾员只拿了后备厢的行李，车内还有一件拎袋却没有取。”听到司机这句话小夏悬着的心终于落了下来，小夏还担心由于他们没看管好导致行李被人偷走了。小夏连忙对司机表示感谢并请他尽快把客人的拎袋送来。当客人看到失而复得的拎袋后非常满意，先前的焦虑情绪已经烟消云散了。

1. 案例中存不存在安全隐患？

2. 如何防止类似事件的发生？

三、团队行李进、出服务

（一）团队入住行李服务

酒店接待的团队中，一般旅游团队或会议团队宾客会有较多行李，酒店行李员在为团队宾客行李服务时应注意遵循以下操作规程：

1. 做好应接准备

行李员要事先查看预期团队抵达表，了解团队名称、团队人数、进店时间、团队特点、预分房情况等，并做好人力安排，以确保及时、到位地为团队提供行李服务。根据团队抵店时间安排好行李员，提前填好进店行李牌，注明团队名称和进店日期。

2. 接受和分拣行李

与团队车辆司机确认团队名称，将行李从车上卸下，与团队负责人或司机一起清点行李件数、检查破损情况等，然后填写“团队行李进出店登记表”，请团队负责人或司机签名。将行李拴上填好房号的行李牌，以便准确地分送到宾客房间。对于客人未到而行李先到的情况，应将行李堆放整齐，加盖网罩，待团队客人到店后再分送。

3. 分送行李

行李员将客人的行李装上行李车，往行李车上摆放行李时，注意遵照“同团同车、同层同车、同侧同车、同房同车”以及“硬件在下，软件在上；大件在下，小件在上；后送在下，先送在上”的原则。

4. 走专用通道到指定楼层分送行李

进房后将行李放在行李架上，请宾客清点及检查行李，无异议后道别。如有行李与房号方面的疑问，与团队负责人沟通解决。行李送达后，询问宾客是否需要进一步的帮助和服务。

5. 做好登记

分送完行李后，应在“团队行李记录表”上记录并签名，按登记表上的时间存档。

（二）团队退房行李服务

行李员提供离店团队宾客行李服务时，一般应按照以下的操作规程进行服务：

1. 了解团队出行李需求

了解次日预离团队的信息，根据团队宾客入住登记表上的时间做好出行李的工作安排。行李员可在宾客离店前与领队或团队接待处联系，确认团队离店的时间及收行李的时间。

2. 收取清点行李

准备行李车，依照团号、团名及房间号到楼层收取行李。团队领队或陪同会提前通知宾客将行李放在房间门口并安排专人看管，行李员收行李时一般只收取放在房间门口的行李。与宾客确认行李件数。每件行李上要系上行李牌，注明团队名称、房号与时间。

3. 将行李运送至大堂

通过行李专用通道，将集中好的行李运送到酒店大堂集中，必要时为不同的团队行李罩上网罩，并做好行李看管工作。

4. 行李装车放行

行李员由团队司机或领队陪同清点行李件数，记录行李交接，并由双方签字认可。

5. 做好记录

填写“团队行李记录表”（表 4–3），并将相关资料存档。

表 4–3　团队行李记录表

<table>
<tr><td colspan="4">入住时间 Check In</td><td colspan="4">退房时间 Check Out</td></tr>
<tr><td colspan="4">团队名
Group Name ________________
抵店日期
Arr. Date ________________
行李件数
NO. Of Luggage ________________
行李运送者
Luggage Loaded by ________________
车牌号
Car/Van NO. ________________
司机确认
Verified by Driver ________________
领队确认
Verified by T/L ________________
行李领班
Bell Captain ________________</td><td colspan="4">团队名
Group Name ________________
抵店日期
Arr. Date ________________
行李件数
NO. Of Luggage ________________
行李运送者
Luggage Loaded by ________________
车牌号
Car/Van NO. ________________
司机确认
Verified by Driver ________________
领队确认
Verified by T/L ________________
行李领班
Bell Captain ________________</td></tr>
<tr><td colspan="4">入住 In</td><td colspan="4">退房 Out</td></tr>
<tr><td>房号
Room No.</td><td>行李件数
Pieces</td><td>房号
Room No.</td><td>行李件数
Pieces</td><td>房号
Room No.</td><td>行李件数
Pieces</td><td>房号
Room No.</td><td>行李件数
Pieces</td></tr>
<tr><td></td><td></td><td></td><td></td><td></td><td></td><td></td><td></td></tr>
<tr><td></td><td></td><td></td><td></td><td></td><td></td><td></td><td></td></tr>
<tr><td></td><td></td><td></td><td></td><td></td><td></td><td></td><td></td></tr>
<tr><td></td><td></td><td></td><td></td><td></td><td></td><td></td><td></td></tr>
<tr><td></td><td></td><td></td><td></td><td></td><td></td><td></td><td></td></tr>
</table>

知识链接

表 4–4　标准要求（行李服务）

2.1.4	*行李服务	优	良	中	差
2.1.4.1	正常情况下，有行李服务人员在门口热情友好地问候宾客	3	2	1	0

续表

2.1.4	*行李服务	优	良	中	差
2.1.4.2	为宾客拉开车门或指引宾客进入酒店	3	2	1	0
2.1.4.3	帮助宾客搬运行李，确认行李件数，轻拿轻放，勤快主动	3	2	1	0
2.1.4.4	及时将行李送入房间，礼貌友好地问候宾客，将行李放在行李架或行李柜上，并向宾客致意	3	2	1	0
2.1.4.5	离店时及时收取行李，协助宾客将行李放入车辆中，并与宾客确认行李件数	3	2	1	0

员工应形成以下工作习惯：

（1）应在车停稳后开启车门。

（2）关车门时应密切注意宾客的身体与衣物，不磕碰、无挤压。

（3）提示宾客带好随身物品并观察车内有无宾客遗留物品。

（4）细心地记下车型、车号。

资料来源：中国旅游出版社《旅游饭店星级的划分与评定释义》

知识链接

行李运送常见问题处理

1. 行李破损

（1）在酒店签收前发现破损的行李，酒店不负责任，但必须在“团队行李工作记录”上登记说明。

（2）签收后，在运往客房的途中，或从客房送至酒店大门的途中破损，应由酒店负责；首先应尽力修复，如果实在无法修复，则应与导游、领队及客人协调赔偿事宜（赔钱或赔物）。

2. 团队的个别房间行李搞错

（1）向客人了解行李的大小、形状、颜色等特征，与总台的最新排房名单核对，核查是否有增加的房间。如有，查增加房间的行李，检查客人不在的房间，务必尽快将行李调整；若没有，请陪同人员协助查找所有的房间，予以调整，做好记录。

（2）本批团队行李中多一件或几件行李，应把多余的行李放在行李房（图 4–5）里，同一批多余的行李应放在同一格内（或用绳线拴在一起），并用行李标签加以说明，注明行李到店时间及与哪个团队行李一起送来，然后等候旅行社来查找。同批团队行李

图 4–5　行李房

中少了一件或几件行李，应在签收单上加以说明，同时与旅行社取得联系，尽快追回。

（3）行李错送的处理：应把非本团行李挂上行李标签，做一个简短的说明后，存放于行李房，放在同一格中（或用绳线拴在一起），等候别的旅行团来换回行李，或通过旅行社联系换回行李。

任务拓展

你如何看待客人给酒店员工小费的现象？了解我国与西方国家在服务小费问题上的差异。如果你是行李员，在小费这个问题上，你觉得该怎样处理好个人、群体、客人三者之间的关系？

任务总结

行李承载着客人出行的用品和旅途的收获，它不分贵重与否，对客人都具有重要的作用。为客人提供周到的行李服务，妥善保管客人的行李，是每个行李员必须做到的事情。行李员还是酒店与客人之间联系的桥梁，通过他们的工作使客人感受到酒店的热情好客。

任务四　行李存取服务

【任务导入】

忙了一个早晨之后，行李员小吴习惯性地开始整理寄存室中长期寄存的行李，放好几个大的行李箱后，还有个酒店的拎袋，于是便平放到箱子上了，可这时里面有液体流了出来，小吴急忙拿起来，可是为时已晚。原来里面是一瓶开封的，但是没有塞好瓶盖的“蓝方”威士忌酒。

后来主动联系客人向客人道歉，并商量好会赔偿客人，客人表示理解和满意。事后询问经过，小吴说寄存的时候与客人确认了有无贵重易碎的物品，客人并没有说里面有威士忌酒，所以行李上并无小心轻放的牌子，也有可能是客人一时忘记了。

1. 客人寄存物品破碎的原因是什么？

2. 如何防止此类事件的发生？

【任务执行】

为方便宾客出行和社交，免去行李等物品随身携带的麻烦，礼宾部免费提供行李寄存与领取服务，充分体现酒店的人性化服务理念。礼宾部为方便住客存取行李，保证行李安全，应有专门的行李房并建立相应的制度，同时规定必要的手续。

一、对寄存行李的要求

（1）行李房不寄存现金、金银首饰、珠宝、玉器，以及护照等身份证件。上述物品应礼貌地请客人自行保管，或放到前厅收款处的保险箱内免费保管。已办理退房手续的客人如想使用保险箱，须经大堂副理批准。

（2）酒店及行李房不得寄存易燃、易爆、易腐烂或有腐蚀性的物品。

（3）不得存放易变质食品、易蛀仪器及易碎物品。如客人坚持要寄存，则应向客人说明饭店不承担赔偿责任，并做好记录，同时在易碎物品上挂上“小心轻放”的标牌。

（4）如发现枪支、弹药、毒品等危险物品，要及时报告保安部和大堂副理，并保护现场，防止发生意外。

（5）不接受宠物寄存。一般酒店不接受带宠物的客人入住。

（6）提示客人行李上锁。对未上锁的小件行李须在客人面前用封条将行李封好。

二、行李寄存及领取的类别

行李寄存分为住客自己寄存，自己领取；住客自己寄存，让他人领取；非住客寄存，但让住客领取。

三、建立行李房管理制度

（1）行李房是为客人寄存行李的重地，严禁非行李房人员进入。

（2）行李房钥匙由专人看管。

（3）做好“人在门开，人离门锁”。

（4）行李房内严禁吸烟、睡觉、堆放杂物。

（5）行李房要保持清洁。

（6）寄存行李要摆放整齐。

（7）寄存行李上必须系有“行李寄存牌”（表 4–5）。

表 4–5 行李寄存牌（正面）

Name 宾客姓名： NO. Of Items 行李件数： Room NO. 房号： ☐ ARRIVAL 抵店　☐ DEPARTURE 离店　☐ HOLD 暂存 Serial NO. 编号 123456 住客签名 Name 宾客姓名： NO. Of Items 行李件数： Room NO. 房号： Issued by 经办人： Serial NO. 编号 123456

行李寄存牌（反面）

<table><tr><td>
店 徽
Conditions
Hotel is not liable for loss or damage to checked property as a result of fire，theft，and ordinary gross negligence or otherwise unless such loss or damage was caused by a willful act on the part of hotel or its employees. In addition，hotel is not responsible or articles not claimed within 1 month，unless so marked on the check stub. The hotel will not release the checked luggage to anybody without this receipt or written authorization from the undersigned.
酒店对因火灾、盗窃、任何疏忽及其他情况而引起的存放物品的损坏或丢失均不承担责任，除非这种损坏或丢失证明是由于酒店员工的故意行为而造成的。另外，存放物品时，如未在行李签上做特别说明，酒店则对存放时间超过一个月的物品不予负责。提取行李时，必须持有相应的行李标签，或持有如下签名者的书面证明，否则酒店恕不交付行李。
</td></tr></table>

四、行李寄存操作步骤

（一）招呼客人

询问客人房号与系统进行核对，称呼客人姓名。

（二）查看行李

询问客人有无贵重或易碎物品，对于隔日支取的寄存行李，要建议客人为行李上锁；敞口拎袋等物件，征询客人的同意后，用胶带或订书机做封口处理。行李牌上联上方注明“已确认无贵重物品”，请客人在姓名栏签字（英文为 NOTHING VALUABLE OR FRAGILE）。

（三）与客人确认

检查寄存行李过程中如发现行李有破损，当面向客人说明，经客人确认后，在行李牌上方注明，请客人在姓名栏签名。

（四）填写寄存牌

寄存牌上联按照标准确认后请客人签字，由经办人准确记录行李件数、房号、提取时间，选择：抵店、离店、暂存，三项选择下均注明日期、时间，下联各项目逐一填写后，经办人签名。确认非当日取件，在上、下联注明。

（五）摆放寄存行李

有易碎的行李拴上“小心轻放”牌，牌子朝外放，不要把行李放在地面或走道上，小心放在行李架上。两件以上的行李应用行李绳拴在一起，非当日取件的，统一交保管员存入地下室的行李房。

知识链接

一月份某日上午，澳航机组客人和往常一样来到前台准备结账离店，一名空姐拿着一件行李想临时存放一下，于是行李员小乐便热情地将行李接了下来，放在了服务台的一边。不一会儿小乐由于被值台安排了另外的任务而离开了柜台，等 10 分钟后回来，他发现那件行李仍然安静地躺在柜台前，这时澳航班车已经离开了酒店，领班知道后赶紧联系班车司机，客人这才发现自己的行李忘记提取了，小乐赶忙带上行李乘坐出租车，终于赶上了班车，将行李交还至客人手中。

1. 行李为何被客人遗忘了？

2. 如何防止此类事件的发生？

五、为客人提取寄存行李操作步骤

（一）接待客人

宾客提取行李时要收取寄存行李的提取联。接到行李牌下联后，确认物品在前台寄存室还是值台行李房，请客人稍等。

（二）查找行李

根据提取联上的号码及行李种类，查找客人要提取的行李。找到行李后，注意核对行李牌上、下联是否一致，避免发错行李，还要核对一下提取联上的物品种类和件数与实际所取行李情况是否一致；将寄存联从行李上取下，注意检查上面有无记载其他注意事项。

（三）交还行李

将行李交给客人确认，提醒客人核实行李种类和数量。

（四）记录

在寄存联上记录提取行李的时间，经手人签字。

取完后，将寄存牌上、下联订在一起，留存。

（五）客人遗失寄存牌下联的处理

（1）在计算机上核对客人的姓名、房号及出生年月或身份证号码。

（2）请客人描述寄存行李的件数和款式、颜色、特征。

（3）请客人出示有效证件，并复印留档。

（4）将证件复印证和行李牌上联订在一起，书写说明后，请客人签字。

知识链接

行李车辆的使用

1. 铜质行李车的使用

（1）酒店在运送贵宾行李时才使用铜质行李车。为了保持铜质行李车的光亮，行李员应戴干净的手套操作铜质行李车。

（2）为避免车体损坏，行李员应在车前拉行李车，不可在后面推。

（3）铜质行李车固定轮在前，活动轮在后。停放行李车时，为避免行李车滑动，应用木块挡住前轮。

2. 铝合金行李车的使用

（1）一般酒店在运送普通散客和团队行李时，使用铝合金行李车。

（2）铝合金行李车一般活动轮在前，固定轮在后。使用时一般用手拉。

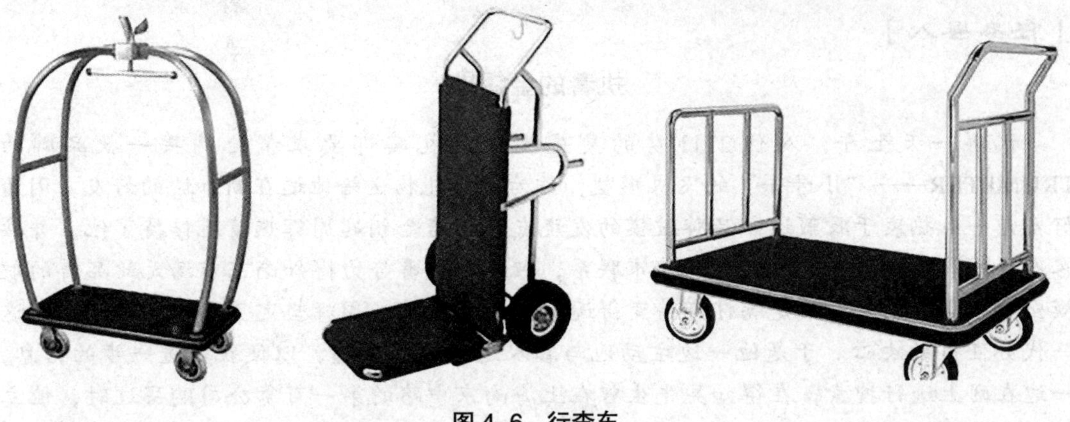

图 4–6　行李车

行李车辆的保养

一般的铝合金行李车只需每天用半干的抹布擦拭即可；铜质行李车需用专门擦铜水擦拭，擦铜水是化学物品，因此，行李员在擦拭时要戴上手套。质量好的车越擦越亮，质量不好的铜车会将表面的铜擦掉。

任务拓展

有位入住客人正在哺乳期，想麻烦礼宾处每日为她寄存新鲜母乳，请问可以吗？如果不可以，应如何向客人解释？如果可以，酒店应如何妥善处理？

任务总结

行李服务的内容繁多，包括行李的进店服务、出店服务、换房行李服务、行李寄存服务等。行李员不仅要有强健的体魄，而且一定要洁身自好，因为曾有酒店行李员偷窃宾客行李的案件发生。

任务五　金钥匙服务

【任务导入】

执着的金钥匙

记得一天上午，入住2711房的吴先生来到礼宾部要求帮他购买一款品牌为TRUMPTER——“小号手”的飞机模型，作为生日礼物送给他远在新加坡的好友，因为好友是一位热衷于收藏这一品牌航模的发烧友。酒店金钥匙周辉热情地接待了他，并按客人的要求迅速与南京各大商场超市联系，但经过一番努力得知南京市场无此品牌的航模出售。当看到客人本是满怀期待变得逐渐失望的眼神，周辉坚定了要帮助客人完成这一代办任务的决心。于是他一边主动地与客人进行细心沟通，以便获取进一步的信息，一边在网上进行搜索，在得知吴先生曾在上海南京中路的第一百货公司购买过时，他立刻打电话询问上海的商家在南京是否有此品牌的代理商。功夫不负有心人，在对方的查询下终于找到了南京的代理商店。由于吴先生中午12:00就要乘新航的班机回国，时间紧迫，他立即安排行李员以最快的速度赶到商店，40分钟后，当行李员手捧着一款精美的TRUMPTER航模出现在吴先生面前时，客人显得异常的开心，眼神中似乎有些怀疑，又充满了感激之情，而周辉也从他惊喜的目光中品味到自己服务的价值。

1. 酒店金钥匙是什么？
2. 如果你是酒店金钥匙，遇到这样的情况，你会如何处理？

【任务执行】

礼宾部主要为客人提供迎送服务、行李服务和各种委托代办服务，故在一些酒店又称为“委托代办处”“大厅服务处”或“行李处”。礼宾部主要由礼宾部主管（“金钥匙”）、领班、迎宾员、行李员、委托代办员等组成。其主要职责是：在门厅或机场、车站迎送宾客；负责客人的行李运送、寄存及安全；雨伞的寄存和出租；公共区域找人；陪同散客进房和介绍服务、分送客用报纸、分送客人信件和留言；代客召唤出租车；协助管理和指挥门厅入口处的车辆停靠，确保畅通和安全；回答客人问询，为客人指引方向；传递有关通知单；负责客人其他委托代办事项。

一、金钥匙的概念

Concierge是一个非常法国化的单词，通常被译为酒店里的“礼宾部”。1929年10月6日，11位来自巴黎各大酒店的礼宾部主管聚集在一起，建立友谊和协作，这就是金钥匙组织的雏形。1952年4月25日，欧洲金钥匙组织成立，1972年该组织发展成为一个国际性的组织，目前，国际金钥匙组织共有34个国家和地区参加，约有会员3500人。国际金钥匙组织的国际性标志为垂直交叉的两把金钥匙（图4-7），代表两种主要的职能：一把金钥匙用于开启酒店综合服务的大门；另一把金钥匙用于开启城市综合服务的大门。国际金钥匙组织利用遍布全球的会员所形成的网络，从而使金钥匙服务有着独特的跨地区、跨国界优势。

图 4–7　金钥匙标识

二、中国酒店金钥匙介绍

金钥匙组织自 1995 年被正式引入中国以来，在中国已经发展到了在 285 个城市共 2300 多家企业（其中酒店 1900 多家、顶级物业 330 多个、高端服务行业 70 多家）；拥有 3900 多名金钥匙会员，其中总经理会员 900 多人。

2008 年，国际金钥匙组织中国区荣幸地受到第 29 届奥运会北京奥组委的邀请，作为唯一的品牌服务机构参与到运动员村和媒体村的接待服务。百年奥运首次展现金钥匙的服务。

大家知道，钥匙是开锁的，一把钥匙开启一把锁，当我们把“钥匙”比喻为“方法”，“锁”比喻为“困难或问题”时，一种方法只能解决一种难题。“金钥匙”是万能钥匙，能开启各种各样的“锁”，解决各种各样的难题。

在中国的酒店和高档物业里，可以看到这样一群年轻人。他们身着考究的深色西装或燕尾服，衣服上别着一对交叉的“金钥匙”标记，彬彬有礼、笑容满面地为客人提供委托代办服务，帮助客人解决各种需要、难题的年轻人——他们是中国金钥匙。

金钥匙是一个国际的服务品牌，拥有一个先进的服务理念和标准；是一位服务的专家，服务的榜样；也是一个服务的网络。

金钥匙是企业内外综合服务的总代理，是个性化、极致化服务代表。“金钥匙是大酒店的小管家，小酒店的大管家，物业服务的贴心管家。”

三、酒店金钥匙的服务宗旨和理念

（1）酒店金钥匙的服务宗旨：在不违反法律和道德的前提下，为宾客解决一切困难。

（2）酒店金钥匙为宾客排忧解难，“尽管不是无所不能，但是也是竭尽所能”，要有强烈的为宾客服务的意识和奉献精神。

（3）为宾客提供满意加惊喜的个性化服务。

（4）酒店金钥匙组织的工作口号是“友谊、协作、服务（Service Through Friendship）”。

（5）酒店金钥匙的人生哲学：在客人的惊喜中找到富有乐趣的人生。

知识链接

情满旅途，3小时紧急安排让客人不留遗憾

3月28日上午10时许，一名海航中转的客人焦急来到酒店金钥匙柜台，寻求帮助。正在柜台值班的金钥匙小沈接待了这位老先生，沟通后得知老先生客居美国，本次回国参加学术研讨会，想在离开之前与抚养过他的一位老奶奶见面，但离他飞机起飞只有不到4个小时，同时这位老先生心脏不好，不能长时间颠簸，而且不清楚下次回国的具体时间，因此不想在离开成都前留下遗憾。

金钥匙小沈根据客人所提其的信息，立即安排金钥匙车队负责客人来回行程，让客人能在最短的时间内见到曾经抚养过他的奶奶，并且由酒店另外两名金钥匙小唐、小钟负责客人乘机前手续办理，解决了客人的后顾之忧。

为了节省客人的时间，金钥匙小唐提前在酒店的自助值机帮客人把登机牌换好，并与金钥匙小钟一同前往候机楼帮客人把行李进行托运。起飞前1小时，金钥匙小唐、小钟在T2航站楼11号门接到了这位老先生。

老先生万万没有想到的是，乘机手续已经全部办理完成，只需要过酒店专属安检通道候机就可以了。他感到非常意外、非常震惊！

老先生感慨道：“在中国机场酒店金钥匙的服务不比国外金钥匙服务差，甚至在一些方面做得更好。让客人真正体会到了用心极致、满意加惊喜的服务！在这么短的时间内让我在离开成都前见到了曾经抚养过我的老奶奶，没有留下任何的遗憾！”并表示以后回国只选成都空港大酒店！

四、金钥匙的角色和责任

金钥匙熟悉酒店各项服务设施、所在位置、服务时间，通晓市区及往返周边城市的交通情况，知识面广，懂得旅游、餐饮、交通、购物、娱乐的一般常识。其主要职责如下：

（1）负责大厅值台及行李房的一切对客服务活动，最大限度地为客人提供满意的服务。

（2）与出租车公司保持密切联系，确保优质服务。

（3）督促迎宾员、行李员在仪表仪容、行为举止、服务用语等方面达到酒店要求。

（4）确保客人邮件传递准确、及时。

（5）及时搜集当地的餐饮、娱乐、购物的最新信息。

（6）控制酒店门前车辆活动，确保畅通。

（7）对行李员进行督导，确保散客和团队行李顺利运送。

（8）检查礼宾部各岗位工作情况，避免出现脱岗现象。

五、国际金钥匙组织中国区申请入会条件和程序

（一）基本条件

申请人必须品貌端正，是在酒店大堂工作的礼宾部首席礼宾人员。必须具备至少五年酒店从业经验（在酒店的任何职位均可，但至少有三年以上从事委托代办服务工作的经验且必须达到一定的工作水平），至少掌握一门以上的外语，参加过国际金钥匙组织中国区的服务培训。

（二）必备文件

申请人需把申请书（申请表格）连同七份证明和文件呈送国际金钥匙组织中国区总部：

（1）申请人标准一寸彩色照片两张。

（2）申请人工作场所照片。

（3）两位具备三年以上资格的正式会员的推荐信，在一个月内答复申请。如该地区没有符合资格的推荐人，则应把申请表格直接寄至总部。

（4）申请人所在酒店总经理的推荐信。

（5）参加金钥匙学习的资格证书复印件。

（6）在酒店工作的新旧证明文件。

（7）申请人在前厅部工作期间的案例（3 篇）（以书面形式呈送同时再以电子文档形式 E-mail 发至总部邮箱 anli@ lesclefsdorchina.com）。

（三）批准程序

申请人被审核符合入会资格，总部行政秘书将把金钥匙组织的相关资料交送申请人（包括缴交会员费通知等）。申请人完成以上程序并被审核符合申请资格后，将收到由总部行政秘书发出的授徽通知。经总部授权专人授徽后，该会员及其酒店才正式成为国际金钥匙组织成员。

相关文件按照程序分别会递呈国际金钥匙组织中国区主席、国际金钥匙组织中国区首席代表、秘书长和申请人所在地的金钥匙分会备案。

六、宾客委托代办服务

（一）物品转交服务

（1）对于前来办理留存物品转交的宾客表示问候。

（2）对物品做初步检查，确保是非生鲜物品、非易燃易爆物品或非贵重物品，如有必要可为宾客做一下简单包装。

（3）填写“转交物品登记表”（表 4–6）。

表 4–6　转交物品登记表

物品名称 Description of Parcel		日期 Date
留物人信息 Parcel From	姓名 Name	电话或地址 Tel. /Add.
取物人信息 Forwarded To	姓名 Name	电话或地址 Tel. /Add.

备注 Remarks：

* 现金、贵重物品、生鲜物品恕不接受；
* 取物时：①报取 / 留物人姓名　　②凭身份证
　　　　③报取 / 留物人的电话　④__________________
* 酒店将不会为在储物室存放超 15 天的物品负任何责任。

Cash and valuable contents are not accepted here. The hotel will not be responsible for articles left in the storeroom over 15 days.

留物人签名 Sign __________________ 留物经手人 Staff __________________

取物人签名 Sign __________________ 取物经手人 Staff __________________

日期 Date __________________

（4）当物品接收者来取物品时，礼宾员应要求其提供以下信息：留物人姓名、取物人姓名及证件。若留物人有要求，应请其提供相应的凭证。而后，礼宾员通过“转交物品登记表”找到存放物品，交付取物人，请其签收。

（5）礼貌地向宾客道别，做好取物登记工作。

（二）邮件递送服务

1. 客人信件的处理程序

对于客人的信件应先进行分类，然后做相应的处理。

（1）查找住店客人的信件。

（2）查找预期抵店客人的信件。

（3）查找要求提供邮件转寄服务的客人信件。

（4）查找离店人信件。

（5）最后剩下的信件属于暂时无法找到的收件人的信件。

（6）对客人邮件的处理，礼宾员一定要认真负责，当班时无法处理的，一定要做好交接记录，以免给客人造成不应有的损失和麻烦。

2. 不同邮件处理的方法

（1）“住店宾客”的邮件。对于寄给住店宾客的邮件，收到后立即在计算机上核对；

如无计算机的，可在住店宾客名单上查找，确认是否与住店宾客姓名和房号吻合。如邮件上只有姓名而无房号，则从计算机和名单中找出后在邮件上注明房号。确认宾客在住，而后将邮件送至宾客房间，也可在客人来大堂时交给客人。宾客取件或礼宾员送件都必须请宾客在“住客邮件递送登记单”上签收（表 4–7）。

表 4–7　住客邮件递送登记单

Registration Book For Delivery Of Guest's Mails

日期 Date	时间 Time	房号 Room NO.	姓名 Name In Full	种类 Type	号码 Number	经办人 Clerk	收件人签字 Signature	收件时间 Date/Time	备注 Remarks

（2）“查无此人”的邮件。“查无此人”的邮件又分为以下几种情况：

第一，订房间但尚未抵店的宾客邮件。对于将抵店宾客的邮件，要在邮件上注明抵店日期，然后将邮件放在指定的地方，并在“客房预订单上”注明有邮件。宾客抵店前，将邮件取出交给总台的接待员，在宾客抵店办理入住登记时交给宾客。

第二，订房取消了的宾客邮件。对于此类邮件，如果订房宾客有委托并留下地址，酒店应予以转寄；其余邮件盖上“查无此人”的印章退给寄件人。

第三，姓名不详、无法查找的客人邮件。如是急件，在邮件上盖上“查无此人”的印章，立即退给寄件人。普通邮件，可保留一段时间，一般不超过一个星期，但要每天核对，若确实无人领取，则退给寄件人，做好邮件退回记录。

（3）“离店宾客”的邮件。对于寄给已离店客人的邮件，在确认该客人离店后，应在邮件上注明客人离店日期。如客人离店时有交代并留下地址，委托酒店转寄，酒店应按要求予以办理。如客人未做任何交代，又属普通邮件，有些酒店在邮件上注明保留 5~10 天，过期按寄件人的地址退回。如是急件应立即退回。

3. 客人的汇款单、挂号信、传真、特快专递及包裹的处理程序

（1）这类邮件应设法更迅速地送交客人。

（2）收到邮件后，先将邮件登记在“住客邮件递送登记簿”上。

（3）如系住店客人的邮件，应派行李员尽早送去客房。去客房前，礼宾员首先应通过电话与客人联系。如客人外出，则应通过留言的方法（送留言单或打开留言灯）通知客人，请客人在方便的时候与问讯处联系。

（4）将邮件交给客人时，要请客人在登记簿上签字。

（三）订车服务

（1）礼宾部对于有订车服务要求的宾客，要问清订车具体要求。如果订车涉及用车费用，则应告知客人收费标准。

（2）办理订车手续。填写“住店宾客用车预订单”（表 4–8），并请宾客签字认可。礼宾员而后应打电话联系出租车公司或联系酒店车队，根据宾客要求安排好车辆。

表 4–8　住店宾客用车预订单

Guest Vehicle Reservation

Guest Room NO. 宾客房号 ______ Vehicle Type 用车型号 ______
Time/Date 用车时间 / 日期 ______
From 起始地点 ______ To 目的地 ______
Requirement 用车要求 ______

Guest Signature 宾客签名 ______
Payment 支付方式
☐ Cash 现金　☐ Cheque 支票　☐ Posting 划账　☐ Others 其他方式
Remarks 其他事项 ______

Requested by 申请人 ______ Front Office Manager 前厅部经理 ______

（3）宾客用车时，礼宾员要向所订车辆司机说明宾客的姓名、目的地及相关注意事项，尽可能做好衔接工作。对于语言不同的司机与乘客，要做好翻译工作。若宾客对当地情况不熟悉，应设身处地为宾客着想，为宾客提供印有酒店名称和地址的“向导卡”，并填写上宾客的目的地。开车前要向宾客道别。

（4）做好记录。在“租车记录本”上记录宾客姓名、房号、出车时间、出租车车牌号码、告示信息等，以备查。

（四）代购、代订服务

（1）当宾客提出代购物品服务需求，对于酒店能够帮助宾客购买的物品，礼宾员应给予宾客肯定答复，即接受宾客的代购要求，并详细了解对代购物品的要求。对于代购有难度的物品，应向宾客做出说明，且不要轻易做出承诺。

（2）确定代办费用。与宾客说清楚可能产生的费用，如往来交通费、商品支出等。费用可以事先收取，也可待完成代购后向宾客索取。

（3）填写“委托代办单”（表 4–9），并请宾客签名。方便的话请宾客留下联系电话，以便及时沟通。

表 4–9　委托代办单

姓名		房号		日期	
委托事宜：					
备注					
委托人签名			经手人签名		
服务认可宾客签名			服务经办人签名		

（4）按宾客委托要求完成任务。外出办事时开好一切必要的发票，立即返回，尽量为宾客节省费用。如果宾客的外购要求当天无法解决，请求宾客给予一定时间，合理解释并请求谅解。

（5）交付委托购买物品。返回酒店后立即通知宾客事情已办妥，可能的话为其送到房间，并征求其意见。物品不能及时交付的，应该在交班记录本上做好记录。当宾客验收完物品后，需请其在"委托代办单"上签名确认。

知识链接

表 4–10　饭店运营质量评价表（礼宾服务）

2.1.5	礼宾、问询服务	优	良	中	差
2.1.5.1	热情友好，乐于助人，及时响应宾客合理需求	3	2	1	0
2.1.5.2	熟悉饭店各项产品，包括客房、餐饮、娱乐等信息	3	2	1	0
2.1.5.3	熟悉饭店周边环境，包括当地特色商品、旅游景点、购物中心、文化设施、餐饮设施等信息；协助安排出租车	3	2	1	0
2.1.5.4	委托代办业务效率高，准确无差错	3	2	1	0

无微不至、极尽所能是礼宾服务的基本要求。清晰准确是问询服务工作的要点。

饭店委托代办服务是指饭店为满足宾客个性化消费需求，体现服务品质的一种服务方式，主要向宾客提供饭店内的综合服务及城市导游综合服务。

资料来源：中国旅游出版社《旅游饭店星级的划分与评定释义》

任务拓展

客人生病，想让礼宾员帮他出门买药，请问我们可以接受这样的服务要求吗？应如何处理？

任务总结

客人的委托代办事项涉及方方面面、大大小小，如物品转交、代订车辆、代购物品等。礼宾员要本着急客人所急、想客人所想的心态，尽可能地为客人提供帮助。金钥匙服务是委托代办的最高境界。

任务六　数字化礼宾

一、酒店智能机器人

随着现代社会信息化的高速发展，互联网与生活的关系日渐密切，不少酒店开始引入智慧酒店无接触服务机器人（图 4–8），并且产生了良好的影响，不仅提高宾客满意度和酒店的 OTA 好评，还有助于酒店节约人力成本，提高工作效率，并且保护了客人隐私。

图 4–8 无接触服务机器人

由于机器人能够尽可能减少人员的面对面接触，越来越多的酒店开始推广智能化“无接触服务”，满足客人住宿需求的同时，更好保障客人和一线员工的安全，也让客人入住更安心。

目前市场中智慧酒店无接触服务机器人通常具备的功能有如下几点：

（1）主动迎宾：迎接客人，说欢迎语。

（2）引领带路：带客人进入餐厅、房间、会议室、康乐室、洗手间、ATM 机等。

（3）小件快递：外卖送至房间、客人发票递送、部门间文件的传送。

（4）巡游宣传：酒店活动信息巡游宣传，定期活动巡游通知。

（5）个性化服务：献歌（生日、圣诞、新年等）。

（6）信息咨询：常见问答列表，简单解答酒店相关信息。

（7）电梯控制：机器人可以帮助客人按电梯。

（8）客需品的递送：拖鞋、充电线、矿泉水、客房六小件（牙膏、牙刷、拖鞋、梳子、沐浴液、洗发液）等。

（9）增加购物乐趣：用二维码连接，可实现即时购物到手（鲜榨果汁、计生用品等）。

二、E-Concierge金钥匙服务系统

E-Concierge（E-CON）金钥匙服务系统开发于2015年，将互联网时代的快速解决、全球协同服务、大数据提前预测等优势应用于委托代办服务中，同时在海量资源中精选高品质的推荐产品，为全国客户服务企业提供优品质、高效率、多资源、强适用的系统软件，提升酒店服务价值和口碑形象。其主要功能包括：商家信息查询、客人行程设计、E寄存、电子交班、微应用及数据分析等（图4-9）。

图4-9　E-Concierge金钥匙服务系统主页面

三、云礼宾

近日，“云礼宾”产品成功落地杭州黄龙饭店，运行一个多月以来稳定顺畅，得到了酒店与宾客的一致好评。“云礼宾”丰富酒店数字化解决方案，也让这家著名的智慧酒店进一步完善了宾客的数字化体验。“云礼宾”是基于酒店数字化解决方案基础上研发的礼宾数字化产品，并丰富了酒店数字化解决方案。“云礼宾”是集合环保整洁、高效便捷、精确安全等优势的物品电子寄存管理系统。

传统行李寄存依托行李寄存单，记录费时、查找费时，宾客等待时间长；纸质寄存单易丢失，不便于保存。“云礼宾”涉及微信小程序、POS端、WEB端三个终端。宾客使用微信小程序进行行李寄存，礼宾人员使用POS端和WEB端办理行李存取，以完成行李存取无纸化这一目标。

“云礼宾”运用数据手段，后台自动统计当前在存行李记录，以及其中超期、即将到期的行李数据，便于礼宾人员及时联系宾客提取，同时该寄存信息也可及时推送至宾客端，数据双向互通。

“云礼宾”可灵活配置酒店基础信息，清晰管理对客需求，使内部管理工作更具条理化，简化对客服务操作流程，未来更可具备提高营销转化的机会。

为满足酒店的多群体客户，“云礼宾”可通过微信二维码、手机验证码取件、证件、纸质小票等方式取件，兼顾年长客户的住店习惯，降低投诉。

知识链接

西班牙技术公司 Infotactile 设计了一款供酒店客人了解酒店及周边地区信息并提供餐厅、出租车、旅游观光等预订服务的设备（图 4–10）。

有许多消息称，大部分酒店都将传统礼宾服务放到了自己的 App 和网站上。

有人认为，礼宾部员工通常是最熟悉酒店的人，替换掉他们是很欠考虑的，这一观点也引发了诸多争议。

但越来越多的酒店开始尝试在接待区安装一种设备，通常情况下礼宾员记在脑子里的东西和装在口袋里的票，这种设备的功能几乎都能涵盖。

西班牙技术公司的这款 Infotactile 已经迈出了领先的一步，创造了一款安装在酒店或旅游局的大堂或其他公共场所的设备（实际上就是一款超大型 iPad）。

图 4–10　西班牙技术公司 Infotactile 设备

这款设备高约 1.8 米，其中 2/3 是触摸屏，底部设有信用卡及硬币插孔、打印条码及手机扫描点。

这款设备拥有客人可能需要知道的酒店及周边地区的所有信息，除此之外，该设备还提供一些通常由酒店人员提供的传统服务。

这款设备的内容来源于酒店、旅游局的活动及景点票务合作伙伴、当地公司的广告网络及谷歌地图等。

用户使用信用卡或移动支付服务就可以支付使用这些服务的费用，而酒店的发票凭证及 Wi-Fi 密码可以通过小型打印机发送给客人。

Infotactile 公司称，这款设备很受酒店经营者的欢迎，西班牙的许多酒店已经安装了此款设备。

资料来源:【环球旅讯】本文编译自 Tnooz

任务拓展

由于酒店的大量基础岗位被人工智能取代，而且在今后发展中智慧酒店将成为酒店行业的新风尚，这势必会导致酒店对员工的需求量大幅度降低。作为一名准酒店员工，你会担心自己被机器人替代吗？在数字化背景下，对酒店服务人员的要求会有什么变化？

任务总结

智能机器人、E-Concierge 金钥匙服务系统、云礼宾等，都是数字化技术在礼宾的运用体现。数字化技术的运用和发展对酒店客户体验的改善是方方面面的。数字化礼宾服务的运用会让酒店客户在住店期间更加方便快捷，也大大降低了酒店的人力成本。

项目总结

在本项目中，我们学习了机场代表工作、门厅迎送服务、行李运送服务、行李存取服务、金钥匙服务以及数字化礼宾。礼宾（concierge）是酒店前厅部不可或缺的岗位，在礼宾部工作的员工都属于前场一线人员，他们通常是宾客抵达酒店后第一时间面对面接触的员工，是酒店与外界互动的沟通桥梁。随着科技的快速发展，数字化技术的应用也给礼宾这一项传统服务带来了非常多的变化和挑战。

项目链接

洲际礼宾日，带你深入了解洲际特色礼宾服务

一抹抹自信的微笑，一次次周到的帮助，洲际礼宾司作为洲际品牌的特有文化和特色服务，在许多人眼中是依赖、信任的代名词，在他们的职业生涯中，用自己的悉心随侍和全力以赴，为胸前的金钥匙增添新的光芒和温度。

特色礼宾服务，洲际酒店向旗下酒店发起了“洲际特色礼宾日”活动。29 家大中华区的洲际酒店及度假村参与组织了各种丰富多样的活动，用每位礼宾司的独特视角向你介绍他们眼中最具特色的洲际礼宾服务（图 4–11）。

来自北京三家洲际酒店的三位首席礼宾司，深入寻觅老北京的踪迹，飞过长城，穿越胡同探寻隐秘其中的故事，去理解去感受这座皇城的澎湃脉搏与浓厚底蕴，带给你一种全新的认识北京的机会（图 4–12）。

图 4–11　特色的洲际礼宾服务

三亚海棠湾天房洲际度假酒店的“金钥匙”礼宾司，为宾客打造了一段私人定制的奢华度假之旅。从“专属座驾，自由出行”的豪车接驾礼宾服务、乘坐游艇深入探索海棠湾、感受海钓乐趣，到酒店海洋餐厅特色海鲜、后海渔排现捞晚餐。同样，长沙北辰洲际酒店首席礼宾司以网络直播的方式，为广州电视台著名节目主持人、奢华酒店体验师李欣女士打造了一段私人定制版长沙之旅，豪华礼宾车接送、江景房入住、品湘菜、逛老街、泡酒吧、学调酒等。礼宾司用专业、周到的热情服务，让嘉宾们深入感受“完美一日”，体验专业周到、高效热情的洲际特色礼宾服务。

图 4–12　礼宾司寻觅老北京的遗迹

上海五家洲际酒店联合开展“洲际礼宾日极限挑战”活动，在五位首席礼宾司带领下，寻找本地小吃店和极具匠心精神的工匠等，用一场脑力与体力的双重考验，完美呈现洲际“十大特色礼宾服务”。

宁波洲际酒店在“洲际礼宾日”来临之际，成功举办“小小洲际礼宾司”活动。6 位活泼可爱的小朋友随着酒店专业的礼宾司指导，换上了酒店量身定制的制服，慎重地在衣襟两侧佩戴了礼宾金钥匙。他们小小的身躯里蕴藏着巨大能量和热情，每一次对新工作的尝试都是一次新挑战。

“深入洞悉，悉心随侍”，是洲际特色礼宾服务的宗旨。在洲际酒店及度假村，都能找到这样一位制服衣襟两边都有两枚相交着的“金钥匙”的首席礼宾司。找到他们，不仅是找到了一位随时随地帮助自己解决困难的“移动管家”，还意味着结识了带领自己体会当地民俗风情的专家。

“身未动，司已行”，洲际礼宾团队，遍布全球65个国家和地区180家酒店及度假村的洲际礼宾团队，带您体会奢华旅行的最高境界，尽享洲际人生。

资料来源：洲际酒店集团 Inter Continental Hotels Group PLC（IHG）

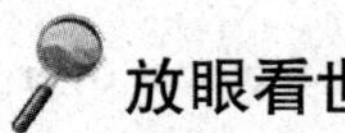

放眼看世赛

世界技能标准规范解读——当地景点和文化推介

1. 个人（选手）需要了解的知识点

（1）当地的文化、历史和旅游信息。选手需要了解虚拟酒店所在地的旅游信息，能够为客人定制旅游行程安排。

（2）公共交通的可选项。选手需要知道如何从酒店乘坐公共交通去往周边景点或剧院，必要时为客人绘制地图。

（3）当地美食。

（4）当地的沟通和传统等方面情况。比如全国第一届技能大赛酒店接待赛项的虚拟酒店在马尔代夫，当地主要的宗教是伊斯兰教，并且马尔代夫是岛屿国家，选手还需要了解当地对海洋生物的保护法规。

（5）如何利用互联网快速获取最新信息。

2. 个人（选手）应具备的能力

（1）通过故事讲述、实际体验和导游，对地方、地区和国家进行推介。

（2）为客人安排行程、订票和预约。

（3）了解客人的需求并相应地进行推介。

（4）协助客人的交通出行。

（5）进行研究以获取信息，并使信息保持最新。

（6）用心学习，最重要的目标是能够为客人提供快速的回馈。

（7）收集客户体验反馈。

【专业英语】

1. Please contact me if you have any further questions. 如果您有任何其他问题，请和我联络。
2. Turn left /right. It’s in the lobby near the main entrance. 往左转 / 右转。在大厅靠近大门。
3. The Reception Desk is straight ahead. 接待处就在前面。

4. Excuse me，where can I buy some cigarettes? 劳驾，我到哪儿可买到香烟？
5. There is a shop on the ground floor. 一楼有个商店。
6. Can I also get some souvenirs there? 我在那儿也可以买到纪念品吗？
7. Excuse me，where is the restaurant? 劳驾，请问餐厅在哪儿？
8. Will you get me some wrapping paper and cord? 帮我拿一些包装纸和绳子，好吗？
9. How many pieces of luggage do you have? 请问您有多少件行李？
10. Just these three. 只有这 3 件。
11. Two suitcases and one bag. Is that right? 2 个旅行箱和 1 个手提皮包，对吗？
12. I'll show you to the Front Desk. This way，please. I'll put your bags by the post over there. 我来带您到柜台，这边请。我先将您的行李放在柱子旁边。
13. A bellman will show you to your room when you have finished checking-in. 当您办好住宿登记时，行李服务员会带您到房间。
14. Please don't leave anything behind. 请别遗忘您的东西。
15. Are these your bags? 这些是您的行李吗？
16. May I take them for you? 我来帮您拿好吗？
17. Is this everything，sir? 这是全部东西吗，先生？
18. Let me help you with your luggage. 我来帮您拿行李。
19. Do you mind if I put your luggage by the wardrobe? 我把您的行李搁在衣柜旁边，好吗？
20. Is there anything valuable or fragile in your suitcase? 包内有贵重或易碎的物品吗？
21. May I hang your coat in the closet，sir? 我把您的衣服放到衣橱里面，好吗？

项目评价

✧ 知识评价

一、单选题

1. 下列迎宾员做法欠妥的是（　）。

A. 准确及时地提供开门、拉门服务　　B. 记录客人乘坐的出租车牌号

C. 长时间与客人聊天　　D. 劝阻仪容不整者进入大堂

2. 行李员为客人提供带房服务时，下列做法不恰当的是（　）。

A. 到达客房门口时，请客人先进房间

B. 如在夜间，行李员应先进房间开灯

C. 进入房间后，将行李放在地上

D. 在去客房途中，应利用合适机会向首次抵店客人介绍酒店设施

3. 散客离店行李服务中，不包括（　）。

A. 代为客人退房　　B. 与客人当面确认行李件数

C. 到客人房间取行李　　D. 搬运行李，将行李装上车

4. 团队离店行李服务中，在“核对行李”这一环节中，做法欠妥的是（　）。

A. 行李员将从楼层收取的行李放在大厅规定的行李暂放处，排放整齐，清点总数并记录核对是否吻合

B. 拴上行李托运牌，罩上行李网；与陪同、领取联系，请其确认、签字

C. 行李车到达后，与司机核对团名、托运牌和托运单，并请其签字，迅速、小心地将行李装车

D. 行李员跟车

5. 在办理客人的行李寄存时，下列做法不恰当的是（　）。

A. 酒店只为住店客人提供此项服务

B. 问清客人的要求

C. 不填写工作记录

D. 在寄存卡上应当打印或注明寄存时间

二、简答题

1. 迎宾员日常有哪些工作？

2. 运送团队行李有哪些要求？

3. 如何处理行李送错和行李丢失的情况？

4. 寄存行李要注意哪些事项？

5. 委托代办有哪些服务？

✧ 实践活动

实训内容：

分角色操练行李服务的过程。

实训目标：

1. 掌握前厅礼宾行李服务的操作技能。

2. 提高工作适应性和应变性，具备良好的自我管理能力、创新能力、分析和解决问题的能力。

实训组织：

学生两人一组，抽签决定角色（礼宾员、客人），由教师和其他各小组打分。

实训评价：

序号	考核内容	考核要点	配分	评分标准	扣分	得分
1	仪容仪表	服装整洁得体、无破损，纽扣齐全；鞋袜洁净；不留长指甲；不佩戴过于醒目奇特的饰物；男服务员不留胡须，发长不盖耳；女服务员化淡妆	2	有一项不符合要求，扣1分，扣完为止		

续表

序号	考核内容	考核要点	配分	评分标准	扣分	得分
2	仪态	行走、站姿正确，行为规范有礼	2	有一项不符合要求，扣1分，扣完为止		
3	招呼客人	询问客人房号与计算机进行核对，称呼客人姓名	2	每出现一处错误或遗漏扣1分，扣完为止		
4	查看行李	询问客人有无贵重或易碎物品，对于隔日支取的寄存行李，要建议客人为行李上锁；敞口拎袋等物件，征询客人的同意后，用胶带或订书机做封口处理。行李牌上联上方注明“已确认无贵重物品（英文：NOTHING VALUABLE OR FRAGILE）”请客人在姓名栏签字	2	每出现一处错误或遗漏扣1分，扣完为止		
5	与客人确认	检查寄存行李过程中如发现行李有破损，当面向客人说明，经客人确认后，在行李牌上方注明，请客人在姓名栏签名	2	每出现一处错误或遗漏扣1分，扣完为止		
6	填写寄存牌	寄存牌上联按照标准确认后请客人签字，由经办人准确记录行李件数、房号、提取时间，选择：抵店、离店、暂存，三项选择下均注明日期、时间，下联各项目逐一填写后，经办人签名。确认非当日取件，在上、下联注明	2	每出现一处错误或遗漏扣1分，扣完为止		
7	摆放寄存行李	1. 有易碎的行李拴上“小心轻放”牌，牌子朝外放，不要把行李放在地面或走道上，小心放在行李架上； 2. 两件以上的行李应用行李绳拴在一起，非当日取件，经办行李领班统一交保管员存入地下室的行李房	2	每出现一处遗漏扣1分，扣完为止		
8	接待客人	宾客提取行李时要收取寄存行李的提取联。接到行李牌下联后，确认物品在前台寄存室还是值台行李房，请客人稍等	1	每出现一处错误或遗漏扣1分，扣完为止		
9	查找行李	根据提取联上的号码及行李种类，查找客人要提取的行李。找到行李后，注意核对行李牌上、下联是否一致，避免发错行李，还要核对一下提取联上的物品种类和件数与实际所取行李情况是否一致；将寄存联从行李上取下，注意检查上面有无记载其他注意事项	2	每出现一处错误或遗漏扣1分，扣完为止		
10	交还行李	将行李交给客人确认，提醒客人核实行李种类和数量	1	每出现一处错误或遗漏扣1分，扣完为止		

续表

序号	考核内容	考核要点	配分	评分标准	扣分	得分
11	记录	在寄存联上记录提取行李的时间，经手人签字 取完后，将寄存牌上、下联钉在一起，留存	2	每出现一处错误或遗漏扣1分，扣完为止		
合计			20			
否定项：若考生出现下列情况之一，则应及时终止其考试，考生该题成绩记为零分。 （1）没有穿着工装或制服。 （2）没有填写行李牌。 （3）因考生出现失误或过错致使客人没有寄存成功						

评分人：　　年　　月　　日　　　　核分人：　　年　　月　　日

资料来源：国家职业技能鉴定标准

国家精品在线开放课程
《前厅服务与管理》免费学习资源

项目五　总台入住接待

项目导读

总台即总服务台，又被称为前台（Front Desk），通常分为接待（Reception）、收银（Cashier）、问询（Information）三大业务，是酒店销售客房及其他产品的主要场所之一，牵动着对客服务的神经。酒店期望通过开展客房预订业务来提高客房出租率，但它只是一种预约销售方式，而客房销售的实际完成则是在客人进入酒店，并办理了入住登记手续后才实现的。因此，入住登记是总台对客服务全过程的一个关键阶段，其服务质量的高低会直接影响到酒店客房的出租率和营业收入，也会影响到客人对酒店服务与管理的整体评价。

学习目标

【知识目标】

· 熟悉入住登记中所需使用的各种表格
· 熟悉团队入住接待的程序和标准以及客房销售的基本要求
· 熟悉 Opera 酒店管理信息系统中排房及入住登记的操作页面
· 熟悉智能化前台入住流程
· 掌握常用的内外宾入住登记有效证件种类及其有效期
· 掌握外宾签证的种类和停留有效期的计算方法
· 掌握房态的分类及排房技巧
· 掌握散客入住接待的程序和标准
· 掌握客房销售流程及技巧

【能力目标】

· 能够正确识别外宾签证种类，并计算出其停留有效期
· 能够根据客人有效证件准确填写出入住登记单上所需信息
· 能够按照客人消费特征正确进行排房
· 能够独立完成散客和团队的入住登记工作

· 能够在入住接待过程中灵活运用客房销售技巧
· 能够在 Opera 系统中完成有预订的散客入住接待操作程序

案例导入

订好的房怎么不翼而飞了？

一年一度的广交会（中国出口商品交易会）又要开始了，最近预订交易会期间客房的电话响个不停，虽然离交易会还有3天，但展会当天的所有房间都已经订满，并且还有很多客户来电要求订房。正如往年一样，交易会开始的前一天，酒店的客房供不应求，前来参展的预订客人早早地就来到了酒店，并办理了入住登记手续。其间，有几位客人打电话到预订部取消了当日的订房，有2间房客人说有急事要改期到店，还有2间房客人说要提前离店。到了18:00，仍有20间预订客人尚未抵达，而计算机房态上显示酒店当前只有16间空房了。虽然大堂内未预订的散客仍有不少还在等待和要求安排房间，而且愿意以全价入住，但预订经理也不敢随便地取消预订，因为有些客人预期抵达的时间还未到，而且从房态上看，目前房间数还呈现着负数。

一直到21:00，前台接待员小张与已经到取消时限的客人联系了一遍，确定到店的房间都保留了下来，确定不来的也都取消了，最后只剩李先生预订的1间要求保留到22:00的房间没联系过了，而且此时也没有空房可以安排此位客人了。正想着该怎么办时，李先生一家三口高高兴兴地出现在了前台，李先生嘴里不停地说："今天真是很幸运，飞机一点都没有晚点，出了机场就即刻打到了车，所以比原来预计的时间还提前了一小时到，赶紧安排我们进房吧！"接待员小张一脸为难地说："李先生，实在抱歉，现在是广交会开幕期间，客房特别紧张，许多客人都等着要房间，所以……"

李先生未等小张把话讲完，就大发雷霆："什么？你们也太不讲信用了！我订好的房，你们怎么能把我的房间卖给别人呢？不管怎么样，你们今天一定要为我安排一个房间，否则，我们只有睡马路了。"

1. 以上案例中，酒店总台接待员和客人分别存在什么问题？
2. 在今后的总台接待工作中，如何尽量避免此类情况的发生？

任务一 总台接待员须知

【任务导入】

南京旅游职业学院要召开一个国际论坛会议，有4位被邀请的嘉宾前来学院自办的南京御冠酒店入住，他们分别来自中国内地、中国香港、中国台湾和美国，请你协助他们登记各自的有效证件。

【任务执行】

一、为何需要办理入住登记

《中国旅游饭店行业规范》第 7 条规定：“饭店在办理客人入住手续时，应当按照国家的有关规定，要求客人出示有效证件，并如实登记。”不论酒店的规模和档次如何，客人要入住酒店都必须首先办理入住登记手续。

（一）办理入住手续，签订住宿合约

客人在办理入住登记手续时，必须要完成一张由酒店提供的临时住宿登记表，这张表相当于酒店和客人签订的住宿合同。登记表上明确了客人入住酒店的房号、房价、住宿期限、付款方式等项目，还有酒店告知客人的退房时间、贵重物品保管等注意事项。最后，酒店接待员和客人都必须在这张临时住宿登记表上签名确认，这标志着酒店与客人之间正式合法的经济关系的确立。因此，只有完成入住登记手续，酒店与客人之间的责任和义务、权利与利益才能明确。同时，从客房预订的角度来说，只有客人办理了入住登记手续，才使酒店的潜在客人变成了现实的客人。

（二）遵守国家法律有关户籍管理的规定

我国有关法律明确规定，在我国的外国人及国内流动人口，在宾馆、酒店、招待所临时住宿时，应当出示护照或身份证等有效证件，并办理入住登记手续才能住宿。酒店工作人员若不按规定为客人办理入住登记手续，则是违反国家法律有关户籍管理规定的行为，将受到相应的处罚。所以，办理入住登记手续是酒店遵守有关法律的行为，同时是酒店对国家应尽的义务。

（三）获取住客个人资料，建立客史档案

客人办理入住登记手续时，需要提供自己的有效证件及其他住宿信息，酒店则可以从中获得住店客人的有关个人资料，如客人的姓名、性别、国籍、民族、出生日期、住所、工作单位、抵离店日期、付款方式等，这些都为建立客人的历史档案提供了可靠的依据。

（四）协调对客服务过程，提供个性化服务

办理入住登记手续后，客人的资料都已由总台服务人员录入计算机中，酒店其他部门则可以根据这些信息，有针对性地为客人提供更加人性化、个性化的服务，例如，正确地尊称客人，规避不同宗教信仰客人的饮食禁忌，为住店期间过生日的客人提供小惊喜等，从而提高客人对酒店整体服务质量的满意度。

（五）适时向住客推销酒店各项服务与设施

总台接待员在为客人办理入住登记手续时，可以在推销客房的基础上，抓住时机，运用一定的推销技巧，让客人了解酒店的其他服务项目及设施，从而为酒店带来更多的经济效益和社会效益。需要注意的是，推销要根据客人的实际情况并且要适度，以免客人产生厌烦情绪。

二、可用于我国酒店入住登记的有效证件

（一）中国内地宾客常用的有效证件

中国内地宾客常用的有效证件主要包括中华人民共和国居民身份证，临时身份证，中华人民共和国护照（图 5–1），中国人民解放军、中国人民武装警察部队制发的军官证、警官证、文职干部证、士兵证等；导游证、教师证、学生证等不可作为办理入住登记手续的有效证件。

图 5–1　中华人民共和国护照样本

（二）境外宾客常用的有效证件

1. 港澳居民来往内地通行证

港澳居民来往内地通行证，由中华人民共和国广东省公安厅签发，是具有中华人民共和国国籍的香港特别行政区及澳门特别行政区居民来往中国内地所用的证件。

港澳居民来往内地通行证为卡式证件（图 5–2）。证件号码共 11 位。第 1 位为字母，“H”字头签发给香港居民，“M”字头签发给澳门居民；第 2 位至第 9 位为数字，该 8 位数字为港澳居民来往内地通行证持有人的终身号；第 10 位至第 11 位为换证次数，首次发证为 00，此后依次递增。通行证有效期分为 3 年有效和 10 年有效两种，年满 18 周岁的为 10 年有效，未满 18 周岁的为 3 年有效。

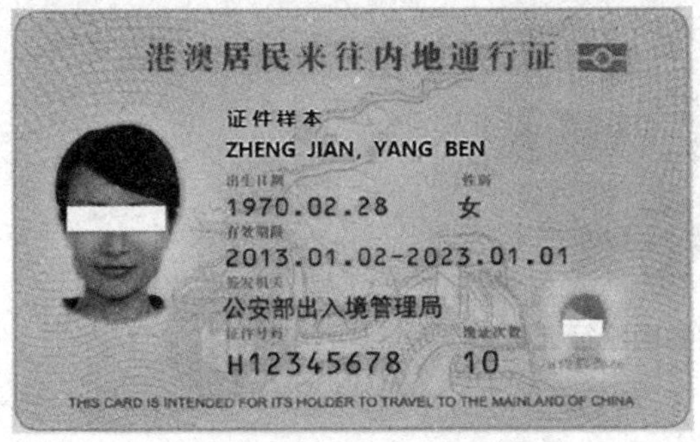

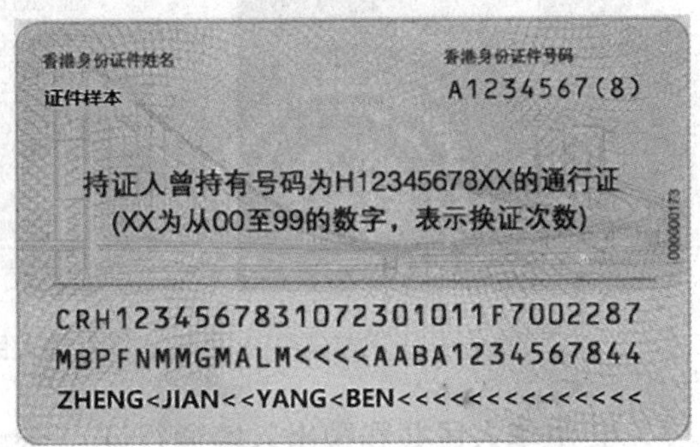

图 5–2　港澳居民来往内地通行证样本

2. 台湾居民来往大陆通行证

台湾居民来往大陆通行证，是台湾居民来往大陆的旅行证件，由公安部出入境管理局授权的公安机关签发或委托在香港和澳门特别行政区的有关机构代为办理。该证有两种：一种为 5 年有效，另一种为一次入出境有效。它实行逐次签注，签注分一次往返有效和多次往返有效。现在新版的卡式台湾居民来往大陆通行证也已经投入使用（图 5–3）。

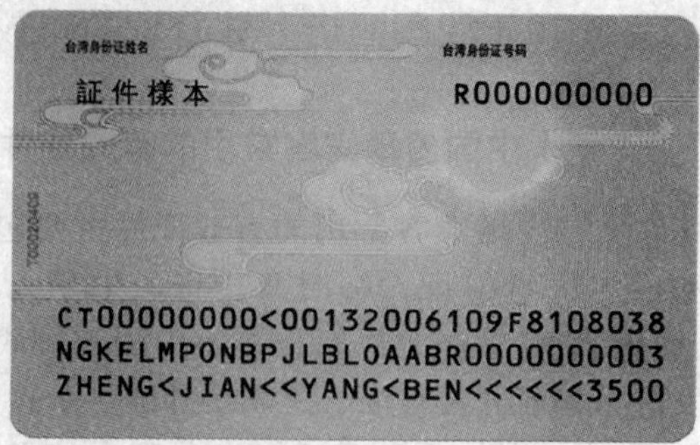

图 5–3　台湾居民来往大陆通行证样本

3. 中华人民共和国旅行证

中华人民共和国旅行证（图 5–4）是护照的代用证件，是我驻外使、领馆颁发给不便于发给护照的境外中国公民回国使用的一种证件，分一年一次入出境有效和两年多次入出境有效两种。

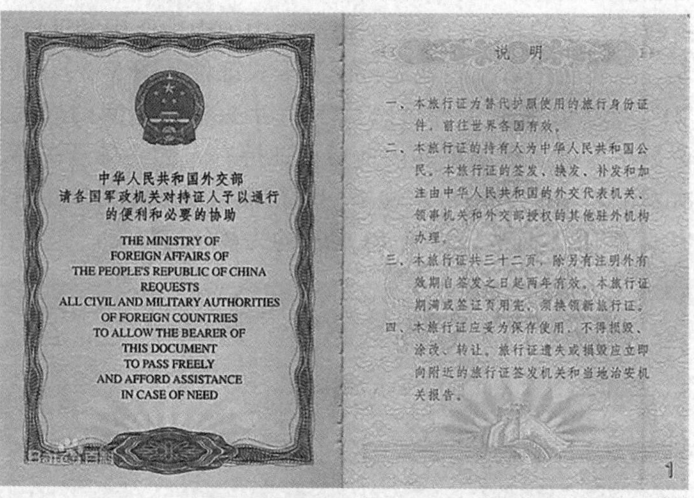

图 5–4　中华人民共和国旅行证样本

4. 中华人民共和国出入境通行证

中华人民共和国出入境通行证（图 5–5）主要有两种颁发情况：一是为未持有我国有效护照、证件的华侨、港澳居民入出境我国国（边）境而颁发；二是为回国探亲旅游的华侨、港澳居民因证照过期或遗失而补发。分一次有效和多次有效两种。由公安机关出入境管理部门签发。

图 5–5　中华人民共和国出入境通行证样本

5. 护照

护照（Passport）是一个国家的公民出入本国国境和到国外旅行或居留时，由本国发给的一种证明该公民国籍和身份的合法证件。所以护照是外国人办理入住登记手续时持有的证件。图 5–6 为英国护照封面，图 5–7 为法国护照封面。

图 5–6　英国护照封面样本

图 5–7　法国护照封面样本

6. 中华人民共和国外国人永久居留身份证

中华人民共和国外国人永久居留身份证（图 5–8）是获得在中国永久居留资格的外国人在中国境内居留的合法身份证件，可以单独使用。获得在中国永久居留资格的外国人，凭有效护照和外国人永久居留证出入中国国境。

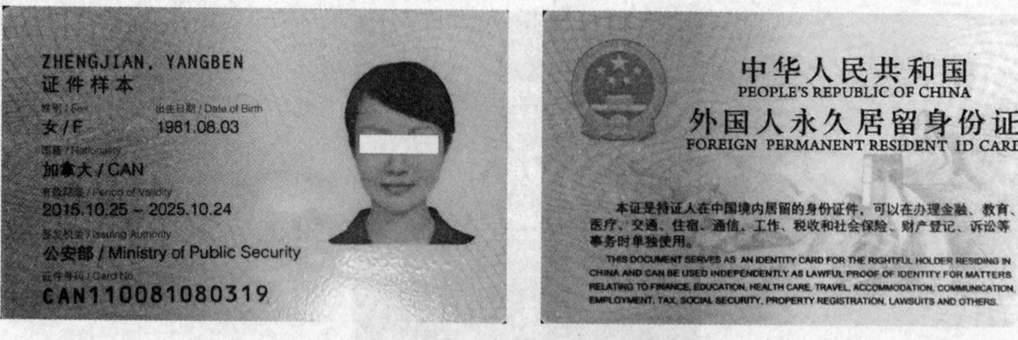

图 5–8　中华人民共和国外国人永久居留身份证样本

中华人民共和国外国人永久居留身份证的有效期为 5 年或者 10 年。未满 18 周岁的外国人，发给有效期为 5 年的中华人民共和国外国人永久居留身份证；18 周岁以上的外国人，发给有效期为 10 年的中华人民共和国外国人永久居留身份证。

三、身份证、护照及签证的鉴别

（一）我国居民身份证号码的含义

目前我国公民身份证号码由 18 位数字组成：1~6 位为地区代码，其中第 1、第 2 位数为各省级政府的代码，第 3、第 4 位数为地、市级政府的代码，第 5、第 6 位数为县、区级政府代码。7~14 位为出生年月日。15~17 位为顺序号，是县、区级政府所辖派出所的分配码。第 18 位为校验码，检验码分别是“0、1、2……10”共 11 个数字，当检验码为“10”时，为了保证居民身份证号码 18 位，所以用“X”表示。需要注意的是，中华人民共和国临时身份证也是入住登记的有效证件。

（二）护照的内容

护照本身的基本信息（图 5–9）有持证人姓名（外国护照中包括英文姓、英文名，中国护照中包括中文姓名、汉语拼音化的英文姓名）、性别、照片、出生年月日、国籍、证件种类、证件号码、证件有效期、发照机关印章等。另外，签证信息、入境信息也可在护照本上反映出来。签证信息是指签证种类、入境停留天数即签证有效期、签证机关等。入境信息指从边防入境章中显示的该客人具体入境的时间和地点。

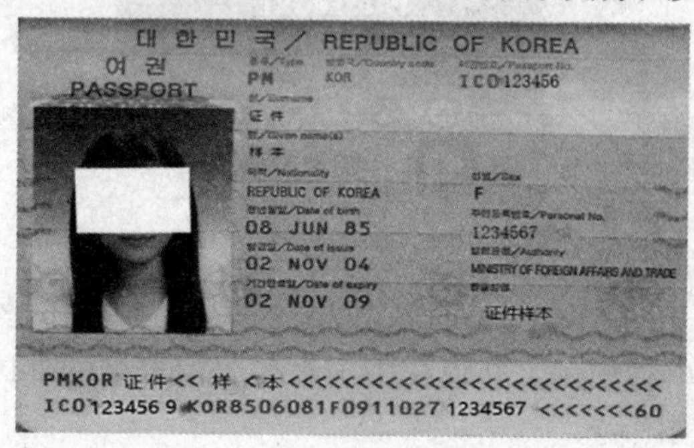

图 5–9　护照基本信息页样本

（三）签证的识别

一个公民如果想出国旅行、移居或者留学、结婚等，除了需要持有护照以外，还必须持有相应的签证。护照是持有者的国籍和身份证明，签证则是主权国家准许外国公民或者本国公民出入境或者经过国境的许可证明。签证一般都签注在护照上，也有的签注在代替护照的其他旅行证件上，有的还须发另纸签证。

各国签证内容不同、风格各异，但签证上所列信息内容基本一致。签证上一般都注明签证的种类、签证代号、入出境（过境）目的、停留期限、有效次数、签发机构、签发地点、签发日期等。

签证一般均有有效期，但不等同于合法停留期。签证有效期是指从所标注生效之日起到失效之日，签证的停留期是指准许签证获得者在前往国家（地区）停留的期限，即从入境之日算起，可在该国停留几天。

图 5–10 的签证页，该客人持的是 L 类（旅游）签证，签发日期是 2020 年 7 月 8 日，入境有效期是 2020 年 10 月 8 日，停留天数 30 天。也就是说该客人被允许在 2020 年 7 月 8 日至 2020 年 10 月 8 日时间段内出入中国国境 2 次，且每次入境后的停留时间不得超过 30 天。

图 5–10　中华人民共和国签证样本

中国的签证机关为境外中国驻外国大使馆、总领事馆、签证办事处、驻香港特派员公署领事部或外交部授权的其他驻外机构。外国人入境或过境中国，应向中国的上述签证机关申请办理签证。

目前，我国签证根据签发的对象和实际作用可分为四大类：外交签证、礼遇签证、公务签证、普通签证。外交、礼遇、公务三种签证均在签证上方标有外交签证（DIPLOMATIC VISA）、礼遇签证（COURTESY VISA）、公务签证（SERVICE VISA）的字样。

根据外国人申请入境的事由，我国普通签证分为以下类别，并以汉语拼音字母表示类别，目前规定了十二类 16 种签证，对现行签证种类中的 C、G、D、F、L、X、Z、J 八个类别进行了保留。同时增加了 M、Q、R、S 四个类别。并对 Q 字、X 字、J 字、S 字签证加数字 1 和 2 分别表示长期和短期。

C字签证发给执行乘务、航空、航运任务的国际列车乘务员、国际航空器机组人员、国际航行船舶的船员及船员随行家属和从事国际道路运输的汽车驾驶员。

D字签证发给赴中国入境永久居留的人员。申请人需事先获得公安部签发的《外国人永久居留身份确认表》。

F字签证，发给入境从事交流、访问、考察等活动的人员。

G字签证，发给经中国过境的人员。

J1字签证，发给常驻（居留超过180天）中国新闻机构的外国常驻记者；J2字签证，发给赴中国进行短期（停留不超过180天）采访报道的外国记者。

L字签证，发给入境旅游的人员；以团体形式入境旅游的，可以签发团体L字签证。

M字签证，发给入境进行商业贸易活动的人员。

Q1字签证发给因家庭团聚申请赴中国居留的中国公民的家庭成员（配偶、父母、子女、子女的配偶、兄弟姐妹、祖父母、外祖父母、孙子女、外孙子女以及配偶的父母）和具有中国永久居留资格的外国人的家庭成员（配偶、父母、子女、子女的配偶、兄弟姐妹、祖父母、外祖父母、孙子女、外孙子女以及配偶的父母），以及因寄养等原因申请入境居留的人员。Q2字签证发给赴中国短期（不超过180天）探亲的居住在中国境内的中国公民的亲属和具有中国永久居留资格的外国人的亲属。

R字签证，发给国家需要的外国高层次人才和急需紧缺专门人才。

S1字签证发给赴中国长期（超过180天）探亲的因工作、学习等事由在中国境内居留的外国人的配偶、父母、未满18周岁的子女、配偶的父母，以及因其他私人事务需要在中国境内居留的人员。S2字签证发给赴中国短期（不超过180天）探亲的因工作、学习等事由在中国境内停留居留的外国人的家庭成员（配偶、父母、子女、子女的配偶、兄弟姐妹、祖父母、外祖父母、孙子女、外孙子女以及配偶的父母）以及因其他私人事务需要在中国境内停留的人员。

X1字签证，发给申请在中国境内长期（超过180天）学习的人员；X2字签证，发给申请在中国境内短期（不超过180天）学习的人员。

Z字签证，发给申请在中国境内工作的人员。

（四）出入境查验章及停留有效期的计算

境外人员入出我国国（边）境时，由我国边防检查站查验证件并在其有效证件（如护照、通行证等）上加盖查验章。常见的查验章有三种：入境章（图5-11）、出境章（图5-12）和过境章（图5-13）。出入境查验章标明境外人员入出我国国（边）境的时间、口岸等项目。

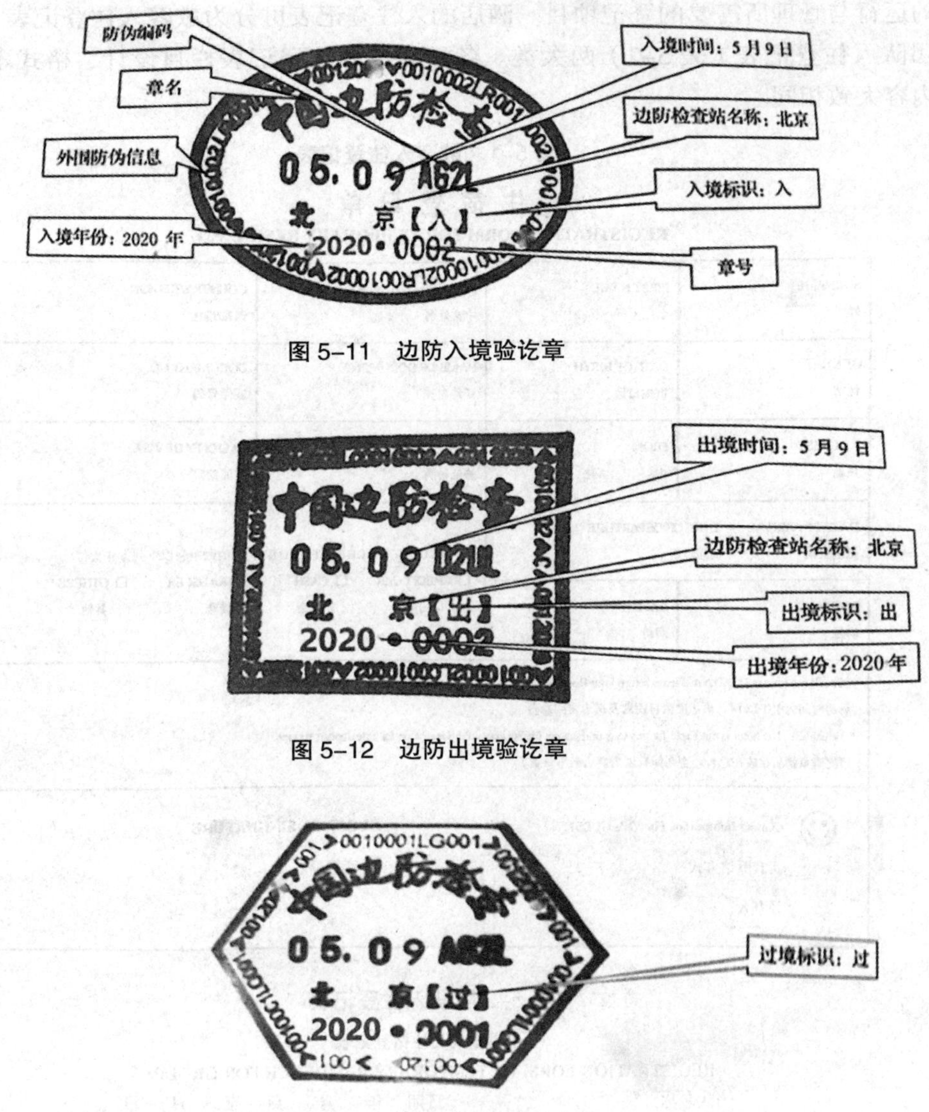

图 5-11　边防入境验讫章

图 5-12　边防出境验讫章

图 5-13　边防过境验讫章

如图 5-11 是某位客人护照内页的入境章，通过入境章可以看出该客人于 2020 年 5 月 9 日从北京入境，如果其签证有效期为 30 天，则他最迟应该于 2020 年 6 月 7 日离开我国或者在此之前办理好签证延迟手续。

四、认知入住登记表

酒店在为宾客办理入住登记时，需将其证件内容等相关住宿信息录入酒店管理信息系统中，并打印出入住登记表，请客人签字确认。登记表上的项目必须符合两个方面的要求：其一，是国家法律所规定的登记项目，主要指宾客身份证上的信息；其二，是酒店的运行与管理所需要的登记项目。酒店的入住登记表可分为散客入住登记表（表 5–1）和团队入住登记表（表 5–2）两大类。各酒店的入住登记表栏目设计、格式不尽相同，但内容大致相同。

表 5–1 散客入住登记表

住宿登记单

REGISTRATION FORM FOR TEMPORARY RESIDENCE

SURNAME 姓	FIRST NAME 名	NAME IN CHINESE 中文姓名	COUNTRY/REGION 国家/地区
GENDER 性别	DATE OF BIRTH 出生日期	NAME OF DOCUMENT 证件名称	DOCUMENT NO. 证件号码
ADDRESS 住址	FROM TO 由 往	TYPE OF VISA 签证种类	VALIDITY OF VISA 签证期限
DATE OF ARRIVAL / DATE OF DEPARTURE 抵达日期 离店日期		MY ACCOUNT WILL BE SETTLED BY / 我的账单将以下列方式支付 □ CREDIT CARD 信用卡 □ CASH 现金 □ TRANSFER 转账 □ OTHERS 其他	
ROOM NO. 房号	RATE 房价		
• Check-out time is 12:00 noon. Please return your Room Key and Room Card to the Front Desk upon check-out 退房时间为中午12 时。离店前请将钥匙及房卡交回总台 • Valuables: The hotel is not liable for any loss or damage. Please contact the reception for safe deposit service. 请把贵重物品存放在总台，否则如有遗失酒店概不负责。			
☺ Contact Information For VIPs GUEST 贵宾联络方式： 经办人：		GUEST 'S SINGNATURE 贵宾签字：	

表 5–2 团队入住登记表

团体人员住宿登记表

REGISTRATION FORM OF TEMPORARY RESIDENCE FOR GROUP

团队名称： 日期 年 月 日 至 月 日

Name of Group Date Year Mon. Day Till Mon. Day

房号 Room No	姓 名 Name in full	性别 Gender	出生年月日 Date of birth	职 业 Profession Or Occupation	国 籍 Nationality	护照号码 Passport No.
签证号码： 有效日期：			机 关： 入境日期：			种类： 口岸：

留宿单位： 接待单位：

（一）国内宾客入住登记表

国内宾客入住登记表至少包括以下几方面内容：

1. 宾客姓名及性别

姓名与性别是识别客人的首要标志，前台服务人员要记住客人的姓名，并以姓氏来尊称客人。

2. 房号

注明房号是为了便于查找、识别住客及建立客账。所以，房号填写必须正确无误，这对酒店的日常管理、夜审、安全保障都是非常重要的。

3. 房价

登记单上的房价是客人实际入住所支付的客房价格，客人通过不同的渠道订同一种房型，价格会有所区别。房价是建立客人账户，预测客房收入的重要依据。

4. 付款方式

确定付款方式有利于保障客房销售收入及决定客人住宿期间的信用限额，并有助于提高退房结账的速度，还有利于酒店为其提供一次性结账服务。

5. 抵离店的日期、时间

正确地记录客人抵离店日期与时间，既有助于结账及提供邮件查询服务，也有助于客房预测及排房工作，还有助于客房部做好迎接与送别等接待服务工作。

6. 地址

掌握客人完整的地址，有利于客人离店后的账务处理，遗留物品的处理，还有利于向客人提供离店后的邮件服务，客人投诉处理的跟踪服务，同时便于向推销对象邮寄促销印刷品。

7. 酒店方相关声明

酒店方相关声明一般主要包括：贵重物品的寄存规定、结账离店的时间规定、会客须知、查验证件的要求等。这样有助于责任分明，减少矛盾纠纷，保持酒店与宾客的良好关系，完善服务环节。

8. 客人与经办人的签名

客人的签名，是为了让客人对所列项目的内容进行认可与保证，如个人信息、房型、房价、宾客须知等，提高了其合法性；经办人的签名，有助于加强前台员工的工作责任心，便于控制和保证前厅服务质量。

（二）境外人员入住登记表

境外人员登记表包括宾客姓名及性别、房号、房价、付款方式、抵离店的日期、地址、酒店方相关声明、客人与经办人的签名，除此之外还需有签证种类、签证期限、由哪儿来往哪儿去等信息，登记表的所有信息均需使用英文。

值得注意的是，现在酒店普遍使用了酒店管理信息系统，对于有预订的客人，在其入住登记时如果其预订信息没有更改，前台服务人员可以通过酒店管理信息系统直接将包括上述大多数信息的住宿登记表打印出来，请客人重点确认其姓名、房间类型、房价、抵离店日期之后签名即可。从而不用再请客人逐项填写住宿登记表上的信息，大大提高了对客服务效率。

五、客房状况的控制

（一）客房状况显示的作用

客房状况显示是指将酒店每一间客房所处的状态、类型、住客状态等，随时全面、准确地显示出来的一项基础管理工作，酒店通常具有两种客房状况显示系统：客房短期状况显示系统和客房长期状况显示系统。客房短期状况，亦称客房现状，该系统能够显示每一间客房的当前状况。客房长期状况，亦称客房预订状况，该系统能够显示未来某一时段某种类型客房的可销售数量或不同房态（Room Status）。其主要作用如下：

（1）客房状况显示系统可以及时为酒店销售、预订和接待部门提供准确的待售、预售、已销售及不能销售的客房信息，为分析客房销售状况及制定预订的决策提供依据。

（2）在销售淡季，便于酒店管理及服务人员从中及时分析原因，结合价格调整、公关促销等营销手段和措施加大客房销售力度，提高出租率，减少房费损失。

（3）在销售旺季，便于酒店满足预订需求，为客人合理安排好房间。此外，通过客房状况差异统计分析，还可以找出造成损失的原因，并采取积极、有针对性的措施改善管理，提高服务水平，达到增加营业收入的目的。

（二）房态分类与控制

1. 房态分类

（1）住客房（Occupied）。指住店客人正在使用的房间（用“O”来表示）。

（2）空房（Vacant）。指没有客人使用的房间（用“V”来表示）。其中，空房可分为已经清扫过的空房（Vacant Clean，VC），尚未清扫的空房（Vacant Dirty，VD），以及已经完成清扫工作，领班、主管也已检查过，可随时出租的房间（Vacant Inspected，VI）。

（3）走客房（Check-out）。指客人已结账离店，待清扫或正在清扫的房间（用“C/O”来表示）。

（4）待修房（Out of Order）。因房间设施设备故障，待修或正在修理而不能出租的房间（用“OOO”来表示）。

（5）保留房（Blocked Room）。这是一种内部掌握的客房。对于一些大型团队（会议）客人，酒店需要提前为他们预留所需的房间。还有的客人，尤其是常客在订房时，常常会指明要某个套房或某个位置、某种景观的客房（用“BR”来表示）。为客人保留客房时，接待员应熟悉预订资料，弄清保留的原因及客人情况，并填写“保留房记录簿”。

2. 房态控制

对于已使用计算机系统管理的酒店，控制房态是比较容易的，其房态变更和转换过程是实时和自动的，屏幕显示直观，一目了然。使用计算机管理系统的酒店，其客房各种状态分别由客房部、总台等予以转换和控制，达到掌握和控制房态的目的。例如，客房部每天通过由计算机提供的楼层住客状况表来完成卫生清扫的组织安排。走客房清扫完毕，主管或领班经检查并确认可以重新出租后，通过电话通知或利用客房部终端设备输入计算机，使客房由“走客房”改为“可租房”；客房出租时，总台服务员则将客人资料及客房出租等信息输入计算机，使“可租房”转换为“住客房”；客人结账退房后，总台服务员将客人已结账信息输入计算机，使客房由“住客房”变为“走客房”（待清扫房）等，从而使各种房态都可以通过计算机输入、显示、变更、自动转换来反映客房状况，达到控制客房状况的目的，从而为客房预订和销售提供前提条件。

（三）客房状况的转换与核对

现时的客房状况总是在不断变化的，这就要求总台接待处要随时掌握客房动态，及时传递房态变化的信息。

1. 入住

客人在办理完入住登记手续后，接待员应及时将资料输入计算机，完成计算机系统的房态变更，“空房”变为“住客房”。因此，这项操作不能粗心大意，否则就会影响客房状况控制的准确性。

2. 换房

由于住客自身原因或者酒店方要求，时常会有换房需求，例如，由于酒店有大型团队或者会议接待，需要进行集中排房，而当前的住客却未按时离店，此时则可能需要向客人提出换房要求。因此，必须慎重处理，按换房服务操作手续进行换房，并及时在计算机中做换房处理，换房后，原来的房间状态由“住客房”变为“空脏房”。

3. 退房

为客人办理完结账和退房手续后，应立即通知客房服务中心，同时改变客房状态，采用计算机管理系统的酒店，此项工作可实现将房态由已结账房到待清扫房的自动转换。

4. 关闭楼层

酒店根据淡季时接待客流量下降、降低能耗和物耗、计划维护设备、组织人员培训等经营需要，关闭部分客房和楼层。总台及客房部应在接到准确的指令后，在计算机中及时进行调整。

5. 核对房态

由于总台的工作量较大，而且客房状态经常处于变化之中，虽然酒店可以通过计算机进行查询，掌握客房的现时状态，但是由于工作可能出现差错，造成总台接待处的房态与客房实际房态不符。因此，必须进行房态的核对，以防止出现重复售房等现象的发生。

总之，正确控制客房状况主要是为了有效地销售客房，无论采用何种客房状况控制系统，都要加强总台、预订与客房部之间的房态变更、转换控制，保持信息沟通及协作，最终提高对客服务的效率和质量。

任务拓展

你对我们国家制定的外国人入出境法规知识了解吗？去图书馆、书店或者专业网站搜集一些相关资料吧，如《中华人民共和国外国人入境出境管理条例》等。多了解一些外国人入出境知识，这将更好地帮助你做好总台外宾入住接待工作。

任务总结

总台接待员一定要认识到入住登记工作的必要性和重要作用，在办理入住登记的过程中会涉及许多户籍管理知识，尤其在登记境外人员证件和签证方面的信息时要格外慎重，确保入住登记表上的信息准确无误，同时还要随时掌握酒店客房状态，及时传递房态变化信息，以便有效地进行客房销售。

任务二　排房顺序及技巧

【任务导入】

正值旅游旺季，某五星级酒店的客房预订很多，小王仔细分析了当天的客房订单，发现在预订的客人中有团体客人、VIP 客人、熟客和常客、有特殊要求的客人、普通预订的客人、保证性预订的客人，还会有要求延期离店和未经预订直接抵店的客人需要住店，面对这些不同预订情况的客人，小王该按什么顺序排房，又该排什么样的房间呢？

【任务执行】

根据客人要求安排合适房间，被称为排房、分房，英文为 Room Assignment。接待员应根据旅游淡旺季的特殊性来分房。旅游旺季，由于客人多，房源紧张，对不同客人的住房要求要采取不同的排房策略。如贵宾和一般散客，应优先满足贵宾的需要；对于有预订和未预订的客人，要优先满足有预订的客人；对于常客和新客人，则要优先满足常客的需要；对于难以满足其要求的客人，酒店要以诚相待，不要因旺季生意好而冷淡客人。

一、排房顺序

在分房时，接待员或管理人员应根据客人的特点及轻重缓急顺序进行。面对团体客人、VIP 客人、熟客和常客、有特殊要求的客人、普通预订的客人、保证性预订的客人、要求延期离店和未经预订直接抵店客人，排房顺序一般为：贵宾→有特殊要求的客人→

团队客人→熟客和常客→保证性预订客人→要求延期离店的客人→普通预订的客人→未经预订直接抵店的客人。具体分析如下：

（1）贵宾：由于 VIP 是酒店较为重要的客人，因此，应当首先满足 VIP 客人的房间需求。

（2）有特殊需求的客人。此类客人对房间要求的指向较为明确，且酒店能够满足其要求的客房数量会比较有限，因此，在贵宾排房得到满足后优先为其安排房间。

（3）团队客人：由于团体客人来自同一个集体，且用房量大，需采用相对集中排房的原则，如果将其排房顺序滞后，则排房会较为松散，给团内客人之间以及团内客人与导游、领队的沟通带来不便。

（4）熟客和常客：此类客人经常来酒店住宿，是酒店的忠实客户，为酒店带来较多的收益，一般对房间会有相对固定的喜好，酒店应该按照客人客史档案内的喜好为其安排适合他的客房。

（5）保证性预订客人：此类客人事先预订了客房，并事先预付了房款，酒店必须要保证为其预留客房，但对房间的要求一般没有太多的要求，因此可以放在熟客和常客之后安排。

（6）要求延期离店的客人：此类客人已经在酒店住宿，由于某些原因需要继续住宿，为了维系与客人的良好关系，一般应给予客人方便，帮其进行原房间续住。

（7）普通预订的客人：此类客人也事先预订了客房，但未预付房款，排房顺序上应次于保证性预订的客人。

（8）未经预订直接抵店的客人：此类客人的住宿随机性较大，并未事先与酒店联系住宿事宜，酒店在有空房的情况下应予以安排。

二、排房技巧

接待员根据宾客住宿的实际需求，考虑到宾客的心理特点以及酒店可供出租的客房的实际情况（位置、风格特色、档次、价格、朝向等），尽可能将适合宾客需要的客房分配给客人。正确灵活的排房方法和技巧，不仅能满足客人的需要，而且能合理利用客房。

（一）根据客人的特点与要求分房

（1）贵宾。一般根据接待单位或者宾客要求，安排其所预订的同类型客房中最好房间。要求安全保卫、设备保养、环境等方面处于最佳。

（2）同一团体（团队、会议）的客人。这类客人尽可能安排在同一层楼、同一标准的客房，并且尽量是双人房，有利于导游（领队、会务组人员）的联络及酒店的管理。为团队排房时尽量与散客分开，以免干扰。

（3）同一团体（团队、会议）的领队、会务组人员。这类客人尽可能安排在与团队客人在同一楼层的出口处的客房，方便团内成员寻找。

（4）新婚夫妇。应安排较安静的带大床的房间给这类客人。

（5）老年人、伤残人士或行动不便者。这类客人可安排在较低楼层、靠近服务台或电梯口的房间，以方便服务员照顾。

（6）家人或亲朋好友一起住店的客人。这类客人一般安排在楼层侧翼的连通房或相邻房。

（7）风俗习惯、宗教信仰及习俗不同的客人。这类客人应将他们的房间拉开距离或分楼层安排，注意楼层号、房号与宗教禁忌的关系。

（8）竞争对手、敌对国家的客人。这类客人不应安排在同一楼层或位置靠近的房间，需分楼层安排。

（9）常客和熟客。根据客史档案中所记录的客人对房间的喜好或者根据酒店相关人员对客人服务需求的了解有针对性地为这类客人进行排房。

知识链接

满足宾客特殊要求

识别宾客的特殊要求并予以落实，是入住登记工作的一个组成部分。例如，在预订过程中，宾客可能提出连通房的要求。那么应预留好这些客房，保证宾客抵店时提供。如果宾客的订房要求没有得到很好的处理，那么前台接待员应尽可能在入住登记阶段想方设法满足宾客的需求。其他特殊要求可能会有下列几方面的内容：

· 景色；

· 床型；

· 吸烟或禁烟方面的要求；

· 设备设施；

· 供残障客人使用的设施；

· 高速上网服务；

· 娱乐系统，例如视频点播系统和视频游戏系统。

宾客可能要求自己的客房靠近电梯，也可能要求远离电梯；有些客人希望看到海景、游泳池或城市景色；有些客人希望得到特大号双人床；有些客人希望有健身房或会客室；有些宾客还会对房内设施和布置提出特殊要求。携带孩子出游的客人可能会提出加儿童床的要求。如果客人抵店前没有在房内做好安排，那么前台接待应与客房部联系、找个合适机会把床安置进客房内。当然这些要求最好在入住登记前就完成。有些宾客还会提出一些其他的特殊要求，如加床板或烫衣板。残障宾客的客房会有专门设计的设施，如卫生间的把手或连接烟感器和防火报警装置上的专门灯光。《美国残障人法案》要求绝大多数的酒店要有专门的设备供残障人士使用。这类客房应尽可能地保留，不要轻易出租给非残障人士使用，除非处于客满阶段。

资料来源：美国饭店业协会教育学院系列教材《前厅部的运转与管理》

（二）根据酒店的经营管理和服务需要分房

（1）长住客。这类客人尽可能集中在一个楼层，且在较低楼层，易于管理。

（2）无行李且有不轨嫌疑的客人。这类客人尽可能安排在靠近楼层服务台或监控头能探视到的房间，以便观察监控。

（3）旅游淡季。在旅游淡季可关闭一些楼层，集中使用几个楼层的房间，这样既可以节约能耗、劳力，又便于集中维护保养客房硬件。

三、Opera酒店管理信息系统中的排房

在现代化酒店里，排房工作通常通过酒店管理信息系统来进行。在 Room Assignment（排房）初始界面中选中需要排房的客人（图 5–14），排房可以选择自动排房或者手动排房。

（一）自动排房

如果选择自动排房，则选择图 5–14 右侧的 Auto（自动）按钮，出现自动排房界面（图 5–15）。

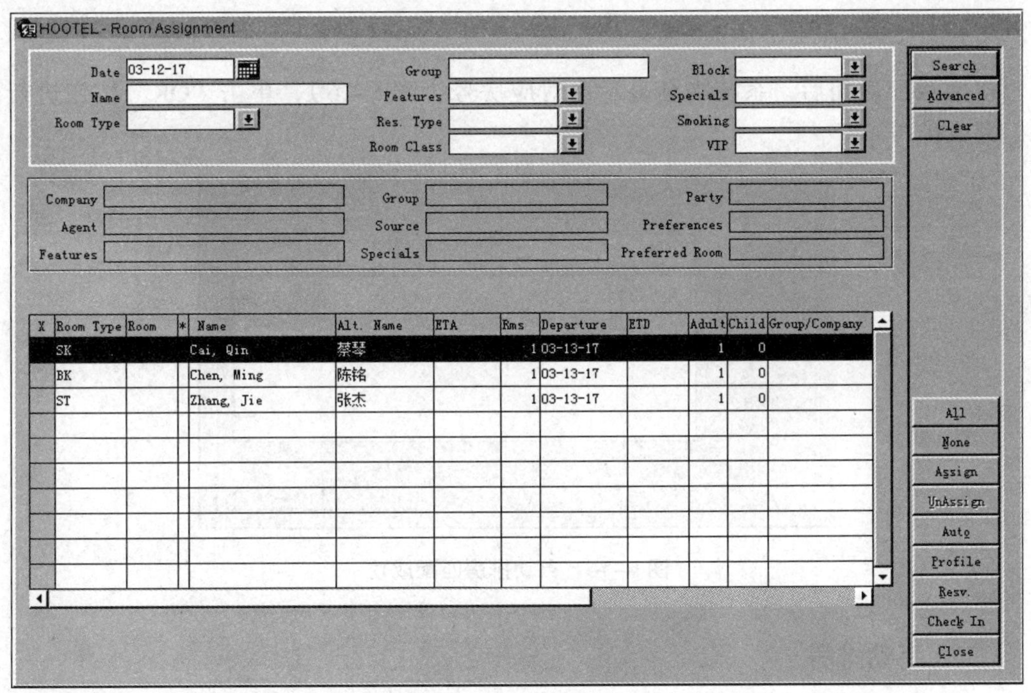

图 5–14　排房初始界面

在自动排房界面中，在 Rooms 下方的 Features（特征）、Smoking（是否吸烟）、Floor（楼层要求）等选项中设定好客人对房间的要求，然后单击右下方的“Start（开始）”按钮，系统开始根据设定的条件进行自动排房。

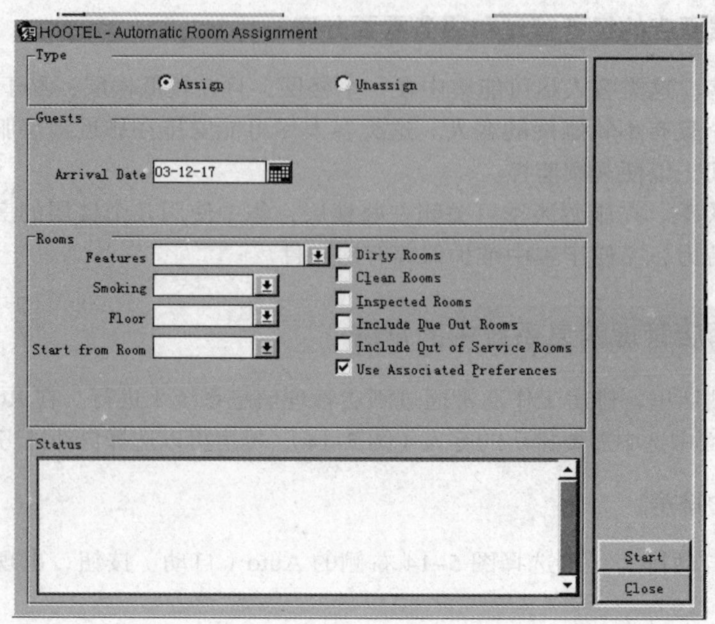

图 5–15　自动排房

找到匹配房间后，系统则会显示出对应房号（图 5–16），单击“OK”按钮进行确认，完成排房。

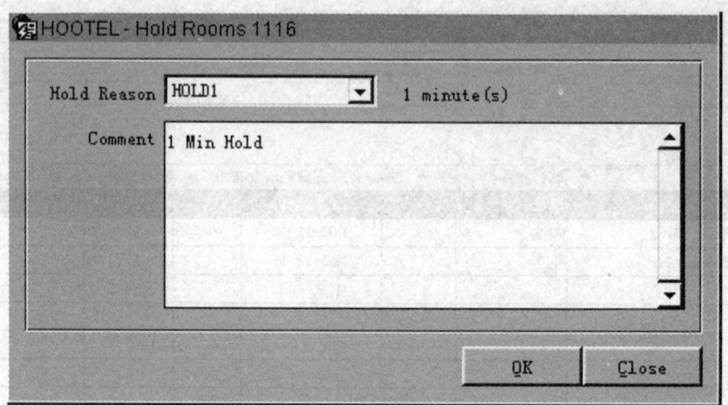

图 5–16　自动排房匹配成功

（二）手动排房

如果选择手动排房，则选择图 5–14 右侧的 Assign（排房）按钮，出现手动排房界面（图 5–17），可以在上方的 Floor（楼层要求）、Smoking（是否吸烟）、Features（特征）等选项中设定好客人对房间的要求，然后单击右上方的“Search（搜索）”按钮，界面下方的对话框中则会显示出符合条件的所有房间，单击要选择房间前的小方框，显示“X”的则说明已选中，单击右下角的“OK”按钮完成手动排房。

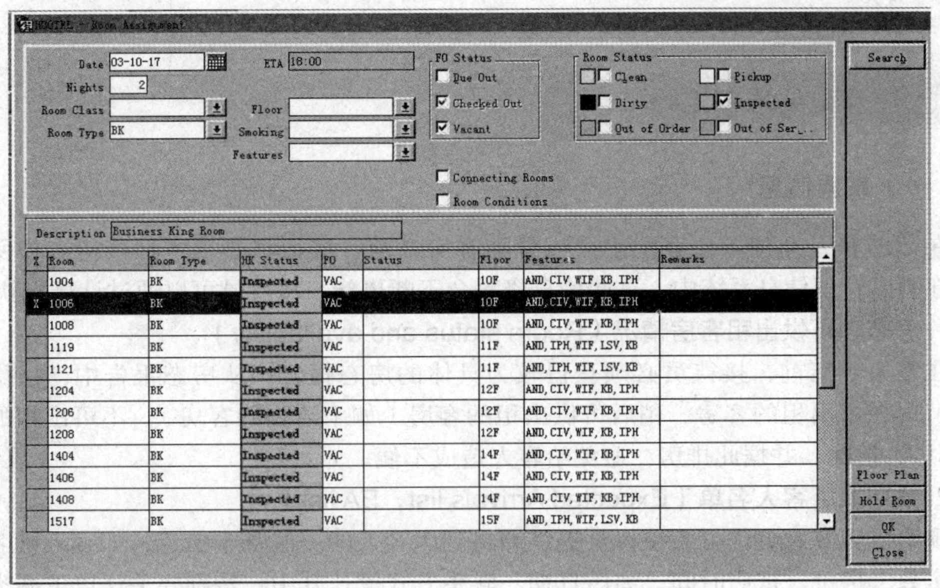

图 5–17　手动排房

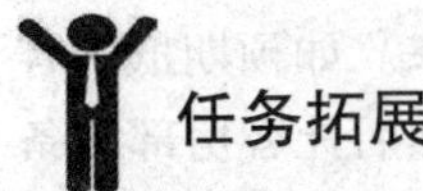

任务拓展

酒店总台事先已经帮客人安排好房间，但客人抵达酒店时排给客人的房间却还未打扫好，此时，我们可以采取哪些措施来解决此类问题？

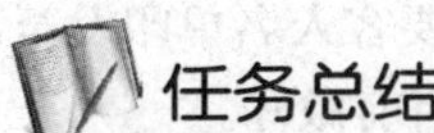

任务总结

排房是总台服务接待工作中的一个重要组成部分，接待员不但要考虑到宾客住宿的实际需求，还要根据酒店可供出租客房的实际情况来进行安排，尽可能将适合宾客需要的客房分配给客人。排房过程中要注意针对不同类型的客人有序地安排房间，同时要学会灵活运用排房的方法和技巧。

任务三　入住登记

【任务导入】

早上 10 点，4 位女士在行李员的引导下来到南京御冠大酒店总台办理入住登记，她们是来酒店对面的南京中医药大学参加一个学术活动的，其中 2 位客人事先预订了 1 间普通标准间，而另 2 位同行的客人事先没有预订，4 位客人都是从 10 月 20 日住到 10 月 22 日退房，请为这 4 位散客分别办理入住登记。

【任务执行】

一、入住登记的准备工作

（一）掌握信息

在帮助客人办理入住登记手续或分配客房之前，接待员必须掌握接待工作所需信息。在酒店管理信息系统中，这些信息资料会不断更新，接待员可以通过计算机获取。

1. 房态和可供出租客房情况（Room status and availability）

在客人到店前，接待员必须获得较为具体的房态报告。从房态报告中，接待员可以了解现在可出租的客房、稍后可供出租的客房（如未清扫的客房）、不可出租的客房（如坏房）情况，并据此排房，避免给客人造成不便。

2. 预期抵店客人名单（Expected Arrivals list，EA list）

预期抵店客人名单可为接待员提供即将到店客人的一些基本信息，如客人姓名、房型、房数、房价、抵店时间、离店日期、联系方式等。其中，特别要关注以下两类预抵店客人的情况：

（1）有特殊要求的预期抵店客人名单。有些客人在预订时，可能会要求酒店提供额外的设施或服务，接待员必须事先通知有关部门做好准备，恭候客人的到来。如预期抵店客人要求为婴儿配备婴儿床，接待员（主管）则应为客人预先安排房间，然后让客房部准备婴儿床并将其放到指定的房间；客房部还应适当为客人准备一些婴儿用品，如爽身粉等。

（2）预期抵店的重要客人名单。酒店必须对重要客人加以足够的重视。酒店常为重要客人提供特别的服务和礼节，如事先预留客房、免费享受接机 / 接车服务、在客房办理登记手续及安排专人迎接等。由于以上客人较为重要，酒店常把预抵店重要客人名单印发至前厅各部门及酒店相关对客服务部门。以上这一切工作都必须在客人抵店前做好。

在核对房态报告和预期抵店客人名单时，作为接待处的员工，应该清楚以下两件事情，并采取适当的措施：其一，酒店是否有足够的房间去接待预期抵店客人；其二，酒店还剩余多少可出租的房间去接待未预订而直接抵店的散客。

3. 宾客历史档案（Guest history record）

酒店管理信息系统中都建有宾客历史档案，包括客人的身份信息，消费记录、个人喜好、禁忌等。在客人抵达酒店之前，我们可以根据客史档案中的有效信息，提前采取相应措施，一方面可以避免服务中的失误，另一方面可以更加有针对性地为客人提供个性化服务，从而进一步提高客人的满意度。如该客人曾经投诉过房间太吵，这次接待员则应安排一间较安静的客房；如该客人为酒店常客，以前住的是提高接待规格（Upgrade）房间，此次来住宿的时候，由于客情太好，酒店较难安排高一档次的客房，酒店则应在客房内摆放一些赠品，比如水果等。

4. 黑名单（Black list）

黑名单即不受酒店欢迎的人员名单。如公安部门的通缉犯名单，住店不付费或逃账以及有其他不良消费记录的客人名单。

（二）其他准备工作

在客人到店前，接待员除应获得以上信息资料外，还应做好以下工作：准备并检查入住登记时所需要的设备用品和表单，备好钥匙、房卡，查看客人是否有提前到的邮件等。

二、散客入住登记服务程序

入住酒店的宾客要办理入住登记手续（Check in）。由于散客、团队具有不同的特点，总台员工在为他们提供接待服务时，要把握好针对性的服务要点，以下以散客入住登记服务程序为例（图 5–18）。

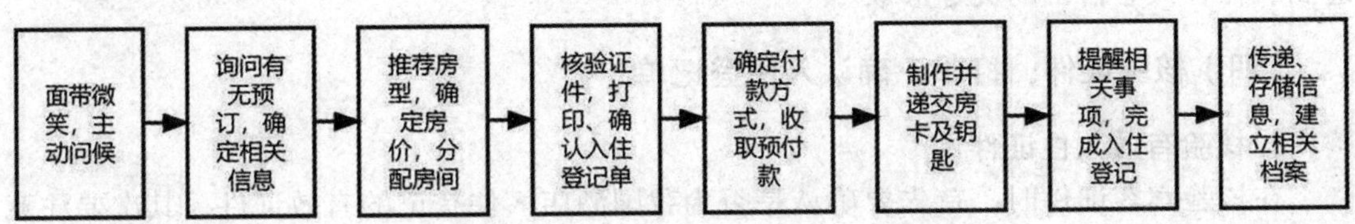

图 5–18　散客入住登记服务程序

（一）面带微笑，主动问候

当客人靠近总台时，接待员应面带微笑，保持目光接触，主动热情地向宾客问好致意，以示真诚，并询问客人是否需要帮助。如果已经知道客人的姓名，应用带姓的尊称来称呼客人。

（二）询问有无预订，确认相关信息

在确定客人需要住宿后，首先应询问宾客有无预订，因为有预订和无预订入住的接待程序和侧重点有所不同。若客人已预订房间，则通过客人姓名、电话、预订确认号等在电脑中查找到相应预订单，重点在于核对、确认相关预订信息，如离店日期、房型、房间数量、房价等。若客人没有预订，则问清其用房要求，重点放在有针对性地向客人介绍相关房型、房间特色和房价等方面，最终帮客人选定合适的房间。

（三）推荐房型，确定房价，分配房间

1. 有预订入住的客人

对有预订的客人，其入住房型、房价在抵店前已经确定好，为了减少客人等候时间，同时方便客房的分配与管理，接待员应在客人抵店之前，根据其订房要求提前预留适当的房间。但酒店内同类型客房也存在差异，如位置、景观、内部装饰等，因此，具体的房号一般应在征得客人意见之后再确定下来。需要提醒的是，虽然有预订客人的房型已事先确定，但接待员在与客人交流过程中仍可根据客人的出行目的、消费水平、办

公需求、同行人员等情况，有针对性地向客人推荐更加适合他的客房产品，以更好地满足其消费需求，提高宾客满意度。

2. 无预订入住的客人

对事先没有预订而直接抵店，尤其是初次到店的客人，接待员要主动、耐心地询问客人的具体住房要求，在充分了解客人用房需求的基础上，根据酒店的现时房态，热情地向客人推荐两种以上不同类型、价格的房间供其选择，并对不同类型房间的状况、特色加以详细介绍，正确报价，尽量满足其消费需求。在定价时要依据酒店有关房价的相关政策及规定，可以将价格在一定范围内浮动，但要经过有关管理人员的同意与批准。根据客人对房间的个性化需求，快速在酒店管理信息系统中帮客人选好合适的房间。如果没有能够满足客人需求的房间，也应设法为客人联系其他酒店，主动帮助客人，以塑造酒店在客人心目中的美好形象。

（四）核验证件，打印、确认入住登记单

1. 核验有效入住证件

在核验宾客证件时，首先要确认是否为我国酒店入住登记的有效证件，其次要注意证件有无涂改、伪造的情况，照片是否与持证人相符以及证件是否在有效期内；如果是使用护照的外宾，还需查看其签证及有效期，对应的入境日期和口岸等。内宾使用身份证入住，需按照公安部门规定，利用 PSB（公安局）户口录入系统设备（图 5–19）读取宾客身份证信息，并完成人脸识别（图 5–20），上传至旅馆业治安管理信息系统中。对于外宾证件，则有专门的外宾证件扫描设备进行身份信息识别。

2. 打印、确认入住登记单

核验客人证件无误后，还需将客人证件信息手工录入至酒店管理信息系统中，打印出入住登记单，重点请客人确认离店日期、房号、房价等信息，同时提醒客人仔细阅读入住的相关规定，确认无误后进行签字确认。随着科技的发展，现在大部分酒店可采用电子读卡器采集客人身份信息，即将带有芯片的身份证放置在读卡器（图 5–21）上进行扫描，自动将证件信息导入到酒店管理信息系统中，接待员只需将缺少的入住信息补充完整，即可打印出住宿登记单，从而大大提高了办理入住登记的效率。

图 5–19　PSB（公安局）户口录入系统

图 5-20　人脸识别仪

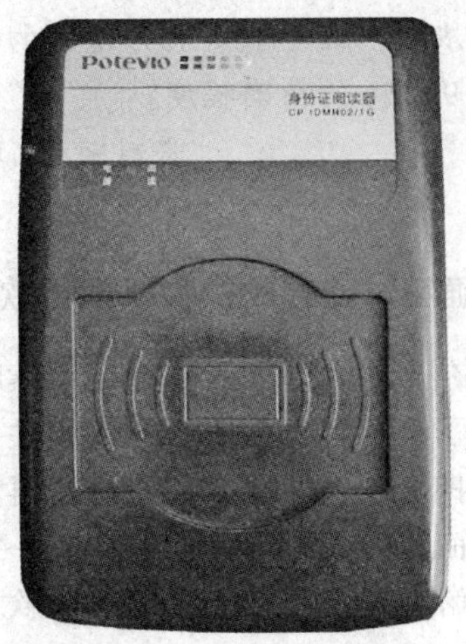

图 5-21　身份证阅读器

知识链接

人脸识别技术打造 G20 酒店宾馆安保最强防线

酒店治安问题整治作为护航 G20 十大专项工作之一，肩负着协助公安部门对流动人员进行登记的义务。公安部要求对全国范围内的酒店宾馆必须进行旅客入住身份核查管理。由于目前宾馆酒店普遍缺乏必要的识别设备，在办理住宿或租赁业务登记时只能对住宿人或租赁人出示的身份证进行登记，无法对持证人身份进行准确核验。此次推广的宾馆人证合一身份验证系统在方案定制时，将二代身份证的真伪和证件、持证人身份统一作为机器辨识的重点，以保证酒店的入住安全和旅客的信息真实，降低运营的安全风险。

人证合一系统（图 5-22）运用人脸特征的唯一性，集先进的证件阅读、扫描、人证比对等技术于一体，满足酒店、宾馆进行住客实名制管理的需要。当服务员把住客身份证放置在身份证阅读器上，同步唤醒人证合一一体机上的摄像头。系统自动对入住酒店的人员的证件照片与现场高清摄像头采集的人脸图片信息进行比对，来辨识进入者的身份（人证识别技术），快速、高效地实现酒店入住宾客身份认证。对进入者登记信息与辨识结果进行永久保存，并可随时查看各登记信息，了解人员进出状况。除了刷脸的次数越多，识别就会越精准，换发型，

图 5-22　人证合一系统

换眼镜，化浓妆，或者地心引力造成的苹果肌下垂，基本都骗不过人脸识别系统，识别率达到超过 99.5% 的精确程度。

资料来源：https://www.sohu.com/a/101162248_119038（有修改）

（五）确定付款方式，收取预付款

接待员在为客人办理入住登记手续时，应了解客人的付款方式。确定付款方式的目的主要是为了确定客人和酒店的信用关系，确保酒店的利益不受损害。中国酒店普遍采取预收住房押金制，即请客人先付费再消费，而国外有些地方的酒店则刚好相反，无须客人付押金而请客人先入住，退房时一并结算。因此，有的外国客人可能会质疑，前台员工要做好解释工作。客人常用的付款方式一般有现金支付、支付宝与微信支付、信用卡支付、转账支付、支票支付、有价订房凭证、他人代付等。预付款的数额视房费、入住天数、杂项消费、可签单消费权限等而定。如果客人在住店期间会有大额签单消费，则根据客人预估的消费金额，在征得其同意的情况下提高预付款收取的额度。

1. 现金支付

随着电子支付方式的日益增多，现金支付方式已呈现明显下降的趋势。对酒店而言，现金支付风险小，利于周转，也很方便。但要注意及时通知客人补交预付款，防止发生逃账现象。接待员根据酒店定金政策和客人交付的预付款数决定所给予的消费信用限额。

在收取押金时，要注意辨别现钞的真伪。向客人收取押金时，接待员要“唱收唱付”，即当面向客人说出收取的金额数量，确认无误后，将具体金额录入客人系统账户，打印出押金单给客人签字确认，并将酒店留存联与入住登记表、预订单等一起放入对应的客账夹中。

2. 第三方支付工具支付

随着互联网技术的日益发展，电子支付已经成为人们更为习惯的支付方式，目前国内经常使用的第三方支付工具包括：微信、支付宝、云闪付等，使用广泛、快捷、安全，与现金支付效果相同。前台接待员必须使用酒店提供的企业账号进行收款，不得使用任何个人账号收款。

3. 信用卡支付

接待员首先核验客人所持信用卡是否属于酒店规定的可接受的信用卡，检查有无残缺、破损及有效期限，告知客人预收金额，使用 POS 机完成预授权，并请客人在预授权凭证上签字确认，最后将信用卡退还给客人。需要注意的是：当信用卡交易成功后，持卡人需在签购单上签名，接待员应将此签名与信用卡背面预留签名核对，确认无误后，方可将卡片归还持卡人。如信用卡背面无持卡人预留签名，接待员应请持卡人出示有效证件确认其是真正持卡人，也可请其在卡背面签字，如持卡人拒绝签字，则酒店有权拒收此卡，可请持卡人改用其他方式支付此款项。如由于持卡人签名不符而造成的拒付损失由商户自行承担。

知识链接

信用卡的预授权

随着信用经济的发展和信用卡业务的普及，信用卡的使用频率越来越高，尤其是对于出差的商务一族来说，刷卡住宾馆酒店很正常，此时就会涉及信用卡的预授权问题。信用卡预授权是指通过银行卡 POS 机或 EDC 机（Electronic Data Capture，电子清算）从持卡人的账户中冻结一定金额的钱来作为持卡人在酒店内的消费押金。

预授权主要用于押金类消费。当客人入住酒店的时候，并不代表已经消费完成，只是说相当于交押金了，冻结其信用卡额度但是不进行扣款，这就是预授权。等客人退房，所有的消费项目结清，才算是完整的消费额度，这时候再进行刷卡缴费结算，进行扣款，同时取消预授权，只有结算后酒店才能收到这笔款项。酒店这样做是为了保证持卡人信用卡里面的钱足够在酒店的消费支出。信用卡的“预授权”也是信用卡特约商户如酒店等保护自身合法、规避信用卡诈骗的重要途径。进行预授权时，要请宾客在打印的签购单上签名确认。宾客若续住，需检查预授权金额是否充足，征得宾客同意后追加预授权。

4. 转账支付

转账支付是指客人在酒店的相关消费不需要由客人现场支付，而是直接转至客户单位在酒店开设的挂账账户上。这种结算方式一方面可以大大简化客人抵（离）店账务手续，另一方面可以促使公司、旅行社等客源单位不断为酒店带来新的、更多的客源。因此，酒店对这些客户单位的信用和财务状况等应有清楚的了解和认识。接待员将客人要求与预订单付款方式核准无误后，向客人具体说明转账款项范围，如房费、餐费、电话费、洗衣费等，同时当面说明办理客人自付项目的有关手续及规定。

5. 支票支付

通常国内企业、公司等用支票支付，国外客人使用旅行支票支付费用。为了防止接收空头支票，总台在接受转账支票前，通常需要经酒店财务部允许认可，或有销售部或部门领导做担保。接受此种付费方式时要注意：收取转账支票时要注意支票开具时间及有效期，并计算退房结算时间是否在有效期内，否则将无法兑付；支票上的日期、大小写金额和收款人名称等重要信息不得有涂改迹象，否则无效；另外，需要留下支票支付人的姓名、身份证号码、联系方式等，以备查验或联系；接待员在接受填写支票时，一定要仔细谨慎，否则会致使支票作废，或造成兑付麻烦；如有疑惑之处，接待员应当面问清，并立即向财务主管负责人汇报或向银行查询。

6. 有价订房凭证

酒店为扩大客源市场，与客房预订代理商订有合同，由代理商介绍的客人通常在当地已交过费用（包括房费等），并持订房凭证到酒店登记入住。总台接待员应注意：

（1）核实订房凭证正本和副本是否有效及一致。

（2）核实相关联的预订单和传真订单内容是否一致，有无差异。

（3）礼貌地提醒客人为其在店内其他消费来选择支付方式。

7. 他人代付

有些客人提出为其他客人代为支付在店费用。总台接待员应坚持请客人填写“承诺付款书（Guarantee of Payment）”。并签字确认。承诺付款书是一种专用单据，是用于同意为其他客人代付账款的客人与酒店达成信用关系的凭据，通常为一式三联：一联由同意代付账的客人保存，一联与收银处客账存放在一起，另一联由总台接待处保存备查，另外，还要仔细核查承诺付款人的信用状况及付款能力。

（六）制作并递交房卡及钥匙

房卡（Hotel Passport）也称欢迎卡（图 5–23、图 5–24 及图 5–25），由接待员在客人抵店前或入住登记时填写。房卡的设计因酒店不同而有所不同，一般包括客人姓名、房号、抵店日期、离店日期、宾客须知等内容，起着证实客人住店身份的作用。有的房卡上还印有酒店主要营业点的名称、位置、服务时间等相关内容，起到了服务指南和推销的作用。此外，我们还需要同步为客人制作房间钥匙（图 5–26、图 5–27），现在多数酒店客房都用电子门锁，因此需要在制卡系统中将房间号码、住宿起讫时间信息录入相应的磁卡钥匙中，磁卡钥匙制作好后插入房卡中一并交给客人。

图 5–23　房卡封面及封底

5-24　房卡内页

宾客姓名
Guest's Name ______________

房间号码
Room No. ______________

抵店日期
Arrival Date ______________

离店日期
Departure Date ______________

宾客签名
Guest's Signature ______________

经办人
Clerk's Initials ______________

5-25　房卡插页

图 5-26　磁卡钥匙正面

图 5-27　磁卡钥匙反面

（七）提醒相关事项，完成入住登记

主动提醒或询问宾客有无贵重物品需寄存，是否需要其他服务。将房卡钥匙、欢迎卡、押金收据等交与客人，切勿忘记归还宾客身份证件、信用卡等。同时，接待员还要向宾客介绍用早餐时间和地点，用手势指引宾客电梯方向或请行李员引领宾客进房，并向宾客道别和表示祝愿。注意在将钥匙交给宾客时，不可大声说出房间号码，只需说出房间所在楼层即可，以保护宾客的住宿安全。如果有宾客的留言、邮件、传真、订票等，须及时转交给宾客。

（八）传递、存储信息，建立相关档案

客人办理完入住登记手续离开总台后，接待员要将宾客入住的信息及时通知客房中心，以便客房部服务员做好接待准备工作。做好住客资料的计算机输入、完善工作，并将住宿登记表、押金单、卡单等订好，放入账单架的账夹内（图 5-28）。对于已将宾客

预订信息输入计算机的，也可直接在计算机上进行“预订转入住”操作，即将该宾客的预订信息转成入住信息。

图 5-28　账单夹及账单架

知识链接

表 5-3　饭店运营质量评价表（入住登记）

序号	标准	评价			
2.1.3	入住登记	优	良	中	差
2.1.3.1	主动、友好地问候宾客，热情接待	3	2	1	0
2.1.3.2	与宾客确认离店日期，对话中用姓氏称呼宾客	3	2	1	0
2.1.3.3	询问宾客是否需要贵重物品寄存服务，并解释相关规定	3	2	1	0
2.1.3.4	登记验证、信息上传效率高、准确无差错	3	2	1	0
2.1.3.5	指示客房或电梯方向，或招呼行李员为宾客服务，祝愿宾客入住愉快	3	2	1	0

释义：

第一，热情接待，体现在员工的服务动作中。在宾客接近总服务台时，员工应微笑主动招呼或示意宾客。

第二，指示方向不单单采用手势，需要员工以手势指引、目光、语言明示相配合。

资料来源：中国旅游出版社《旅游饭店星级的划分与评定释义》

三、入住登记服务注意事项

（1）当总台接待员在接待客人时，应主动询问客人姓氏，或根据预订单上显示的信息，带姓称呼客人。有些酒店规定在整个入住登记服务过程中，至少要三次带姓称呼客人。

（2）在对客服务时，要养成良好的礼貌习惯。双手递接物品给客人；注意表单正面朝向客人，以便其阅读；递笔给客人时要使笔尖背向客人；将房卡递给客人时不能大声说出客人房号，以保护客人隐私，有些酒店是将客人房号写在小纸条上交给行李员，请行李员引领客人进房。

（3）总台接待员在填写完入住登记表、押金收据或信用卡卡单后，最好一次性地请宾客签名，并提醒其检查所填的内容，不宜多次请宾客签字。宾客的证件、房卡等物品也最好在办理入住登记结束后一次性地归还给宾客。

（4）在向客人推销客房时，注意进行适当的增销，即努力推销酒店较高价格的客房，或可请客人考虑升级成较高档客房入住，为酒店增加营业收入。

四、团队入住登记服务程序

（一）做好准备工作

（1）查看酒店当日团队接待通知单，了解团队详细日程安排表，并根据团体订房要求，查看计算机房态资料，在团队宾客到达前，提前在系统中分配好房间。

（2）准备好团队客人钥匙袋。钥匙袋上标有团号或团队名称、姓名、房号，内有客房钥匙、房卡、餐券及酒店促销券等。

（3）随时与客房部联系，了解团队预排房卫生清扫情况。

（二）请客人办理入住登记

（1）团队客人到达后，由销售部团队联络员迎接，如团体人数较多，则由大堂副理或宾客关系主任（Guest Relations Officer，GRO）出面维持秩序。

（2）弄清团队名称，找出订房资料，与领队或陪同确认团名、团号、团队人数、用房数、离店时间等信息。

（3）向领队或陪同收取登记入住的必要证件，如客人身份证件、团体签证或团队客人登记表，并进行登记。仔细核对证件的有效性和真实性，扫描后，交给领队或陪同将证件归还给宾客。请领队或全陪在复印的团队签证或团队客人登记表上分配好房号。

（4）团队接待员协助陪同或领队分配客房，发放房间钥匙和房卡。

（5）在计算机中及时做团队入住登记，更改团队用房的房态。

（6）确认团队最终用房情况，填写团体入住确认表。与团体负责人确认最终用房数、房型、司陪床位数、餐饮安排等。

（三）确定付款方式和项目内容

团队账目结算可以由导游以现金或者刷卡等方式现付结清，也可以由销售部与旅行社或者团队接待方代理人之间完成。团队入住时，旅行社大多只负责房租和餐费，其他费用则需由客人自理。如个别团队客人要求开通房间长途电话，需要使用客房内的迷你吧等，此时，应向客人收取一定的押金，并给客人开具相应的押金单。

（四）确认相关时间

与领队或陪同确认团队次日叫早时间（morning call）、早餐时间、出行李时间等。

（五）通知行李员分发行李

入住手续办理完毕后，总台接待员将标明房号的团体客人名单交行李员，以便其分发行李。

（六）制定相关表格，录入信息

（1）打印出该团队的住房明细表，分发给客房部、餐饮部、总机、礼宾处、大堂副理等相关部门和岗位。

（2）及时将所有相关信息输入酒店管理信息系统中。

（3）将团队订房资料、团队登记表、付款证明等一起放入“入住团队文件夹”中。

任务拓展

黑名单客人通常指那些因消费信誉不佳等原因被酒店或同行列为不受欢迎的客人，或者被公安等行政部门通缉或追查的人。有的酒店还将制作的黑名单互相告知，以警示其他酒店此客人有过不好的消费行为。对于前来消费的酒店黑名单客人，酒店一般会授权前台接待员，对于这类宾客的投宿可以婉言谢绝，以下是某酒店列出的“酒店黑名单宾客”种类

（1）被酒店或酒店协会通报的不良宾客。

（2）拟用信用卡结账，但其信用卡过期失效，或有伪造迹象等，或其信用记录不良（如已被列入黑名单）的宾客。

（3）多次损害酒店利益和名誉的人。

（4）无理要求过多的常客。

（5）患重病及传染病者。

（6）带宠物者。

（7）衣冠不整者。

（8）无法支付酒店消费费用者。

如果接待员在办理入住登记的过程中遇到了黑名单客人（如有逃账、欠款等不良记录），此时该如何应对？

任务总结

入住登记服务程序与标准要求较高，尤其在核对客人证件、收取预付款、制作房间钥匙等工作环节一定要认真仔细、小心谨慎，否则将会带来很大的麻烦，此外，还要求总台接待员具有较强的语言表达能力（包括外语）以及灵活应变能力，以便与客人进行有效的沟通，在满足客人需求的基础上，实现酒店与客人的双赢。

任务四　客房销售

【任务导入】

某日，一位酒店常客来到总台要求住房。接待员小潘见是常客，便给他九折优惠。客人还是不满意，要求酒店再打些折扣。此时正是旅游旺季，酒店的客房出租率甚高，小潘不愿意在黄金季节轻易给客人让更多的利，此客人便提出要见经理。如果你是这位前台接待员，接下来打算怎么办?

【任务执行】

当前，酒店业竞争越来越激烈了，面对价值不可储存的酒店客房，我们要力争让其当天的价值能得以实现。而前厅部员工，尤其总台员工，他们销售能力的高低则会直接影响客人的选择和酒店的营收。这就需要我们掌握一定的客房销售技巧，并且学会在工作中灵活运用，从而把握住每一个可以成交的机会，尽量把客人给留住。

一、客房销售流程

（一）把握客人的特点

总台人员销售客房的最理想状态是将合适的房间推荐给合适的客人。不同类型的客人有不同的特点，对酒店的服务也就会有不同的要求。前厅接待员应有敏锐的观察力，及时掌握客人的类型及特点，灵活运用销售政策和技巧，因人而异地推销客房。例如，新婚夫妇比较喜好安静的大床房；旅游客人要求房间干净卫生，但很在乎房价的高低；商务客人对房间价格不是很敏感，但要求房间有很好的办公设备；一家人或者朋友一起住宿喜欢套房等。前厅部员工（尤其是总台员工）一定要注意从客人的衣着打扮、言谈举止以及随行人员等方面细心观察和判断，正确把握客人的消费心理和需求，从而有针对性地进行销售，为酒店争取更多的客源。

（二）介绍酒店产品

前厅服务人员在把握了客人的特点之后，应适时地向客人介绍客房及其他产品。前厅服务员应了解酒店的销售政策及价格变动情况，了解客房的种类、位置、形状、朝向、面积、色彩、装潢、家具等，才能向客人详细地介绍。对第一次来酒店的客人，应介绍客房的优点和独到之处，如特色的房型、理想的位置、宽敞的面积、新颖的装潢、美丽的景观等，并强调这些优美和独特之处能给客人带来的利益和好处。对常客应向其推荐酒店新增的且适合他们的产品。前厅销售人员介绍的内容及介绍的方式，也会加深客人对酒店的印象。

（三）洽谈房间价格

价格是客人最为关心，也是最为敏感的内容。在与客人商谈价格时，前厅服务员的责任是引导客人，帮助客人进行选择，应使客人感到酒店销售的产品物有所值。重点回答客人最希望了解的关键问题，即“我付了这个房费后，能得到什么？是否值得？”努力使客人认同酒店产品的价值，避免硬性推销。在推销过程中要把客人的利益放在第一位，宁可销售价格较低的客房，使客人满意，也不要使客人感到他们是在被迫的情况下才接受了高价客房。客人在选择价格时会表现出计较或犹豫不决，服务员可用提问的方式了解客人的特点与喜好，分析他们的心理，耐心地进行针对性介绍，消除客人的疑虑，并运用销售技巧帮客人做出选择。

（四）展示客房

为了促进客房产品的销售，前厅应备有各种房型的宣传资料供客人观看选择。现在有不少酒店在大厅醒目位置配备计算机显示屏幕或者在酒店总台配备平板电脑等设备，来直观地展示酒店客房商品。客人在选择客房犹豫时，还可以在征得客人同意的情况下，带领客人实地参观客房，增强客人对客房产品的认识。在展示客房时，销售人员要自始至终表现出有信心、有效率、有礼貌。如果客人不打算租用酒店的客房，总台人员也应对客人的光临表示感谢，并告诉客人，欢迎他以后有机会再来。

（五）达成交易

总台人员与客人达成交易是销售客房的最后一项工作，也是销售客房的关键。当总台人员意识到客人对所推荐的客房感兴趣时，应强调现在就订的好处，用提问的方式促使客人做出选择。例如，可以用这样的方式结束推销“××女士，您不妨试试这间客房，一定会让你觉得物有所值的”。“您愿意试住一个晚上吗？××先生，如果不满意的话，我明天再为您换一间”。达成交易后，总台人员还应诚挚地向客人表示谢意，应尽量缩短客人的等候时间，快速为客人办理入住登记手续。

二、客房销售的基本要求

（一）微笑迎客

微笑是全世界通用的语言，它可以令客人感到亲切，感受到自己是受酒店欢迎的，从而消除陌生感、异地感，同时对前厅人员留下美好的第一印象，为后续的销售和服务奠定良好的基础。

（二）正确称呼客人姓名

在前厅服务和销售过程中，我们应该用带姓、带职务的尊称来称呼客人，如张总、李厂长、王主任等；对于来过酒店的客人要尽力记住客人的长相、姓和职务，能够准确地识别并正确地称呼出客人，从而使客人觉得很有面子，感受到酒店对自己的重视，以拉近酒店与客人之间的距离。

（三）注意聆听，及时释疑

前台接待员在销售过程中，要注意聆听客人的要求，不要随意打断客人，要善于从客人的谈话中听出对方的购买需求和意愿。对客人不明白之处、不解之意，不要一味地急于解释，但要能够及时回应，从而免去误会，以利于销售。

（四）态度诚恳友善，客人利益第一

在与客人的销售谈话过程中，不以貌取人、不以价取人、不贬低客人、不要流露出烦躁不安的神情，更不应该随意评论、反驳或争辩。切忌在客人面前为推销而推销，引起客人反感，而要始终把客人的利益放在第一位，让客人感受到前厅一切销售都是为了满足其要求。

（五）熟知酒店产品

作为一名前厅部员工，要想销售做得好，首先要对酒店的产品十分熟悉，如果自己都不清楚客房的朝向，不了解各种类型客房内部的特点，不知道离电梯最近和最远的房间有哪些，那就没有办法有针对性地向客人进行推销。且客人还会怀疑前台接待员的专业度，对其后续提供的服务持一种怀疑的态度，从而无形中也增加了销售的难度。因此，要想做好前台客房销售，必须要对酒店的产品十分了解，做到心中有数，有问必答。

三、客房销售的常用技巧

（一）销售客房而不是销售价格

在向客人推销客房的过程中，我们应该强调客房的价值而不是价格，以使客人感到客房物有所值。在实际工作中，有的总台接待员只顾与客人讨价还价，结果却忽略了谈“客房”这个产品。例如，在与客人洽谈过程中不能简单地对客人说：“400 元的标准间您住吗？”而应该根据客人的特点，对推销的客房进行适当的描述，如利用十分安静的、具有民族特色的、豪华舒适的、经济实惠的、最大的等形容词；在销售过程中，总台接待员还应该重点突出房间对客人的价值和效用，以降低客人对房价的敏感度，如“这间房比较安静，您旅途劳累，能够让您休息好”“这间房朝向比较好，您可以欣赏到玄武湖的美景”等。此外，总台接待员不能一味地向客人推销，否则会使客人感到尴尬，甚至产生反感情绪；或者，即使这次客人碍于面子勉强接受了，以后也不会再次光顾，酒店将永远失去这位客人。

（二）注意语言表达的艺术

在销售过程中，接待员要态度诚恳，用热情、友好的语言鼓励客人将需求告知自

己，说话时不仅要有礼貌，而且要讲究艺术性。例如，当酒店只剩一间单人房的时候，不能和客人说："单人房就剩这一间了，您要不要？"而应该说："您运气真好，我们恰好还有一间经济实惠的单人房！"在表达需要增加费用时，可以用"只不过比原来的贵了"；在暂时不能满足客人所需房型时，可以说："您先住，明天我们尽力帮您调换"；在普通房售完，还有不少高级房的时候，应告知客人："现在还有少量的高级房"，而不应该说："目前还有大量的高级房，你要不要"等。

（三）高码讨价法和利益引诱法

1. 高码讨价法

这是指从高到低向客人报价，希望向客人推荐合适其需求的最高价格的客房。此法可以最大限度地提高平均房价，但并非接待每一位客人都要从"总统套间"报起，而是应该在客人所能接受的价格范围内，从高到低报价，让客人了解与酒店高房价相配的环境和设施情况，尽可能将客人所能接受的最高房价的客房销售给客人。根据消费心理学知识，客人常常会接受我们首先推荐的房间，如果客人嫌贵或者对此不感兴趣时，可降一个档次，向客人推荐次高价格的房间，这样就可以将客人所能接受的最高房价的客房销售给客人，从而最大限度地提高了高价客房的销售量和酒店的整体效益。

2. 利益引诱法

即在客人已选择了酒店某类客房商品的基础上，进一步向客人推销酒店的附加服务，并解释只需要在原收费标准上稍微提高一点，便能得到其他的好处。在这种利益的诱惑下，客人往往比较能够接受，从而选择了更高一档次的客房。例如："您只需多付100元，就可以享受包价优惠——除房费外，还赠送早餐和午餐一份"；告诉客人再加几十元可以住到豪华房间，并将豪华房间的优点说给客人听，此时，客人往往会比较乐意接受。这样不仅让酒店增加了收入，而且也让客人享受到了更多的优惠和在酒店更愉快的经历。

（四）采用适当的报价方式

对客报价是酒店为扩大自身产品的销售，运用口头描述技巧，引起客人的购买欲望，借以扩大销售的一种推销方法。酒店常见的报价方式有以下三种：

1. "冲击式"报价

即先报出房间价格，再介绍客房所提供的服务设施与项目等，以突出房间价格上的优势。例如，标准间的房价是280元每晚，包含10%的服务费，赠送一份早餐，房内可以免费宽带上网并提供免费擦鞋和报纸赠阅。这类报价适合价格较低的客房，以低价打动客人。

2. "鱼尾式"报价

先介绍客房所提供的服务设施和服务项目及特点，最后报出房价，突出客房物有所值，以减弱价格对客人的影响。例如，这种房间是酒店新推出的，房内设施设备先进，配有一流的按摩浴缸、保健枕头，还能上网冲浪，舒适度很高；目前给您的优惠价格是

800元。这种报价方式比较适合推销中档客房。

3. “夹心式”报价

也叫“三明治式”报价，将房价夹在所提供的服务项目和利益中间进行报价，以减弱直观价格的分量，增加客人购买的可能性。例如，您的房间朝向紫金山，宽敞明亮，而且远离电梯也比较安静，价格为900元每晚，包含服务费，并赠送您一份中西自助早餐。这种报价方式适合于中、高档客房。

（五）向客人提供一个可供选择的价格范围

接待员应根据客人的特点，向其推荐几种不同房型、不同价格的房间，供客人比较、选择，激发客人的潜在需求，从而增加酒店收益。例如，如果客人问：“你们酒店都有些什么房间？”接待员可以这样介绍：“靠近湖边，别墅式的套房每晚600元；装修一新、功能齐全的商务标间每晚500元；安静宽敞、舒适便捷的普通标间每晚400元。您喜欢哪一种呢？”推出的价格范围应考虑到客人的特点，推荐的房型不宜太多，一般不超过三种，否则客人不容易记住。

（六）坚持正面引导客人

总台接待员在向客人介绍客房时，应坚持采用正面说法，重点介绍各类客房的特点、优势，以及给客人带来的方便和好处，而不要做不利的比较，必要时，接待员应善于将客房所处环境的不利因素转化为给予宾客的便利因素。例如，向客人介绍低楼层客房会有些嘈杂，但是进出很方便；有些朝向的房间窗外的景色虽然不好，但非常安静，能让您得到很好的休息等。

（七）客人犹豫不决时，多提建议

许多客人在进店时并不知道自己需要什么样的房间，甚至还有可能放弃在此住宿的想法。此时，前厅服务人员要注意观察客人的表情，设法理解客人的真实意图、特点与喜好，然后有针对性地向客人介绍各类客房的特点，消除其疑虑。如果客人仍未明确表态，接待员可以技巧性地运用语言和行为来促使客人做出决定。例如，某位客人说：“我住过这种房间，确实不错”；服务员说：“这种房间大家都非常喜欢，在我们酒店的客房销量榜上排名第一”等；也可以事先设计好两种可能性，且它们都可能达成交易，让客人自己从中进行选择，在不知不觉中进入服务人员预先设计好的方案。

需要注意的是，在客人犹豫不决时，任何忽视、冷淡与不耐烦的表现都将导致客房销售工作的失败，因此，需要总台接待员有足够的耐心，给予客人恰当的建议，促使客人尽快做出选择。

（八）推销酒店的其他设施和服务

酒店前厅部负责销售酒店客房、餐饮、娱乐等产品，因此在销售客房的同时，不应忽视对其他服务设施和服务项目的推销，以使客人感到酒店产品的综合性及完整性。例如，还可以向客人介绍酒店会议室、宴会厅、特色餐厅、酒吧、茶吧、商务中心、美容美发、游泳、商场、停车场等设施及服务，酒店内举办的娱乐活动及当地举办的各种节日活动和所接受的付款方式等。具有特色的酒店服务也是可供推销的商品，同时前厅服务员还应对竞争对手酒店的情况十分了解，帮客人做出选择。

客人住店，不仅仅是为了满足其休息的生理需要，往往还有其他方面的需求，适时推销酒店相关的服务设施与项目，不仅是一种积极的销售技巧，还可以增加酒店的收益，改善与宾客的关系，提高客人的满意度。但在销售酒店其他服务项目时，应注意时间与场合，如客人在傍晚抵店，可以向客人介绍酒店餐厅的特色，还可以向客人介绍酒店内的娱乐活动；如客人深夜抵店，可以向客人介绍24小时咖啡厅服务或房内用餐服务等。

知识链接

如何做好升级销售

升级销售（upselling）是一种销售技巧，向宾客推荐比他原订的客房更贵的房间，然后通过对该房的特征和价值的介绍以及对宾客需求的迎合，促使宾客接纳。升级销售一方面可以增加客人的满意度，同时可以提升酒店平均房价，要想做好升级销售可以从以下几个方面入手：

（一）升级销售需要建立合理的价格体系

酒店的价格体系可能会针对不同的客户群体制定不同的价格，例如团队、大客户、一般客户、旅行团价格不同，但是特殊的打折价格可能只针对库存最丰富的低价格房型，高端房型因其价格与其他特殊折扣价之间形成的差价过高，往往缺乏足够的吸引力。因此，酒店的价格应该是递进的，如经济房280元/间夜，标准房360元/间夜，豪华房420元/间夜，套房560元/间夜。这样的价格设计既方便前台操作，也能使客人感受到补差价带来的实惠，而酒店财务只需要对比原预订房型和客人实际入住的房型即可计算出增销带来的额外收益。

（二）升级销售需要合理的激励措施

要使员工主动积极地进行客房升级销售，酒店应该配以合理的、可操作的奖励政策来激励员工参与升级销售计划。升级销售的奖励额度应该以增效的差价为基础，可以采用积点的计算方法和固定金额的计算方法，还可以采用团队奖励的形式。无论采取哪一种方法，建议公示每个团队和每个人的增销业绩，以起到互相促进的作用，营造全员参与升级销售的良好氛围。

（三）升级销售需要讲究技巧

在进行客房升级销售时，销售人员要善于发现升级销售的机会。例如，通过观察客人行李、衣着、言谈举止等识别其有无客房升档的可能，试探客人是否有升级入住的需要。同时，要尽力营造良好的关系氛围，如友好、热情、微笑地问候客人，选择合适的交谈方式，主动与客人多交谈等。另外，要突出介绍所升级销售的客房价值，以及给对方带来的效用。

任务拓展

有一位客人在酒店预订了一间标准间，客人当天抵达酒店准备办理入住手续时，总台服务员发现原来客人是一家三口一起来当地旅游度假的。请你思考该如何针对他们进行升级销售？

任务总结

销售工作是酒店工作的龙头，销售客房是前厅部的首要任务，作为一线服务部门，前厅员工必须具有较强的销售意识和销售能力，在工作中灵活运用一定的销售技巧，这样才能为酒店收益的最大化做出应有的贡献。

任务五　数字化总台入住

【任务导入】

你对酒店数字化总台有了解吗？ 除了传统的人工服务，酒店总台还采用了哪些更加便捷、高效的服务方式为客人办理入住手续？这些方式和人工服务相比，各有哪些利弊。

【任务执行】

近年来，随着物联网、云计算、大数据、“VR +”技术、移动互联网，信息智能终端新一代信息技术在酒店业的广泛应用，构建酒店智慧服务体系也日益成为提升酒店产业发展效率、适应消费升级趋势、助推传统酒店产业转型升级的路径，酒店数字化建设俨然成为未来酒店行业的发展方向。

一、酒店自助入住机

酒店自助入住机是一种无人值守、操作简单、查询方便快捷的人机交互设备，具有服务完整性、可视性、系统化和可维护性，是酒店自动化处理业务的有效保证（图 5–29 至图 5–31）。

图 5–29　立式自助机

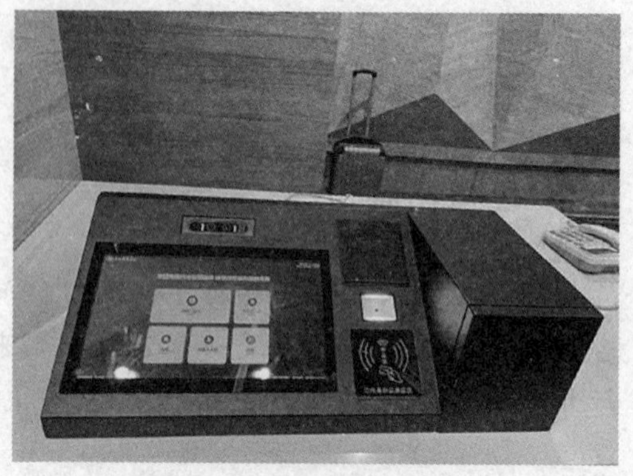

图 5–30　柜式自助机

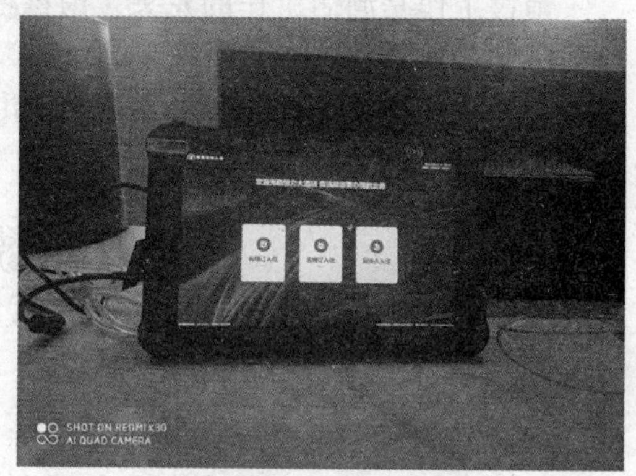

图 5–31　台式自助机

（一）自助入住机的优势

对客人来说，通过智能化自助终端机办理入住的过程操作简便，客人通过显示屏上的功能模块提示进行操作，便可轻松地办理入住和退房等业务，不需要像以往一样在服务区排队等待，节省了时间，同时也保留了更多的私人空间。对酒店来说，自助入住设备不需要人员留守，完全可以代替工作人员为客人提供服务，减少了酒店的运营成本，同时，有效缓解了在高峰期客人排队办理入住手续的压力，提高了服务的水平和效率。

（二）自助入住机的功能

目前，市面上已出现不同公司研发的多款自助入住机，其外形稍有差异，但功能大抵相同，一般都具有以下功能：

· 取卡功能：身份证、二维码、验证码、手机号、会员卡来进行办理入住；

· 发卡功能：酒店房卡的发放；

· 指纹识别功能：发放房卡的凭证，采集顾客指纹；

· 广告播放功能：网络版总部统一后台管理；

· 录像功能：顾客人脸识别的采集与核对，更加安全保证；
· 打印功能：打印交易凭证；
· 读卡功能：银联卡、酒店会员卡的读取；
· 微信、支付宝支付功能：扫一下二维码，生成手机验证码进行确认支付。

二、智能化总台入住

目前，酒店的智能化快速自助入住设备覆盖了前台从预订、选房、公安身份信息核实、房卡领取等一系列全业务场景，将酒店总台打造成新型智能掌柜。

（一）自助机入住业务流程

自助入住终端机打通了酒店 PMS 系统、公安登记、门禁、收单交易、线上平台预订等系统。客人仅需在自助入住终端机上选择自己所需要的房型，选择入住楼层或者楼栋，确定好所需要的房间后读取自己的身份证，确认身份信息以后选择支付方式，支付相应费用，弹出房卡，打印凭条及早餐券，即可自助快速办理入住。具体流程见图 5–32 所示。

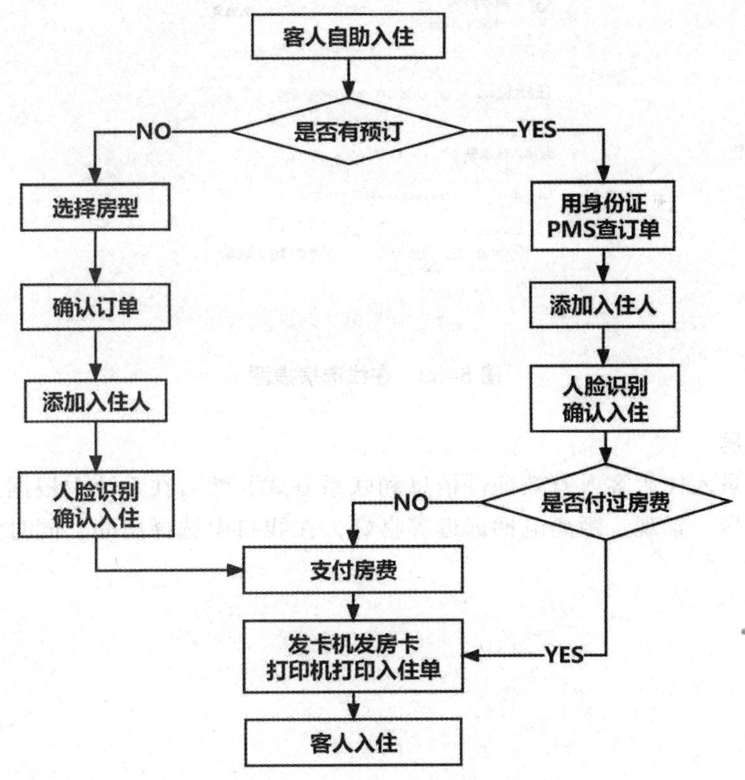

图 5–32 客人自助入住业务流程

（二）酒店 App 预订入住

客人也可以提前在酒店 App 上选择自己想入住的酒店，选定抵离店日期、房型、房价，完成客房预订，还未抵店就可以提前在手机上办理入住手续。以华住会 App 为例，有预订客人入住流程如下。

1. 入住提醒

在客人预订成功后，系统会进行消息推送，提醒客人已经开放在线选房功能，记得及时选择自己喜欢的房间（图 5–33）。

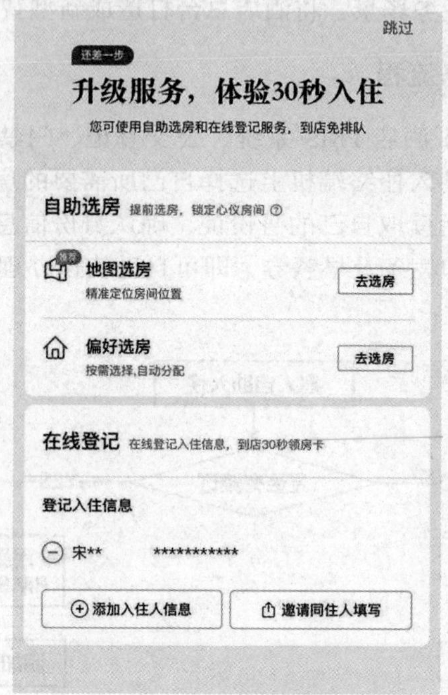

图 5–33　在线选房提醒

2. 在线选房

客人在线录入住店客人有效证件信息和联系方式，然后在系统中根据自己对房间朝向、楼层、房号、景观、距离电梯远近等喜好，在线自由选择房间，同时完成线上支付（图 5–34）。

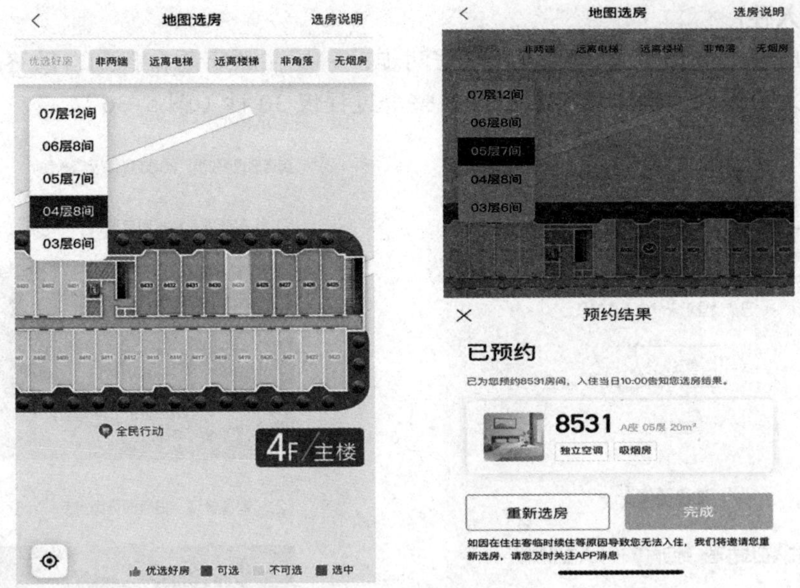

图 5–34 在线选房

3. 门店导航

华住会 App 提供酒店地址和联系方式，以及 GPS 定位导航，客人可以查看门店位置和路线，轻松找到酒店，节省时间（图 5–35）。

图 5–35 门店导航

4. 自助入住

客人完成线上登记手续，到店后仅需两步，一是在酒店前台找到自助终端机，二是刷身份证、人脸识别，房卡就轻松做好，整个过程仅 30 秒（图 5–36）。

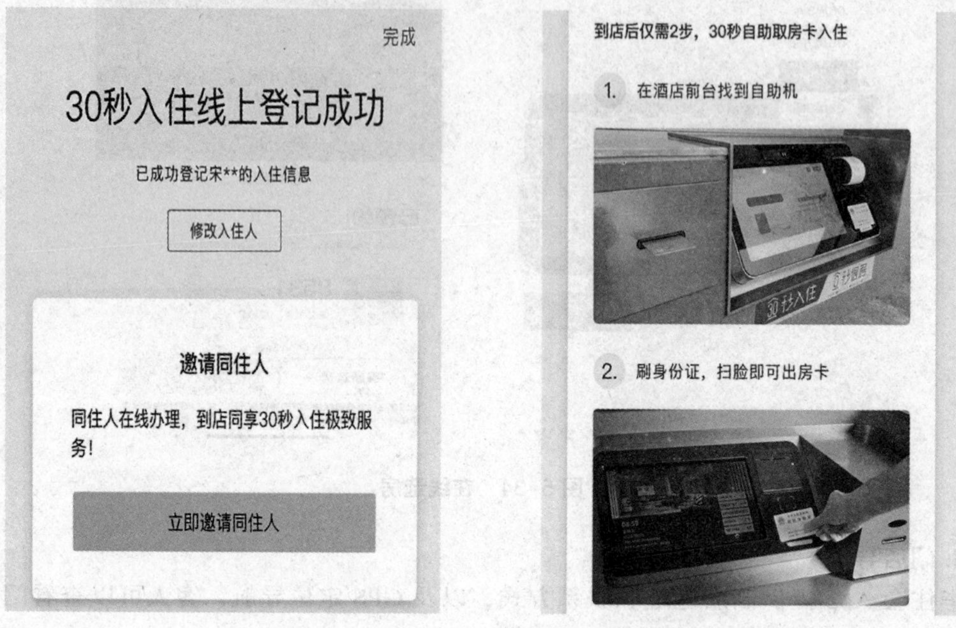

图 5–36　线上线下自助入住

知识链接

酒店入住机 “牵手”数字哨兵，入住更便捷更安心

随着上海进入全面有序复工复产复市阶段，在各大医院、商场等人流密集的公共场所入口，以“场所码”和“数字哨兵”为代表的数字化防疫举措成了“开门必备”。

与此同时，为助力上海旅游产业复苏，华住集团在上海大数据中心、市经信委和市文旅局的共同支持下，率先完成了其上海地区超过 500 家门店的自助入住机“华掌柜”的升级，整合了“数字哨兵”功能，将住客健康码核验，核酸（抗原）检测信息查询等功能与住客入住办理流程无缝对接（图 5–37）。

华住集团旗下拥有汉庭、全季、宜必思、漫心、星程等酒店子品牌。在上海超 500 家门店中，仅浦东新区就超过了 100 家。“华掌柜”是华住集团为旗下门店研发的智能自助入住机，支持预订、支付、在线选房、人脸识别、发票预约、自助发卡和退房离店等住店全流程操作，可实现“30 秒入住，0 秒退房”。

图 5–37　升级后的“华掌柜”操作界面

相关负责人表示，此次“数字哨兵”功能在华住集团旗下上海门店的应用，是上海政府公共数据产品化、服务化的大胆创新。它在疫情防控的大背景下，通过释放数据这一新兴生产要素来激活市场存量，从而充分发挥企业自身的创新能动性以实现新应用、新模式、新业态的孵化，在为企业构建更为良好的营商环境同时，也持续夯实和完善了城市数字底座的建设。

资料来源：https://www.163.com/dy/article/H9QP30L70512DU6N.html

三、Opera酒店管理信息系统中散客入住操作程序

下面以有预订的散客入住操作为例，介绍 Opera 酒店管理信息系统中散客入住操作程序。

（1）单击横条主菜单的“Front Desk（前台）”按钮，左侧出现对应的子菜单（图 5–38）。单击其中的“Arrivals（当日抵店客人）”，出现当日抵店客人信息查询的界面（图 5–39），输入需要查询的客人姓名，单击右上方的“Search（查询）”按钮进行搜索，当输入的查询信息准确无误时，系统会显示出所需查找的客人预订信息条。

图 5–38　查询当日预抵店名单的主界面

HOOTEL - Arrivals - Confirmation No. 10900

Name	zhang	First Name	jie	CRS No	
Company		Corp. No.		Conf/Cxl No.	
Group		Block		Mem. Type / No.	
Source		Arrival From	03-11-17	Arrival To	03-11-17
Agent		IATA No.		Party	
Contact		Postal Code		Communication	

Search　Advanced　Clear

* Name	Alt. Name	Room	Room Type	Arrival	Departure	Rms	Prs	Status
Zhang, Jie	张杰		BK	03-11-17	03-12-17	1	1/0	NON

Walk In　Check In　Cancel　Reg. Card　Profile　Options　Edit　Close

图 5–39　当日抵店客人信息查询

（2）双击蓝色信息条，核对客人预订信息（图 5-40），单击“Name(姓名)”右侧的第一个小方块，确认客人身份信息（图 5-41）。

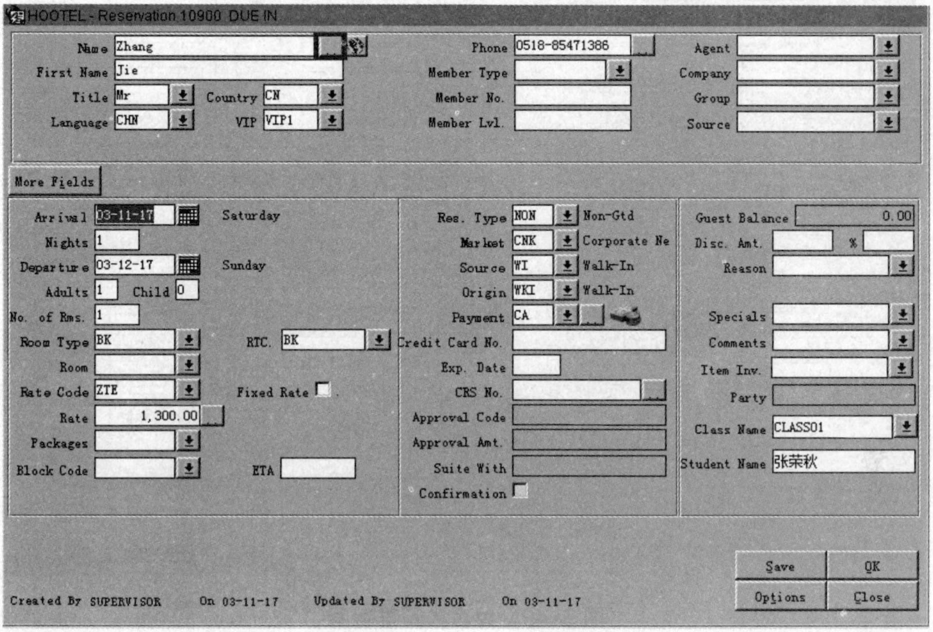

图 5-40　客人预订信息

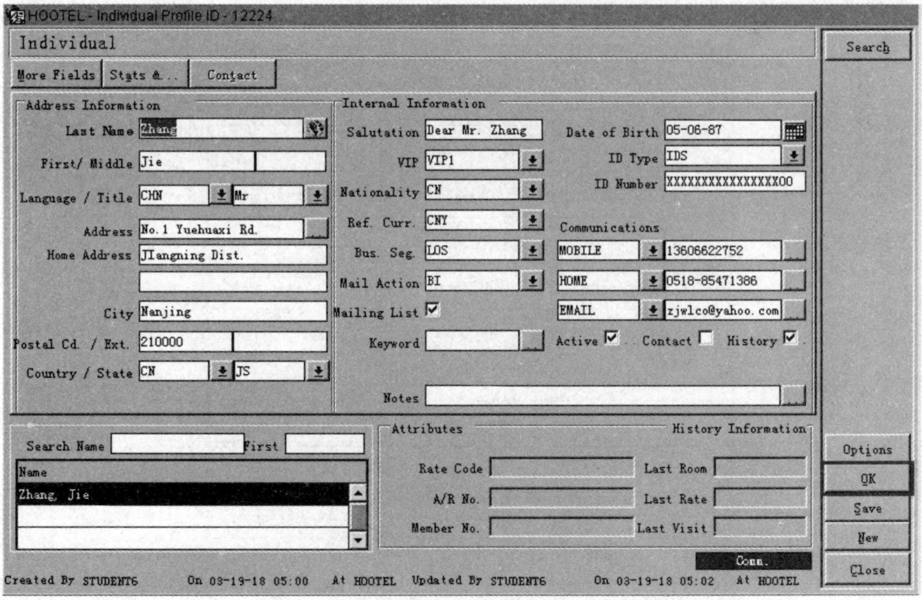

图 5-41　客人身份信息

（3）核对均无误后，根据客人住宿需求在系统中安排房间（图 5-42），如果事先已经安排好房间，则点击右下角的“Options（选项）”，出现图 5-43 界面。

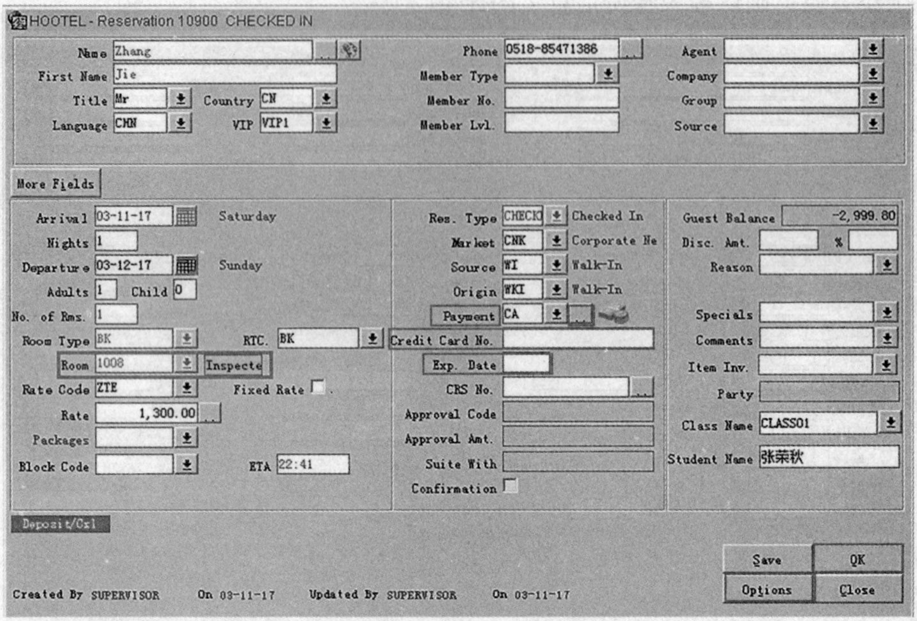

图 5-42 为客人安排房间

（4）点击图 5-43 中的“Register Card（入住登记表）”按钮，打印出入住登记表，并请客人签字确认。

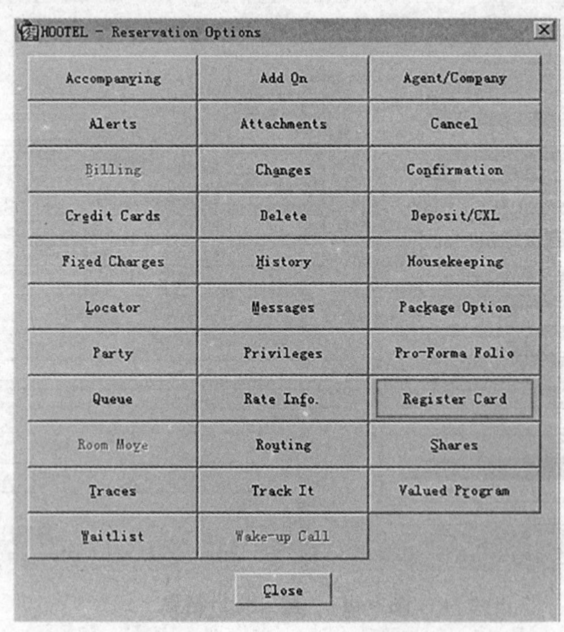

图 5-43 入住登记表选项

（5）点击图 5-42 界面中的右下方的“OK”按钮后，系统提示“Check in guest ××？（是否为某某办理入住登记？）”（见图 5-44），点击“Yes”，出现已成功办理入住登记的提示（见图 5-45）。

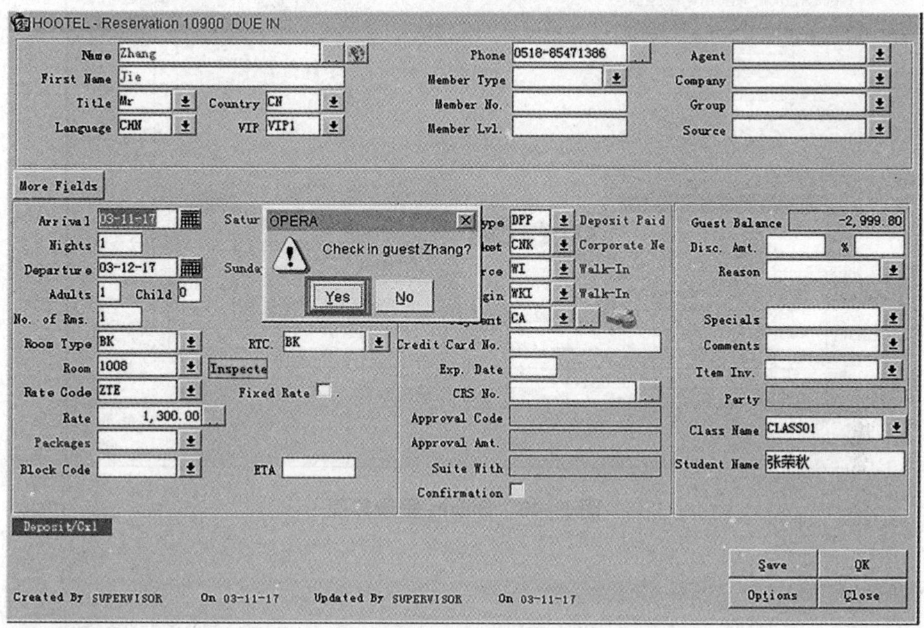

图 5-44 是否办理入住登记的确认界面

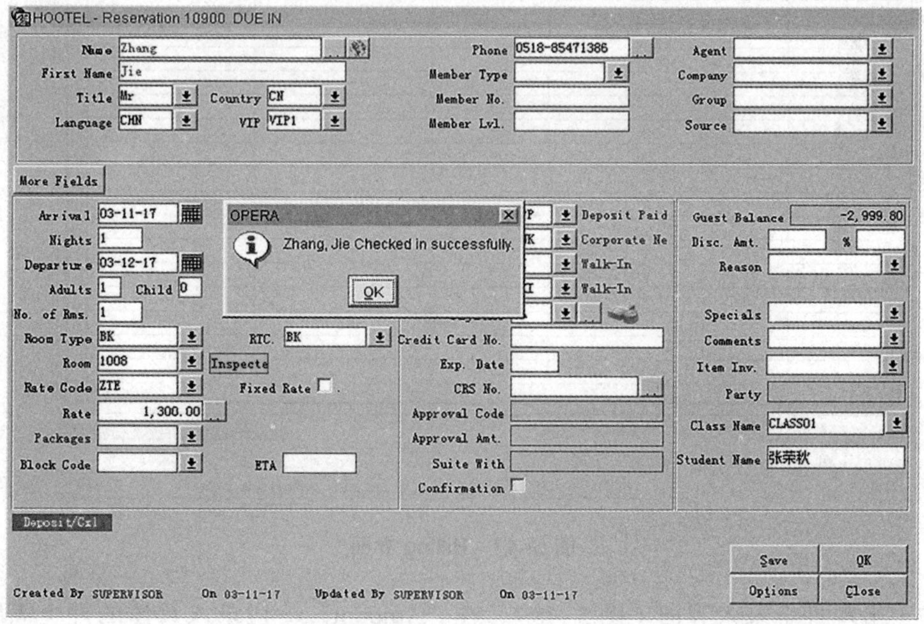

图 5-45 已成功办理入住登记的界面

（6）如果客人支付现金作为押金，则登录 Billing 界面（图 5–46），录入客人房号，搜索到客人账单界面（图 5–47），点击下方“Payment”。

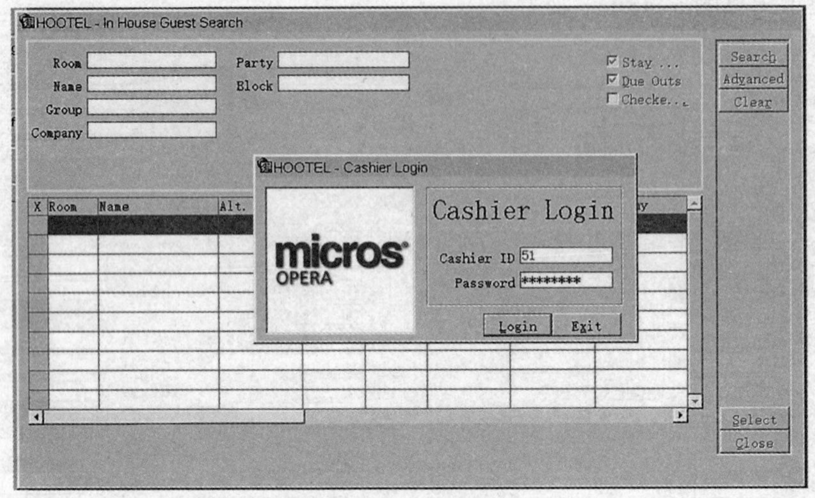

图 5–46　Billing 登录界面

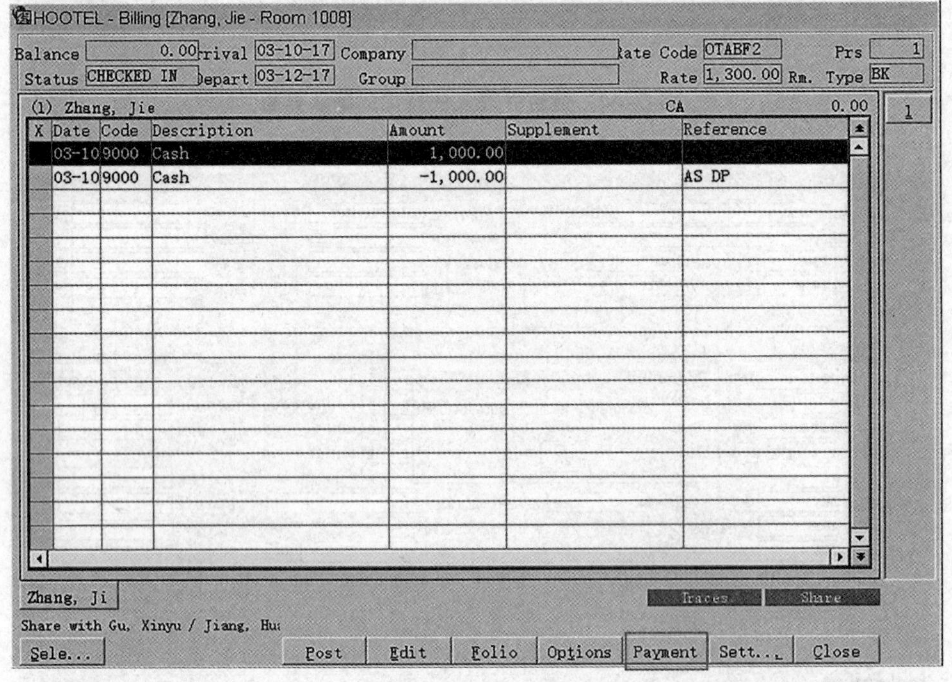

图 5–47　Billing 界面

（7）出现押金录入界面（图 5–48），在“Amount”一栏录入具体的押金额度，在“Reference”一栏中备注“押金”，点击“Post”入账。系统提示是否需要打印押金单，点击“Yes”，完成现金预付的系统录入操作。

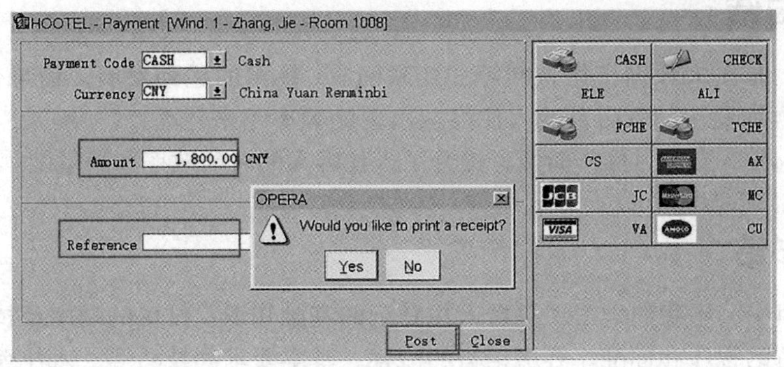

图 5-48　押金录入界面

（8）如果客人使用银行卡预授作为押金，则将图 5-42 界面中的“Payment”一栏，更改为对应的银行卡类型，并在“Credit Card No.”一栏录入客人银行卡卡号，在“Exp. Date”一栏录入银行卡有效期。点击 5-42 界面中“Payment”右侧的白色方块，选择“Authorization”，出现图 5-49 界面，在“Amount Manually Approved”一栏录入预授权金额，在“Approval Code”一栏录入预授权号，完成银行卡预付的系统录入操作。

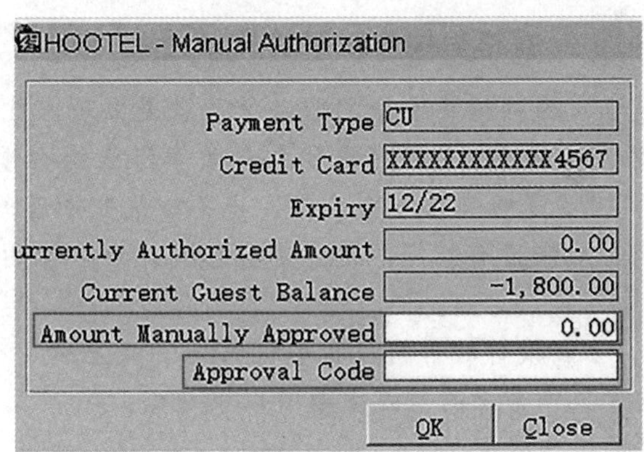

图 5-49　银行卡预授权信息录入

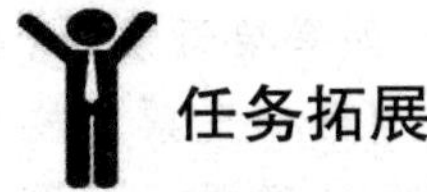

任务拓展

请你选择一家酒店，考察其智能化总台办理有预订入住和无预订入住的操作全过程，并制作成一份操作说明书，要求图文并茂、操作步骤清晰、配图美观。

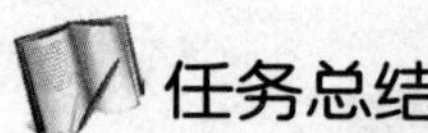

任务总结

近年来，基于大数据、物联网等“互联网+”技术的蓬勃发展，信息化、智能化、数字化技术愈加发达。酒店自助入住终端出现的频率越来越高，“一键式”使客人轻松选房、登记入住、支付，操作简便，提升了入住客人的时间效率和满意度。

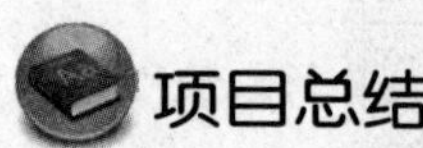

项目总结

在本项目中，中我们学习了总台入住登记的基础知识、排房的顺序及技巧、散客和团队入住接待的程序和标准、客房销售的流程、基本要求和技巧等。入住登记作为酒店与客人正式建立房间租用契约关系的重要一环，在整个前厅部运行管理与对客服务中起着重要的作用。总台接待员应通过优质的服务和灵活的销售技巧，一方面，可以让客人得到满意的房间并开始一段居家之外的住宿经历；另一方面，酒店也可借此机会得以向客人展示酒店的各类产品和特色服务，从而不断提升宾客的住宿体验。

项目链接

香格里拉全新手机 App 上线

在前厅部，大部分客人遇到最不愉快的服务体验就是办理入住、退房的时候等候时间太久。以往常常有客人会抱怨，“你们前台办事效率怎么那么慢”“就没有快捷通道吗，等这么久，很烦的”“我是贵宾金环会会员，也不能优先办理吗”，有的客人开发票的要求比较多，有的客人对账目有疑问，这些都会影响前台办理的时间，从而导致后面客人排队的不满。

2018 年 1 月 22 日，全新设计的香格里拉手机 App 正式上线了（图 5–50、图 5–51），它的正式运用给酒店前厅工作带来的益处主要有以下几点：

1. 提升了酒店前厅的工作效率

使用手机 App 就可以直接办理入住和退房，是贵宾金环会会员的专属福利。抵达酒店后，会员只需前往专门的移动设备办理入住柜台，出示自己的个人身份证件即可领取房间钥匙，前台员工会提前将房卡准备好，客人不需要在前台交付押金，只需要在网上绑定自己的信用卡即可。而在退房时，可以在 App 上先选择退房时间，如果要开发票，开票信息直接留在 App 上面，前台员工会提前根据开票信息和消费额提前开好发票，放在专门的柜台里，客人退房时直接到前台取就可以，而不需要在前台排长队开票。如果不需要开发票的话，客人就只需将房卡留在房间内，或者直接留给前台即可离开。

图 5-50　香格里拉手机 App 初始页面

图 5-51　香格里拉手机 App 功能

2. 提升了酒店宾客的入住体验

对于宾客来说，App 办理入住和退房，避免了在前台等候浪费的时间，快捷、迅速地进行入住，有了手机 App，宾客只需要自己在手机上点击几下屏幕就能快速办理，省时省力。这个提供线上线下无缝连接体验的手机 App，除了让宾客享受便捷预订、手机办理入住及退房之外，还拥有管理贵宾金环会账户、兑换缤纷奖励等功能。会员还可以在手机 App 上随时都能够收到优惠和折扣信息，利用会员积分轻松兑换住宿、客房升级以及更多美食和水疗奖励礼券。

3. 有效降低了前台员工的工作压力

前台员工只需要做好房卡等候宾客的到来，退房时只要在系统上点击宾客已经退房即可，不用过多地担心出现账目的遗漏以及钱款的差错。同时，一些重要的金环会会员的到店时间，也能够通过手机 App 掌握，从而在会员到店的第一时间就能够及时辨识。

由此可见，香格里拉手机 App 为前厅部带来了极大的高效与便捷，这样不仅可以提高客户满意度，应用程序所生成的数据也将帮助酒店进行客户行为分析和客户关系管理，协助酒店提供更精准的服务。

放眼看世赛

一、世界技能标准规范解读——入住流程

1. 个人（选手）需要了解的知识点

（1）法律方面对本国、国际酒店客人的文件和记录的相关要求。比如复印客人证件。

（2）为客人办理入住登记的电子系统和人工方式。选手需要了解如何操作 Opera 系

统为各类情况的客人办理入住，比如客人在预订前一天抵店，选手需要知道如何查询订单为客人办理入住。

（3）发放房卡的流程和相关规定。

（4）不同类型的传统的和电子的房间钥匙。

（5）注册的要求。

（6）更新顾客的历史记录。

（7）普通的客人要求，例如叫醒服务、报纸、早餐、客房服务。任何服务都需要在系统里备注，必要时电话通知相关部门。

（8）自动入住手续。

（9）处理客人行李、物品和停车的流程。

2. 个人（选手）应具备的能力

（1）根据酒店的规定和流程，对客人进行分配。

（2）保留与客人有关的所有必要的文件和信息。

（3）给客人发房卡（钥匙）。

（4）提供关于酒店服务和设施、分配房间和信息的相关指导。比如酒店早餐营业时间和地点。

（5）要求并接受额外的服务和销售的相关指示。选手需要针对客人的情况，进行恰当的增值销售。

（6）确保收取正确数额的押金，为顺利退房做好准备。

（7）建议将客人的行李转到客房，并根据酒店的规定进行运送。需安排行李员帮客人运送行李。

二、世界技能标准规范解读——销售推广

1. 个人（选手）需要了解的知识点

（1）酒店及酒店集团推广活动的范围及目的。选手需要了解虚拟酒店当前节假日或特殊销售推广活动，并在为客人服务时进行恰当的介绍和销售。

（2）酒店接待人员在促进和最大化销售和利润方面的作用。

（3）酒店接待人员在吸引回头客中的作用。

（4）视觉显示和宣传材料的影响。选手需要知道如何善于运用宣传册等材料向客人推广并进行增值销售。

2. 个人（选手）应具备的能力

（1）在入住和入住期间向客人介绍（推销）酒店服务和设施。选手不能盲目推销，需要针对客人的喜好进行个性化介绍和促销。

（2）根据酒店政策和收益管理规定，最大化销售、客房入住率、客房费用。

（3）为客人预订其他服务，如出租车、鲜花和剧院门票。

（4）在接待区设立有效的促销显示。

（5）对酒店或酒店集团的广告和促销活动做出适当回应，也就是能适时向客人推广酒店的促销活动，并合理报价。

【专业英语】

1. May I help you?/What can I do for you?　我能帮您吗？ / 我能为您做些什么吗？

2. May I have your name，please?　麻烦告诉我一下您的全名？

3. Do you have a reservation with us，sir?　先生，请问您有预订吗？

4. We have double-bed rooms and twin-bed rooms. Which one would you like? 我们有大床房和双床房，请问您需要哪一种？

5. I'd like a standard room.　我想要一间标准间。

6. How long will you be staying here?　请问您将在这儿住多久？

7. How many guests will there be in your party?　请问你们有几位？

8. Just a moment，please. I'll check if there's a room available.　请稍等，我查一下是否有房间。

9. The room rate is about 800 yuan per night.　房价每晚是 800 元。

10. I booked a double-bed room two weeks ago.　我在两周前预订了一间大床间。

11. I'll check the arrival list. Sorry to have kept you waiting，sir.　我查一下抵店名单。对不起，先生，让您久等了。

12. All the rooms are booked up.　所有的房间都预订完了。

13. Yes，you have reserved an executive suite from today to the 28th.　是的，您预订了从今天到 28 日的行政套房。

14. Could you show me your passport，please?　麻烦出示一下您的护照好吗？

15. Would you mind filling in the registration form?　您能填写这张登记表吗？

16. Could you sign your name，please?　请签上您的姓名，好吗？

17. Will you pay in cash or by credit card?　您用什么方式付款，现金还是信用卡？

18. Could I pay with traveler's checks?　我可用旅行支票付款吗？

19. Your room's on the ninth floor. Here's your room key. Please take care of it. 您的房间在 9 楼，这是您的房间钥匙，请收好。

20. I beg your pardon.　对不起，请您再说一遍好吗？

21. Full-day room rate will be added if you check out after 6:00 pm.　如您在下午 6 点以后退房将加收全天房费。

22. All reservations are held until 6:00 pm unless guaranteed or informed earlier，as a hotel policy.　酒店规定，除保证类预订或提前预订外，其他预订均保留房间至预订日当天下午 6 点。

23. I hope you will enjoy your stay with us.　希望您在我们酒店过得愉快。

24. And the bellman will show you to your room.　行李员带您去房间。

项目评价

✧ 知识评价

一、单选题

1. 在客人到店前，接待员除应做好接待信息资料准备外，还应做好的工作不包括（ ）。

A. 预先分配房间　　B. 检查客房卫生情况

C. 用具准备　　D. 检查预留房状况

2. 以下关于客房推销过程中的注意事项，不正确的是（ ）。

A. 根据客人需求和特点来推荐房间

B. 从高往低报价，并说明是否含早餐

C. 推荐的房型不宜太少，至少三种

D. 推荐的房型不宜太多，三种为宜

3. 在"引领客人进房"操作步骤中，以下说法不正确的是（ ）。

A. 接待员应安排行李员引领客人进房，并进行房间设施的简单介绍

B. 如无行李员，接待员则应大声、清晰地告知客人房间号以及早餐时间和地点

C. 向客人指明电梯位置

D. 预祝客人住店愉快

4. 在"存储信息，建立相关档案"操作步骤中，以下说法不正确的是（ ）。

A. 通知楼层进行查房

B. 根据客人信息资料，将计算机中客人的信息补齐，完善客史档案

C. 将入住登记单、押金单或信用卡单订在一起，放入相应房号的账袋中

D. 通知相关部门客人进店信息

5. 当客人告知是前来住宿时，我们应该首先（ ）。

A. 面带微笑，主动打招呼　　B. 询问客人所需房型

C. 询问客人入住天数　　D. 询问客人有无预订

二、简答题

1. 境外宾客常用的有效证件有哪些？

2. 酒店房态分类有哪些？

3. 总台在排房时有哪些技巧？

4. 散客入住登记程序有哪些？

5. 酒店客房销售的技巧有哪些？

✧ 实践活动

实训内容：

分角色情景模拟无预订散客入住登记服务的过程。

实训目标：

1. 能够独立进行总台散客无预订入住接待服务操作。
2. 能够在入住接待过程中灵活运用客房销售技巧。
3. 在入住接待过程中注意礼仪礼貌、服务规范等细节问题。

实训组织：

学生两人一组，抽签决定角色（接待员、客人），由教师和其他各小组打分。

实训评价：

模块	序号	M=测量 J=评判	标准名称或描述	权重	评分
A前厅接待	A2办理入住14分	M	礼貌问候客人	0.2	Y|N
		M	询问客人是否有预订（默认为无预订客人）	0.2	Y|N
		M	根据所抽取服务客人信息，合理推荐房间及报价	0.5	Y|N
		M	根据酒店背景资料，提供正确信息	0.2	Y|N
		M	根据客人的个性化需求及系统显示正确分房	0.4	Y|N
		M	传输证件，人脸识别验证	0.2	Y|N
		M	准确录入宾客信息、打印入住登记单	0.2	Y|N
		M	提示客人仔细阅读相关规定，正确指示签字位置	0.2	Y|N
		M	确认付款方式	0.2	Y|N
		M	办理预付款	0.2	Y|N
		M	制作房卡及房卡套	0.2	Y|N
		M	根据所抽取客人类型，结合酒店特色和服务项目，进行酒店增销推介	1.0	Y|N
		M	推介内容正确，满足客人个性化需求	0.2	Y|N
		M	询问是否有贵重物品寄存	0.2	Y|N
		M	询问是否需要一次性洗漱用品	0.2	Y|N
		M	介绍早餐时间、地点	0.2	Y|N
		M	询问是否需要行李服务等	0.1	Y|N
		M	为客人指引电梯方向	0.1	Y|N
		M	祝客人入住愉快	0.1	Y|N
		M	落实客人的要求并录入系统存档	0.2	Y|N
		J	3 全程出色完成问候（迎接）礼、称呼礼、递送礼、电话礼仪等，动作规范自如，亲和度高，客人满意度高 2 礼貌礼节操作规范，客人满意度较好 1 礼节礼貌意识淡薄，操作不流畅，客人满意度较低 0 未能礼貌待客，语言及操作不规范，客人满意度低	2	3 2 1 0

续表

模块	序号	M=测量 J=评判	标准名称或描述	权重	评分
A 前厅接待	A2 办理入住 14 分	J	3 优雅回复客人特殊要求（问题），并达到客人满意 2 回答客人特殊要求（问题）方法得当，客人较为满意 1 未能圆满回复客人特殊要求（问题），客人满意度低 0 无法处置客人特殊要求（问题），客人不满意	2	3 2 1 0
		J	3 熟悉酒店信息系统，操作快捷流畅，客人体验感好 2 能够操作酒店信息系统，较好完成接待任务 1 对操作酒店信息系统熟练程度低，无法流畅完成相关工作任务 0 不熟悉酒店信息系统，无法完成相关工作任务	3	3 2 1 0
		J	3 客户需求与产品特点推介匹配度高，积极主动推介酒店餐饮服务、康体以及地方特色等产品，具有较高的销售技巧 2 客户需求与产品特点推介匹配度较高，有销售意识，具有一定的销售技巧 1 与客户需求与产品特点推介匹配度较低，销售技巧欠缺 0 客户需求与产品特点推介匹配不符	2	3 2 1 0

资料来源：2023 年全国职业院校技能大赛高等职业教育组“酒店服务”赛项评分标准（扫码下载完整赛项规程）

国家精品在线开放课程
《前厅服务与管理》免费学习资源

项目六　总台在店服务

项目导读

总台一般处于酒店大厅较为显眼的位置，且24小时全天候有服务员在岗，因此，客人在店期间，有需要解决的问题总会想到酒店总台。总台可以帮助宾客解答关于店内、店外情况的问询；如客人住店期间携带有贵重物品，可以到总台办理免费寄存服务，以保证自身财物的安全；此外，客人如有换房、续住需求，以及在店期间的一些常见问题，总台也需要竭尽所能为客人提供满意的服务。

学习目标

【知识目标】

· 熟悉问询服务的主要工作内容
· 熟悉宾客在店期间会出现的常见问题
· 掌握贵重物品寄存与领取的服务程序
· 掌握贵重物品寄存的注意事项
· 掌握换房及续住服务程序

【能力目标】

· 能够正确回答客人的问询
· 能够为客人进行换房及续住服务
· 能够为客人进行贵重物品寄存与领取服务
· 能够灵活处理客人在店期间的一些常见问题
· 能够在 Opera 系统中进行换房操作

案例导入

一天，有位访客来到酒店前台，要求总台帮忙查一下一位叫罗伯特的美国客人是否在此下榻，并想尽快见到他。总台接待员立即进行查询，住客中果然有位叫罗伯特的先生。接待员于是接通客人的房间电话，但长时间没有应答。接待员便礼貌地告诉来访客人，确有这位先生在本店住宿，但此刻不在房间，建议其给客人留言或者与客人电话联系。

来访者对接待员的答复不太满意，并一再说明他与罗伯特先生是相识多年的朋友，要求总台接待员告知其房号。总台接待员耐心地向他们解释："为了住店客人安全，酒店有规定，在未征得住店客人同意的情况下，不允许将房号告诉他人。现在罗伯特先生恰好不在房间，建议您在总台给罗伯特先生留言，他一回来看到留言会即刻与您联系，或者您随时可以与酒店总台联系，我们乐意随时为您服务。"来访客人听了接待员这番话，同意在总台给客人留言。

晚上，罗伯特先生回到酒店来总台办理续住，接待员便将来访者的留言告知了客人，并说明出于安全和不打扰客人休息的缘故，总台没有将房号告诉来访者，敬请罗伯特先生原谅。罗伯特先生当即表示理解，并认为酒店的这条规定有助于维护住店客人的利益，值得赞赏。

1. 总台接待员在处理宾客问询的过程中，有哪些值得借鉴的地方？

2. 如果你是这位接待员，你有更好的处理方法吗？

任务一　问询服务

【任务导入】

一天早晨，住在酒店1206房的一对中年夫妻来到总台，询问总台服务员当地有哪些著名的旅游景点以及怎么去比较方便？如果是你，你会推荐所在城市的哪些景点给客人？另外，你对自己所在区域周边的交通线路熟悉吗？

【任务执行】

入住酒店的客人来自世界各地，很多客人是第一次来到酒店所在的城市，他们可能是来参加商务活动，也可能是来旅游休闲，因此希望能够更多地了解当地的基本情况；也有的客人对所下榻的酒店不熟悉，因此，在住宿过程中会有不少关于酒店服务方面的问题需要进行咨询，而总台则是客人寻求帮助最多的地方。宾客的问询内容可概括为以下几类：宾客有关酒店外部情况的问询，有关酒店内部情况的问询，访客对住客情况的问询以及由此派生出来的留言要求。

一、有关酒店内部情况的问询

有关酒店内部情况的问询服务内容通常涉及：

（1）酒店营业场所的位置、服务项目、营业时间、电话号码及收费标准。

（2）酒店历史及近期各项活动。

（3）酒店设施设备的使用等。

对于客人的这类问题，问询员不能做出模棱两可的含糊回答，如使用“我想可能”“大概没下班”“也许还在营业吧”等语言。应立即与有关部门联系核实，为客人做出圆满、肯定的答复。对于重要客人，必要时可以安排行李员为其指点引领，消除客人的疑惑和不安的情绪，提供及时、到位的服务。另外，问询员必须熟悉本酒店所有的服务项目和服务设施，积极向客人宣传和推销酒店产品。

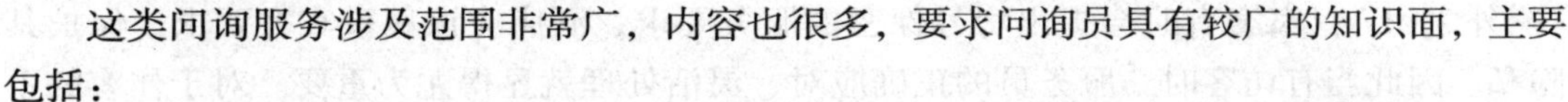

二、有关酒店外部情况的问询

这类问询服务涉及范围非常广，内容也很多，要求问询员具有较广的知识面，主要包括：

（1）酒店所在地区交通情况，诸如公共汽车、出租车、地铁、火车、轮船、飞机等的乘坐情况。

（2）本地著名旅游景点的位置、特色及距酒店的远近等。

（3）本地主要商业区、购物中心等商业设施情况。

（4）有关餐饮、风味小吃、娱乐场所的位置、经营特色等情况。

（5）政府部门、商业机构、使领馆、大专院校、图书馆、银行、医院等位置及交通状况等。

（6）国内国际航班、火车车次的时刻表、价目表等情况。

（7）近期有关大型文体、会展等活动的组织、位置等情况。

为了准确、圆满地回答上述问询，问询员应具备较高的职业素养和能力，包括耐心细致、和蔼可亲的态度，较宽的知识面，流利的外语，以及较强的应变、沟通、协调能力等。对于当时不能回答的问题，问询员应向客人致歉，然后迅速查阅有关资料，及时给客人一个满意的答复。

知识链接

问询服务八做到

1. 对待客人要一视同仁，彬彬有礼，做到百问不厌。

2. 熟知饭店所提供的各种服务项目，以便迅速联系，减少客人等候时间。

3. 不经住客同意不得将住店客人的房号告诉来访者。

4. 对于因事急而询问时词不达意的客人，要帮助他稳定情绪，慢慢提问解答。

5. 要不断搜集、补充、修改店内外最新资料，做到即问即答，准确无误。

6. 对于熟知的情况，回答时应简明扼要，不得模棱两可、含糊其词，使人不知所云。

7. 对于自己不知道而又一时查不到的信息，应向客人说明，请求给予谅解，并将客人的姓名、房号及问询内容记录下来，事后再行查阅。一旦查到应立即通知客人；若经努力仍无结果的，应如实向客人说明，并表示歉意。

8. 当面临几个客人同时问询时，应本着“先问先答、急问急答、简问简答”的原则，尽可能使问询客人得到恰当的接待和满意的回答。

三、有关住客情况的问询

这类问询多采用电话形式，因涉及客人个人信息，应予以特别注意。主要包括：询问宾客是否住在本酒店或是否在店，询问宾客房间号码等。对宾客来说，酒店是他的“家外之家”，宾客有时会提出房号保密的服务要求，酒店应该尊重宾客要求，保护其隐私。因此当有访客时，服务员的正确应对、灵活处理就显得尤为重要。对于住客的不同状态，我们可以做以下处理：尚未抵店的宾客，请访客留言或在住客预计到达时间再来询问。已经退房的宾客，向访客说明情况，如果客人有留言，则查看其留言或委托事项，告知访客住客离店后的去向。已经入住的宾客，若访客只知道住店宾客姓名而查询房号，不同酒店的问询服务政策有所不同。大多数酒店出于对住店宾客信息保护的需要，一般不予以直接回答。具体地，总台服务员应视情形处理：

（1）建议访客尝试自行电话联系住客。

（2）可建议访客给住客留言，但不能随便将宾客房号告知访客。

（3）如果不能确定访客提供的信息是否正确，可以联络住店宾客确认，当然必须在不说出宾客的房号、姓名的前提下。

（4）对于要求房号保密的住客，当有访客前来查询时，应婉转告知其宾客的保密要求。

酒店必须注意保护宾客的隐私，不宜在未经住容许可的情况下，便直接将来访者带入客房或直接将房号告诉来访者。值得提醒的是，对只知道房号而不知道住店宾客姓名的来客查询，酒店一般不提供查询住店宾客信息的服务。

知识链接

住客信息的保密

某日晚，一位女士来总台询问客人江某住在哪个房间，并说明自己是该客人的朋友，找他有事。总台便将房间号直接告诉了这位女士。第二天住店客人江某到总台退房时质问总台服务员，前两天晚上他朋友来房间找他，他很奇怪他朋友怎么知道自己住这里的？后来他朋友告知是在总台询问到的。该住客对此事表示十分不满意，要求以后他住的房间都要保密。总台员工立即向客人道歉，并说明此事是他们的疏忽，以后对他的房间免查询，然后送客人离开了酒店。

【分析点评】

1. 有访客来询问住客信息时，首先问清来访人员的信息，找住店客人何事，并征求住店客人意见是否愿意接见。

2. 晚上有来访人员尽量让客人自己用手机联系住店客人，避免打扰客人休息。

【建议做法】

1. 对于重要客人以及免查询客人，婉言拒绝访客的查询。

2. 对于一般住店客人有来访人员查找，需核对好身份并征得住店客人同意方可告知住店信息。

3. 如果晚上太晚不要打扰客人休息，请来访人员手机联系客人。

任务拓展

有一位宾客到前台查询其朋友的房号，总台接待员根据客人提供的姓名进行查找后发现，此住店客人设置了 DND（请勿打扰）。请问你接下来将如何处理此事呢？

任务总结

接待员应熟记酒店内部信息，平时注意搜集丰富、即时的外部信息资料，并学会运用计算机网络进行信息的搜索以便快速、准确地答复宾客的问询，同时应具有较强的营销意识，将宾客的每一个问题看成是推销酒店商品、宣传酒店的机会。在接受访客查找住店客人的过程中，注意保护客人的隐私，能够为宾客提供准确、及时的服务。

任务二　贵重物品保管

【任务导入】

某旅行团入住某酒店，在寄存物品于前台时，该旅行团导游依惯例负责全团人员物品的统一寄存，但没有进行贵重物品的特别声明，因为客人也没有特别说明。总台服务员在办理时填写了一张统一物品寄存单交给导游。后该团某旅客发现其寄存的一件贵重物品丢失，随即向酒店提出索赔。谁该为此事负责，是酒店、导游还是客人？为什么？团队客人的贵重物品应该怎样寄存更好？

【任务执行】

酒店出于保障宾客财产安全的考虑，通常为住客提供客用安全保险箱（Safe Deposit Box）。酒店的客用保险箱有两种：一种是置放在客房衣橱内的小保险箱（图 6–1），供宾客自行使用；另一种就是放在酒店总台附近隐蔽房间内的贵重物品寄存保险箱（图 6–2），由一组小保管箱或保险盒组成，通常由总台负责帮助宾客存取物品，也有酒店由礼宾部负责此项工作。

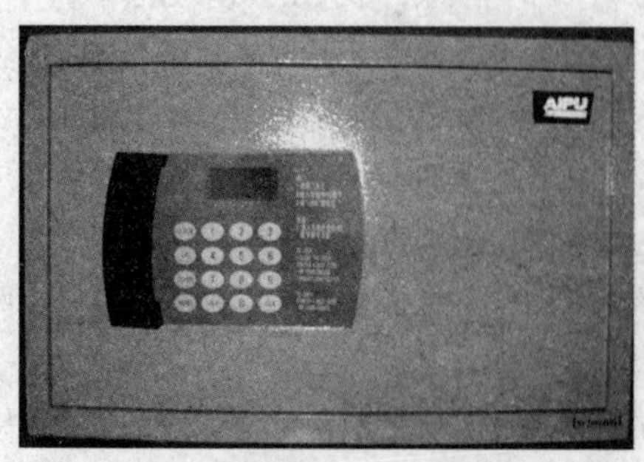

图 6–1　客房内常见的保险箱

图 6–2　总台贵重物品寄存处的保险箱

一、贵重物品寄存服务程序

（一）了解贵重物品寄存需求

总台服务员礼貌友好地同候宾客，询问确认宾客的寄存需求。

（二）确认客人身份

前厅的贵重物品寄存服务一般只针对住店客人，所以，当明确宾客需要存取贵重物品时，服务员应礼貌地请宾客出示欢迎卡或钥匙，并与总台计算机中的资料核对，以核实其是本酒店的住客。如果客人属于非住店客人，或者是已经结账离店的客人，寄存人员则礼貌地向客人解释有关规定，并委婉地谢绝寄存。

（三）介绍酒店贵重物品寄存的规定

主要内容包括客人使用保险箱的安全措施；重点强调酒店对保险箱钥匙的措施，即酒店所配的每一个保险箱仅有两把钥匙，一把由酒店保存，另一把由客人本人保存，两把钥匙同时开启，才能打开保险箱；向客人讲清酒店不寄存违禁品。

（四）引领客人进入贵重物品寄存室

为了确保安全性，宾客进入贵重物品寄存室后，服务员应将室门关闭，以防止闲人进入。条件允许的话，宾客和员工应由不同的通道进入贵重物品室。

（五）办理寄存手续

（1）请客人交保险箱钥匙押金（各酒店要求不一样，现在大部分酒店针对住店客人都提供贵重物品免费寄存服务）。

（2）请客人填写“贵重物品寄存登记卡”（表 6–1），要注意项目的齐全性。

（3）双手接过客人已填好的“贵重物品寄存登记卡”进行核对检查，包括物品名称、开启时间、房号、客人姓名等项目。也可以是客人口述，服务员填写，但是最后都必须请客人签名确认。

（4）确认无误后服务员在经办栏上签字。“贵重物品寄存登记卡”一式两联，第一联做存根，第二联交给客人。

表 6–1 贵重物品寄存登记卡

贵重物品寄存登记卡（正面）

酒店名称

兹收到保险箱钥匙________号，并同时声明一切放入保险箱的物品价值不超过人民币 ××元。

I acknowledge receipt of key to safe deposit Box NO.________，and I declare that the total value of the property in the safe deposit box does not exceed RMB××.

本人知晓使用保险箱要根据下列条例：

1. 每一保险箱只有两把钥匙。一把由客人保管，另外一把由酒店保管，两把钥匙同时使用，才能打开保险箱。

2. 本人同意缴纳人民币________元作为使用保险箱之押金，并在离店前将保险箱钥匙归还酒店，如果保险箱钥匙遗失，已付押金将作为赔偿金。

3. 离店三个月后仍未归还保险箱钥匙给酒店，酒店有权开启保险箱并处理里面的任何物品，所得之收益将用于开启保险箱费用和保险箱的更换。我理解此种情况，酒店不负任何责任。

I fully understand the use of the box is subject to the conditions as herein stated：

1. The safe has only two keys. One is kept by the hotel，the other by me. The safe cannot be opened unless the two keys are being used simultaneously.

2. A deposit of RMB________is required for the use of the safe and the key will be returned to the hotel prior to my departure.In the event the key is lost，I agree the deposit will be charged as compensation.

3. In the event of any non–returned Safe Key to the Hotel three months after my departure from the hotel，the hotel is automatically authorized to open the safe involved and dispose of any items found inside. Proceeds of such disposition will be used to cover expenses for opening and replacement of the safe. I understand that the hotel cannot be held liable for any claims whatsoever under such circumstances.

宾客签名

Guest Signature：________________________

保险箱使用签名核对联（背面）

Safe Deposit Identification Card

宾客签名 Signature	日期 Date	时间 Time	宾客取回钥匙 Key Return to Guest	经办人 Handle by

取回本人存放于 ×× 酒店保险箱内所有物品。

I hereby acknowledge that all property stored in the safe deposit box here by ×× hotel.

宾客签名 Guest Signature：______________

日期 Date：______________ 经办人 Handle By：______________

（六）开启保险箱

（1）验箱。服务员在宾客视线下当面将保险箱打开，与客人验证保险箱的性能，证明其有效性和完好性。

（2）存放物品。请宾客亲自将物品放入保险箱，现金、票据、证件等物品必须请客人装入信封内封存，并请客人在封条缝处签名确认，然后，放进保险箱内。

（七）锁箱并交与钥匙及寄存凭证

服务员在宾客视线范围内锁上保险箱，取下钥匙，并请宾客确认。每个保险箱均有两把钥匙，一把由总台负责保管，另一把由宾客亲自保管，只有这两把钥匙同时使用，才能打开和锁上保险箱。将宾客保管钥匙、“贵重物品寄存登记卡”第二联（客人联）交给宾客，提醒妥善保管，并告知提取物品的注意事项。

（八）送别宾客

与宾客一起走出贵重物品寄存室，关闭贵重物品室门。

（九）存放登记卡

等客人离开贵重物品寄存室后将登记卡第一联放入“贵重物品寄存登记卡”专柜。

知识链接

2.14 贵重物品保管

2.14.1 必备项目有关贵重物品保管的要求

一星级饭店应提供贵重物品保管及小件行李寄存服务。

二星级饭店应提供贵重物品保管及小件行李寄存服务。

三星级饭店应提供贵重物品保管及小件行李寄存服务，并专设寄存处。

四星级饭店配有饭店与宾客同时开启的贵重物品保险箱，保险箱位置安全、隐蔽，能够保护宾客的隐私。

五星级饭店配有饭店与宾客同时开启的贵重物品保险箱，保险箱位置安全、隐蔽，能够保护宾客的隐私。

表 6–2　设施设备评分表（贵重物品保险箱）

序号	设施设备评分表	各大项总分	各分项总分	各次分项总分
3.10	贵重物品保险箱		2	
3.10.1	数量不少于客房数量的 8%，不少于两种规格			1
3.10.2	位置隐蔽、安全，能保护宾客隐私			1

相关释义：

贵重物品保险箱是饭店能够保证宾客隐私、供宾客免费寄存贵重物品的安全设备。

一星级、二星级、三星级饭店可在总台或前厅区域配备宾客专用贵重物品保险箱，提供贵重物品寄存服务。

四星级、五星级饭店的贵重物品保险箱应置于独立、安全、方便、具有私密性的室内，保险箱数量应与客房数量相匹配，不少于两种以上规格，配置分别供宾客和饭店服务人员同时开启的两把钥匙。室内设监控探头，将所有保险箱置于监控范围之内。

室内墙面明显位置应悬挂使用说明和安全警示，配备桌椅、文具等必要用品，方便操作和使用。

资料来源：中国旅游出版社《旅游饭店星级的划分与评定释义》

二、贵重物品领取服务程序

（一）迎接客人

礼貌地问候客人以便弄清客人的需求。

（二）核对领取手续

礼貌地请客人出示“贵重物品寄存登记卡”、保险箱钥匙和房卡。仔细核对无误后，准备开箱取物。

（三）开箱取物

中途开箱的操作。若宾客中途需要开箱存、放物品，服务员应请宾客出示房卡、证明其身份的有效证件、“贵重物品寄存登记卡”第二联（客人联），以确认宾客身份，原则上只有宾客本人才可以存、取物品。当着宾客面用两把钥匙打开保险箱，请宾客在“贵重物品寄存登记卡”上签名，服务员核对签名。宾客存取物品完毕，再当面把保险箱锁好，提醒宾客保管好钥匙，并登记上开箱时间。

（四）终止使用保险箱的操作

若宾客将终止使用保险箱，服务员在宾客取出物品后，检查保险箱是否已清空，以防有遗留物品，然后锁好保险箱，将钥匙放回钥匙存放柜中。同时，请客人在“贵重物品寄存登记卡”相关处填上终止日期、时间并签字确认，经手服务员自己也要签名，并在计算机上删除记录。

（五）信息存储归档

服务员将登记卡两联装订存档，并在记录本上做相应记录。宾客退箱后的登记卡应存放至少半年以上，以备查核。

三、贵重物品寄存与领取服务的注意事项

（1）贵重物品寄存手续需在贵重物品寄存处办理，贵重物品寄存处需有 24 小时监控设备。

（2）定期检查保险箱各门锁是否处于良好的工作状态。

（3）不得检查或好奇地欣赏客人存入或取出的物品。

（4）酒店可规定宾客寄存贵重物品的最高标准及赔偿限额，避免不必要的麻烦。

（5）禁止存放易燃、易爆、易腐物品和枪支弹药等国家明文禁止的物品。

（6）在宾客存、取贵重物品过程中，严格、认真核对宾客的签名。

（7）原则上应由宾客亲自来存取，一般不能委托他人。如有特殊情况，需由他人代取，需凭委托人的亲笔委托书及签名、保险箱钥匙、登记卡（客人联）及委托人的有效证件方可取件。

（8）交接班时，应仔细核对保险箱的使用数目、钥匙数量。注意所有保险箱钥匙不能带出总台，必须妥善保管。

（9）对保险箱的使用情况，每班要进行详细的交接记录。

（10）定期检查保险箱使用情况和保险箱保管情况，发现问题及时上报。

（11）保险箱无备用钥匙，客人如将钥匙遗失，则需凭有效证件及住店凭证取件，取件时必须四方证人均在场（客人、大堂副理、安全部、工程部），通知撬锁打开保险箱，并请客人按保险箱实价进行赔偿。

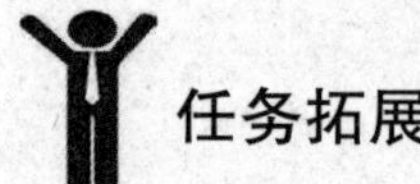

任务拓展

如果客人急急忙忙地来到总台，惊慌地告知接待员，自己不小心将贵重物品保管箱的钥匙弄丢了，服务员应该如何妥善处理好此事？

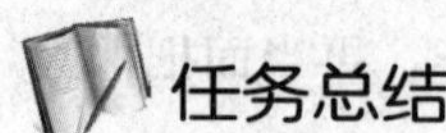

任务总结

贵重物品寄存服务是酒店对客服务中涉及客人隐私的重要服务项目，因此，总台服务员在帮客人办理寄存、领取贵重物品时，需认真对待、小心谨慎，严格按酒店规定的程序操作办理。

任务三　换房及续住

【任务导入】

王女士在南京某酒店入住了一间标准间，办完入住登记手续后5分钟，王女士打电话到总台，提出想调换一间房，作为一名总台接待员，接下来你该如何处理此事？如果当前没有同标准的客房可以更换，你又该如何妥善解决？

【任务执行】

由于种种原因，客人在住宿期间可能换房或更改离店日期，尽管这样会在一定程度上给酒店的服务、接待与管理工作带来不便，但酒店还是应该尽量满足客人的要求，使客人获得最大限度的满足。

一、换房服务

（一）客人为何要换房

宾客换房的原因主要有两方面：

1. 由住店宾客提出换房

宾客对其房间在价格、大小、种类、噪声、卫生、舒适程度以及所处的楼层、朝向、景观等方面不合意愿，或因宾客在住店过程中，人数发生增减而需要换房。对于宾客提出的换房要求，在了解房间情况基础上，接待员应尽可能满足宾客。有时宾客的换房可以使酒店把握机会推销更高档次的房间，实现客房“升级”。

2. 由酒店方面提出换房

由于客房设备设施损坏或出现故障，维修需要时间较长；或现住客续住，影响到指定预订该房客人的入住；抑或有一些重要的接待任务等，酒店需要请求宾客换房。因酒店方原因导致宾客换房，接待员应向客人真诚道歉、耐心说服、积极处理，请宾客配合进行换房。

（二）换房服务程序

1. 了解或说明换房原因

对于宾客提出的换房要求，接待员要了解原因。如果是由于酒店过错要求宾客换房，容易使宾客产生抱怨情绪，接待员一般通过电话联系宾客，应向宾客表示歉意，耐心做好解释工作，求得宾客的谅解与合作。

2. 查看客房状态资料，为客人安排房间

客人提出调换房间要求时，首先要通过计算机系统查看客房状态资料，了解是否有符合客人需要的房间。如果暂时没有，则需向客人说明。若房间档次升高，则要加收房费（酒店自身原因要求客人换房时除外）并要对给客人带来的不便表示歉意。

3. 填写换房通知单

换房最终需要得到宾客的认可（特别是需要额外收费的情况），征得宾客同意认可后，填写换房通知单（表6–3），请宾客签名。交由行李员分送至相关岗位。

表6–3　换房通知单（ROOM CHANGE SLIP）

	From（由）	To（到）
Room NO.（房号）		
Room Rate（房费）		
Date（日期）		
Remarks（备注）		
送：客房部、问询处、行李寄存处、收银处、预订处、总机、接待处、行李员 CC：Housekeeping；Information；Deposit；Cashier；Reservation；Switchboard；Reception；Bellboy		

4. 协助宾客进行换房

制作新的欢迎卡和钥匙并交给客人，同时，及时收回原房间的欢迎卡和钥匙。请行李员协助客人换房（主要为客人提供行李的搬运服务）。

5. 信息修改与保存

电话通知客房中心、总机宾客换房情况。立即将最新的信息输入计算机。在计算机上修改宾客的房间号码和房价。再次检查系统中的信息是否已更改、保存。通知客房部尽快清扫宾客已使用房间。

6. 换房跟踪服务

房间更换后应致电宾客，询问宾客对新换客房是否满意。

（三）Opera 酒店管理信息系统中的换房服务操作

（1）单击横条主菜单中的“Front Desk（前台）”按钮，在左侧子菜单中的“In House Guest（住店客人）”（图 6–3）中出现住客信息查询界面。

图 6–3　住店客人子菜单界面

（2）在住店客人查询界面（图 6–4）输入客人的姓名或者房号，然后单击右上方的“Search（搜索）”按钮进行查找，找到该客人后，双击客人信息条目，出现住店客人信息界面。

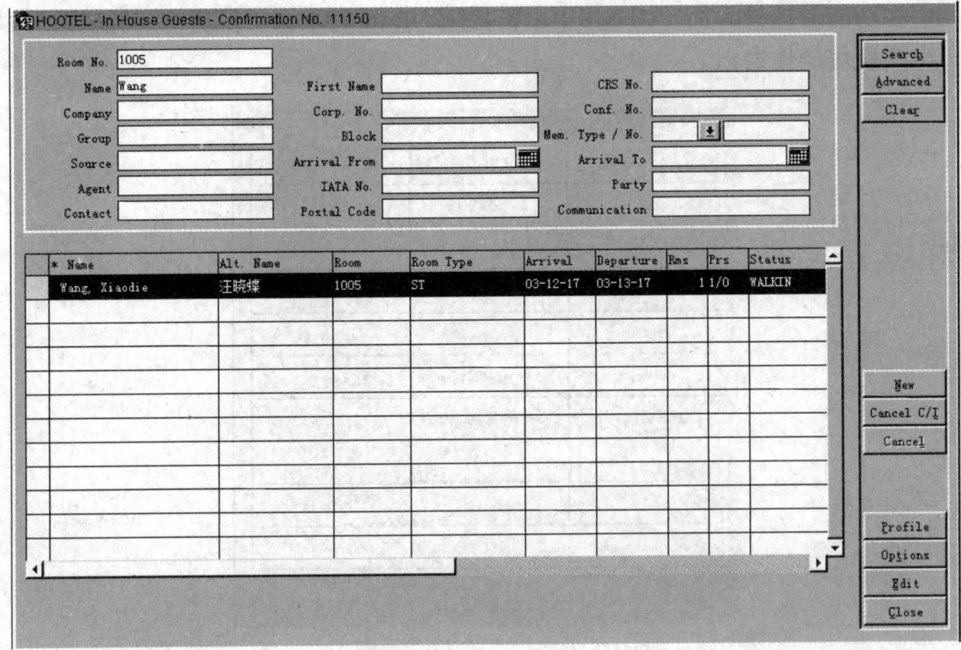

图 6–4 住店客人查询

（3）此时在住店客人信息界面（图 6–5）的“Room（房号）”条目处可以看到客人现在入住客房为 1005，单击右下方“Options（选择）”按钮，出现功能键选择界面。

HOOTEL - Reservation 11150 WALKIN

Name Wang
First Name Xiaodie
Title Miss
Country CN
Language CHN
VIP
Phone 15996369516
Member Type
Member No.
Member Lvl.
Agent
Company
Group
Source
More Fields
Arrival 03-12-17 Sunday
Nights 1
Departure 03-13-17 Monday
Adults 1 Child 0
No. of Rms. 1
Room Type ST RTC. ST
Room 1005 Inspected
Rate Code BARBF2 Fixed Rate
Rate 1,300.00
Packages
Block Code ETA 01:21
Res. Type CHECKI Checked In
Market RAC Rack Rate
Source WI Walk-In
Origin WKI Walk-In
Payment CA
Credit Card No.
Exp. Date
CRS No.
Approval Code
Approval Amt.
Suite With
Confirmation
Guest Balance 0.00
Disc. Amt. %
Reason
Specials
Comments
Item Inv.
Party
Class Name CLASS01
Student Name 张荣秋
Save OK
Options Close
Created By SUPERVISOR On 03-12-17 Updated By SUPERVISOR On 03-12-17

6–5 住店客人信息界面

（4）在功能键选择界面（图 6–6）中，找到“Room Move（换房）”功能键，并单击进入，出现换房操作窗口。

HOOTEL - Reservation Options

Accompanying	Add On	Agent/Company
Alerts	Attachments	Billing
Changes	Confirmation	Credit Cards
Delete	Deposit/CXL	Fixed Charges
History	Housekeeping	Locator
Messages	Package Option	Party
Privileges	Pro-Forma Folio	Rate Info.
Register Card	Room Move	Routing
Shares	Traces	Track It
Valued Program	Waitlist	Wake-up Call

Close

图 6–6　功能键选择界面

（5）单击换房操作窗口（图 6–7）上半部分“Move to Room（换至哪间房）”右侧的向下箭头，出现目前酒店可以用作换房的所有可选房间（图 6–8）。

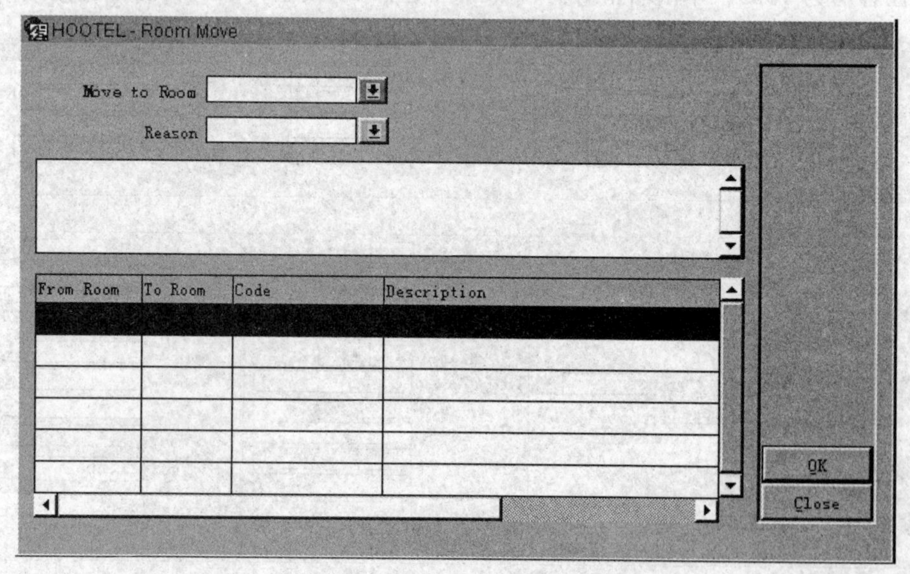

图 6–7　换房操作窗口

（6）在符合条件的可选房中（图 6–8），根据客人的要求进行选择，并单击该房号前面的空白框，出现“X”符号说明已经选中 1118 房。

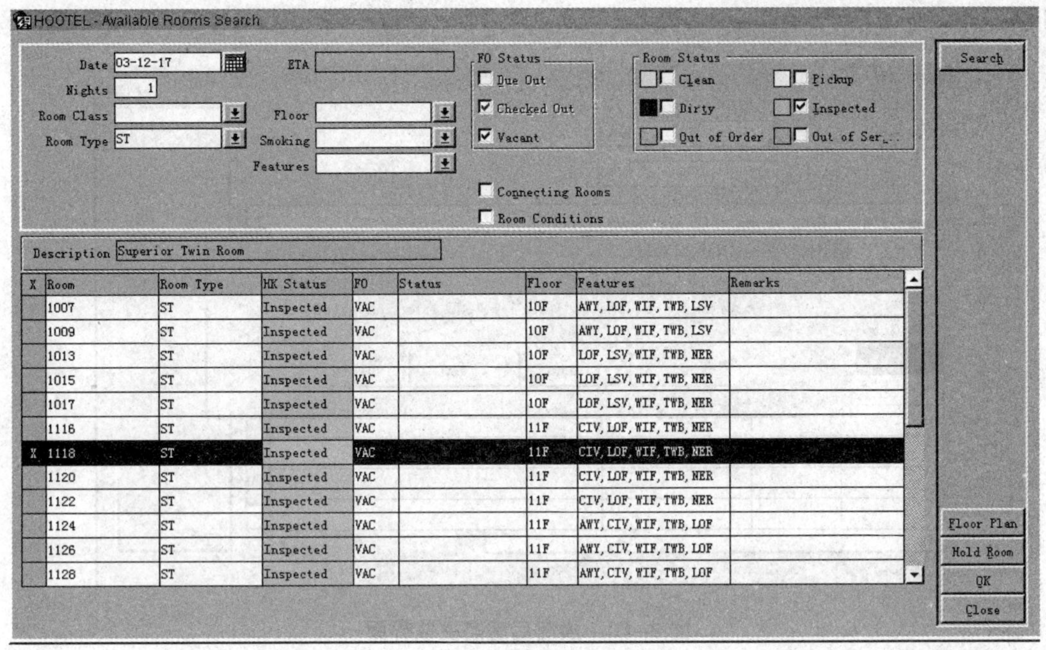

图 6–8　可用作换房的可选房界面

（7）选择好需换至 1118 房后，必须在“Reason（原因）”条目处录入换房的具体原因（图 6–9），以备查。

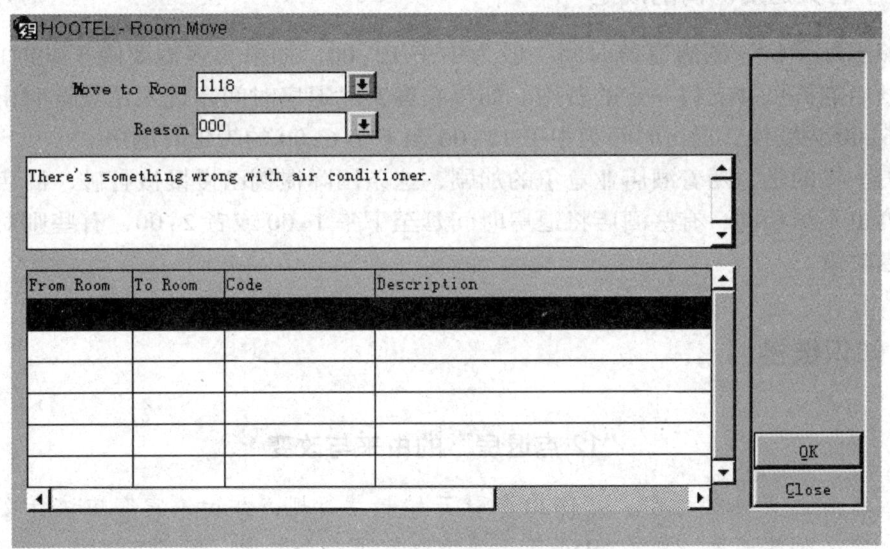

图 6–9　换房原因录入界面

（8）完成房号的选择并录入换房原因后，系统将提示把原来有问题的 1005 号房更改为何种房态（图 6–10）？一般应改为“Dirty（脏房）”，以提醒客房部安排人员进行打扫。

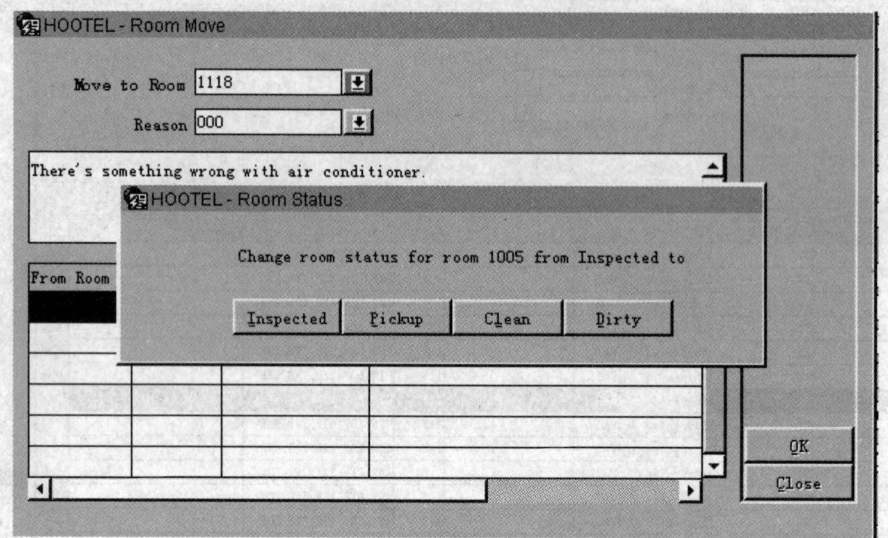

图 6–10　换房后房态更改界面

二、续住服务

（一）有关退房时间的规定

按照国际惯例，酒店退房时间一般为中午 12:00，如果宾客需要晚于此时间退房，需征得酒店的许可并支付一定的费用。如果宾客实际退房时间超过入住登记时申明日期的下午 6:00 为续住，退房时间为中午 12:00 至下午 6:00 的为延时退房。

值得一提的是，随着酒店业竞争的加剧，这条国际惯例已慢慢被打破，酒店实施的退房制度也不尽相同，有些酒店将退房时间延至下午 1:00 或者 2:00，有些则对贵宾有其他优惠政策。

知识链接

“12 点退房”的由来与改变

国际饭店协会成立之后，从 1920 年就开始起草行规，并讨论宾客应该什么时候开始入住、什么时候退房。到了 1954 年，饭店业有了一个共识，即“宾客住一夜的客房、交一夜的房钱，宾客对他使用的客房拥有的使用权是 22 个小时，即从下午 2 点到第二天的中午 12 点”。

中国旅游饭店业协会 2002 年制定的《中国旅游饭店行业规范》中，第三章第十条规定：饭店客房收费以“间／夜”为计算单位（钟点房除外）。按宾客住一“间／夜”，计收一天房费；次日12时以后、18时以前办理退房手续者，饭店可以加收半天房费；次日18时以后退房者，饭店可以加收一天房费。

中国旅游饭店业协会2009年8月修订公布的《中国旅游饭店行业规范》中，已经删去了“12点退房，超过12点加收半天房费，超过18点加收1天房费”的规定。取而代之的第十条为：“饭店应在前厅显著位置明示客房价格和住宿时间结算方法，或者确认已将上述信息用适当方式告知宾客。”

（二）受理宾客续住的服务程序

1. 询问续住情况

总台接待员应先询问客人具体情况。

2. 了解客情与房态，确认续住客房

接待员核对当天及未来几天客房的出租情况，看是否可以满足宾客的要求。

（1）如果客房情况不是很紧张，应该首先满足宾客续住要求。

（2）如果同类房间已满，可建议客人入住酒店其他类似客房；如果客人坚持要住同类客房，则应向客人解释原因，并热情地介绍客人到等级相当的酒店住宿，在征得客人意见后帮助客人代订客房。

（3）若酒店有同类客房可以让宾客续住，但其所住房间已被重要宾客预订，则需要宾客协助配合，进行换房续住。

3. 确定付款方式

检查客人预付款是否足够，如果不足，则礼貌地请宾客补足预付款。

4. 办理续住手续

对于原房间续住，接待员必须更新宾客的磁卡钥匙信息，若发生换房，则应重新制作宾客的钥匙卡。

5. 修改住客信息

接待员应及时更改计算机系统中该宾客的离店日期，并将该信息传递给有关服务部门，确保服务的持续性。

知识链接

长包房临时要求续住

某日，住在1808豪华房间的长包房客人到总台提出由于工作的原因还要续住几日，但小李查看了一下系统发现1808房已经被一个大型团队提前预订，由于其预订的房间数众多，酒店已经没有空的豪华间了，因此无法再为其办理续住。但小李深知长包房客人的重要性，于是便向上级领导汇报后帮客人升级至商务房，并与客人做好解释，等团队退房后第一时间帮客人换回1808房。次日，客人到总台要求换房，但当时团队客人还未退房，故小李便向客人解释情况，但客人表示自己马上要上班，晚上回来换房不方便，要求能够将1808房间的房卡先给他，晚上回来再换。小李为了方便客人便同意将1808的房卡提前给了长包房客人。并在系统中做了1808房的预订，并告知客人晚上至总台办理手续。但晚上客人下班后没有至总台登记，而是直接住进了1808房间，小李做的预订也在夜审后自动取消了。因此，第二天便出现了1808房态为空房但实为住客的房态差异。

【点评分析】

1. 这则案例透视了总台当班员工小李责任心不强，对重要的事情和需要交接的事情没有按照规定进行口头交接和书面交接，导致忘记了此事。

2. 员工小李没有按照规定程序操作，在房间没退房的情况下又做新的预订，也没有在备注中注明此房为客人换房用，更没有注明客人已将此房卡拿走等重要信息，极易造成重复入住的严重后果。

3. 中班员工及主管在客人预订没有取消、晚上没来前台登记换房的情况下也没有做相关跟进，缺乏工作责任心。

【建议做法】

1. 以此事为案例教育员工要提高工作责任心和工作使命感，严格按照工作程序操作，对重要的事情，班组之间要进行口头交接和书面交接，确保跟踪到位。

2. 完善宾客续住、换房及钥匙发放制度，避免因交接不清、跟踪不到位导致房态差异。

3. 建议完善对预订宾客信息的跟踪确认程序，加强领班、主管的督导检查力度，确保同类事件不再发生。

任务拓展

1208房的宋先生是北京某公司的一名销售经理，因公务需要来某市出差，他原定在某酒店住宿5天，将于今天中午12:00前离店。早晨，客房服务员小姚向总台反映，宋先生早上8:00左右就外出了，出门前告诉小姚他今天不退房了，且还要再续住2天。因为有急事要出门，所以他来不及去总服务台办理续住手续了，请小姚代为转告，有关费用等他晚上回酒店时再来支付。总台接待员得到此信息后，立即查看了客房状态，发现1208房从今天晚上开始已经安排给一个需要住6天的会议团。请你妥善地为宋先生办理好逾期住宿业务。

任务总结

换房的原因是多种多样的，可能出自客人，也可能因为酒店要求，续住、延时退房则一般是由客人提出的。接待员要根据客人的实际情况，在把握换房、续住程序的前提下，灵活运用酒店的相关政策，帮助客人解决问题，提高顾客的满意度。

任务四　在店常见问题处理

【任务导入】

住店客人毛先生通知总台，他们公司有几间房间都是朝湖的房间，明天他们老板到店，希望也安排一间朝湖的单间。总台员工小周查询系统后，回复客人没有问题，并将房号 1112 告知了客人。当天，一位预订单间的客人要求住两天，总台另一位员工小钱发现房间后面有预订，于是将次日到店的 1112 房预订调到了 1109 房。待第二天毛先生带着公司老板到总台办理登记入住时，前台给客人安排了 1109 房。对此毛先生当时很是不解，但服务员一查系统，1112 房有客人在住。于是毛先生无法向自己的老板交代，很是生气，马上要求找大堂经理。

1. 请你分析此案例中存在的问题有哪些？

2. 你对此类问题的建议做法有哪些？

【任务执行】

由于总台接待工作的多变性、复杂性和不确定性等特点，接待员在实际工作中可能遇到各种各样的问题，需要进行妥善处理。

一、无房间出租

在销售旺季，这种情况会经常发生。预订和接待时都会遇到这样的情况，区别在于预订时客人不是马上就要住，而接待则是客人在你面前而且马上就要住宿，此时应以“急客人所急”的心态，妥善地予以处理。接待员除对贵宾、常客予以特殊关照、积极安置以外，对其他未办理预订，初次到酒店想解决住宿问题的客人，可以建议客人暂时入住给予最大折扣价的套间或房间加床，次日再换房等；或者积极联系附近相同档次的酒店。总之，解决好诸如此类的问题，对提高酒店声誉、培养“忠诚客户”是非常有效的。

二、预订失约的处理

对于没办理保证类预订的客人，如果是由于航班延误、交通等客观因素或无法抗拒的原因而延迟入住时，接待员应根据排房、预留房及空房具体情况，热情地接待这类客人，并对客人入住酒店表示感谢，而不能以“预订取消”“现在没房”等话语简单地一口回绝。由于酒店自身原因不能满足已办理预订客人的要求时，接待员应首先向客人道歉，先安排客人在大堂或咖啡厅休息，采取积极措施，可以考虑给客人免费升级至更好的房型，或者由主管和大堂副理亲自进行妥善处理。

三、重复售房

有时由于工作的疏忽，接待员已将客房卖出，但未能及时更改房态，导致该房间被重售；或由于总台服务员错误退房以致其他员工重复卖房。酒店人员引领新入住的客人进房前，应先敲门，如果发现重复售房，要向双方客人致歉，然后请新入住的客人在楼层稍候，用电话报告给总台。总台服务员经过核实，确属重复售房后，应立即找出一间相近楼层同类型的客房，签发新的房卡与钥匙，并更改房态，同时安排行李员送上楼层，收回原来的房卡与钥匙。最后要注意提醒总台做好系统中房间的转换和建账工作。

DOUBLE CHECK—双重卖房（IN）是前厅总台服务中较容易出现、性质也比较严重的一种工作失误。它会给服务工作带来不利的影响，也会使新到的客人和原来的客人感到不悦，酒店应特别重视这类问题。因此，对容易出现这种失误的几个总台服务操作环节，应严密把关、各级检查。特别要核对房卡、预订单、计算机房态、实际房态等显示是否一致，较高档次的酒店应在预订客人抵店前，检查为其准备的房间是否已经到位，以确保出租客房的完好性和避免双重卖房事故所造成的负面影响。总台员工工作要细致，要有责任感，做到环环紧扣，接班人员对上一班的交接应再度核对、确认，以确保无差错。要时刻树立宾客至上的观念，在第一时间为客人解决问题。

知识链接

深夜发生的双重卖房事件

某日凌晨3:30，徐先生至总台办理入住，当时系统中显示房间只剩下一间套房2109，故夜班员工小B为徐先生办理了2109号房的入住手续。徐先生进入房间后发现客厅与卧室的门打不开，请客房服务员前来查看原因，发现已有一位女宾客入住此房。

原来，当日最后一位有预订的沈小姐在办理入住时临时要求换房至2109套房，未入住原本安排好的标准间，总台前一班次的员工小A在为沈小姐办理好入住手续后，在操作计算机时碰巧遇到系统死机，而小A以为系统中已经生成“入住成功”状态，遂与夜班员工小B交接时告知有预订的客人已全部入住。小B见系统中仍有沈小姐的“预订未到”状态显示，以为是小A没有点击“入住”按钮，于是就直接转为入住，而实际上沈小姐住在了2109套房，双重卖房事件就这样发生了。

【分析点评】

1. 小A遇到系统死机时，重启后没有检查一下先前的操作，自以为已经完成变更，成为此次事件发生的直接原因。

2. 小A与小B交接时，遇到特殊情况未另加说明，如沈小姐已换至2109房。

3. 小B在计算机中操作转入住时，未与小A进行进一步的核实。

【建议做法】

1. 总台员工在遇到系统死机时，重新启动计算机后应检查一下先前的操作，确保信息准确，避免犯主观意识错误，“我认为”“我以为”都是不可取的。

2. 小A与小B交接时，遇有预订入住房变更，小A应主动告知小B，提醒小B注意。

3. 小B在计算机中将预订转入住时，对于未经己手的事情，应与当时办理的员工进行核对，不能想当然，以确保计算机中信息准确。

四、遇到不良记录的客人

接待员在遇到有不良记录的客人光顾酒店时，凭以往经验或客史档案，要认真、机智、灵活地予以处理。例如，对于信用程度低的客人，通过仔细核验、压印信用卡、收足预付款、限制签单范围等方式，确保酒店利益不受损害，及时汇报；对于曾有劣迹、可能对酒店造成危害的客人，则应以“房间已全部订满”等委婉说法，巧妙拒绝其入住。

五、客人预付款数额不足

酒店客源复杂，客人付款方式多样，酒店坏账、漏账、逃账的可能性始终存在，因此根据酒店所制定的信用政策，一般会要求客人在入住前先交纳预付款，但此时客人往往流露出不满情绪，作为总台接待员应耐心向其解释酒店的信用政策。

有些时候，客人的钱只够支付房费而不够支付额外的押金，遇到这种情况，总台接待员要及时请示上级，机动灵活地进行处理：对回头客及信用良好的客人可适当放宽政策；对随身钱款不足、但住店数较多的客人，也不要轻易回绝这类客人，可以建议客人根据付款能力暂定住店天数或先让客人入住，签发的房卡为钥匙卡（不能签单消费），通知总机关闭长途电话，通知客房楼层服务员锁上小酒吧等。后两项工作一定要在客人进房前做好，不要让客人撞见，以免令客人尴尬和反感。客人入住后，客房楼层服务员对该房间要多加留意。

六、特殊要求处理

接待员对于客人在入住时提出的“不接听电话”“不接待来访客人”“房号保密”等特殊要求，应予以高度重视，立即在计算机中做特殊标记，并通知总机、客房部、保安部等部门和岗位。当接待来访和来电查询该客人信息的情况时，要仔细核对，婉拒访客的查询要求，而不应草率行事，以免引起客人的投诉。

七、房间不满足客人预订要求

接待员在接待订房客人时，应复述其订房要求，以获得客人确认，避免客人误解。客人入住的房价应与订房资料一致，并向客人口头报价与确认。如果出现无法向订房客人提供所确认的房间，则应向客人提供一间价格高于原客房的房间，按原先商定的价格出售，并向客人说明情况，请客人谅解。

知识链接

房价引起的投诉

某日，客房预订员在为某公司预订一间商务房时自认为客人知道商务房的价格，故没有与订房人确认商务房的价格。客人在登记时，总台服务员也没有在登记单上标明商务房的房价，就让客人签字。最后第二天结账时，客人对房价提出异议。

【分析点评】

1. 客房预订员没有按照酒店的服务标准程序为客人订房。
2. 总台服务员在客人登记时，没有按照酒店规范，标明房价让客人签字认可。
3. 总台当班领班没有按照酒店管理规范检查当班的登记单。
4. 总台服务员在做夜审时没有将账袋里的登记单和酒店计算机系统里的房价核对。

【建议做法】

1. 客房预订员在接受预订时，要按照客房预订标准程序订房，确认和重复房间价格等有关信息。
2. 总台在客人登记时，应将客人的房价写在登记单上，指示客人写出的房价，请客人签字确认。
3. 当班领班在总台员工做完后，请立刻检查，发现问题后当即向客人说明。
4. 总台服务员在做夜审时应该将账袋里的登记单和酒店系统里的房价核对，发现问题时，与早班领班汇报，由领班主动向客人解释房价。

八、客人已抵店，但无干净空房

在接到客房部关于客房打扫、检查完毕的通知前，接待员不能将客房安排给抵店的客人，因为客人对客房的第一印象是十分重要的。出现这种情况时，接待员可为客人提供寄存行李服务或请客人在大堂稍候，同时与客房部联系，请他们加派人手赶快打扫。只有等客房打扫完毕、检查达标后，才可让客人进房间。

知识链接

预订好的房间怎么就暂时住不了呢？

2015 年 10 月，又是一个国庆长假，某酒店生意非常好，天天满房，客房早早地就被订购一空了，在这样的情况下，前厅决定暂时取消对于客人延迟退房的优惠政策，尽量让客人 12 点就退房。尽管如此，客房的清扫压力还是很大，有些房型，客人来早了还是会出现没有房间的情况。刘先生就是下午两点来到了酒店，他订的是一间无景的大床房，总台服务人员查询系统后发现，现在无景大床房都还没有打扫出来，于是向客人解释、致歉，请客人在大堂休息稍做等候，房间一经打扫完毕立即通知客人。刘先生有些不高兴“我现在是正常时间过来的，又预订过的，怎么来了还是没有房间”，总台服务人员耐心地向刘先生解释了国庆期间房间爆满的特殊情况，又解释这种房型比较少，前客未退，建议刘先生如果想现在就入住的话可以加200元调整成高级大床房；或者可以先把行李寄存在礼宾处，酒店赠送两种二楼茶座的饮料券，刘先生可以先上去喝喝茶休息一下，打扫好就通知他。解释后，刘先生接受了第二种方案。

房间准备好后，总台服务人员立即通知刘先生，并再次向他致歉，同时祝他入住愉快。刘先生对酒店的服务非常满意。

【建议做法】

1. 向客人解释、致歉，请客人在大堂休息稍做等候，房间一经打扫完毕立即通知客人。
2. 立即通知客房部清扫房间。
3. 在客房部清扫完房间后，立即通知客人，并再次向客人致歉，同时祝客人入住愉快。
4. 客人不愿等待，可为客人寄存行李在前台，建议客人去用餐或购物。

九、办理入住时间过久，引起抱怨

事实上，客人抵店办理入住登记的程序并不像写在纸上的程序那样一成不变，在客人抵店的繁忙时刻，会有许多客人急切地等候办理入住登记手续，在办理的过程中，他们会提出很多问题与要求，大厅内有可能会出现忙乱的现象，总台服务人员必须保持镇静，不要慌乱。为避免客人等候过久的现象出现，在工作中要努力做到：

（1）客人抵店前，接待员应熟悉订房资料，检查各项准备工作。

（2）根据客情，合理安排人手，客流高峰到来时，保证有足够的接待人员。

（3）繁忙时刻保持镇静，不要打算在同一时间内完成好几件事。

（4）保持正确、整洁的记录，因为接待工作的有效性要依靠这些记录。

（5）可以在总台放一些报纸供客人阅览，或者提供糖果和饮品供客人取食，以缓解客人等待的焦急心情。

十、加床（Extra Bed，EB）

一间标准间正常情况下只能住宿两名成年客人，加床后最多能住3名成年人，如果超过3名成年人则需另开一间房间。客人加床大致分为两种情况：一是客人在办理登记手续时要求加床；二是客人在住宿期间要求加床。如果客人有加床需求，酒店要按规定为加床客人办理入住登记手续并为其签发房卡，房卡中的房租为加床费，加床费转至住客付款账单上。如客人在住宿期间要求加床，第三个客人在办理入住登记手续时，入住登记表需由支付房费的客人签名确认。接待处将加床信息以“加床通知单（Extra Bed

Information)”的形式通知相关部门。

任务拓展

我来也不打折?

金秋十月，酒店里面人来人往很是繁忙。李先生带着朋友一同来酒店入住，李先生和朋友谈笑风生，心情非常愉快，李先生和朋友说：“你来南京你找我，我来安排你住宿，我都是这家店的常客了，和他们老总认识，住这边都能打折的。”一行人一边说笑，一边往总台走来，到了总台，李先生说：“给我开两个高级双床房。”总台员工说：“好的，我来为您查询一下。有的，房价为 998 元间，请问您住几个晚上？”李先生一听，不高兴了，怎么要 998 ？不打折？总台员工说：“不好意思，今天我们的房价就是这个价格。”李先生有点下不来台，说：“我来也不打折？我和你们王总是朋友。”总台员工说：“我们今天房间没有折扣。”李先生感觉之前在朋友面前说了大话，结果不能打折，很没有面子，于是和总台员工在酒店前台吵了起来。

1. 总台员工对此事的处理是否妥当？为何?

2. 面对客人要求打折这类问题，你认为该如何处理？

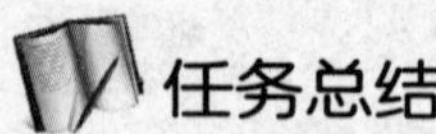

任务总结

在客人住店期间会发生很多的特殊情况需要酒店总台来协助解决，有的是因为客人原因引发的，有的是由于酒店原因引发的，但不管发生什么问题，酒店总台都要本着“客人利益第一”的原则，尽量帮助客人及时解决问题，在处理常见问题的时候，要把工作的重点放在如何解决问题上，而不是放在追究责任到底归谁上面。

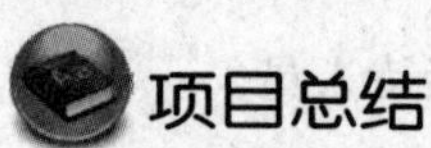

项目总结

在本项目中，我们了解到宾客在店期间，总台需要向客人提供问询、贵重物品存取、换房、续住等常规服务，在服务过程中要按照酒店既定的服务流程规范操作，保质保量地完成对客服务工作。同时，宾客在店期间也会出现一些常见问题，总台员工应沉着冷静、理清思路、有条不紊地帮助宾客妥善解决一些突发情况，竭尽所能为客人提供满意的服务。

项目链接

《中国旅游酒店行业规范》中有关贵重物品保管的规定

第五章　保管客人贵重物品

第十七条　酒店应当在前厅处设置有双锁的客人贵重物品保险箱。贵重物品保险箱的位置应当安全、方便、隐蔽，能够保护客人的隐私。酒店应当按照规定的时限免费提供住店客人贵重物品的保管服务。

第十八条　酒店应当对住店客人贵重物品的保管服务做出书面规定，并在客人办理入住登记时予以提示。违反第十七条和本条规定，造成客人贵重物品遗失的，酒店应当承担赔偿责任。

第十九条　客人寄存贵重物品时，酒店应当要求客人填写贵重物品寄存单，并办理有关手续。

第二十条　客房内设置的保险箱仅为客人提供存放一般物品之用，对没有按规定存放在酒店前厅贵重物品保险箱内而在客房里丢失、毁损的客人的贵重物品，如果责任在酒店一方，可视为一般物品予以赔偿。

第二十一条　如无事先约定，在客人结账退房离开酒店以后，酒店可以将客人寄存在贵重物品保险箱内的物品取出，并按照有关规定处理。酒店应当将此条规定在客人贵重物品寄存单上明示。

第二十二条　客人如果遗失酒店贵重物品保险箱的钥匙，除赔偿钥匙成本费用外，酒店还可以要求客人承担维修保险箱的费用。

资料来源：《中国旅游酒店行业规范》（中国旅游饭店业协会 2009 年 8 月修订版）

【专业英语】

1. Please tell me the daily service hours of the dining room?　请你告诉我餐厅每天的服务时间，好吗？
   Breakfast：6:30~9:30 am；Lunch：11:00~13:30 am；Dinner 6:30~7:30 pm；
   早餐：上午 6:30~9:30；午餐：11:00~13:30；晚餐：下午 6:30~7:30。
2. Excuse me，where is the restaurant?　劳驾，请问餐厅在哪？
   We have a Chinese restaurant and a Western restaurant. Which one do you prefer?　我们有中餐厅和西餐厅，您愿意去哪个？
3. I'd like to try steak today.　今天我想尝尝牛排。
4. A: When will the bar and café open?　酒吧和咖啡馆什么时间开放？
   B: From 4 : 30 pm to 10 : 30 pm. 从下午 4 : 30 到晚上 10 : 30.
5. A: I'm looking for conference room No.2.　我要找 2 号会议室。
   B: They are all facing the open lounge. Along to your right，past the elevators and up the

stairs. 会议室都在休息厅对面，顺着右边走，走过电梯，上楼就是。

6. A: Where can I buy souvenirs, please? 请问哪里可以买到纪念品？

B: There is a counter in our hotel selling all kinds of souvenirs. 在我们宾馆有个柜台出售各种各样的纪念品。

7. A: Is there a recreation centre nearby? 酒店里有娱乐场所吗？

B: You can play billiards, table tennis, bridge, and go bowling.

您可以去打打弹子球、乒乓球、桥牌和保龄球。

8. A: I'm due to check out tomorrow, but I'd like to extend my stay by two or three days. 我应该明天离店，但我想延长两至三天离店。

B: Just a moment please. I'll check our room available for the next three days. 请稍等，我查一下后三天的客房可出租情况。

9. Thank you for waiting, sir. I'm afraid our hotel is fully booked for the next week. 让您久等了，先生，谢谢。恐怕下周我们酒店的客房都订满了。

10. Shall I contact another hotel for you? 让我帮您联系另一家酒店，好吗？

11. I'm afraid that the air conditioner in your room needs repairing. We would like to request you to change your room. 恐怕您房间的空调需要维修，我们想请您换一下房间。

12. You may pick up your new room key # 502 from the Reception Desk when you return. 您回来时可以在总台领您新房间 502 号的钥匙。

13. We'll make the room change for you. 我们可以给您换个房间。

14. How many nights do you wish to extend? 您希望延长住店几个晚上？

15. How much longer would you like to stay? 您想再住多久？

16. Your room has been booked for tomorrow. Would you mind changing a room? 您的房间明晚已预订给别人了。请您换一个房间，好吗？

17. You can deposit the valuables at the front desk for free. 您可以将贵重物品免费寄存在酒店总台。

项目评价

✧ 知识评价

一、单选题

1. 有访客前来查询住客，但客人外出不在房间时，以下做法不正确的是（ ）。

A. 建议访客尝试自行电话联系住客

B. 建议访客给住客留言，但不能随便将宾客房号告知访客

C. 对于要求房号保密的住客，当有访客前来查询时，应婉转回复访客其要找的宾客未住店

D. 对只知道房号而不知道住店宾客姓名的来客查询，酒店也应提供查询住店宾客信息的服务

2. 有些时候，客人的钱只够支付房费而不够支付额外的押金，遇到这种情况，以下做法不正确的是（　）。

A. 及时请示上级，机动灵活地进行处理

B. 对回头客及信用良好的客人可适当放宽政策

C. 对随身钱款不足、但住店天数较多的客人，不要轻易回绝

D. 一律委婉拒绝，可帮其联系其他酒店

3. 以下关于换房服务，说法不正确的是（　）。

A. 对于宾客提出的换房要求，都应该满足

B. 制作新欢迎卡和钥匙并交与客人，同时及时收回原房间的欢迎卡和钥匙

C. 请行李员协助客人换房，主要为客人提供行李的搬运服务

D. 房间更换后应致电宾客，询问宾客对新换客房是否满意

4. 保险箱无备用钥匙，客人如将钥匙遗失，则需凭有效证件及住店凭证取件，取件时必须（　）方证人均在场。

A. 二　　B. 三　　C. 四　　D. 五

5. 关于宾客续住服务，以下说法不正确的是（　）。

A. 如果客房情况不是很紧张，应该首先满足宾客续住要求

B. 如果同类房间已满，可建议客人入住酒店其他类似客房

C. 不需要再向客人收费，直接更新宾客的磁卡钥匙信息即可

D. 接待员应及时更改系统中该宾客的离店日期

二、简答题

1. 宾客有关酒店内部情况的问询包括哪些？

2. 贵重物品寄存服务的程序有哪些？

3. 贵重物品寄存与领取服务过程中有哪些注意事项？

4. 如何为客人办理换房服务？

5. 如何为客人办理续住服务？

✧ 实践活动

实训内容：

分角色情景模拟换房服务的全过程。

实训目标：

1. 掌握换房服务的操作程序。

2. 能够正确填写换房通知单。

3. 能够礼貌待客，在对客服务过程中具有良好的分析和解决问题的能力。

实训组织：

学生两人一组，抽签决定角色（宾客、总台服务员），由教师和其他各小组打分。

实训评价：

考评项目	换房服务操作技能		
考核内容	考核要点	分值	得分
主动迎客	微笑迎客，敬语问候	5	
	询问客人服务需求	5	
了解或说明换房原因	了解客人换房原因	10	
	根据换房原因确定恰当的处理原则	10	
查看客房状态资料，为客人安排房间	通过计算机等查询是否有符合客人需要的房间	5	
	合理为客人安排房间	10	
	征得客人同意	5	
填写换房通知单	正确填写换房通知单	10	
	请客人签字确认所换房型、房价	5	
	将换房通知单分送至相关部门	5	
协助宾客进行换房	制作新的欢迎卡和钥匙并交与客人	5	
	及时收回原房间的欢迎卡和钥匙	5	
	安排行李员为客人提供行李搬运服务	5	
信息修改与保存	在电脑中办理换房手续，更改房型、房价	5	
	通知客房部尽快清扫客人已使用的房间	5	
换房跟踪服务	致电宾客，询问宾客对新换客房是否满意	5	
合计		100	

国家精品在线开放课程
《前厅服务与管理》免费学习资源

项目七　总台收银服务

项目导读

总台每天都需要负责处理客人账务，从客人入住开始建账，消费过程中进行记账，离店时办理结账，还需要负责核算和整理各业务部门收银员转来的客人消费账单，提供外币兑换服务，并完成当班的交款编表事宜以及部分夜审工作。总台收银是一项十分繁杂的工作，需要总台员工既要十分细心又要有足够的耐心，从而准确反映酒店经营业务活动的状况。

学习目标

【知识目标】

· 熟悉客账管理的要求和外币兑换的有关规定
· 熟悉夜审工作内容和程序
· 熟悉快速结账服务及团队离店结账服务程序
· 熟悉智能化总台离店结账流程
· 掌握客账控制流程和外币兑换的服务程序
· 掌握散客离店结账服务程序及其注意事项

【能力目标】

· 能够独立建账、记账、结账以及核账交表
· 能够进行常用外币的兑换服务
· 能够独立进行散客离店结账服务

案例导入

可否挂账的洗衣费

傍晚时候，旅行团陆续到店，总台员工又开始忙碌起来。此时，大堂小陈走到旅行团中间，热情地跟客人打着招呼，为客人指引行至房间的电梯方向。正在此时，小陈手

中的电话再次响起："你好，1198 房间的外宾现在很生气，是因为……所以能否帮忙跟客人解释一下。"电话那头是楼层领班小熊，其急速的话语，让小陈一时未明白过来。小陈耐心地请小熊将事情的经过详细地说明一下，之后才了解到：1198 房间的外宾有洗衣需求，费用共计 134.5 元，但客称因无现金，故要求挂账，其明日结账时会至前台结算。当楼层服务员将客人挂账的要求反馈给总台时，却被告知该房间房费由公司付，其他自付，且客人又未交押金，故需客人付现，坚持不能挂账。于是，楼层服务员只能又将总台的反馈告知客人，要求其付现。客人对此不满，称酒店对其不够信任，后竟告知若酒店不相信，其可以暂不要衣服，待明日结账后再还给他。

大堂小陈了解情况后，仔细查看了该房间的账务备注：房费由公司付，押金由销售部某员工担保。于是小陈将事情经过反馈给了销售部负责担保的员工后，得到其明确答复：该洗衣费用可以挂账并由其担保。然后，大堂小陈将该结果分别反馈给了总台及楼层服务员，并给客人送上水果，表示歉意。

1. 在此案例中，总台服务员的处理是否妥当？

2. 如果是你接到楼层服务员的电话，你该如何处理？

任务一　客账管理

【任务导入】

从客人入住酒店，到在店期间产生住宿、餐饮、康乐等一系列的消费额，直至最后退房结账，都需要总台人员进行相应的账务处理工作，你知道在以上消费过程中，总台是如何建账、入账、结账、交款编表的吗？请你尝试完成一次完整的客账管理流程。

【任务执行】

为了确保准确无误地结算客人在酒店住宿期间所发生的费用，并保证赊欠账款的回收，避免逃账、漏账，前厅总台应建立一套完整的客账管理措施。

一、客账管理的要求

（一）健全客账管理体系

（1）建立、健全并妥善保管住客的各种原始记录，包括入住登记表、餐单、账单、杂费收据等。

（2）按房间及住客姓名建立归档汇总费用的账户，每房每客一户。

（3）建立客人入住、离店的信息系统。

（4）建立能够及时准确地把客人在酒店各营业点的各项消费登入该客人账户中去的处理系统。

（二）账户清楚

酒店前厅客人账户主要分为两类，即住客分类账和应收款分类账。其中，应收款分类账又包括非住店账户和酒店管理人员账户。

住店客人在办理入住登记后，前厅总台就为其设立了一个账户，供总台服务员登录核查该客人在酒店住宿期间的房租及其他未付款项。它是编制各类营业报表的重要来源，也是客人离店结账的依据。通常，酒店为散客设立个人账户，为团体客人设立团体账户。团体客人接待单位一般只负责其房租或免费，如个别团体客人预付保证金想享受散客待遇——在酒店各营业点签单消费等，酒店则也要为其设立个人账户，但户头必须清楚准确。

将那些与酒店保持账目往来但并不在酒店登记的客户的账单集中在应收款非住店账户内，这些客户已为将来在酒店享受产品和服务预付了订金，酒店还能为一些当地客户提供个人直接划账的服务，这些客户的名单由酒店财务信用部门列出。

一些酒店的管理方为方便酒店中高层人员接待客人，授予下属一定数额的签单数，这些账单最后送至财务部，由其进行处理。

（三）转账迅速、准确

酒店为了方便客人消费，为住店客人提供一次性结账服务，规定各营业点必须及时地将客人账单送到前厅总台来汇总，并要有一份准确的交易记录，因为客人在一天中的任何时候都可能决定结账。为了防止客人逃账、漏账，各营业点转账要准确、迅速。

在以手工操作为主的酒店，各营业点必须要设专人用单据来转账，而且营业点在给客人签单结账之前要先征询总台服务员的意见，核实该房间客人姓名及该客人是否可以签单等，然后及时转账。总台服务员在给客人办理退房手续打印账单前，要电话通知各营业点查实有无遗漏的账单。

现在，大多数酒店使用了酒店管理的计算机系统，各营业点的计算机与总台计算机联网，各营业点收款员将账单信息输入计算机，总台计算机就同时记下了当时客人的应付账款，大大提高了工作效率，且减少了漏账的机会。

二、客账控制流程

总台客账控制主要包括建账（登记、预收）、记账、结账、核账交款、夜审等一系列环节。

（一）建账

在客人办理完入住登记手续后，总台服务员应根据住宿登记表和预订单有关内容，按不同客人类型制作、核验相应的账单并建账。

1. 散客

（1）制作、检查账单各项内容，如客人姓名、房号、房型、房价、抵离店日期、付款方式、证件信息等是否填写齐全、正确。

（2）核准付款方式。如果客人使用信用卡支付账款，需将打印出的 POS 单与计算机中录入的卡号进行核对，无误后订在登记单左上角。

（3）检查有关附件如住宿登记表、房租折扣审批单、押金单、信用卡单、挂账单等是否齐全。

（4）将客人账单连同相关附件放入标有相应房号的分户账夹内，存入住店客人账单架中。

（5）登记单一式两联，一联放入账夹内，另一联应按公安机关要求留存于前台备查。

2. 团队

（1）制作、检查团队总账单，确认团队名称、团号、人数、用房总数、房价、付款方式、付款范围等项目是否填写齐全、正确。

（2）查看是否有换房、加房或减房、加床等变更通知单。

（3）根据团队签单范围制定相关签单权限，如是不可签单的团队，应关闭签单权限。

（4）将团队总账单按编号顺序放入相应的团队账夹内，存入住店团队账单架。

宾客来酒店办理入住手续，住宿登记表上各有关项目必须填写清楚完整，准确无误，这是正确建立客账的基础。

（二）记账

（1）散客或团队客人在店期间所发生的费用，要分门别类地准确记录该客人按房号设立的分户账的各项费用，例如，客人应自付款项中的长途电话费、洗衣费、传真费、餐饮费、健身娱乐费等。

（2）客人支付的预订金、预付款、转记其他客人分户账及应收账款，应分门别类地准确记入该客人的分户账。

（3）核收店内各营业点传递来的各种已记入房账的账单（凭证），并逐项核准项目、单位名称、金额、日期、客人姓名、房号、客人签名及经手人签名等。

（4）将核准的账单（凭证）客人联放入账夹内、财务联放入当班账单中，上交财务部审核。

记账与转账要准确、迅速、及时，宾客的姓名、房号、费用项目以及金额、消费时间等都要及时、清楚地登记。

知识链接

在零点餐厅用餐的费用不翼而飞

6 月 23 日，7227 房间客人在零点餐厅用餐，结账时餐厅服务员未要求客人出示房卡，就直接让客人签单。客人直接在账单上签下 1211 房号，并签下姓名。餐厅收银便将此账转入1211房间中。6月26日，7227客人在总台结账时，发现账单上没有餐费，于是提醒总台员工说有餐费。服务员查看后表示没有餐费，于是客人就结账走了。当1211房客人退房时，表示此账并非本人所发生的消费，于是拒付。

后通过账单上客人签名与6月23日入住的散客一一核对，发现此账可能为7227房客人所有，总台员工通过订单上的电话与客人联系，客人承认23日晚确实用过餐，但在24日办理离店手续时曾两次提醒总台服务员昨晚在餐厅有消费，但服务员均表示无此类消费后自己才结账离店的。经再三与客人沟通，客人终于答应来店结此费用。

【分析点评】

此案例说明酒店在记账、结账上有部分流程尚待完善，特别是客人已经明确说明有消费，服务员却仍坚持无消费的现象有待改进。

【建议做法】

1. 总台服务员在签收餐厅转房账的账单时，应在收单同时核对系统中住店客人信息与在营业点现场签单人是否一致，若不一致应要求转账点收银员重新核对并请有效签单人补签。

2. 客人离店结算时，在客人对消费有异议时要主动与相应岗点收银员核实情况，在确认无误后再给客人办理结算手续。

3. 其他营业点的收银员在客人要求签房账时，应请客人出示房卡，确认房号后再办理房账转入手续

（三）结账

客人的结账方式一般有现金、信用卡、转账、支票等。为了方便客人结账，星级酒店一般会在客人入住时收取一定数额的押金，用于客人的在店消费，即客人在店期间可签单消费，在离店时一次性结算。这样既能给客人带来方便，又能够留下服务态度好、工作效率高的良好印象。

具体的结账程序和方式详见项目七中“任务三 离店结账服务”部分的内容。

（四）核账交款

1. 清点现金

总台员工根据酒店计算机打印出的自己工号的交账报表，清点当班需要上交的现金、信用卡单、支票。一般以信封交款方式上交财务，即采用把款项用信封装好投入指定保险柜的方式。次日由财务部早班统一开柜取信封核账，开启保险柜时必须把两把钥匙同时插入才能打开（有酒店为密码箱），两把钥匙分别由出纳和审计保管。

2. 整理账单

（1）根据酒店计算机打印出的当班员工账单报表，把已离店结账的账单按照“现金结算收入”“现金结算支出”“支票结算”“信用卡结算”“挂账结算”等类别进行汇总整理。

（2）挂账结算的单据应将挂账凭证附在账单后面。

（2）把入住客人的保证金付款单据、预订房间的保证金单据等进行分类整理。

3. 打印财务报表，核对账单

总台员工在本班次结束前，需在酒店管理信息系统中打印出自己工号的财务报表，然后，把整理好的账单，即将现金结算、信用卡结算、转账、支票等单据与该报表上所体现的各类明细及其汇总项目逐一进行核对。如发现不符，则将不符的项目与财务报表中的有关项目进行核对，找出原因，及时更正。

4. 送交款项、账单

账务核对准确后，将清点好的现金、信用卡单、支票，装入缴款信封，并将其投放入保险箱内，做好相关信息的登记。同时将账单和自己工号的财务报表按酒店规定上交财务部。

（五）夜审

1. 什么是夜审

酒店总台每天都要进行大量的账务处理工作，总台员工既要建账、入账，又要收款、结账，在这一系列工作中难免会出错，为了加强对账单资料的查对，对建账—入账—结账环节进行检查和控制，酒店有必要通过夜审（Night Auditing）对当天客账的正确性进行审核。

房账的夜审工作通常由前台工作人员或大堂经理承担（原是由财务夜审人员承担），其主要职责是核查前一日的夜班后所收到的账单，将房租登录在宾客账户上，对酒店营业情况进行总结与统计，向管理层及时反馈酒店每日的经营状况。为保证夜审工作能准确显示当天的真实收益情况，夜间审核人员要求细心、敏锐，能够在众多的报表、账单中发现错误和纠正错误，并制作准确的相关营业报表。

为保证每日营业情况审核的可比性，夜审工作应有明确的截止时限。酒店会根据自身的因素来定这个截止时限，如旅游景区的酒店一般设置在午夜零点，而城市中的商务型酒店则更多地设置在凌晨2~4点（一般要在5点前结束夜审，因为一早会有退房的客人）。

2. 夜审的工作步骤

（1）核查账单。核查临时入住登记单上的信息与系统中是否相符（如房号、房价、证件资料等）；核查系统中的客人消费项目是否签单齐全、签字是否相符；核查房价是否符合协议价，若房价由高调低手续是否齐全（需有相关审批人签字）；核查挂账、招待单据是否有客人与授权人签字（核查挂账账单签字是否为协议单位授权人）。

（2）预审对账。将各类账单的金额与收银报告中的有关项目进行核对；打印整理出一份当天客房租用明细表；核对客房租用明细表的内容与前台各个房间账卡内的登记表、账单是否一致，如发现不符，应立即找出原因并及时更正；确定并调整房态。

（3）房租过账。检查退账通知单上的内容，确定其是否符合退账条件；检查审核账务更正表。经上述工作确认无误后，操作计算机将新一天的房租自动计入各住客的宾客分户账（或人工计入）；编制一份房租过账表，并检查各个出租客房过账的房租及其服务费的数额是否正确。

（4）编制营业日报表。与客房部、餐饮部、商务中心、康乐部等部门的营业报表进行对账，待确认所有数值一致后，可以打印当日各部门营业收入日报表以及酒店营业收入日报表。

酒店营业收入日报表是全面反映一家酒店当日营业情况的业务报表，可由计算机系统生成并通过打印机打印。夜审员要将此报表打印两份，一份于次日清晨送交总经理办公室，另一份送交财务部门作为核对营业收入的依据。

除了制作打印酒店营业收入日报表外，夜审员还需要打印一些辅助性的数据报告，如客房营业报告表、散客 / 团队用房营业统计收入、预订未到宾客情况表、当日取消订房报告表、次日宾客退房表、内部用房报告表、待修房报告表、客房出租走势图、早餐报表等。这些报表与酒店营业收入日报表一样，成为掌握和调整经营管理的重要依据。酒店的这些报表在格式方面各有特色，但主要的项目内容却大同小异地被体现在报表中。

任务拓展

根据本次工作任务的学习内容，请你用思维导图的方式构建出客账管理的全过程。

任务总结

客账管理是一项十分细致而又复杂的工作，时间性和业务性都很强。其工作的好坏直接关系到能否保证酒店的经济效益，准确反映酒店经营业务活动的状况，也反映了酒店的服务水平和经营管理效率。因此，要做到账户准确、转账迅速、记账准确、结账准确快捷。

任务二　外币兑换服务

【任务导入】

姜女士坐飞机从美国来到当地旅游，由于手上人民币现钞不多了，她担心一会儿去景点游玩时不够用，因此，来到酒店前台掏出了 500 美元，想兑换成人民币。如果你是总台接待员，接下来该怎么做呢？

【任务执行】

酒店为方便中外客人，受中国银行授权，根据国家外汇管理局公布的外汇牌价，代理外币兑换以及旅行支票和信用卡业务。

一、酒店外币兑换有关规定

（1）酒店为住店客人兑换外币。

（2）酒店只能是将客人的外币兑换成人民币，而不能逆向兑换。这是我国外汇管理制度的相关规定。如果客人在离店时需要将多余的人民币兑换成外币，则可请其去银行或机场的银行办事处进行兑换。

（3）目前，在中国可兑换的外币种类包括美元、英镑、瑞士法郎、新加坡元、瑞典克朗、丹麦克朗、挪威克朗、日元、加拿大元、澳大利亚元、欧元、泰国铢、韩国元、菲律宾比索、俄罗斯卢布，以及港币、澳门元、新台币等。其中，有些外币只限于在中国银行或其他银行的部分网点兑换，如韩国元、俄罗斯卢布等。

（4）有关酒店兑换外币时的汇率。以每天中国银行公布的当日汇率为依据。表 7–1 显示的是每 100 元外币与人民币的兑换金额（以中国银行 2022 年 9 月 28 日 15:39 发布的汇率为例）。其中，当客人拿着外币现钞前来要求兑换成人民币，则酒店会按“现钞买入价”给予兑换，若客人拿着旅行支票前来兑换，酒店按“现汇买入价”换为人民币。表 7–1 中的“卖出价”是银行为客人将人民币换成外币（即银行卖出外币）时所用的汇率。

表 7–1　人民币外汇牌价（2022 年 9 月 28 日 15:39）

货币名称	现汇买入价	现钞买入价	现汇卖出价	现钞卖出价
澳大利亚元	459.45	445.17	462.83	464.88
加拿大元	522.71	506.21	526.56	528.89
瑞士法郎	725.19	702.81	730.29	733.42
丹麦克朗	92.55	89.69	93.29	93.74
欧元	688.77	667.37	693.85	696.08
英镑	769.59	745.67	775.25	778.68
港币	91.97	91.24	92.34	92.34
印度尼西亚卢比	0.0472	0.0458	0.0477	0.0494
日元	4.9853	4.8304	5.022	5.0297
韩国元	0.4991	0.4816	0.5031	0.5215
澳门元	89.4	86.4	89.75	92.74
挪威克朗	65.94	63.9	66.46	66.78
新西兰元	402.26	389.84	405.08	410.65
菲律宾比索	12.19	11.77	12.33	12.88
卢布	12.11	11.56	12.61	13.16
瑞典克朗	63.02	61.07	63.52	63.83
新加坡元	498.18	482.81	501.68	504.18
泰国铢	18.81	18.23	18.97	19.57

续表

货币名称	现汇买入价	现钞买入价	现汇卖出价	现钞卖出价
土耳其里拉	38.94	37.04	39.26	45.07
美元	721.94	716.07	725	725
南非兰特	39.68	36.64	39.96	43.07

备注：选取部分人民币外汇牌价。

二、外币兑换前的准备工作

（1）掌握当日外汇牌价。总台服务员每天早上根据中国人民银行公布的外汇牌价，及时更改当天的外汇牌价表。

（2）检查兑换外币所需的办公用品和货币兑换水单，检查是否连号，是否有断号现象。

（3）做好人民币现金准备，领足备用金。

三、外币兑换服务程序

（一）外币现钞兑换服务程序

为了更好地提供外币兑换服务，总台服务员要能正确鉴别外币的真伪，了解有关外币兑换规定，能熟练处理外币兑换业务。外币兑换程序具体如下：

（1）礼貌问候并询问兑换要求。礼貌地问清宾客兑换货币的币种和金额，确认是否属于可以兑换的货币。有些酒店规定，对于超5000美元金额的外币现金兑换一般不予受理，而是请宾客前往银行办理。

知识链接

韩币兑换的波折

2月7日，1703房的外籍客人邓普西先生至总台办理入住手续，客人表示要用韩币在总台兑换成人民币来支付车费，但是总台不接受韩币，邓普西先生很着急，称这是他第一次来中国，不知道韩币不流通，也没有带其他币种的现金。

礼宾主管了解此情况后帮客人致电中国银行询问是否可以兑换，中国银行也告知不接受韩币。总台员工便建议客人用信用卡取现，客人说信用卡是公司卡，无法取现。邓普西先生表示自己在中国也没有朋友，颇感为难，礼宾主管安慰客人，帮客人联系其公司工作人员，告知该情况，并建议由公司支付此笔费用，让司机去公司结账，公司表示同意。邓普西先生对酒店员工提供的帮助表示十分感谢，声称中国人非常热情友好，

“金陵”这个酒店品牌也给他留下了非常好的印象，下次再来中国一定会兑换好现金，而且还会选择入住金陵连锁酒店。

【分析点评】

1. 对于酒店来说，每件事虽然都是小事，但是如果做不好就有可能成为大事，如果当客人提出韩币兑换要求时，员工按照规定一口回绝客人，虽然没有错，但是客人一定是不满意的，客人对酒店就不会有信任感。

2. 礼宾主管作为前厅部一名优秀的管理人员，有着较为丰富的经验和较强的应变能力，在遇到问题的瓶颈时能够主动思维，本着为客人解决困难的原则，多方面沟通联系，最终圆满地化解了问题。

3. 任何一名酒店员工都要想客人所想，急客人所急，学会换位思考，站在客人的角度思考问题，提供力所能及的帮助，解决客户的实际困难，才会让客户真正体会到“家”的感觉，从而赢得更多的市场机会。

（2）清点外币并辨别真伪。总台服务员礼貌接收客人需兑换的外币后，当场清点、唱收，并运用验钞机及相关工具检查货币真伪。

（3）登记宾客相关证件。酒店通常只为住店宾客办理外币兑换服务，因而需要先确定宾客是否具有住店身份。另外，外币兑换需要登记宾客的姓名、证件号码等信息。

（4）告知汇率并填写水单（表 7–2）。根据当日现钞牌价，将外币名称、金额、兑换率、应兑金额及客人姓名、证件名称、证件号码、房号等准确填写在水单相应栏目中，准确进行换算。

（5）请宾客签字确认。总台服务员复核填写内容无误后，请宾客在水单上签字，并加盖收银员私章、货币兑换公章即酒店财务章。

表 7–2　外币兑换水单

外 汇 兑 换 证 明 ①

EXCHANGE MEMO　　NO. 2007099

姓名 Name　　护照号码 Passport No.　　房间号码 Room No.　　日期 Date

ZY 9.5×17.5公分

<table>
<tr><th>摘　要
Particulars</th><th>外汇金额
Amount in Foreign</th><th>牌价
Rate</th><th>人民币金额
Amount in RMB</th><th rowspan="4">客
户
联</th></tr>
<tr><td>□ 现　金（CASH）
□ 旅行支票（T/C）</td><td></td><td></td><td></td></tr>
<tr><td colspan="2" rowspan="2">请妥为保存，境外个人在二十四个月内可凭本人护照和此水单兑回外汇。
Please keep this carefully. The unused ¥ Yuan can be reconverted into foreign currency according to your passport and the EXCHANGE MEMO within twenty four months.</td><td>扣贴息
Less discount</td><td></td></tr>
<tr><td>净　额
Net Amount</td><td></td></tr>
</table>

客户签字（Signature）：　　经办员签字：

（6）复验金额并交款。再次清点应付给宾客的货币金额，将人民币现金、水单的第二联和证件等一并交给宾客，交付时注意唱付，请宾客当面点清。

（7）单据处理。将外币兑换水单的留底联归档，待交班时及夜审时进行核对。

知识链接

酒店外币兑换服务赢利吗？

酒店在外币兑换中是否可赢利，这取决于国家的外汇政策。目前，我国的酒店参照中国银行公布的汇率进行外币兑换，所换得的外币将于次日交给当地的中国银行，银行将外币按兑换时的汇率折算成相应的人民币交还给酒店。因此，当前酒店的外币兑换服务是出于服务客人的目的，酒店并不从中赢利。

（二）旅行支票兑换服务程序

旅行支票（Traveller Cheque）是银行或旅行社为旅游者发行的一种固定金额的支付工具，是旅游者从出票机构用现金购买的一种支付手段。旅游者在国外可按规定手续，在发行银行或旅行社的国内外分支机构、代理行或规定的兑换点，兑换现金或支付费用。酒店总台收兑旅行支票的服务程序如下：

（1）查验旅行支票。当确认宾客的旅行支票兑换要求后，查验宾客所持支票的真伪，检查、核对其支票是否属可兑换之列，有无区域、时间等的限制。

（2）核对并登记宾客的有效证件。请宾客出示护照等证件，同时出示欢迎卡，总台服务员进行信息核对，如照片是否相符，支票上的签名与证件上是否一致。确认无误后，将支票号码、持票人的号码及国籍抄到水单上。

（3）支票复签。请宾客在支票指定的复签位置上当面复签，并核对支票的初签与复签是否相符。没有初签的旅行支票为无效支票，总台服务员不能要求宾客当场补签，而应礼貌地请宾客到银行去办理托收业务。

（4）填制水单（表 7–2）。查清该支票外币当日汇率牌价，并扣除贴息算出实付金额，换算要准确。填制水单，请宾客在水单的指定位置上签署姓名，水单一式两联。

（5）支付兑换款额。总台服务员认真复核水单上的金额及所应兑付给宾客的金额，唱付给宾客。

知识链接

1. 旅行支票的必要项目

根据《日内瓦统一法》规定，旅行支票（图 7–1）要求具备以下必要项目：

（1）写明其为“旅行支票”字样。

（2）出票人名称。

（3）购票人（PURCHASER）的初签。

（4）兑付人的复签。

（5）固定金额。

（6）记名抬头人。

图 7–1　旅行支票票样

2. 旅行支票的种类

（1）AMERICAN EXPRESS

（2）CITI BANK

（3）THOMAS COOK

（4）SUMITOMO

（5）BANCO COMMERCIAL ITALY

3. 旅行支票的面值

不同币种的旅行支票面值也不同，具体如表 7–3 所示。

表 7–3　旅行支票的面值

币别种类	面额	币别种类	面额
美元	1000、500、100、50、20	澳元	200、100、50
欧元	100、50	新西兰元	200、100
加元	500、100	瑞士法郎	500、100
英镑	200、100、50、20	日元	100000、20000

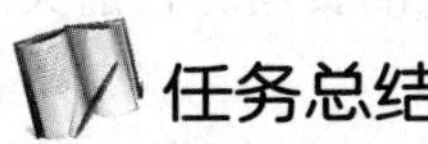

任务拓展

纸币中的水印图案是重要的识别真伪钞线索。你知道什么是水印图案吗？观察各种面额的人民币纸币，找一找人民币的水印图案是什么样的？分别在什么位置？

任务总结

外币兑换服务是酒店为了更好地服务住店客人而提供的一项代办服务。总台服务员应接受规定项目的专门技术、技能操作培训，了解外币现钞种类，掌握外币兑换服务流程及注意事项，了解外币兑换常识，增强识别假钞和安全防范能力，维护国家尊严和利益，以做好此项工作。

任务三　离店结账服务

【任务导入】

在南京玩了三天，姜女士的这次旅游行程也接近了尾声。今天一早，她在酒店二楼餐厅吃完早餐，便拎着自己的行李箱来到总台准备办理退房（Check-out）手续。如果刚巧由你来接待她，那么接下来你该怎么做呢？

【任务执行】

总台服务员在为客人办理结账的时候一定要按照酒店规定的程序和要求进行，否则将会造成管理混乱的局面，影响对客服务质量。宾客大多希望酒店能快速而准确地办理离店结账手续（Check Out），因此，多数酒店要求总台服务员能在 3 分钟之内为宾客完成结账手续，很多酒店还为有需要的住客提供快速退房服务。离店结账业务通常分为散客离店结账和团队离店结账。

一、散客离店结账服务程序

（一）礼貌问候，核实相关信息

（1）礼貌问候客人，核实是否结账退房。当宾客到达总台结账时，收银员应热情问候宾客，同时问清宾客是退房结账还是结算欠款，避免不必要的麻烦。

（2）收回客人的房卡和钥匙。如果确认客人是前来退房的，需向客人收回欢迎卡、钥匙和押金收据等。

（3）将房卡置于读卡器上，读取房号信息，确认客人的姓名、房号，并与计算机中信息进行核对。

（4）检查客人是否为提前退房，若是且涉及相关费用，如每天需要摆放鲜花等，则应通知相关部门。

（5）延时退房是否需要加收房租。一般过了酒店规定的正常退房时间来办理离店手续，需要加收半天房费，过了下午6点来办理离店手续则需要加收一天房费。因此，客人办理离店手续时如果超过了规定的时间，我们需要告知客人所需加收的费用。目前大部分酒店可以帮客人延迟至下午2点退房，但需要经酒店大堂副理同意。

（二）通知客房中心退房信息

确定退房房号后，接待员应电话通知客房中心或直接在计算机系统上进行查房操作，当客房中心接到退房信息后，会安排相应的楼层服务员进行查房。国内查房主要检查：客房迷你吧的使用情况、客房设施设备的完好程度以及房内有无客人遗留物品等。

知识链接

免查房结账

很多宾客都有这样的体会，当退房结账时，一直要等到客房中心反馈查房信息后，才能办理结账手续。对许多常住酒店的宾客来说，时间上的等待仅是抱怨的一个方面，有时心理上还会产生一种被怀疑的焦虑感。

基于以上原因，很多酒店推出了“免查房结账”制度，即在宾客退房时，对于房间消费，总台服务员以询问的方式取代查房的形式，以加快宾客退房结账的速度，使宾客有受尊重的感觉。总台服务员通常会问客人：“××先生/女士，请问您有没有新近的未结算的消费？”如果客人回答说没有，则收银员会认可客人的陈述，立刻为客人办理结账手续。

“免查房结账”这一做法收到了良好的社会效果，但并不是所有酒店都适用，通常在一些高星级的商务酒店推广较妥。一方面，这些酒店接待的客人素质较高，尤其是商务客人，这部分客人往往不太会逃账；另一方面，酒店的房费较高，如果客人真不想为了一瓶房饮或一件客用品而付费，那么酒店受到的损失较房费而言所占的比例很小。因此，随着人们消费水平的不断提高，以及酒店对客户满意度的日益重视，目前越来越多的酒店开始逐步淡化了结账查房程序。

（三）核对账目，核查各类账单

（1）委婉询问宾客是否有未付或未挂账的新近消费。例如，询问是否消费过房间里的酒水、饮料、小吃，是否刚刚在餐厅用过餐等。如果客人回答有，则应询问消费物品名称及数量，并与计算机中的账单明细进行核对，如果未入账则将此笔消费及时录入计算机中。如果客人回答没有用过，目前，大多数酒店一般本着对客人的信任，直接进行结账操作。

（2）找出宾客账单并核实。将账单内容与计算机中的消费记录进行核对，避免漏账、错账；并检查各类必要的单据是否齐全，如入房登记表，宾客在入住期间可能会有的房租折扣审批单、换房单等。

（四）打印账单，请客人签字确认

账单经过核对准确无误，并得到客房中心的查房回复且无异议后，从系统中打印出宾客的消费清单，请客人核实，并签字确认。若此时客房中心查房告知总台宾客房内另有消费，则应先与宾客确认，修改消费账单，而后交由宾客核对、确认签字。

值得一提的是，目前大部分酒店仍会正常进行查房手续，但不再需要客人等待查房结果，如果在完成结账手续前，客房中心未能将查房结果告知总台，则直接让客人离店即可。此后，万一房内存在物品的消耗，则由酒店相关人员按照规定程序进行签字免单。

（五）确认付款方式，客人完成结账

礼貌询问客人："××先生，您还是用现金/刷卡结账吗？"

（1）如果客人选择仍用现金结账。应请客人出示入住时开具给其的押金单，比对押金单金额和实际消费金额，唱收唱付，多退少补，并将找零交至客人手中，提醒其清点。记得一定要将押金单收回，并与登记单等订在一起留存。

（2）如果客人选择仍用微信、支付宝或信用卡预授权结账。从客账袋中取出该客人的预授权单，在 POS 机上选择"预授权完成"，输入实际消费金额，然后扫描预授权单上的二维码，系统会将实际消费金额从客人微信、支付宝或信用卡上直接扣除，多预授的金额则自动原路退回。如果交易成功，则 POS 机会打印出票据，一式两联，第一联商户联请客人签字确认，酒店留存，第二联供客户留存。

（3）如果客人为签单挂账方式结账。总台服务员应弄清挂账单位名称，将单位承诺代付的所有费用在计算机中转至该单位的应收账款项目中。账单需转交至财务部，由财务部进行具体安排结算。

（4）如果客人用支票结账。拿出入住时客人交付的支票，按照客人实际的消费金额填写支票，填支票一律用黑色水笔填写。用大写在支票上填上使用的年、月、日，填上"××酒店"的收款人名称。小写金额前一位必须写上币号"¥"，以防涂改。汉字大写金额数字一律用正楷字书写，不得任意自造简化字；大写金额数字到元或角为止，在"元"或"角"字之后应写"整"字；大小写金额不得涂改，印鉴不可重复，一经涂改，该支票即刻作废；如因总台经办人员填错支票的，一律由经办人自己负责催换支票，直至收到款为止。最后，总台经办人在支票存根联下方签上自己的姓名、日期，交给客人。

知识链接

支票知识

支票（Cheque，Check）是出票人签发，委托办理支票存款业务的银行或者其他金融机构在见票时无条件支付确定的金额给收款人或持票人的票据。支票分为转账支票和现金支票。

1. 转账支票

转账支票（图 7–2）是出票人签发的，委托办理支票存款业务的银行在见票时无条件支付确定的金额给收款人或持票人的票据；在银行开立存款账户的单位和个人客户，用于同城交易的各种款项，均可签发转账支票，委托开户银行办理付款手续。转账支票只能用于转账。转账支票是一种最基本的同城支付结算业务品种，最初只能用于本地，现在可以用于异地转账。

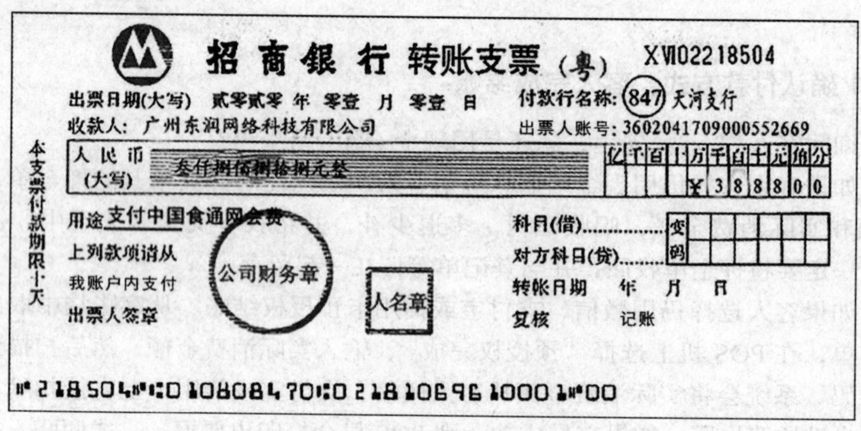

招商银行 转账支票（粤） XⅥ02218504
出票日期(大写) 贰零贰零 年 零壹 月 零壹 日
付款行名称: 847 天河支行
收款人: 广州东润网络科技有限公司
出票人账号: 3602041709000552669
本支票付款期限十天
人民币(大写) 叁仟捌佰捌拾捌元整

亿	千	百	十	万	千	百	十	元	角	分
				¥	3	8	8	8	0	0

用途 支付中国食通网会费
上列款项请从
我账户内支付
出票人签章
公司财务章
人名章
科目(借)……
对方科目(贷)……
变码
转帐日期 年 月 日
复核 记账
⑈218504⑈⑆0108084701⑆0218106961000⑈00

图 7–2 转账支票票样

2. 现金支票

现金支票用于支取现金，它可以由存款人签发用于到银行为本单位提取现金，也可以签发给其他单位和个人用来办理结算或者委托银行代为支付现金给收款人。

现金支票（图 7–3）的内容有：

（1）付款单位的账号和开户银行、密码，收款单位的名称。

（2）款项金额。

（3）款项用途。

（4）签发日期。

（5）付款单位签章。

（6）背书及背书日期。

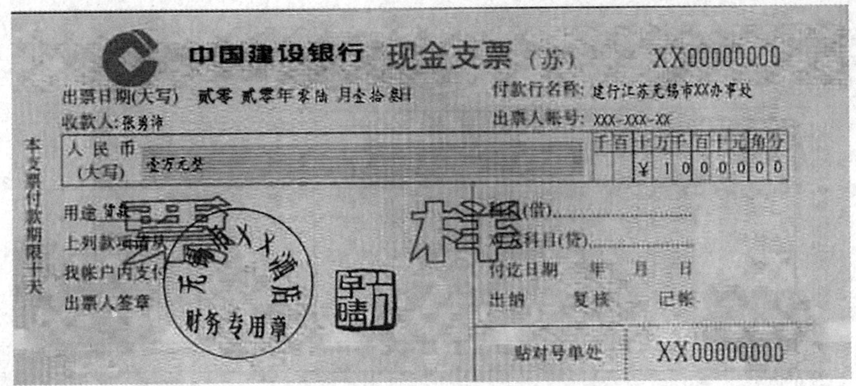

中国建设银行　现金支票（苏）　XX00000000

出票日期(大写)　　付款行名称：建行江苏无锡市XX办事处

收款人：　　出票人账号：XXX-XXX-XX

本支票付款期限十天

人民币（大写）	壹万元整	千	百	十	万	千	百	十	元	角	分
				¥	1	0	0	0	0	0	0

用途

上列款项请从

我账户内支付

出票人签章

科目(借)

对方科目(贷)

付讫日期　年　月　日

出纳　复核　记帐

贴对号单处　XX00000000

图 7–3　现金支票票样

（5）如果客人采用混合式结账方式。客人可能使用超过一种结算方式将账户结为零。例如，客人可能使用现金支付一部分账款，其余账款使用可接受的信用卡结算。前厅接待员必须准确记录混合的结账方式，并应注意做适当的书面记录。这些记录有助于有效的前厅审计。

（六）更改房态，开具发票

付款方式确认后，在计算机中办理结账，更改房态至空脏房 / 走客房（Vacant Dirty，VD）。然后，询问客人是否需要开发票，如果需要开增值税普通发票（图 7–4），则请客人告知发票抬头开公司名称还是个人名字，最好请客人在账单上写明具体名称和税号，以防开错发票。如果需要开增值税专用发票（图 7–5），则还需要客人提供纳税人号、纳税人信息、电话号码、公司地址等信息。最后，使用发票系统帮助客人开具出相应的发票。发票开好后，将其与账单、找零或信用卡刷卡回单一起放入信封内，一并交与客人。

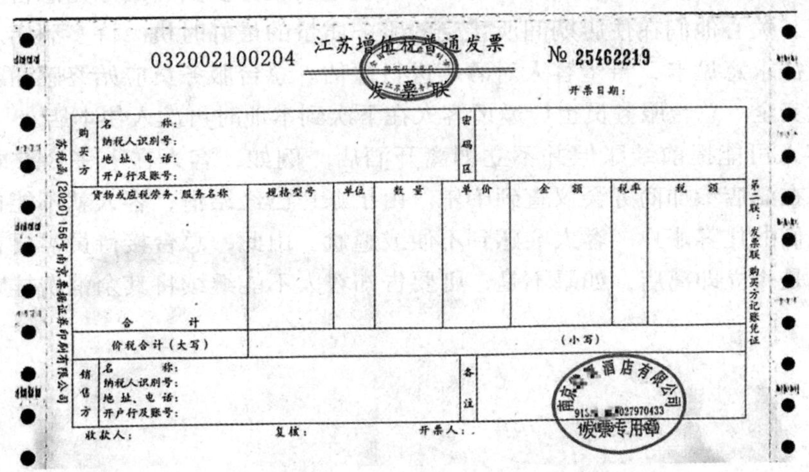

江苏增值税普通发票

032002100204　　№ 25462219

发票联

开票日期：

购买方	名　　称： 纳税人识别号： 地　址、电　话： 开户行及账号：				密码区			
货物或应税劳务、服务名称	规格型号	单位	数　量	单　价	金　额	税率	税　额	
合　　计								
价税合计（大写）					（小写）			
销售方	名　　称： 纳税人识别号： 地　址、电　话： 开户行及账号：				备注			

收款人：　　复核：　　开票人：

第二联：发票联　购买方记账凭证

图 7–4　增值税普通发票

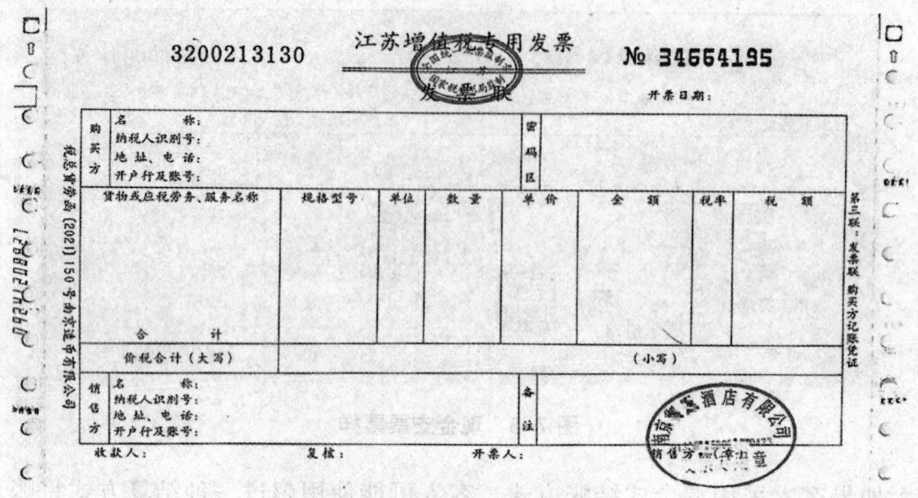

3200213130　　江苏增值税专用发票　　№ 34664195

发票联

开票日期：

购买方	名　　称： 纳税人识别号： 地址、电话： 开户行及账号：				密码区			
货物或应税劳务、服务名称		规格型号	单位	数量	单价	金额	税率	税额
合　　计								
价税合计（大写）						（小写）		
销售方	名　　称： 纳税人识别号： 地址、电话： 开户行及账号：				备注			

收款人：　　复核：　　开票人：　　销售方：（章）

第三联：发票联　购买方记账凭证

图 7–5　增值税专用发票

（七）行李服务及感谢与祝愿

（1）询问客人是否需要行李服务或者帮其叫出租车。

（2）感谢客人，祝福客人。感谢客人的光顾，并征求宾客在住店期间的感受和对酒店服务的意见。宾客离开柜台时，应与宾客道别，并祝其旅途愉快或欢迎再次光临。

（八）做好账、款的统计和资料的存档工作

认真做好账、款的统计；处理好各类单据，将另一联“消费账单”与“宾客入住登记表”“押金收据”等各种凭证汇总归类交审计员审核。

离店结账是前厅最后一次展现殷勤好客的机会。例如，总台服务员应询问客人酒店各方面是否达到他的期望，特别是客房、酒店设施和服务。离店结账是总台服务员让客人了解酒店，关心他们在住店期间所接受的服务质量的最好时机。许多酒店总台在结账时发给客人征求意见卡，希望客人对酒店进行评估。总台服务员应始终感谢客人住店并祝客人旅途安全。总台服务员也应邀请客人在下次到本地时再次入住本店。

有时客人可能提前结账但并不立即离开酒店。例如，客人在上午 8 点即完成了结账，但需要在酒店参加商务会议直到中午。由于账户已经结清，客人就不能再将其余的消费记入他们的住客账户。客人会感到不便或尴尬。由此，总台接待员需要在客人结账时核实客人是否立即离店，如果不是，则要告知客人不能继续将其余消费挂账到原有账户中。

知识链接

表 7–4 饭店运营质量评价表（结账）

序号	标准	评价			
2.1.7	结账	优	良	中	差
2.1.7.1	确认宾客的所有消费，提供总账单，条目清晰、正确完整	3	2	1	0
2.1.7.2	效率高，准确无差错	3	2	1	0
2.1.7.3	征求宾客意见，向宾客致谢并邀请宾客再次光临	3	2	1	0

释义：

账目清楚、准确高效是结账服务的基本要求。若有疑问，应认真查询，细心解释。正常情况下应在 3 分钟内完成。

总账单结账是指宾客在办理入住登记手续时，通过交纳一定预付金，在饭店所有对客服务区域的消费均可实现记账消费，待离店时一次性结算支付的服务方式。

资料来源：中国旅游出版社《旅游饭店星级的划分与评定释义》

二、散客离店结账过程中的注意事项

（1）称姓服务。在结账过程中必须使用称姓服务至少 3 次，以示对客人的尊重。

（2）询问客人入住感受。离店结账的过程绝不仅仅是收回消费款项的简单过程，在操作过程中，服务人员应该利用与客人接触的最后一个机会询问一下客人的住店感受，适当地同客人进行一些交流，帮客人解决问题，给客人留下美好的最后印象。如果客人为提前离店，则需询问客人原因，着重了解是否因为酒店产品、服务等方面的原因而导致客人提前离开的。

（3）询问是否需要预订日后的客房。如果有可能的话，还可以询问客人有没有后期需要做的预订，如果有则可以帮客人提前做好后面的预订，如果客人需要到其他城市出差，则可以向其推荐同集团的酒店。

（4）及时唱收唱付。在收款过程中，必须做到及时唱收唱付，以防出现钱款差错。

知识链接

"无人"退房

一客户通过公司预订房间，入住一天以后，到退房时间没有过来退房，经查房间内有行李。于是大堂副理打电话给协议公司订房负责人，询问该房间是否续住。协议公司订房负责人说接到通知该房间不续住了。当大堂副理告知公司房间内有行李时，协议公司的人回答说，可以先把行李拿出来放在前台，把房间退掉。大堂副理随即安排保安及客房主管和自己一起去房间帮客人搬行李，为其退房。

但是晚上该客人回来，发现房间已经退掉了，非常生气，还说少了一个钱包。因为客人喝了很多酒，在前台吵闹，大堂副理随即跟客人解释，并马上联系协议公司的订房负责人。在问明情况以后，马上安抚客人并解释原因，客人终于承认自己是因为生气才说丢了钱包的，在得知搬行李的事是公司通知酒店的，也对酒店的态度及处理方法表示理解。

【分析点评】

1. 由于客人不退房，但酒店接到订房公司通知退房，客人认为酒店在没有通知他的情况下擅自将其行李搬出来，所以谎称丢失了钱包。

2. 案例中，大堂副理能够根据情况，及时地安抚客人，并且联系客人所在公司提供解释，应对能力较好。

【建议做法】

1. 针对无人有行李的房间，大堂副理最好的处理方式是第一时间联系入住的客人，所以在办理入住手续的时候前台应该尽可能地让客人留下他们的联系方式，方便第一时间联系客人。

2. 在出现客人电话联系不上的时候，可以通过客人的协议公司联系客人，房间是否保留应该跟入住人做确认后再处理。

3. 如果入住费用是公司付款的，应及时根据客人的要求，与公司取得联系，避免后期账目的混淆。

三、快速结账服务

为了避免出现客人集中时间段退房，导致前台拥挤、人手不够用现象的出现，同时也是为了方便客人，有的酒店可为客人提供快速结账服务，大致分为两种模式：

（一）客人在房内结账

这种酒店的计算机管理信息系统具有让客人在房内结账的功能，酒店可以利用客房内的电视机，将其与酒店的计算机管理信息系统连接，客人就能在离店的前一天晚上，根据服务指南中的说明，启动房内结账系统，开始结账。在离店的当天早上，客人就可以在电视机屏幕上看到最后的账单情况，并提前通知前台准备账单，这样就加快了结账的速度。如果住客使用信用卡结账，就不必到前台去办理结账手续了；如果客人用现金付款，则必须到前台办理结账，因为付现金的客人还没有与酒店建立信用关系，因此计算机管理信息系统的控制程序不允许现金付款的客人采取房内结账的方式。

（二）客人填写“快速结账委托书”结账

对于有良好信用的客人，使用信用卡结账的酒店可为其提供快速结账服务：在客人离店前一天写好“快速结账委托书”（图 7–6），允许酒店在其离店时为其办理结账退房手续。住客可向前台索取“快速结账委托书”将其逐项填好后送至前台，接待员则对其支付方式等进行核对。在客人离店当天早上，接待员将住客消费的大致数目告诉客人，这时客人也可能已经离店而未告知收银员。住客离店后，收银员在不忙的时候替客人办理结账手续，并填制好信用卡签购单。“快速结账委托书”上的客人签名，将被视作信用卡“签购单”上的签名，财务部凭信用卡签购单和“快速结账委托书”向银行或信用卡公司追款。为了方便客人备查，酒店一般会将账单寄给客人。

快捷结账服务

为使您商务之旅更加畅快，免致退房时造成的匆忙，我们特意设计该快捷结账服务卡。

凡持有有效银行卡在总台办理过预授权，且消费金额不超过预授权者，均可享受该项服务。您只需填妥下表，我们即会将消费记录于您的银行卡内。

本人声明：店方有权以本人之银行卡付清本人所有账单。

请在下列选项中作出对应的选择

是否需要账单？☐ 是　☐ 否　　是否需要发票？☐ 是　☐ 否

发票抬头：________

发票项目：☐ 住宿费　☐ 餐饮费

您希望函寄的地址：________

账单、发票将在结账后寄出

姓名：________　*签名：________　*电话：________

*房号：________　退房日期：________

填写好此服务卡请于离店日前交还至总台

EXPRESS CHECKOUT SERVICE

In order to check out efficiently and to ensure a pleasant business trip, we have specially created the Express Checkout service card.

Guests who have established pre-authorization with the bank card, and with amounts of consumption not exceeding the pre-authorization payment, can enjoy this service. Please fill in the following form, and we will charge the amount of your consumption to your bank card.

I declare that the hotel has the right to pay all my bills with my bank card.

Please select the following services

Do you need the bill? ☐ Yes ☐ No　Do you need the invoice? ☐ Yes ☐ No

Invoice title: ________

Project specification: ☐ Lodging Fee ☐ Food & Beverage Fee

Address you expect to mail to: ________

The bill and invoice will be mailed after checkout.

Name:________　* Signature: ________　* Tel.: ________

* Room No.:________　Check-out Date:________

Please fill in the card and present it to the Front Desk when checkout.

图 7–6　快速结账委托书

知识链接

自助结账

在一些酒店，客人能够通过自助结账终端自己结账离店，这些终端设置在大厅或会议区域，或者使用房间内的终端系统。自助结账终端或房间内系统是与前厅计算机系统接口的，目的是减少结账时间以及前厅的客人流量。自助结账终端设计的形式多样。有些类似自助银行语音系统及其他具有影视和声音功能的装置。自助服务设备通常设置在酒店的非前厅区域，如会议团队登记区或酒店停车场。

在使用自助结账终端时，客人点开相应的总账单，检查账单内容。系统也许要求客人通过键盘或者在附带的信用卡磁条读卡机上划卡来输入信用卡号码。这时账款就能够自动地转到一个可接收的信用卡上。

当客账余额转到信用卡账上，打印出列明项目的账单并交给客人时，结账工作完成。自助结账系统之后会自动地与前厅计算机沟通更新客房状态信息。前厅系统依次将客房状态信息传到客房部并开始建立客史记录。

在房间内检查总账单及结账通常是依靠装有遥控装置的房间内的电视进行的。由于房间内电视通过计算机与前厅计算机系统连接，客人能够确认预先批准的结账方式。前厅计算机直接与自助结账同步，通常客人能够在他们临走前在前厅拿到打印好的总账单副本。与其他自助结账技术一样，房间内自助结账自动地更新客房状态并建立客史记录。在房间内检查总账单的另一个优点是客人能够在任何时间看他的总账单，而不需要到前厅去。

笔记本电脑、移动设备和个人数字助理（PDAs）已经能取代客房电视机成为自助结账设备。一些酒店公司与前厅系统供应商也提供基于互联网技术的自助结账功能。客人可以通过安全的互联网站点访问他们的账户，实现在线的账单检查和支付审批。而总账单将会通过电子邮件或即时短消息通知到客人。

资料来源：美国饭店业协会教育学院系列教材《前厅部的运转与管理》

四、团队离店结账服务程序

团队宾客与散客的退房结账有所区别，团队宾客的账务一般分为公司账和个人账。公司账的结账主要根据合同，采用合同价和餐费标准进行结账，大多采用转账方式。个人账即主办方承诺支付项目以外的费用，这些资费一般由宾客自行支付。办理团队宾客退房的步骤包括：

（一）结账准备工作

总台员工要及时了解当日离店团队的情况，提前打印离店团队的消费明细单，如果同一天有多个团队离店，则按时间顺序排列账单。在团队离店前半个小时，总台员工最好主动与团队的领队或陪同联系，要求协助收款。在退房高峰时，有些酒店会专门安排临时团队结账处，以提高结账速度。

（二）通知客房中心退房信息

客房部会在查房后及时告知总台检查结果。同时控制宾客结账后可能发生的动态费用，切断或锁上房内电话的国内和国际直拨功能，并询问宾客是否消费过酒店的其他服务。但一般旅行社都会要求关闭团队房内电话，并撤掉或者锁上房内迷你吧。

（三）结算个人杂费

接到客房中心查房反馈后，总台服务员开始进行核账、收款工作。总台服务员先为宾客处理个人账，结算杂费，打印明细账单，请宾客核对私账，经其认可在账单上签字并结账，宾客付费后将发票和账单一并交给宾客。需要注意的是：在与客人结算个人账目时，不可将团队用房的房价泄露给客人。

结完一个房间的杂费，立即将房间的房费作记账处理。如果有没结杂费的房间，立即通知领队或陪同，请其协助寻找或要求宾客付款。

知识链接

团队结账易遗漏

某团队预计7月6日进店7月9日离店，7月6日团队进店当晚，会务负责人廖主任到商务中心打印和复印了部分资料，并通知费用挂团队账，商务中心员工按程序开具了商务收费单，请客人签字后立即拿到总台入账。半小时之后，廖主任又回来打印了部分资料，该员工开好收费单之后请客人签字，客人告知他还要来回打印很多次，让商务中心做好记录之后将单据统一放总台，退房时所有费用由他统一结算。接下来的两天，廖主任也陆续来打印了几次。7月9日，当商务中心早班将此团队的商务收费单汇总好交到总台入账时，被告知此团队已于8日中午全部退房，所有账务已全部结清，现无法受理此账。

【点评分析】

此则案例反映出部门之间、岗位之间沟通存在脱节，员工对特殊情况存在交接障碍，对客情变更关注度不够。在提供个性化服务的同时更要注意按程序灵活操作，保持班组间信息畅通。虽然事后经销售经理与接待单位沟通，将此项收费转入该单位应收账款，但也暴露了酒店内部工作不严谨。

【建议做法】

1. 加强班组之间的沟通，团队信息有变化时，应在第一时间内通知相关岗点。如时间紧迫，可先电话通知，再填写特殊要求通知单。

2. 在接待中，若宾客有相关费用未及时入账，在方便客人的同时，当班服务员应在系统中做好备注，以便其他员工在操作中及时发现并弥补工作失误。

3. 各班组之间要随时关注客情变化，严格按照工作程序操作，对相关收费细项要做好交接和跟进，对团队会议不能仅仅局限于对主单会议室的了解，对团队成员房间也应有全面的了解，避免疏漏。

（四）结算团队总账

总台服务员在计算机系统中结算“记账单位公账”，打印团体账单，请团队陪同确认并签字。团队结账通常采取单位支票结算或转账结算方式。支票结算要注意支票填写的规范性，转账结算要注意客户签字的有效性。

（五）后续单据处理

团体结账现金支付的按照散客现金支付方式处理，记账的团体在整理好各类原始凭证后交财务部门，以便通知银行托收。

团队结账支票结算的相关要点。团队结账的转账支票应是本市同城转账，支票必须内容齐全、完整，有付款单位账号、开户银行单位全称。支票填写要使用钢笔或者签字笔，做到字迹清楚，数字大小写正确，不得有涂改。收银员在填好金额、酒店开户银行、账号、单位全称和用途后，请宾客在支票背面签上单位全称、联系人、联系电话。

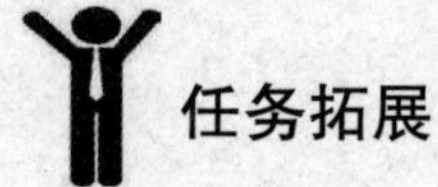

任务拓展

一小时的住宿

某天下午，一位客人来到某三星级酒店总台要求住宿。总台接待员礼貌地按常规问他："您好，先生，欢迎光临。请问您要什么样的房间？住几天？"

"随便吧，就住一天。"客人答道。

"请问先生是一个人住吗？那我为您推荐我们酒店的商务单人间吧，房价是每间每天 480 元。"接待员依然热情地说。

"行，快点。"客人不耐烦地说。说完扔出了身份证，让总台接待员帮他登记，随即快速地交了押金，拿了房卡便去了房间。谁知，刚过了一小时，这位客人就来到了总台，要求退房。理由是他有急事要赶回公司，住不了了，并且强调他没动过房间，所以酒店不应收取任何费用。

面对这一个小时的住房，前台接待员接下来应如何处理呢？请以小组为单位进行讨论。

任务总结

退房手续是酒店在客人即将离开酒店时提供的服务项目，总台服务员千万不能有松懈情绪，要始终如一地提供专业的服务，让客人住店时光画上完满的句号。办理结账时，相关服务人员一定要注意，既不能由于服务效率不佳或准确性出现问题而引起客人的不满甚至是投诉，也不能由于工作疏忽造成漏账或客人的逃账，为酒店造成不必要的损失。

任务四　数字化总台退房

【任务导入】

华住酒店集团的"易掌柜"Easy Check-Out（图 7-7），在运营层面已经实现了"30 秒入住，0 秒退房"，试着走进华住酒店集团旗下的全季酒店、汉庭酒店、美居酒店等品牌，了解一下它们是如何实现"0 秒退房"的。

【任务执行】

智能化技术的应用有效降低了总台人力成本，提升了退房客人的时间效率，感受到酒店方便、快捷的服务，让客户体验到酒店的科技感、时尚感以及参与的乐趣。

图 7–7　智能终端机易掌柜

一、智能化总台退房

(一) 自助机退房业务流程

客人在自助终端机自行办理退房结账的程序较为简单、便捷，主要流程如图 7–8 所示。

图 7–8　客人自助退房主要流程

在有些酒店，客人结账离店可通过房间一键退房按钮或电视端一键退房模块，终端手持查房机铃声响起，房务中心清扫员到达房间，一键输入商品编码。客人在自助终端机上插入房卡，显示客人入住信息及消费明细，确认无误后，打印凭条即可结账离店。

(二) 酒店 App 退房

1. 服务点评和打赏

以华住会 App 为例，客人可以在酒店 App 上即时反馈，帮助酒店改进服务，还可以进行积分打赏，提升客户和酒店员工的成就感 (图 7–9)。虚拟客服配合动作表情，触发道歉、感谢等肢体动作，增加体验感，并联动知识库和 Q&A 体系引入可视化服务互动。对于入住分值低于 5 分的客人评分或者点评词语中有负面情绪的关键词，根据规则自动触发酒店管理人员工单，推动酒店管理人员在最短的时间内及时介入，挽回口碑。

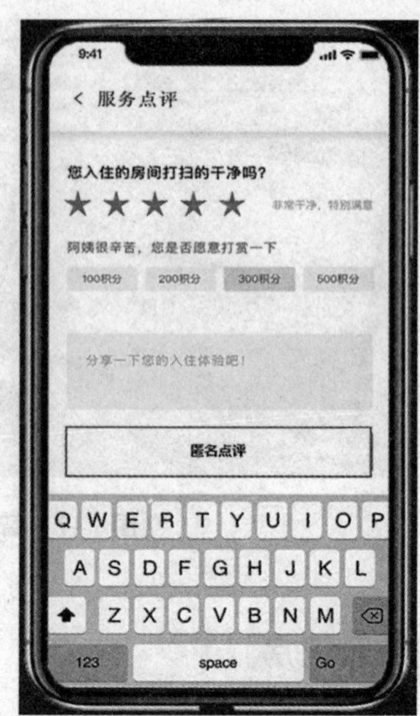

图 7–9 服务点评

2. 核对账单、在线结账

在酒店 App 上查看消费账单进行核对（图 7–10），核对无误后，可选择多种支付方式进行结账，结账完成方可办理退房（图 7–11）。

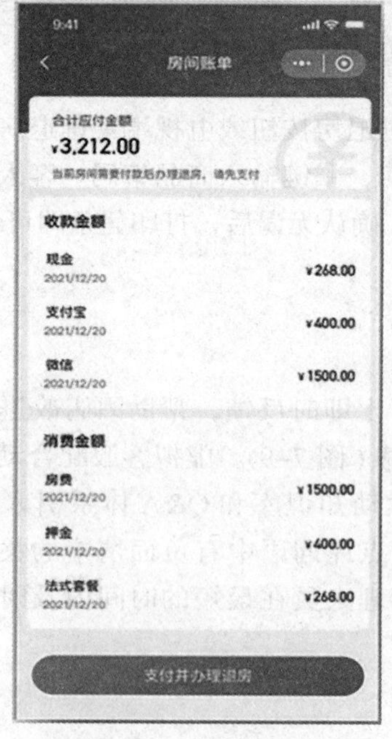

图 7–10 账单核对

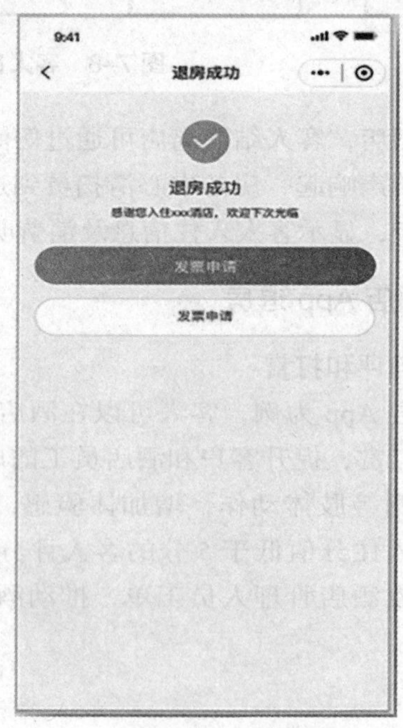

图 7–11 在线退房

3. 快速开票

线上退房成功后，进行发票申请，选择发票种类，录入发票抬头，直连税控机快速完成发票打印（图 7–12）。

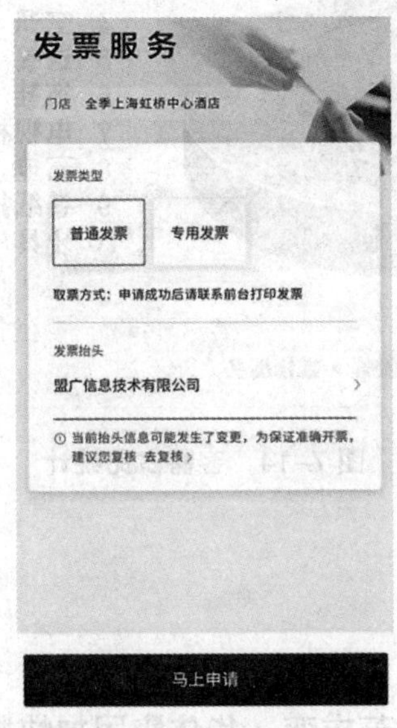

图 7–12　发票服务

（三）数据统计分析

客人住店期间，数字酒店智能工具会随时进行各种类型数据统计，如咨询占比统计（图 7–13）、客需占比统计（图 7–14）等，快速形成实时的数据买点。客人离店后，酒店对相关数据进行详细分析，从而发现在服务和管理方面存在的不足之处，并及时形成相应的策略调整与服务改进，以提高宾客的服务体验和满意度。

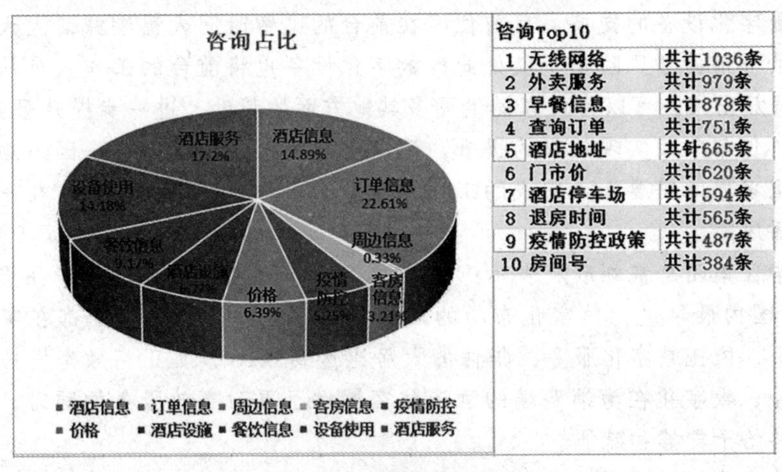

咨询Top10

1	无线网络	共计1036条
2	外卖服务	共计979条
3	早餐信息	共计878条
4	查询订单	共计751条
5	酒店地址	共针665条
6	门市价	共计620条
7	酒店停车场	共计594条
8	退房时间	共计565条
9	疫情防控政策	共计487条
10	房间号	共计384条

图 7–13　咨询占比统计

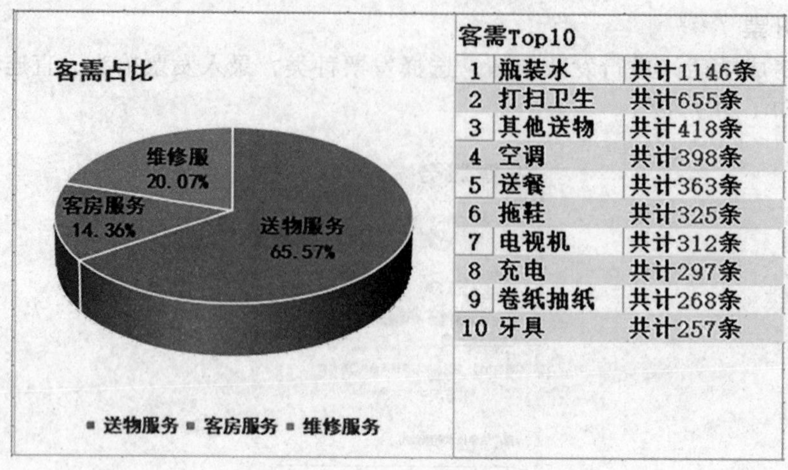

客需Top10		
1	瓶装水	共计1146条
2	打扫卫生	共计655条
3	其他送物	共计418条
4	空调	共计398条
5	送餐	共计363条
6	拖鞋	共计325条
7	电视机	共计312条
8	充电	共计297条
9	卷纸抽纸	共计268条
10	牙具	共计257条

图 7–14　客需占比统计

知识链接

酒店行业复苏求变　华住集团加快数字化升级

上证报中国证券网讯（记者　罗茂林）

随着上海复工复产进程加快，酒店行业逐步复苏，不过改变也在发生。日前，记者走访多家华住集团旗下酒店发现，从办理入住、退房，再到无接触送物……这些原本需要人力完成的工作，如今已经完全由数字化代劳。

在华住集团旗下的多家酒店里，记者注意到，借助前台的“华掌柜”自助入住机，只需要扫描身份证即可完成登记，30 秒内就完成全部入住流程。退房更为便捷，只需要将房卡退回“华掌柜”自助入住机内即可退房。

得益于数字化设备的支持，目前住客在前台的逗留时间大幅缩减，大大降低了因排队等候导致的疫情传播风险。不仅如此，数字化设备也将前台的工作人员从以往复杂的登记流程中释放出来，可以为住客提供更多其他方面的帮助，进一步提升服务的颗粒度。

数字化不仅帮华住实现效率的提升，酒店安全性也大幅提高——因为酒店的数字化设备取代了很多原本需要人力完成的工作，减少了人与人之间的接触，在一定程度上降低了疫情传播风险。

此前，华住集团总裁刘欣欣表示：“虽然立足于传统酒店行业，但华住更像一个技术公司。”作为国内最早进行数字化布局的酒店集团，在如今酒店行业都在实施降本增效策略的背景下，依托数字化服务，华住的人房比达到 0.16，真正将效率发挥到极致。

不仅如此，数字化在为消费端的酒店住客提供了更为高效服务的同时，对酒店从业人员同样能够给予支撑和赋能。

聚焦酒店日常运营来看，华住在客房移动化的运营方面有“易客房”，保洁员可以在手机上随时获悉哪些客房需要打扫、更换布草，工作效率大幅提升。此外，在餐厅、维修乃至能耗等层面，华住都实现了数字化覆盖。借助数字化工具，华住打通了酒店运营的全部业务场景，提升酒店工作的精细度。

刘欣欣在公开演讲中指出：华住从选址开始，到开店、后期的运营，实现了酒店全生命周期管理的数字化。现如今，随着 5G 、人工智能等技术的不断成熟和普及，数字化正在深度融入我们的生活。对于酒店行业而言，数字化服务也在从“尝鲜”转向“常态”，成为提振酒店运营效率的重要工具，也成为提升住客体验的有效抓手。

资料来源：https://www.163.com/dy/article/HA35NMF40552C2FY.html

二、无线无纸化入住和退房办理

酒店业传统的做法使得宾客无论是在申请办理入住时还是退房时，都有很多的纸质文档需要亲笔签名。而如今，无线无纸化入住、退房系统新技术可全面代替传统型入住登记和退房服务过程，客人可通过手持登记设备（智能手写板 Tablet）进行远程登记，在房内或是店外就能完成登记、身份辨识及信用卡付款手续。一般酒店手持登记系统是放置在前厅，在服务员收到宾客到店提示短信后即可做准备，然后用手持登记设备让客户签名即可。酒店入住 Check-in 和离店 Check-out 都可远程用手持登记设备进行。

该新技术的使用可全面代替传统酒店办理入住和离店的服务过程，宾客仅需通过智能手写板即可在显示屏上核对个人资料及账单信息，用电子笔于手写板上签字确认后，账单便会以电子邮件的形式发送至宾客的邮箱。运用此技术不仅有助于节约用纸、简化办理程序，同时还可为宾客入住酒店提供全新的体验。

三、Opera酒店管理信息系统中的散客退房操作

（1）单击横条主菜单上的“Cashering（收银）”按钮，出现左侧子菜单，单击子菜单中的“Billing（账务）”按钮（图 7-15），出现收银登录界面。

图 7-15　结账操作初始界面

（2）收银登录界面的“Cashier ID（登录名）”为系统默认值，只需录入自己的“Password（密码）”即可，此处的密码与登录 Opera 系统的密码相同（图 7–16）。

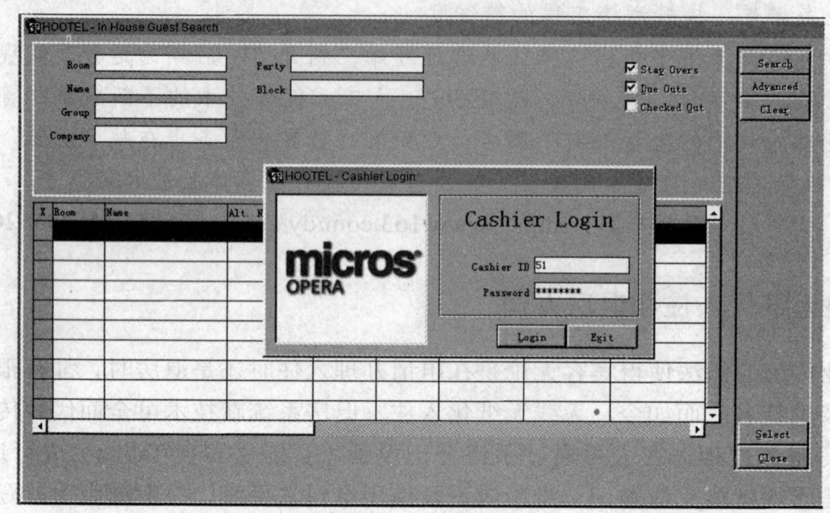

图 7–16　收银登录

（3）进入收银系统后，出现结账宾客信息搜索页面（图 7–17），在左上角输入需要结账的房号，点击右上方的“Search（搜索）”按钮，出现需要结账的客人住店信息条，单击右下方的“Select（选择）”按钮，选中该信息条。

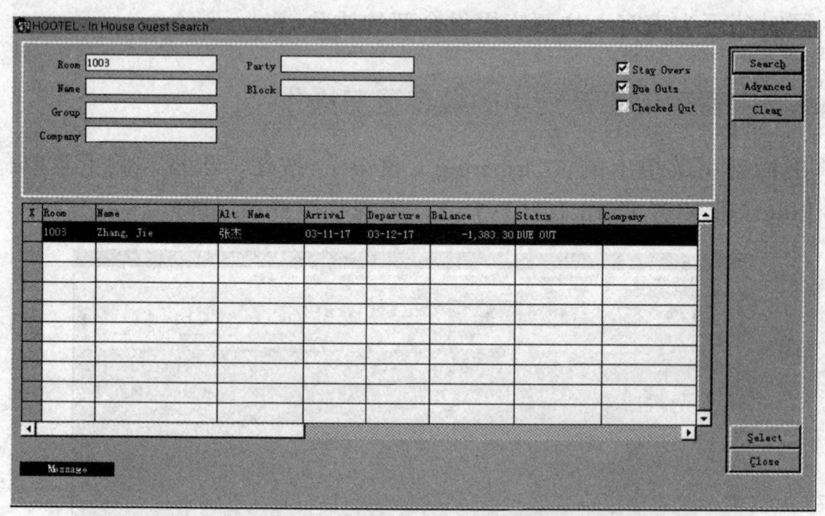

图 7–17　结账宾客信息搜索

（4）选中客人信息条后，出现该客人的消费明细（图 7–18），左上角“Balance（账目平衡）”中显示金额并非为“0”，说明账目未平衡，当前显示数额为正数，说明客人还需支付“1383.3 元”。单击下方“Folio（账页）”按钮，将账单明细打印出来给客人核对，确认无误后单击下方“Payment（付款）”按钮。

HOOTEL - Billing [Zhang, Rongqiu Mr - Room 1003]

Balance 1,383.30 Arrival 03-11-17 Company Rate Code BARBF1 Prs 1

Status DUE OUT Depart 03-12-17 Group Rate 1,200.00 Rm. Type ST

(1) Zhang, Rongqiu Mr CA 1,383.30

X	Date	Code	Description	Amount	Supplement	Reference
	03-11	+	Accommodation 10862	1,374.30		10862
	03-11	2931	VAT Package BKF Kempi	9.00		

Zhang, Ro

Select All | Post | Edit | Folio | Options | Payment | Check Out | Close

图 7–18 宾客消费明细

（5）单击付款按钮后出现付款窗口（图 7–19），选择支付方式，录入支付金额，单击下方“Post（入账）”按钮，系统提示是否打印收据，选择“Yes”，打印出收据请客人签字确认。

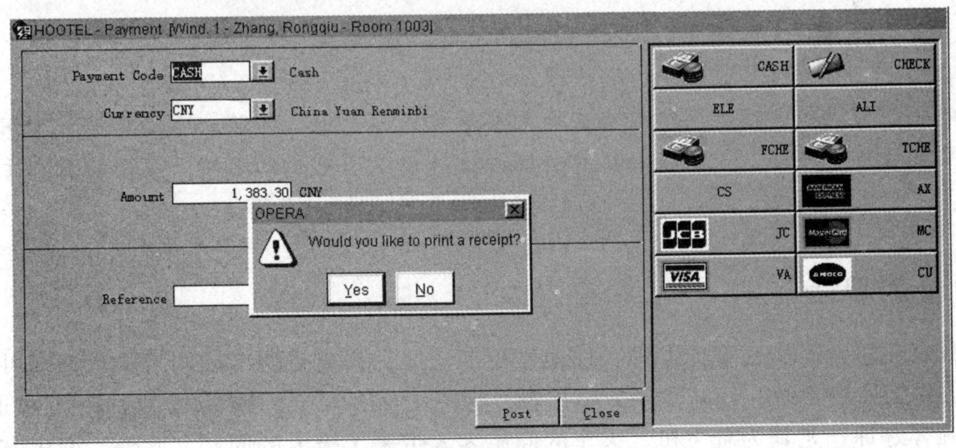

图 7–19 付款窗口

（6）客人付款结束后，客人消费明细界面右上角“Balance（账目平衡）”中显示金额为“0”（图 7–20），说明账目已平衡，此时单击右下方的“Check Out（结账离店）”

按钮，就可以顺利让客人结账离店了。最后，总台服务员还需把客人退出的房间状态改为“Dirty（未清扫房）”，提醒客房服务员打扫房间。至此，散客离店结账的程序就全部完成了。

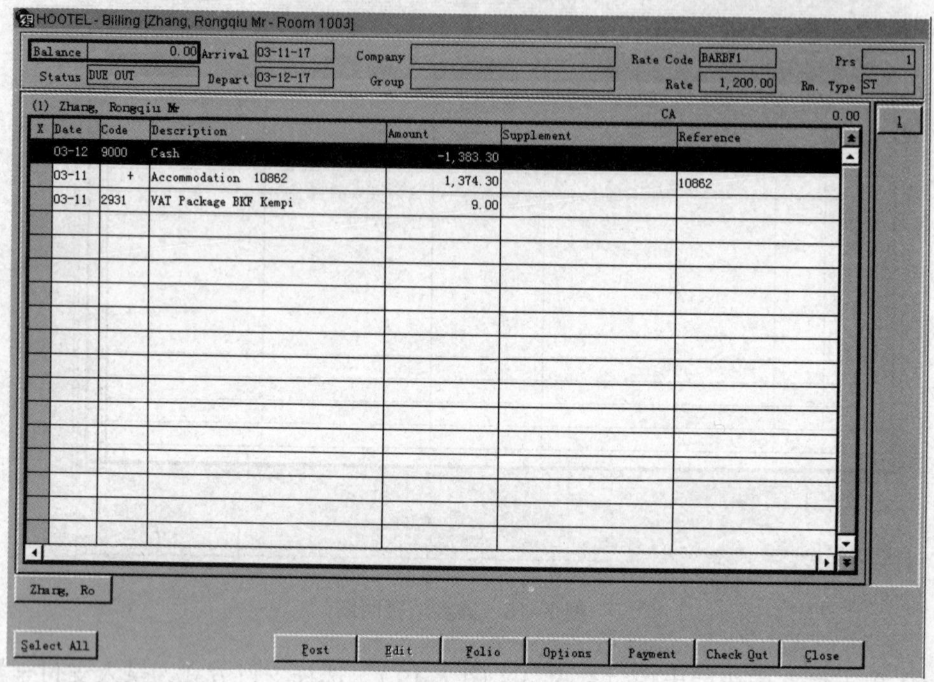

图 7-20 账目平衡

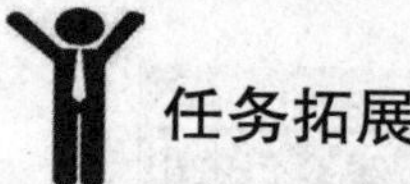

任务拓展

以小组为单位，通过网络或者实地考察等方式，了解、体验一下酒店前厅常用的数字化技术设备和终端，下载或拍摄相关照片，并记录下它们的名称、运用场景和主要功能等。

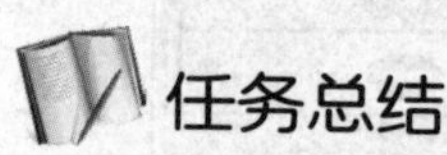

任务总结

数字化总台退房速度比办理入住速度更加快捷，只需把房卡插回自助机器即可，不仅免去了冗杂的手续，还减少了人员接触，保障了住客安全。数字化总台的“0 秒退房”广受顾客好评，尤其为赶飞机、火车的商旅客人带来了极大的便利。此外，酒店方面也可从“0 秒退房”中获得额外收益，免除查房、结账手续提高了前台工作效率，降低了工作量，从而节省酒店的运营成本，因此，对客人和酒店来说，达到了双赢的效果。

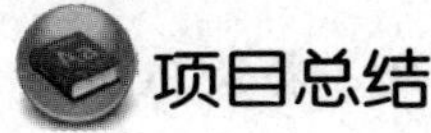

项目总结

本项目中，我们学习了客账管理，外币兑换及离店结账服务。酒店通常为客人提供一次性结账服务，为确保每日结清客人住店期间所发生的所有费用，保证客人全部赊欠账款按期回收，避免逃账、漏账及其他工作失误，总台服务员必须要认真执行客账管理制度和规程，加强与相关部门和岗位的协调合作，接受财务部的审核、监督，确保酒店利益和客人利益均不受到损害。

项目链接

延迟结账离店

客人并不总是按照酒店公布的结账时间结账。为了减少延迟结账离店，前厅应在显眼的地方公布结账时间，比如所有客房门的背后和前厅突出的位置。结账时间的提醒也应包括在各种发给预计当日离店客人的材料中。延迟结账对一些会议酒店和度假村是一个问题，客人希望待一整天并使用会议和娱乐设施，包括他们的房间。为了给入店客人准备房间，重要的是要与即将离店客人适当地沟通和妥善地处理离店时间问题。

一些酒店授权前厅收取延迟结账离店费用。客人可能非常惊讶地在账单上发现这笔费用，特别是他不熟悉酒店的结账离店政策时。客人在任何时候询问前厅延迟结账问题时，前厅接待员应告诉客人酒店关于延迟结账费用的政策。

一些客人可能对加收额外的费用非常不满并拒付。前厅接待员应平静地处理这种情况，一个很好的解释是酒店制定的延误结账费用政策。前厅经理可能被召唤来与客人讨论这件事。

前厅员工不应对延迟结账费用进行道歉。酒店的结账时间是认真选择的而不是任意设置的，这并不仅仅是为了方便客人。管理层建立结账时间为的是客房部门能有足够的时间为新到的客人准备房间。在客房员工下班前，应为入店客人清扫并准备好客房。前厅同意延迟结账可能导致酒店的额外成本，特别是在客房部门，客房清扫员可能要加班完成分给他们的清扫客房任务。另外，也必须考虑给入店客人带来的不便和潜在的不满。由于这些原因，证明酒店征收延迟结账费用是正当的。

资料来源：美国饭店业协会教育学院系列教材《前厅部的运转与管理》

放眼看世赛

一、世界技能标准规范解读——后台办公室（管理与事务部门）

后台办公室（管理与事务部门）流程属于世赛酒店接待项目技能标准规范的第五部分，该部分在总体标准规范中的权重值是8%。

1. 个人（选手）需知道的知识点

（1）各类宾客记录和计费系统，包括手动（表格分类账）和计算机系统。知道和理解酒店各种账单、表格、票据，以及各种酒店计算机系统（前台管理系统、餐饮 POS 系统、宴会销售系统、财务管理系统等）相关知识。

（2）账户类型。知道和理解酒店各类账户的基础知识，包括：住客账户、非住客账户、应收账户、管理账户，以及酒店会计范畴的资产类账户、负债或所有者权益类账户、收入类账户、费用类账户。

（3）在客人账单上计入消费。会根据客人的消费情况，在酒店计算机系统中录入费用，如餐厅消费、客房服务、酒吧、现金支出等。

（4）信用控制体系。知道和理解酒店的信用控制体系，包括预付款及押金、信用担保、应收及签单挂账等信用控制的程序与规范要求。

（5）坏账和酒店如何进行管理。知道和理解坏账的概念，以及酒店坏账管理相关制度。

（6）解读相关数据。懂得如何解读数据，包括宾客历史记录、邮件列表、数据库、账户。

（7）酒店客房统计有关的指标和计算方法。学会查询酒店报表，分析房间统计指标数据，包括客房出租率和床位占用率、平均房价、客房收益、总经营利润。

（8）获取和分析酒店数据。懂得如何获取酒店数据，会通过数据分析提出改善酒店收入、促销、折扣的策略，并预测未来的变化趋势。

（9）一般办公室和行政程序与流程，包括文件归档、Office 软件操作、查阅数据库数据，以及打印机的使用。

（10）现金和现金等价物的处理与记录。知道和理解安全处理现金及现金等价物的重要性和手段（如规章制度、工作规范要求、操作流程等）。

2. 个人（选手）应具备的能力

（1）使用计算机和常用办公软件。

（2）以物理和电子方式归档文件和数据。

（3）处理和核算现金和现金等价物。

（4）根据需要管理货币兑换。

（5）执行一般办公室和行政流程，如文件归档、文字处理、数据库、复印和维护记录。

（6）根据酒店政策以适当的服务费计算货币兑换和交易。

（7）准确地在客人账户中计入费用。

（8）按照酒店政策维护信用体系。

（9）建立和记录所有客人相关的文件（预订确认函、信件等）。

二、世界技能标准规范解读——退房结账

1. 个人（选手）需要了解的知识点

（1）退房时间。

（2）客人离开时的付费流程。

（3）各种不同的付款方式：现金、外币支票、旅行支票、借记卡和信用卡、公司

账户。

（4）客人预付定金的相关流程，相应地提前准备相关汇票及收款。选手需要收回客人的房卡，如果客人入住时交的押金是现金，需要收取押金条这类单据。

（5）如何进行（解释）退款。如果客人提前退房，需要根据虚拟酒店的规章制度，向客人退款，或者解释为何不能退款。

（6）销售税及其如何在酒店账单中体现。

（7）退房和客人离店的相关规定。

（8）快速退房流程。

（9）延迟退房手续和相关规定。如果是特殊情况，比如客人突发疾病，不能及时退房，这种情况，为了表达酒店对客人的关怀，可以免费为客人延迟退房时间。

（10）如何管理大型团体客户的退房。

2. 个人（选手）应具备的能力

（1）管理快速退房和延迟退房。

（2）管理大型团体客户的退房。

（3）接收付款：现金、外币、支票、信用卡和借记卡、公司账户。选手还需要掌握如何操作 Opera 系统，为客人办理分开付费或者合并付费。

（4）对提前支付预付金的客人的退款。

（5）正确计算销售税额。

【专业英语】

1. The rates of exchange are on the board there，sir. 先生，兑换率写在那边的牌子上。
2. Today's rate of exchange is 6. 59 to the dollar. 今天的兑换率是 6.59 人民币兑换 1 美元。
3. I'm afraid we don't accept non-convertible currency，sir. 先生，很抱歉，我们不收不可兑换的货币。
4. I'm sorry，sir，we only offer one-way change，we are not licensed for a full exchange. 对不起先生，我们只能提供单向兑换，我们没有全项兑换的执照。
5. I'd like to know the rate for Swiss Francs. 我想知道瑞士法郎的兑换率。
6. A：How much would you like to change? 先生，您想换多少钱？
   B：I'll change one hundred US dollar. 我想换 100 美元。
7. Please write your name，passport number and room number on the slip. 请将您的姓名、护照号码和房号写在单子上。
8. Please check and keep the exchange memo. 请检查一下并收好兑换水单。
9. Are you checking out today，Miss Evans? Evans 小姐，您今天要结账吗？
10. Your name and room number，please. 请问您的姓名和房号。
11. Did you have breakfast this morning? 您今天用过早餐吗？
12. Have you signed any chit in the last hour，sir? 先生，您在刚才的一个小时内是否

签过单？

13. Your bill comes to ＄840 including the service charge.　您的账单共计 840 美元，包括服务费在内。
14. Here is your bill，would you like to check it?　这是您的账单，请过目。
15. Will you pay in cash or by credit card?　您是用现金还是信用卡付款？
16. Is your luggage down yet，sir? If not，I will send a bellman to help with your luggage. 先生，您的行李是否已经拿下来了？如果没有，我将叫一名行李员帮您拿下来。
17. Have you used any hotel services this morning or had breakfast at the hotel coffee shop?　请问您今早是否使用过饭店服务设施或在咖啡厅用过早餐？
18. Your bill totals ＄2400. How would you like to make payment?　您的账单共计 2400 美元，您想怎样付账？
19. We accept credit cards here，which card would you like to use?　我们接受各种信用卡，您使用哪一种信用卡？
20. That's for the lunch you ordered from your room.　那是您在房间用午餐的费用。
21. That charge is for drinks taken from the mini-bar，sir.　先生，那笔费用是您从房间冰箱里取用饮料的费用。
22. Mr. Smith，your company has arranged to pay your bill.　Smith 先生，您的公司已安排为您付账。
23. You'll have to show me your passport or some other identification.　请您让我看一下您的护照或其他能证明您身份的证件。
24. Thank you for waiting，sir. Please sign on this bill.　谢谢您等候，请在账单上签名。

项目评价

✧ 知识评价

一、单选题

1. 如果客人当天下午 3 点入住，到次日下午 3 点来办理退房手续，需要（　）。

A. 加收半天房费　B. 加收全天房费　C. 不加收房费　D. 加收服务费

2. 酒店受（　）委托，代办外币兑换业务。

A. 中国人民银行　B. 中国银行　C. 中国工商银行　D. 中国建设银行

3. 如果客人选择仍用现金结账，以下不正确的是（　）。

A. 请客人出示押金单

B. 比对押金单金额和实际消费金额

C. 唱收唱付，多退少补

D. 将找的钱款直接放入账袋中，最后一起交给客人

4. 结账时，如果客人对账单有异议，我们应该（　）。

A. 坚持酒店账单上的金额

B. 按照客人要求修改账单

C. 耐心解释说明，或者拿出原始签单联帮助客人回忆

D. 不予理会

5. 总台员工根据酒店计算机打印出自己工号的交账报表，清点当班需要上交的现金、信用卡单、支票。一般以信封交款方式上交财务，即采用把款项用信封装好投入指定（　）的方式。

A. 收银机　　B. 抽屉　　C. 工具盒　　D. 保险柜

二、简答题

1. 简述客账管理的流程。

2. 夜审的主要工作内容有哪些？

3. 外币兑换的程序有哪些？

4. 散客离店结账服务的程序有哪些？

5. 什么是快速结账服务？一般有哪几种形式？

✧ 实践活动

实训内容：

分角色情景模拟散客离店结账服务的过程。

实训目标：

1. 掌握散客离店结账服务的操作技能。

2. 掌握常见付款方式的结账要点。

3. 能够灵活处理离店结账中出现的常见问题。

实训组织：

学生两人一组，抽签决定角色（收银员、客人），由教师和其他各小组打分。

实训评价：

模块	序号	M=测量 J=评判	标准名称或描述	权重	评分
A 前厅接待	A3 退房离店 9 分	M	礼貌问候客人	0.4	Y|N
		M	收回客人房卡并致谢	0.4	Y|N
		M	读取房号信息，并在电脑系统核对信息	0.4	Y|N
		M	通知客房中心查房，确认客人是否有物品遗留	0.4	Y|N
		M	礼貌询问客人是否有未付或未挂账的最新消费	0.4	Y|N
		M	打印账单，请客人核对并签字确认	0.4	Y|N

续表

模块	序号	M=测量 J=评判	标准名称或描述	权重	评分
A 前厅接待	A3 退房离店 9 分	M	礼貌询问客人付款方式	0.2	Y|N
		M	正确完成收款操作流程	0.8	Y|N
		M	在系统中正确办理退房手续并更改房态	0.4	Y|N
		M	开具发票，并呈送发票	0.4	Y|N
		M	询问客人入住后感受，并及时给予回应	0.5	Y|N
		M	询问是否需要行李服务，出租车服务等	0.2	Y|N
		M	再次表达感谢	0.2	Y|N
		M	完成账、款的统计和资料存档工作	0.5	Y|N
		M	礼貌称呼客人姓氏 2 次以上	0.4	Y|N
		J	3 操作程序准确，语言表达清晰，与客人沟通高效，整体表现优秀 2 操作程序正确，语言表达清楚，与客人有较好的沟通，整体表现良好 1 操作程序基本正确，整体表现一般 0 操作程序混乱，失误较多，整体表现较差	1.0	3 2 1 0
		J	3 熟悉酒店信息系统，操作快捷流畅，客人体验感好 2 能够操作酒店信息系统，较好完成退房任务 1 对操作酒店信息系统熟练程度低，无法流畅完成相关工作任务 0 不熟悉酒店信息系统，无法完成相关工作任务	2.0	3 2 1 0

资料来源：2023 年全国职业院校技能大赛高等职业教育组“酒店服务”赛项评分标准（扫码下载完整赛项规程）

国家精品在线开放课程
《前厅服务与管理》免费学习资源

项目八　宾客关系管理

项目导读

酒店客户关系是一种宾客在酒店的消费环境内，酒店对宾客的服务以及酒店与宾客之间发生的一切关联的综合。这些服务包括酒店的装潢、产品（如销售的商品）、公共区域设施、客房条件等硬件，也包括员工的服务技能水平、着装及言谈举止等软件；而酒店前厅部员工对客服务的行为和与宾客之间由于服务与被服务而产生的这种主客关系就形成了酒店的客户关系。

处理好宾客关系、为宾客提供优质服务对提高酒店的前台服务质量有至关重要的作用，也是酒店长远发展的重要因素之一。

学习目标

【知识目标】

- 了解客史档案的用途以及贵宾接待的等级
- 了解宾客投诉的类型以及行政楼层在酒店的作用
- 熟悉客史档案管理制度以及行政楼层服务流程
- 掌握客史档案的内容和客户信息分析的要点
- 掌握贵宾接待的流程以及宾客投诉的处理程序

【能力目标】

- 能够建立宾客客史档案，并进行客史档案的分类和管理
- 能够进行客户自画像分析
- 能够提供 VIP 接待服务
- 能够为宾客提供行政楼层服务
- 能够处理各类宾客投诉

案例导入

一位朋友因公务经常出差泰国，并下榻在东方饭店，第一次入住时良好的饭店环境和服

务就给他留下了深刻的印象，当他第二次入住时几个细节更使他对饭店的好感度迅速升级。

那天早上，在他走出房门准备去餐厅的时候，楼层服务生恭敬地问道："于先生是要用早餐吗？"于先生很奇怪，反问"你怎么知道我姓于"？服务生说："我们饭店规定，晚上要背熟所有客人的姓名。"这令于先生大吃一惊，因为他频繁往返于世界各地，入住过无数高级酒店，但这种情况还是第一次碰到。于先生高兴地乘电梯下到餐厅所在的楼层，刚刚走出电梯门，餐厅的服务生就说："于先生，里面请"，于先生更加疑惑，因为服务生并没有看到他的房卡，就问："你知道我姓于？"服务生答："上面的电话刚刚下来，说您已经下楼了。"如此高的效率让于先生再次大吃一惊。

于先生刚走进餐厅，服务小姐微笑着问："于先生还要老位子吗？"于先生的惊讶再次升级，心想"尽管我不是第一次在这里吃饭，但最近的一次也有一年多了，难道这里的服务小姐记忆力那么好"？看到于先生惊讶的目光，服务小姐主动解释说："我刚刚查过系统记录，您去年的6月8日在靠近第二个窗口的位子上用过早餐"，于先生听后兴奋地说："老位子！老位子！"小姐接着问："老菜单？一份三明治，一杯咖啡，一个鸡蛋？"此时于先生已经不再惊讶了，"老菜单，就要老菜单"！于先生已经兴奋到了极点。

后来，由于业务调整的原因，于先生有三年的时间没有再到泰国去，在于先生生日的时候突然收到了一封东方饭店发来的生日贺卡，里面还附了一封短信，内容是：亲爱的于先生，您已经有三年没有来过我们这里了，我们全体人员都非常想念您，希望能再次见到您。今天是您的生日，祝您生日愉快。于先生当时激动得热泪盈眶，暗自许愿如果再去泰国，绝对不会到任何其他的饭店，一定要住在东方饭店，而且要说服所有的朋友也像他一样选择。于先生看了一下信封，上面贴着一枚六元的邮票。六块钱就这样买到了一颗心，这就是客户关系管理的魔力。

资料来源：百度文库

1. 在这个案例中，服务员是怎样打动于先生的？
2. 好的客户关系会对酒店的经营带来哪些优势？

任务一　客史档案分析与管理

【任务导入】

请你说出哪些客户数据构成了酒店的客史档案，在酒店实际工作中又分别可以予以怎样的运用。

【任务执行】

一、建立客史档案的目的及意义

建立客史档案是为客人提供针对性服务的重要途径。酒店前厅部在宾客抵店或住店期间，充分了解客人并掌握客人的需求特点，有效利用客史档案的相关信息，有效增加宾客满足感的同时，为宾客提供全方位、持续性与细致化的个性化服务，并努力超越宾客的愿望。对于力图做好酒店服务营销、努力使工作高效，并千方百计使自己的活动都针对每位宾客个性需求的酒店经理和工作人员来说，客史档案是一个珍贵的工具。建立客史档案对提高酒店客户质量、改善酒店经营管理水平具有重要意义，有利于客人提供“个性化”服务，增加人情味；有利于做好市场营销，争取回头客；有助于提高酒店经营决策的科学性。

认真分析客户档案，在此基础上有的放矢地开展酒店的对客服务和销售工作，获得顾客的好感，从而产生事半功倍的效果。建立客史档案仅仅是客户管理的第一步，我们还应该学会科学管理客史档案，做到举一反三，留住老客户、挖掘新客户、酒店所建立的客史档案中包括顾客的基础资料、嗜好习惯、消费需求、消费能力等，这也是酒店进行管理、跟踪的重要资料。客史档案管理将直接影响酒店社会效益、经济效益实现的程度，关系到酒店的生存与发展。因此，为了进一步提升中国酒店业的综合竞争能力，非常有必要对酒店客史档案的管理和应用进行更深入的研究。

知识链接

客史档案

酒店忠诚计划会通过特别的表格或在线调查询问有关客人的信息，如配偶和子女的名字、生日、喜爱的房间类型、睡床及靠枕的偏好，以及喜爱的食物。拥有这些信息可以帮助酒店为客人未来的入住提供更好更全面的服务。许多酒店集团邀请“常旅客计划”中的会员们通过专属的网站设定这些信息。

酒店的营销部门可将客史记录作为邮寄宣传单的数据库，因为确定客人的特征对于制定营销策略是至关重要的。这些信息有助于酒店针对希望吸引的顾客类型来投放广告和网络营销，客史记录也有利于发现新的、辅助的或增强的服务内容。

使用特殊软件的计算机客史系统，可以让酒店获得市场营销需要的客史资料，并衡量过去市场营销的效果。例如，计算机客史资料能让酒店确定其客人的家庭和公司地址的地理分布。根据这类数据，酒店投放的广告可以更有效率。一些酒店连锁集团集中他们拥有的全部客史资料，以便所有使用其品牌的酒店能够知道他们的客人喜好。客人很高兴发现在一家酒店入住后，在连锁的其他酒店提供同样额外的殷勤服务。这构建了对该品牌及集团内其他品牌的强烈忠诚度。

资料来源：美国饭店业协会教育学院系列教材《前厅部的运转与管理》

二、客史档案的内容

（一）客史常规档案

客史常规档案的内容包括单位客户档案和散客档案。

单位客户档案主要有双方协议签订时所提供的单位名称、性质、经营内容、地址、负责人姓名、联系人姓名、联系方式、主要消费需求、认定的房价、消费折扣率、付款方式等信息。

散客档案是指客人在办理预订和入住登记时所留下的第一手资料，主要包括客人姓名、性别、出生年月日、所属单位、常住地、有效身份证件类别、身份证号码、联系方式、到达原因、入住房价、入住时间、付款方式等信息。例如，在 Opera 酒店管理信息系统中的客史档案基础信息页（图 8–1）中就包含了以上信息资料。

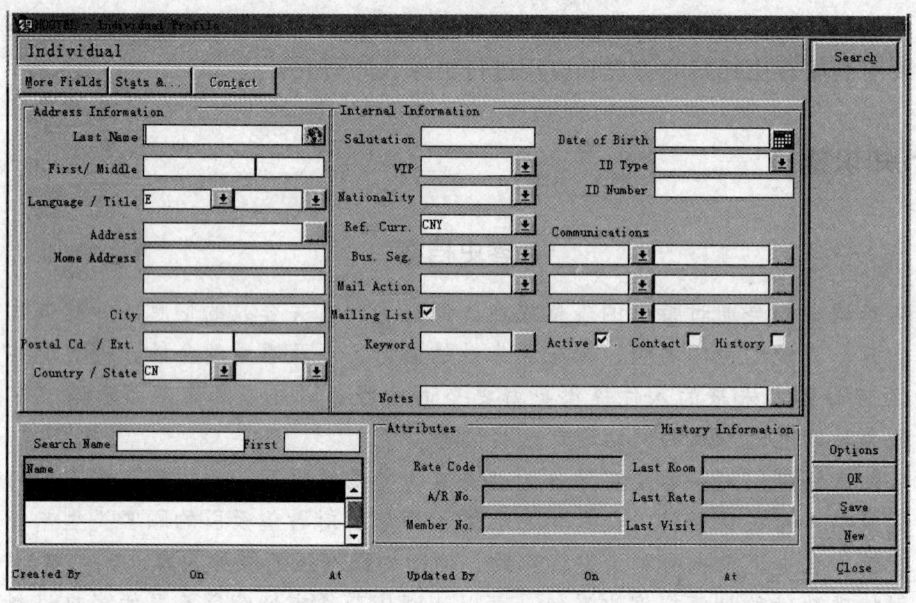

图 8–1　客史档案基础信息页

（二）宾客预订档案

宾客预订档案内容包括客人的订房方式、介绍人，订房的季节、月份和日期以及订房的类型等，掌握这些资料有助于酒店选择销售渠道，做好促销工作。

（三）宾客消费档案

宾客消费档案包括包价类别、客人租用的房间、支付的房价、餐费以及在商品、娱乐等其他项目上的消费；客人的信用、账号；喜欢何种房间和酒店的哪些设施等，从而了解客人的消费水平、支付能力及消费倾向、信用情况等。

（四）习俗、习惯及爱好档案

习俗、习惯及爱好档案是客史档案中最重要的内容，包括客人旅行的目的、爱好、生活习惯、宗教信仰和禁忌、住店期间要求的额外服务，在 Opera 酒店管理信息系统中有关于客人喜好的选择，例如，客人对床类型的喜好（Bed Type Preference）、对报纸的喜好（Newspaper Preference）、对楼层（Floor）以及迷你吧（Minibar Options）的喜好等（图 8–2、图 8–3）。了解这些资料有助于为客人提供有针对性的个性化服务。

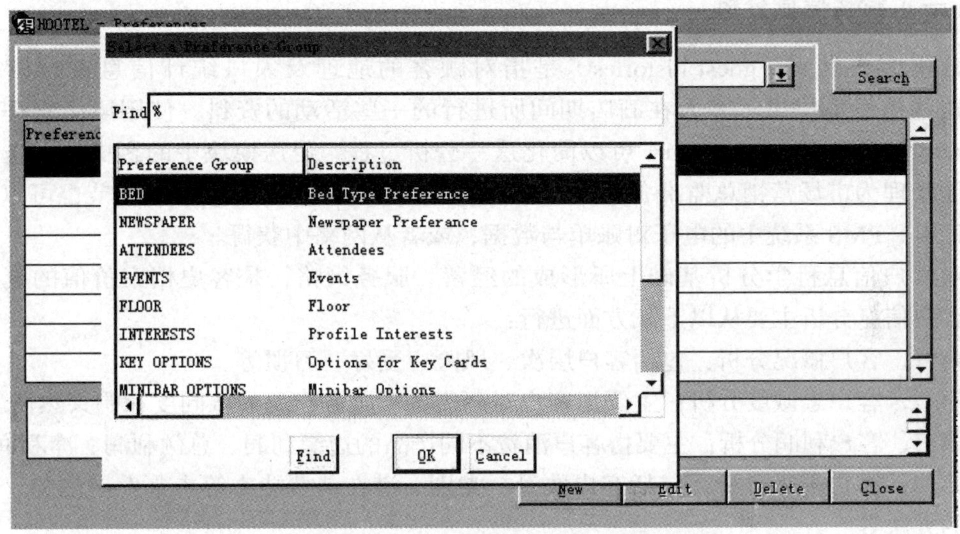

图 8–2　客人喜好的大类选择

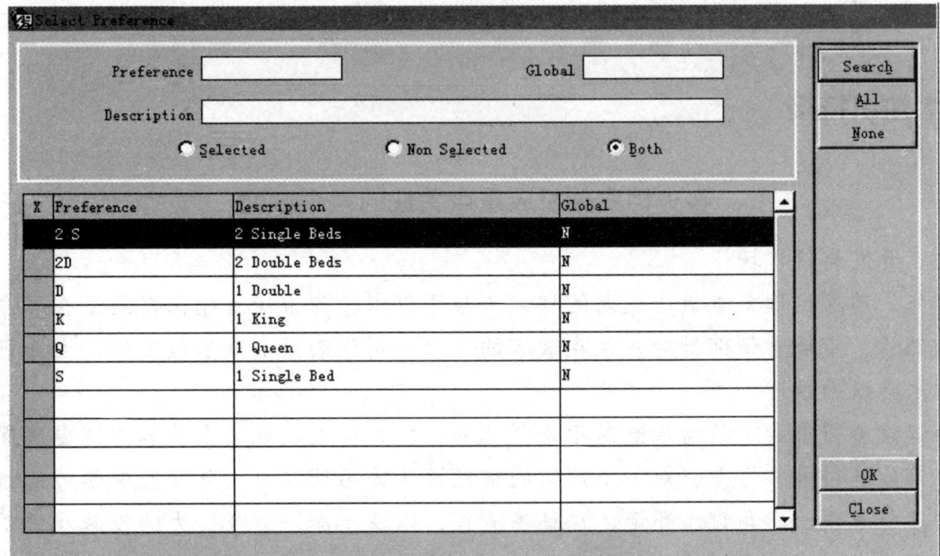

图 8–3　对床的喜好的分类选择

（五）反馈信息档案

反馈信息档案主要包括客人住店期间的意见、建议、表扬、投诉和处理结果等，以加强沟通，做好针对性服务。

三、客史档案分析

（一）宾客信息分析

分析客史档案（guest histories）是指对顾客的地理及人口统计信息进行营销分析，这些信息也提供了客人在酒店期间所进行的一些活动的资料。使用酒店管理系统（Property Management System）可以简化这一分析过程。退房模块中的客史档案选项帮助前厅经理为市场营销总监准备此类数据报告。如果酒店需要，档案的细节也可以从入住登记卡、PMS 系统中的电子对账单与数据，或者从网络中获得。

对客户信息科学分析基础上所形成的经营、服务策略，是客史档案价值的真正体现。客户信息分析主要从以下几方面进行：

第一，客户概况分析：包括客户层次、风险、爱好、习惯等。

第二，客户忠诚度分析：主要指客户对酒店各项服务产品的认同度和购买热情。

第三，客户利润分析：主要指客户消费不同产品的边缘利润、总额利润、净利润等。

第四，客户未来分析：包括客户数量、类别、潜在消费能力等未来发展趋势，争取客户的方法等。

第五，客户促销分析：包括广告、宣传、情感沟通计划等。

第六，售后服务：店庆、婚庆、厂庆、生日、客户具有意义纪念节日、儿女升学等。

第七，反馈意见档案：包括客人的投诉、建议和表扬等。

知识链接

客史档案分析应重点关注的六个方面

一、开发会议市场

首先，前厅经理审查饭店集团的登记卡与预订卡，为市场营销部发展潜在客户寻求数据。然后，市场营销部针对入住在饭店的一些公司代表做一些后续工作，由此可能会获得未来会议的预订。

会议设施需求的不断增加绝对不是偶然的。预订会议设施的企业客户想要确保所有的细节都处理得非常专业。对一个酒店的信任源于该酒店在过去处理服务细节的过程中良好的工作表现——预订、登记、退房等流程，以及干净、有吸引力的设施及维护等方面都处理得十分有效率。这种信任（包括合理的客房费用、足够的会议空间）会增加小型会议的客房销售。

二、考察团

客史档案还可以为广告方式的选择提供信息，有效的广告方式有助于确保预订和登记入住。如果客史档案显示一大批预订都来自某个旅行社，那么市场营销部应与那家旅行社保持较密切的联系。同样，在与其他公司发展关系时也要基于这样一个出发点。考察团活动——由酒店自身发起的，邀请旅行社、巴士协会、社会非营利组织，以及当地交通管理企业的代表到酒店体验免费入住的活动——可在将来为酒店增加客房收入。在这些活动的过程中，代表们可以直接感受到饭店所提供的服务。

三、预订来源

一个拥有70%企业客户市场的酒店也会想要弄清楚到底是谁在企业客户的办公室内为这些商业人士预订酒店客房。行政助理、交通部门的经理或者执行秘书都有可能是预订客房的那个人。如果是这样，酒店应建立一个能够鼓励这些人打电话到酒店预订的机制。例如，给予那些在特定时期内达到一定预订量的人一些奖励。

没有预订的客人也可以提供有价值的市场数据。如果客人表明自己通过某条线路上的广告牌而知晓你们的酒店，你就会对这种广告的成本效益有所了解。如果客人是被当地加油站或者便利店推荐过来的，就要考虑给这些商业企业发放宣传手册或者其他信息。或许为传播界人士提供免费晚宴或周末度假会很有作用。

四、客人入住频率

客史档案中有关入住频率的数据也会揭示一些可进行后续工作的领域。对常客，即那些每月或者每年入住酒店的次数超过某个特定数值的客人，不管是商业顾客还是个人顾客，都可以提供一次免费入住的机会。这样的人及其公司的信息都应存入数据库以便进行广告促销等后续工作，吸引该细分市场。

五、客房需求类型

客史档案在确定客房需求类型方面十分有用。双床房的需求量比一张大床的客房需求量大吗？无烟房要比吸烟房的需求量大吗？长期入住酒店的企业客户需要配有烹调设备的套房吗？面对这样的难题，酒店需要可量化的数据来辅助做出购买决定。

六、房价与入住模式

核查房价可以帮助财务总监以及市场营销总监完成损益表预测。特定价格的客房系列，其入住频率显示了特定细分市场的价格敏感性。如果价格敏感性是客房入住率的指示器，那么一定要实施使那个细分市场利润最大化的营销方案。

对酒店入住模式的调查有助于前厅经理合理安排工作人员。由于某些企业的市场特性，酒店可能从星期天到星期四都住满了客人，但是在星期五与星期六却几乎空无一人。如果一个酒店在周末有大量的入住业务，则情况正好相反。前厅经理应相应地安排好工作人员。

（二）用户画像分析

酒店业竞争白热化的今天，精准地了解客户、做好服务延伸、做好客户管理是重中之重。用户画像是指通过描绘基础属性、社会属性、行为习惯、兴趣偏好等不同维度的特点对个体用户的有用信息进行提炼和展示。

用户画像实质上通过消费者住前、住中、住后数据的收集，把个体用户的行为习惯提取出来，再标签化的过程。不仅可以对单体做用户画像，还可以从群体用户身上寻找共同的行为特征，得知目标用户的提前预订天数、出游类型及用户群消费水平等信息。再根据目标用户群对酒店的点评，分析用户群对于酒店的关注点，从而形成群体用户画像。

用户画像还可以根据大数据得出不同时间段点评标签、出游类型、不同城市热度、不同类型酒店热度的占比。同时，这些数据也适用集团，客户在使用 App 预订酒店时，可以展示合适的酒店、房型、价格等，帮助客户快速预订。

有效地提高服务应从和客户的接触点入手，给到顾客真正需要的服务内容。根据客户信息分析的数据和内容，可以知道用户在住宿过程中，喜欢的楼层、房间号、房间位置、酒店内部的消费等，能够更好地辅助酒店做营销、提升入住体验等。

四、客史档案管理

管理客史档案主要包括四个方面的知识。

（一）树立全店的档案意识

客史档案信息来源于日常的对客服务细节中，绝对不是少数管理者在办公室内就能得到的资源，它需要酒店全体员工高度重视，在对客服务的同时有意识地去搜集，因此，酒店在日常管理、培训中应向酒店员工不断灌输“以客户为中心”的经营理念，宣传客史档案的重要性，培养员工的档案意识，形成“人人关注、人人参与搜集客户信息”的良好氛围。

（二）建立科学的客户信息制度

宾客信息的搜集、分析应成为酒店日常工作的重要内容，应在服务程序中将客户信息的搜集、分析工作予以制度化、规范化。例如，可规定每月高层管理者最少应接触 5 位顾客，中层管理者最好应接触 15 位顾客，了解客户的需求，普通员工每天应提供 2 条以上的客史信息等。

（三）形成计算机化管理

客史档案的管理必须纳入酒店计算机管理系统中。计算机管理系统的客史档案管理板块应具备的功能如下：

（1）及时显示功能。在酒店每个服务终端，保存客户基础数据，系统能立即自动显示客人的相关信息资料，为对客接待提供依据。

（2）检索功能。计算机检索是档案信息现代化的标志之一，客史档案要便于随时补充、更改和查询。

（3）信息共享功能。客史档案要发挥作用，必须实现酒店各部门之间的快速传递，通过酒店计算机管理系统达到客史档案的资源共享功能是客史档案管理的基本要求。

（四）利用客史档案开展经营服务的常规化

酒店营销部门、公关部门应根据客史档案所提供的资料，加强与 VIP 客户、回头客、长期协作单位之间的沟通和联系，使之成为一项日常性的常规工作，通过经常性的回访、入住后征询意见、客户生日时赠送鲜花、节日期间邮寄贺卡、酒店主题活动、新产品推出时邮寄宣传资料等方式都能拉近酒店与客户之间的关系，让客人感到亲切和被尊重，客人忠诚度也会得到极大提高，这样客户即使偶尔对酒店服务有意见，也不会轻易弃你而去。

知识链接

酒店客史档案的管理规定

1. 酒店客史档案是酒店的主要信息资料，各部门应严格遵守保密制度，任何员工不得向无关人员或外界泄露客史档案中的有关内容。

2. 各营业部门应指定专人负责客史档案的搜集、更新、存档等管理工作。

3. 客人住店期间或离店后，相关部门需及时在酒店计算机管理系统内完成对该客史的更新与存档工作，以确保客史档案的准确性与完整性。

4. 酒店客史信息的提取与查询，必须经所在部门副经理以上级别的管理人员同意，方可予以进行。

5. 各有关部门必须严格遵守客史档案管理的运作程序，做好客史档案的建立、更新、删除、存档、使用等工作。

任务拓展

有一位韩国客人经常出差来南京某公司进行技术指导，考虑到交通比较方便，所以他一直选择住在公司附近的一家四星级酒店，并且每次住宿的所有费用都由接待公司支付。由于语言沟通不畅，该韩国客人很少和总台员工交流，每次到酒店住宿，总台员工都依照客史档案的记录给客人安排 1608 房。直到有一次，接待公司的翻译陪同该韩国客人来办理入住，总台才知道，原来该韩国客人一直都不喜欢 1608 房，但由于语言沟通障碍，所以一直无法表达自己的想法。

1. 按照客人客史档案记录的内容帮客人安排房间的做法对吗？

2. 究竟该如何有效利用客史档案？

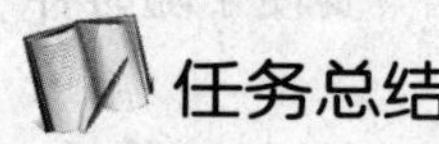

任务总结

客史档案的建立与维护对酒店客户关系管理工作具有非常重要的意义，前厅员工在平时的工作中应重点关注对客人消费数据以及喜好、禁忌等信息的搜集、归档，并能够在实际工作中灵活运用。

任务二　VIP 接待

【任务导入】

请搜集酒店 VIP 服务的经典案例，并思考酒店 VIP 宾客接待在酒店接待工作中的重要意义。

【任务执行】

VIP 客人是指有较高身份地位或因各种原因对酒店有较大影响力的客人。在接待 VIP 客人的过程中，应根据客人的不同遵循一定的礼遇规格，周密安排，但也要注意给客人以自由的空间。不同的酒店对 VIP 等级的划分和服务规格不尽相同，但都在登记入住、服务人员的指派、房间布置和备品规格以及部分免费消费项目等方面会与一般客人有较大的区分。例如，有的 VIP 客人由酒店高层管理者直接接待，享受直接入住、在房内登记等服务，房间内备有水果、红酒等备品，甚至免押金入住等。

一、VIP服务人员的素质要求

为 VIP 客人服务的员工要求具有更高的专业素质及技能，包括：

（1）具有丰富的酒店基本知识，熟识酒店基本信息。

（2）具有敏锐的洞察力和较高的服务效率。

（3）具有较强的对客沟通能力和亲和力。

（4）往往在酒店行业工作年限较长，对客服务经验较为丰富。

（5）具有较强的社交能力和宾客关系管理能力。

二、VIP客人服务流程

（一）入住前

预订部在收到 VIP 客人预订时要注意服务态度以及对客人的认知，可以适时地向客人推荐酒店新的产品和新的变化，建立良好的沟通氛围，为客人愉快的入住体验打好基础。完成预订后，系统自动形成客人的预订信息和资料，总台会打印预抵VIP宾客名单，并通知餐饮、客房、总机、康乐等一线服务部门，做好接待准备。如需要相应职位的管理人员进行接待，需要及时通知。有需要接站或接机的客人，预订部应将具体的接机要求通知礼宾部，保证服务到位。

VIP客人入住前，应确保其房间没有任何问题，并配有相应等级的备品，需经大堂副理仔细检查房间，确认无误。

（二）入住时

在VIP客人入住时，应按有关规定安排接迎人员，并由大堂副理将事先填写好的入住登记单送至客房，请客人在房间内完成入住登记手续的办理。

（三）住店期间

在VIP客人住店期间，所有参与服务的部门应按照酒店规定的VIP服务规格进行服务，并注意客人的反馈，部门管理者要确保当班人员熟识在店VIP客人，并根据其喜好或禁忌提供相应的服务。

（四）离店时

VIP客人离店时，应有相应职位的管理人员送别，并询问客人在店期间的服务体验，征询其服务提升的相关建议，适时安排送站或送机服务。

知识链接

一日，酒店即将到店的客人中，有两位是日本某跨国公司的高级行政人员。该公司深圳方面的负责人员专程赴酒店为这两位客人预订了行政楼层的客房，并要求酒店按照VIP规格来接待，该公司其他客人的房间则安排在普通楼层。客人到店之前，相关部门均做好了准备工作。行政管家按客人预订要求，提前清洁行政楼层及普通楼层的客房；前台及行政楼层接待处准备好客人的钥匙及房卡；大堂副理则通知相关部门为VIP客人准备鲜花和水果，并安排专人准备接待。然而，就在一切准备就绪、等待VIP客人到店之际，其中一位VIP客人出现在酒店，并声称已入住在普通楼层的客房。

经过一番查证，发现客人确已下榻酒店普通楼层的客房。但这并非客人要求，而是由于接待员的工作失误造成的。此前VIP客人与其他客人一行三人抵达酒店时，前台接待员A只核实了第一位客人的姓名与预订单上客人姓名相符，未进一步在计算机系统中查询另外两位客人的预订，而这三位客人自称来自同一公司，又是一起抵达的酒店，因此A主观判断是预订单上标示的客人名字出现了偏差，于是安排三位客人入住。结果，这张预订单上的三位该公司本应入住普通楼层客人的预订，A在只核实到其中一位客人入住普通楼层的情况下，不经进一步核实就将本应入住行政楼层客房的客人与其他客人一同安排在了普通楼层。

A主观认为是预订单上将客人姓名写错，将预订单上的客人名字更改成已入住客人之后，实际应入住普通楼层的客人在抵店时，其中一位接待员B无法查到该客人的预订。B虽然在让客人出示该公司名片后确认该客房为该公司员工的预订，并马上安排此客人入住，但已使客人对酒店的服务水平产生怀疑。

资料来源：http：//blog.sina.com.cn/s/blog_6a142b8501013arv.html

【错因分析】

1. 对VIP客人的接待，未能引起每个当班员工足够的重视；当值主管未尽其监督之职。

2. 工作不细致，未在客人抵店时仔细查询客人预订。

3. 工作准确性不够。接待员在发现客人名字与预订单不符时，主观判断是预订单上名字写错，将已预订的名字直接更改为当时办理入住的客人的名字，造成其他员工无法查到已预订普通楼层房间但随后到店客人的名字，使该客人无法按预订入住。

【处理方法】

在查清造成上述错误的原因后，当值大堂副理马上与客人联系，但当致电客人房间时，客人均已外出。于是酒店一方面在行政楼层为客人保留了房间，另外在VIP客人房间内留下一封致歉信，就此事向客人致歉。在接到VIP客人回到酒店的通知后，大堂副理亲自向他致歉，并询问是否愿意转回行政楼层。客人在接受酒店道歉之后，表示对下榻的客房比较满意，无须再转去其他房间。第二天当VIP客人离开酒店之时，当值大堂经理又专程向客人当面致歉。客人表示并不介意此次不愉快的经历，并对酒店对于他的重视很满意。

任务拓展

请以小组为单位，写一份VIP接待方案，注意方案设计的完整性、创新性和实用性，并进行情景模拟演练。

任务总结

VIP客人的接待与酒店的管家服务有很好的关联，需要酒店在接待过程中重点关注VIP接待的规格、接待的档次和房内入住登记等相关环节，配备优秀的员工。

任务三　宾客投诉处理

【任务导入】

请思考酒店前厅部的工作中哪些环节容易导致宾客投诉，我们应该怎样面对宾客投诉。

【任务执行】

一、正确认识投诉

酒店的管理长久以来追求的并不是如何完美地处理投诉，而是避免投诉。然而在酒店对客服务过程中，宾客投诉是难免的，这是由于酒店服务的特殊性质导致的，也是最令经营者和酒店工作人员头疼的问题。

（一）投诉的含义

投诉是酒店客人对不满状况的一种抱怨方式，而且往往客人会就投诉的内容要求酒店做出一定的承诺或赔偿。同样，酒店行业从业人员如果不去排除有可能产生顾客投诉的各种隐患，不去充分预防，即使掌握的对顾客投诉处理方法很多，也会疲于奔命。因此，投诉可被分为两个递进层面进行管理，第一个层面是如何处理已经发生的投诉，第二个层面是如何避免投诉的发生。

知识链接

一项对“顾客为什么不满意”的调查显示：在服务行业中，一个人满意只会分享给5个人；每25个人不满意就会有一个投诉；一个不满意的人至少要将不满意告诉20个人；严重投诉占投诉事件的25%；投诉解决后，94%的人不会再次光顾，仅有6%的人会继续光顾。

酒店管理都在追求“零投诉”，而不以完美处理已发生的投诉为骄傲，也有资料显示，客人对酒店中服务不规范、服务态度差等问题的投诉已占全部投诉的50%。投诉主要集中在三星级酒店和四星级酒店，占总数的55.5%。这是因为：第一，制度不全，管理不严；建立健全各项制度是管理好酒店的基础。第二，虽然有规章制度，但多年来没有根据形势的变化而进一步完善发展，失去了实际意义。第三，虽然制度健全，但没有严格执行制度，缺少日常监督检查，使制度形同虚设。好的管理制度不仅能使酒店的业绩蒸蒸日上，而且能赢得顾客的满意，提高酒店知名度，这无形中又增加了酒店的无形资产。

（二）投诉的意义

对酒店从业人员来说，投诉总是避之不及的，然而，“投诉”不仅意味着客人的不满，而且是酒店改进工作的机会。经调查，100个不满意的宾客中，其实只有4%~6%的人才会投诉，而剩下的人并不会投诉，但是却会通过口头传播对酒店的不满，直接给酒店的形象造成负面影响。因此，酒店管理者和服务人员不能单纯把投诉当作麻烦事，而是把宾客投诉看作酒店改进工作漏洞、提升酒店对客服务质量的机会。

（三）分析酒店宾客投诉的原因

1. 有关设施设备的投诉

这类投诉主要包括空调不灵、照明灯不亮、电梯夹伤宾客、卫生间水龙头损坏等。设施设备故障、服务态度再好也无法弥补，关键是尽快解决问题。尽管酒店都建立了对各类设备的保养、检查、维修制度，但这只能相对减少酒店设施设备的隐患，而不可能杜绝设备故障的发生。处理此类投诉时，应立即通知工程部派人员查看，视具体情况采取相应措施，同时，还应在问题解决后再次与宾客联系，以示对宾客的尊重。

2. 有关服务态度的投诉

这类投诉主要包括冷冰冰的接待方式、粗暴的语言、戏弄的行为、过分的热情以及不负责任的答复等。减少此类投诉的方法主要是加强服务人员的服务意识，加强服务礼仪的培训。

3. 有关服务和管理质量的投诉

这类投诉主要包括排重房间、叫醒不准时、行李无人搬运、住客在房间受到骚扰、财物在店内丢失、服务不一视同仁等。减少这类投诉的方法是强化服务人员的服务技能和提高酒店的管理水平。

4. 有关酒店相关政策规定的投诉

这类投诉涉及酒店的政策规定，如夜间房费的收取问题、开瓶费的收取问题等。有时，酒店并没有什么过错，其投诉主要是因宾客对酒店有关政策规定不了解或误解造成的。处理这类投诉时，应给予宾客耐心解释，必要时做灵活和人性化的处理。

5. 有关异常事件的投诉

这类投诉主要包括无法购得机票、车票，城市供电、供水系统故障，天气恶劣等。这类投诉所涉及的问题，酒店也是难以控制的，但宾客希望得到酒店力所能及的帮助和合情合理的解释。

（四）分析宾客投诉的类型

根据宾客投诉的目的与动机，投诉的类型基本可分为以下三类：

（1）控告性投诉。控告性投诉就是客人已经被激怒、情绪非常激动，而且要求酒店做出赔偿的投诉类型。例如，客人对酒店保管个人贵重物品的失职而提出的强烈投诉。

（2）批评性投诉。批评性投诉就是客人情绪相对平静，只是把某种不满告诉酒店而并没有让酒店做出赔偿的投诉类型。在很多情况下，这类投诉都是客人为了自显尊贵而说的话。酒店对其中的大多数投诉情形并不需要负责。

（3）建设性投诉。建设性投诉就是客人伴随着对酒店的赞誉而发生的投诉类型。例如，客人在餐厅里吃饭完毕把服务员叫过来说，你们这个餐厅的菜肴确实不错，刚才你们给我推荐的这个菜非常好，我很喜欢。另外你们的环境也很好，只不过我感觉今天的天气有点儿热，你们餐厅的温度好像稍微高了一点，等等。

之所以对投诉进行分析，是因为可以从不同类型投诉的数量上来发现酒店现实存在的具体问题。值得一提的是，建设性投诉和批评性投诉并不是一成不变的，如果酒店一再地在这些细节上使客人不满意，很有可能就会转变成控告性投诉。

二、投诉处理的原则

酒店对投诉应持欢迎的态度，将其作为改进对客服务的一次有利的机会。因此，在处理宾客投诉时，应遵循下列原则：

（一）坚持顾客至上的原则

美国酒店大王斯塔特勒提出了“客人永远是对的”的原则。接待投诉时，不与客人争吵、不为自己辩护，时刻站在客人角度去正确理解问题。要理解投诉宾客当时的心情、同情其处境，并满怀诚意地帮助宾客解决问题、满足其需求。不论宾客投诉所表述的内容是否合理或值得同情，受理人员一定要站在宾客立场上表示对宾客的“遭遇”表示非常同情和理解，同时对宾客在情绪上给予一定的安慰。

（二）不争辩原则

当宾客怒气冲冲、情绪激动地前来投诉时，前厅服务人员更应注意礼貌，耐心听取宾客意见，然后对其表示歉意等，绝不可争强好胜，与宾客发生争执。

（三）维护酒店应有利益原则

在受理投诉时，要认真听取宾客意见并表示同情，同时注意不要损害酒店的利益，不可随意推卸责任，或者当着宾客的面贬低酒店其他部门的服务人员。应当清楚：除非宾客物品因酒店原因遗失或损坏应给予相应的赔偿，退款或减少收费等措施不是处理投诉的最佳方法。对于绝大多数的投诉，酒店应通过面对面的额外服务，以及给宾客更多的体贴、关心、照顾来解决。

（四）避众原则

在投诉过程中，如果宾客大声吵闹或喧哗，他们的负面信息会直接影响其他宾客对酒店的印象。为了避免影响酒店的声誉，酒店的工作人员必须及时将投诉者与其他顾客分离。例如，从语言上表示理解和同情宾客，及时“承认错误”并安抚宾客，可以提供茶点，安排宾客到后台办公室或会议室详谈。

（五）快速处理原则

当宾客投诉涉及相关其他部门，各部门之间应及时协商处理，并尽可能在最短时间内给予宾客准确的答复日期。迅速行动不仅可以表达酒店对宾客的重视，而且可以减少宾客在等待中支出的时间成本和因等待产生的不满。投诉实际是一次使不满意的宾客重新评价服务质量的有效机会。倘若投诉处理得恰当、及时，不仅能重新建立因对服务质量不满意而受损的宾客关系，而且能使宾客体验到酒店对宾客的诚意，提高其对酒店的满意度和忠诚度。研究表明，如果当场为宾客解决问题，95% 的宾客会再次光顾；如果拖到事后再解决，处理好则会有 70% 的宾客再次光顾；若酒店对宾客投诉反映时间超过 4 周或更长，宾客的满意度会降低一半以上。因此，及时处理宾客投诉是消除宾客不满、赢得宾客的重要保证。

（六）征询原则

完全了解宾客的投诉原因和过程后，服务人员应充分征询投诉宾客的意见，再结合酒店的政策提出合理的并能使宾客满意的处理方案。

（七）不轻易许诺原则

处理投诉过程中，酒店员工不能因为要尽快压制宾客的激动情绪而轻易向其做出权力范围之外的许诺，那样会适得其反，导致更严重的后果。

三、处理宾客口头投诉的要点

（一）认真听取宾客的意见

可以通过提问的方式来弄清问题。集中注意力听取对方的意见能节约对话的时间。

（二）保持冷静

在投诉时，宾客总是有理的。不要反驳宾客的意见，不要与宾客争辩。为了不影响其他宾客，最好个别地听取宾客的投诉，私下交谈更容易使宾客平静。

（三）表示同情

应设身处地地分析问题，对宾客的感受要表示理解，用适当的语言给宾客以安慰，如“谢谢您告诉我这件事”“对于发生这类事件我感到遗憾”“我完全理解您的心情”等。因为此时尚未核实宾客的投诉，所以只能对宾客表示理解与同情，不能肯定是酒店的对错。

（四）给予关心

不应该对宾客的投诉采取“大事化小、小事化了”的态度，应该用“这件事发生在您的身上，我感到十分抱歉”等此类语言来表示对投诉宾客的关心。在与宾客交谈的过程中，注意用姓氏礼貌地来称呼宾客。

（五）不转移目标

将注意力集中在宾客提出的问题上，不嫁祸于人、不推卸责任，绝不能怪罪宾客。

（六）记录要点

将宾客投诉的要点记录下来，这样不但可以使宾客讲话的速度放缓，缓和宾客的情绪，还可以使宾客确信酒店对他反映的问题是重视的。此外，记录的资料可以作为解决问题的依据。

（七）告知宾客将要采取的措施并征得宾客的同意

如有可能，可请宾客选择解决问题的方案或补救措施。绝对不能对宾客表示由于权限有限而无能为力，但也千万不要向宾客做出不切实际的许诺。

（八）将解决问题所需要的时间告诉宾客

要充分估计解决问题所需要的时间。最好能告诉宾客具体的时间，不含糊其词；切忌低估解决问题的时间。

（九）采取行动，解决问题

这是最关键的一环。如果所采取的行动与对宾客的许诺不一致，那么宾客的投诉不可能得到妥善的处理，服务人员还将面对两个新出现的问题：其一，原先的问题，宾客第二次提出投诉；其二，对酒店服务人员的工作效率，宾客表示失望。所以，为了不使问题进一步复杂化，也为了节约时间以及不失信于宾客，必须认真抓好这一环节的工作。在解决问题的过程中如发生意外情况，应及时告诉宾客。

（十）检查落实

与宾客联系，检查核实宾客的投诉是否已圆满解决了。

（十一）记录存档

将整个过程写成报告，存档。正确受理宾客的投诉有利于改善酒店与宾客的关系，及时了解酒店的不足之处，避免类似的过失重复出现，达到改进与提高酒店管理和服务水平的目的。

知识链接

酒店如何正确对待、处理客人的投诉，以便达到快速而又满意的效果呢？根据以往经验，可以将整个投诉处理过程概括为五个字，即“听、记、析、报、答”。

1. 听。对待客人的投诉，不管是鸡毛蒜皮的小事，还是较棘手的复杂事件，受诉者都要保持镇定、冷静，认真倾听客人的意见，要表现出对对方高度的礼貌、尊重。

2. 记。在听的过程中，要做好记录。尤其是客人投诉的要点，讲到的一些细节，要记录清楚，并适时复述，以缓和客人情绪。这不仅是快速处理投诉的依据，而且能为以后服务工作的改进做铺垫。记录宾客投诉情况时，需使用酒店正规的“宾客投诉意见单”或“宾客投诉处理单”。

3. 析。根据所闻所写，及时弄清事情的来龙去脉，然后才能做出正确的判断，制定解决方案，与有关部门取得联系，一起处理。

4. 报。对发生的事情、做出的决定或是难以处理的问题，及时上报主管领导，征求意见。不要遗漏、隐瞒材料，尤其是涉及个人自身利益时，更不应该知情不报。

5. 答。征求领导意见后，要把答案及时反馈给客人，暂时无法解决的，应向客人致歉，并说明原委，请求客人谅解，不能无根据地向客人保证。

任务拓展

请在宾客投诉的五类原因中选择一种，以小组为单位编写出情景模拟剧本，并分角色进行演绎，注意情节设计的合理性、处理程序的完整性以及处理方法的正确性。

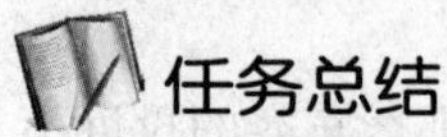

任务总结

酒店应该转变对待投诉的观点，将宾客的投诉看成是提升酒店服务质量的抓手，认真对待宾客的投诉，化不利为有利。同时，认真分析宾客投诉的原因，做好事先的防范工作，尽量减少投诉的发生。

任务四　行政楼层服务

【任务导入】

以小组为单位，各调研一家酒店行政楼层的服务模式，了解行政楼层的主要服务内容有哪些？

【任务执行】

一、行政楼层的概念

行政楼层是现代高档、豪华酒店为了接待对服务标准要求高，并希望有一个良好商务活动环境的高级商务人士等高消费客人，向他们提供贵宾式优质服务而专门设立的特殊楼层。在很多酒店，行政楼层又被称为“商务楼层”或“豪华层”。

行政楼层提供的服务有别于普通客房楼层，被人们誉为“店中之店”。一位酒店行业专家有一个形象的比喻，如果把普通客房比作飞机的经济舱，而行政楼层就像飞机上的公务舱。虽然价格稍高，但客人在这里感觉更舒适方便，也可以享受到更多、更个性化的服务。

二、行政楼层的服务要求

行政楼层的管理是一套相对独立运转的接待服务系统，在行政管理上通常隶属前厅部。与普通客房楼层比较，行政楼层在设施格局上和服务模式上都有明显不同。它可以向商务客人提供更多、更细致、更具个性的专业化服务。

（一）单独设接待处

凡预订行政楼层的客人都可以在进店后直接在楼层快速登记入住，并在离店时可以直接在本层结账退房。行政楼层设施设计制作精巧、环境氛围轻松，旁边设置有沙发等休息区，使得这种“一对一”式的轻松、开放、专用的服务接待方式更显个性化、倍感温馨。

（二）单独设酒廊

在行政楼层设置环境幽雅、独具匠心的专用酒廊，并提供冷饮、热饮、早餐、午茶，还可以安排鸡尾酒会及朋友会晤，这些是行政楼层吸引商务客人的重要卖点。这种酒廊的设置，提高了行政楼层客人始终被尊重的“身份感”，使客人体会到“家”的感受。

（三）单独设商务中心

行政楼层一般设有专用商务中心及规格不等的会议室、洽谈室等设施，以供商务客人随时召开会议，或与客户会晤及洽谈生意。商务中心设备先进、种类齐全，从文件打印、复印、分拣至装订等一应俱全，而且服务效率高。

（四）个性化的服务

商务客人之所以优先选择行政楼层，设施及环境的舒适条件固然是重要因素，但最为他们看中的是行政楼层所提供的细致入微、个性化的服务。

在行政楼层从事接待服务的管理人员及服务人员，在形体、形象、气质、知识、技能及外语等方面条件突出，均接受过严格、系统的专业培训。他们在熟练掌握了前台预订、接待、结算等技能的同时，还应掌握商务中心、餐饮方面的服务技能和技巧，尤其善于与宾客交往、沟通，能够圆满地处理客务关系，合作能力、协调性强。

行政楼层的接待服务人员只要见过客人一次，第二次再见面时就可以称呼客人的姓名和头衔，客人由此产生被重视和被特别关照的心理满足感和荣誉感。

行政楼层的接待服务人员对每一位再次下榻的客人都要做详尽的客史档案记录，记录下客人的喜好、癖好、偏好，使客人每次下榻时都会惊喜地看到按自己的习惯和喜爱的方式所布置的房间，甚至连所喜爱的某种品牌或特殊规格的物品都已放在熟悉的位置。至于客人生病送上粥、费尽心思为客人过生日更是家常便饭，甚至连有的客人每次多要一根香蕉等小小的需求，服务员也都记得牢牢的。而正是这些细致入微的服务才吸引了商务客人一次次地上门。因此，行政楼层的房价虽然远远高出普通客房的房价，但是却不断吸引着众多的回头客及商务客人。

三、行政楼层的主要服务项目

（1）轻松入住。由专人负责办理入住登记手续，气氛怡然。

（2）丰盛早餐。自助餐台上各种食品、饮品丰富，任客人自选，就餐酒廊环境幽雅，接待人员态度热情、动作敏捷、服务意识极强。

（3）时事动态。附设有多种中外报刊，供客人选择浏览，同时播放国际卫星传输的电视新闻、专题节目等，使客人随时了解世界各地要闻及商业经济动态。

（4）悠闲下午茶。每天下午按时布置好茶水台，各种茶饮、茶具、软饮及点心免费供客人选用。

（5）鸡尾酒会。行政楼层在晚间还精心安排为本层客人免费提供结识新老朋友、沟通关系的鸡尾酒会，使客人度过美好之夜。

（6）商务洽谈。行政楼层中各种会议室和洽谈室及配置的复印机、传真机、计算机工作台、多功能投影仪等设备一应俱全，并提供打印、翻译、装订文件、发送文稿等商务秘书服务。

（7）委托代办。行政楼层为商务客人出行、中转提供票务、订房、订车等代办服务，使客人足不出户便可享受快捷、方便的服务。

（8）快速结账。行政楼层接待服务人员可以为客人在本层或房间办理离店结账手续，并提供安排行李员或代订交通工具，最终给客人留下美好的印象。

任务拓展

你见过酒店的行政楼层吗？请选择一家高星级酒店，以小组为单位一起去进行一次调研活动，并将调研情况制作成 PPT，与大家一起分享你的实践成果。

任务总结

酒店应该重点关注行政楼层服务与普通客房楼层服务的区别，在组织结构、服务模式及服务产品上予以重视。

项目总结

在本项目中，我们学习了客史档案的管理、宾客投诉的受理、VIP 的接待以及行政楼层的服务。酒店宾客的满意度直接关系到酒店的“忠诚客户”量，因此，如何管理好宾客关系，完善客史档案，有效引导宾客消费，及时预防、控制宾客“不满情绪”的产生，同时锁定重点客户，成为酒店服务的重要内容。许多酒店会设置大堂经理、宾客关系经理等岗位全面负责酒店的宾客关系维护。

项目链接

客户关系管理系统 CRM 在酒店行业中的应用

CRM，即客户关系管理，是利用信息科学技术，实现市场营销、销售、服务等活动自动化，使企业能够更好地为顾客提供更为优质和个性化服务的一种方式。

CRM 是一个有着具体操作流程和技术要求的信息系统，可以帮助企业更好地识别顾客的需求和行为；是一个以顾客为中心的商业策略，通过提供更多富有责任感的行为以及为顾客量身制定的服务来满足顾客个性化需求；同时也被视为一种营销策略：通过整合内部的工作流程和功能以及外部的信息网，为目标客户创造最大价值，并最终赢得利润的行为。

CRM 得以成为营销研究的长期有效工具，主要由于它可以有效促成营销计划以及有助于酒店或组织行为的提高。此外，消费者行为研究人员也通过发展理论和测试模型以期更好地与顾客建立联系，找到适应涉及旅游心态和行为的最佳服务选择。

（一）CRM 数据库的整合作用

CRM 是通过整合内部的流程和功能以及外部的信息网，为目标客户创造价值，并最终赢得利润的过程。数据库作为 CRM 的核心，对酒店业数据的储存和分享有着重大作用。在酒店中，和客户发生接触的部门很多，但他们掌握的具体客户信息却是各不相同的。CRM 作为一个整体的解决方案，可以将各部门的客户信息有效整合，提高酒店的整体运营效率。

（二）对 CRM 数据库中信息的分析和应用

前台的接待人员会直接接触顾客，客房服务员随时需要为客人提供房间清理等服务，餐饮部门的服务人员则要随时提供点菜、上菜以及用餐过程中的各种服务。如何根据客人在消费过程中产生的各种个性化需求及时调整服务，提升顾客满意度，是一个值得经营管理者们思考的问题。

宏观来说，通过对顾客个人信息的不断积累，酒店可加深对顾客的了解，这样便可较准确地预知顾客期望以及个性化需求。同时借助 CRM 提供的数据，综合分析顾客需求，酒店的经营管理者便可制定新的服务守则，增加服务项目。

放眼看世赛

一、世界技能标准规范解读——投诉管理

1. 个人（选手）需要了解的知识点

（1）酒店的投诉程序。

（2）灵活掌握和符合工作程序的范围。

（3）调查和分析的基本方法。

（4）个人职责权限的范围。

（5）冲突管理所依据的原则。

2. 个人（选手）应具备的能力

（1）提前发现的潜在问题和可能的投诉等。

（2）缓和投诉对象的情绪，包括必要的时候更换房间。比如房间设施故障需要修理，选手需要给客人换房间，而且安排行李员帮客人转运行李，并且在 Opera 上做相应的操作和记录。

（3）认真听取投诉，按要求做好记录。选手可以请客人坐下来，给客人倒杯水然后拿笔纸记录。

（4）客观、敏锐地提问。

（5）在保持客观的同时表现出思考和同情心。

（6）整理所采取的笔记，区分事实、观点或假设。

（7）请参考酒店的管理程序以确定选择和解决方案。

（8）根据情况，应用酒店的程序。比如客人提前入住，房间还在打扫需要客人等待，选手可以告知客人等待的时间，并赠送饮料券，请客人先去大堂吧休息，等可以入住时电话通知客人。

（9）当超出自己的职权范围时，把这件事转交给你的上级领导个人的职权范围。

二、酒店运营报表分析

酒店管理人员每天会查询相关报表，以了解酒店业务运转与整体经营状况，通过将报表中的关键数据与历史同期数据、本地细分市场数据及第三方行业调研数据做对比分析，及时发现问题、找出原因，进而有针对性地开展相应的酒店经营战略与计划调整。由于部门、岗位或层级的差异，酒店管理人员所查阅的报表、关注的指标各有不同，这些报表绝大多数可通过酒店计算机系统查询或打印输出，仅有少量报表无法直接系统输出，可查询其他报表的相关数据进行手动计算编制。表 8–1 重点介绍酒店高管人员日常查阅的重要运营报表（因篇幅原因，仅列出三种），以及它们的分析方法与技巧。

表 8–1 酒店高管人员日常查阅的重要运营报表

运营报表名称	重点查看的内容
Manager Flash（经理报表）	出租率、平均房价、客房收入、每房平均收入、每客平均收入（人均消费）、餐饮收入、剩余可卖房数、日用房数、维修房数、在住团队数、在住 VIP 人数、各渠道占用房数（协议公司、旅行社、预订代理）、当日入住房数、当日入住客人数、No–Show 房间数
History &Forecast（历史与预测报表）	散客 / 团队历史与预测客房销售趋势图、散客 / 团队历史与预测收入趋势图、平均房价历史与预测数
P&L Report（损益报表）	营业净收入（各营业点）、营业成本、非营业费用、营业毛利润、净利润

【专业英语】

1. On behalf of the hotel，I apologize for what has happened. 我谨代表酒店对所发生的一切表示歉意。
2. I'm awfully sorry for my carelessness. 对于我的粗心我感到非常抱歉。
3. I do apologize for the inconvenience. 很抱歉给您带来很多不便之处。
4. Please accept my sincere apologies for our mistake. 对于我们的失误请接受我真诚的歉意。
5. I'm extremely sorry for the miscalculation. 对计算错误我感到很抱歉。
6. I'm terribly sorry to hear that. Would you like to try something else? 听到此事我感到很抱歉。您想尝尝其他的菜吗？
7. I'm sorry to have caused you so much trouble. 很抱歉给您带来这么多麻烦。
8. Thank you for telling us about it，sir. I'll look into the matter at once. 感谢您告诉我们这些情况，我会立即去调查。
9. Thank you for bringing the matter to us. 感谢您提醒我们注意。
10. Please calm down，madam. We quite understand that you feel upset about it，and we'll try everything we can to help you. 夫人，请您冷静。我们非常理解您为此事感到很沮丧，我们会竭尽所能帮助您。
11. I'll speak to the person in charge and ask him to take care of the problem. 我会告知负责人，让他来处理这件事。
12. I'll send someone up to your room to repair it right away. 我马上派人到您的房间去修理。
13. I assure you it won't happen again. 我保证下次不会再发生这样的事了。
14. Please wait a moment. I'll contact and check with the department concerned. 请稍等片刻，我将与相关部门联系并核对。
15. The problem may be that they are short-staffed in the kitchen today. 问题可能是因为今天厨房人手不够。
16. I'm sure the waiter/waitress didn't mean to be rude. Perhaps he/she didn't understand you correctly. 我相信服务员并不是有意无礼，他 / 她可能没有听懂您的意思。
17. Could you describe your wallet/necklace/suitcase in details? 您能详细描述一下您丢的钱包 / 项链 / 箱子吗？
18. Can you tell me when you found it missing? 您能告诉我什么时候您发现它丢了吗？

项目评价

✧ 知识评价

一、单选题

1. 宾客投诉叫醒服务不及时属于什么类型的投诉？（ ）

A. 有关设施设备的投诉　　　　　　　　　　B. 有关酒店相关政策规定的投诉
C. 有关服务态度的投诉　　　　　　　　　　D. 有关服务与管理的投诉

2. 在一些高星级酒店，利用客房某些楼层，设置面向高消费客人的豪华客房群。这种客房的家具、日用品和室内装饰等非常高档，住宿客人一般是级别高的行政官员、公务旅行者、企业老总或其他社会名流。这种特定的楼层称为（ ）。

A. 行政楼层　　B. 商务楼层　　C. 高档楼层　　D. 特殊楼层

3. 酒店宾客遗留下的物品处理方式描述错误的是（ ）。

A. 由指定部门保管，贵重物品应存入保险箱或专人统一处理

B. 根据各酒店相关规定，一般在保管 3 个月以后，贵重物品保管 6 个月以后，应按规定统一处理

C. 及时填表登记，详细记录遗留物品名称、数量、型号、规模及发现地点、捡拾人姓名等

D. 若物品为低劣产品或食品等可立即按丢弃处理

4. 宾客投诉有异味或蚊、蝇、蚂蚁，寝具、食具、食品不洁，食品变质、口味不佳等问题的，属于哪个方面的投诉？（ ）

A. 有关产品质量方面的投诉

B. 有关酒店相关政策规定的投诉

C. 有关服务态度的投诉

D. 有关服务与管理的投诉

5. 关于投诉预测与防范描述不正确的是（ ）。

A. 加强同客人的沟通

B. 注重改善服务质量

C. 加强设备、设施的管理，注重酒店产品的出品质量

D. 以往的投诉无借鉴价值，无须关注

二、简答题

1. 前厅部人员应掌握哪些与客人沟通的技巧？

2. 客人投诉的类型有哪些？

3. 酒店行政楼层的作用有哪些？

4. 如何做好酒店的 VIP 接待？

5. 前厅部应该如何做好客史档案的管理工作？

✧ 实践活动

实训内容：

分角色模拟宾客投诉的处理。

实训目标：

1. 能够进行良好的沟通和简单的投诉处理。

2. 学生能够具备应变能力和抗压能力。

实训组织：

学生两人一组，抽签决定角色（大堂副理、客人），由教师和其他各小组打分。

实训评价：

模块	序号	M=测量 J=评判	标准名称或描述	权重	评分
A 前厅接待	A4 投诉或突发事件的处理 5 分	M	礼貌接受客人投诉或反馈	0.2	Y|N
		M	向客人致歉	0.2	Y|N
		M	礼貌询问事件原委，及时向客人提供帮助	0.2	Y|N
		M	进行事件调查并做好记录	0.4	Y|N
		M	提供解决问题的方案，供客人选择	0.4	Y|N
		M	兼顾酒店和客人的利益	0.2	Y|N
		M	协调相关部门做好后续工作	0.2	Y|N
		M	做好投诉及事件处理工作记录	0.2	Y|N
		J	3 全程礼貌待客，优质服务意识贯穿始终 2 礼貌待客，态度友好，有一定的服务意识 1 未能有效提供礼貌服务，服务意识薄弱 0 不注重礼貌，客人综合感受差	1	3 2 1 0
		J	3 处理投诉或突发事件张弛有度，熟悉酒店相关政策，客人满意度高 2 处理投诉或突发事件具有一定应变能力，较熟悉酒店相关政策，客人满意度较高 1 处理投诉或突发事件逻辑性较差，对酒店相关政策运用不够得当，客人满意度较低 0 处理投诉或突发事件不够完善，不熟悉酒店相关政策，客人满意度低	1	3 2 1 0
		J	3 具有较强的沟通应变能力，客人满意度高 2 具有一定的沟通应变能力，客人满意度较好 1 沟通应变能力较弱，无法正确处理投诉或突发事件 0 沟通不畅，缺乏应变能力，客人满意度差	1	3 2 1 0

资料来源：2023 年全国职业院校技能大赛高等职业教育组“酒店服务”赛项评分标准（扫码下载完整赛项规程）

国家精品在线开放课程
《前厅服务与管理》免费学习资源

项目九　前厅服务质量管理

项目导读

前厅服务质量的管理是指采用一定的标准和措施来监督和衡量服务质量管理的实施和完成情况，并随时纠正服务质量管理目标的实现。它是从全局出发，以控制前厅服务的全过程，提供最优服务为目标，运用一整套服务质量管理体系、手段和方法，以服务质量为管理对象而进行的系统的管理活动。

学习目标

【知识目标】

· 了解前厅质量管理的概念

· 熟悉前厅主要服务项目的质量控制过程

· 掌握酒店内部对前厅质检关键点的控制

· 掌握前厅质量管理的内容

【能力目标】

· 能进行前厅质量控制

· 能说出前厅服务质量管理的内容

· 能够运用前厅服务质量标准

案例导入

住在纽约华尔街附近的W先生是一位证券投资商。这天，W先生为了赶上第二天早上9点开始的证券交易，委托酒店接电话的服务员在第二天早上8点以前叫醒他。平时，W先生总是在8点钟起床的，从不委托酒店叫醒，唯独这次例外。原来他看准了行情，打算明天一开市就“吃进”美国某钢铁公司的股票，因为担心自己睡过头，错过大好的商机，就请酒店服务员提供“叫醒服务”。然而，第二天W先生果真睡过了头，话务员也忘记叫醒他了，结果没有赶上这桩买卖。事后，那只股票猛涨，数万美元就这样泡汤了。W 先生气得直跺脚，并把这归咎于酒店没有履行叫醒客人的职责，一再要求酒店赔偿他的损失。

资料来源:《旅馆、酒店纠纷事故及其处理对策》铃木博 日本

1. 在这个案例中，服务人员有什么过错？有什么过错？

2. 如何避免此类情况的发生？

任务一　前厅服务质量控制

【任务导入】

请学生以小组为单位调研学校的教学酒店或者附近的星级酒店，试归纳、总结酒店前厅部的质量控制过程并询问酒店内部对前厅质量质检的控制内容。

【任务执行】

一、阶段控制

前厅部主要服务项目包括总机服务、预订服务、礼宾服务、总台服务、宾客关系服务等。内部质量审核机构对这些项目的质量控制，主要从每一次服务过程的事前、事中、事后 3 个阶段进行。

（一）事前控制

事前服务质量控制是提高服务质量的前提条件，其根本目的是贯彻预防为主的方针，为提供优质服务创造物质技术条件、做好思想准备。根据前厅服务质量管理标准，贯彻“教育为先，预防为主”的方针，做好有形产品和无形服务两大方面的充分准备，以确保在客人到来之前有备无患。前厅部各岗位的服务性质不同，事前准备工作的内容、形式、时间也不同，因此要根据各岗位的不同情况来控制事前服务质量。如设施质量控制（包括设施设备的安全程度、舒适程度以及配备的合理程度）、服务人员的思想准备（包括职前培训、岗位培训、重要接待任务前的思想动员）等。

事前准备阶段的检查是控制服务质量的重要环节。只有做好这方面工作，才能为提高服务质量提供前提条件和物质技术保证，这是前厅服务质量控制的重要内容。这些工作做得越好、越细致，提高服务质量就越有保证。

（二）事中阶段

这也就是服务过程中的服务质量控制。根据酒店服务质量管理体系的要求、通过各级管理者的现场巡视管理和每一位前厅一线服务员严格执行服务规程，确保客人满意程度的提高。

前厅服务过程中每一次对客服务，由于时间、环境、对象、心理、标准等多方面因素的影响，其服务的质量和结果是不尽相同的。所以，应从每次服务的常规模式中不断创造新的、更好的服务，以满足客人的消费要求，达到既定的服务标准、实现既定的服务质量目标。服务过程中的质量控制贯穿于前厅业务管理的全过程。其重点包括两个方面。

1. 层级控制

即通过各级管理人员一层管一层地进行。主要是控制重点程序中的重点环节，如客房预订、总台接待质量等。

2. 现场控制

服务质量的偏差往往是一瞬间发生的，有些偏差必须立即纠正，因此要加强现场控制。各级管理人员要尽可能深入服务一线去发现服务质量中的问题，及时处理。如客人投诉要尽可能及时解决，在客人离店前尽量消除不良影响，维护酒店声誉。

（三）事后控制

事后服务质量控制是指及时搜集各种信息，并对各种信息进行分析，及时发现问题、找出原因，从而有针对性地采取措施，保证前厅服务质量目标的实现。根据酒店服务信息，即服务质量管理的结果，对照酒店服务质量标准，找出前厅服务质量差异及其产生的原因，及时、主动地与客人沟通，提出有效的改进措施，避免过错的再次出现，确保前厅服务质量的良性循环。

事后服务质量控制主要是总结经验教训，这与传统的事后质量检查是相似的。但它又有更进一步的做法，因为这种事后服务质量控制是面对未来的，它和 PDCA 循环管理法融为一体。对事后控制中发现的问题，必须循环到下一个 PDCA 循环中去提出更高的目标，以不断提高前厅服务质量。

知识链接

PDCA 管理法

我们可以对质量管理活动按照计划（plan）、实施（do）、检查（check）和处理（act）四个阶段来开展。计划—实施—检查—处理四个阶段组成一个循环，可称为 PDCA 管理法，也称为 PDCA 循环。

PDCA 循环是科学的质量管理工作程序，运用 PDCA 循环来解决前厅质量问题可分成以下几个步骤进行：

计划阶段：对前厅服务质量的现状进行分析，找出存在的质量问题。之后运用因果分析法分析产生质量问题的原因以及其中的关键原因。在此基础上提出要解决的质量问题以及要达到的目标和计划。

实施阶段：按已定的目标、计划和措施执行。

检查阶段：根据实施的结果对前厅的质量情况进行分析。并将分析结果与发现的质量问题进行对比。

处理阶段：对已经解决的问题提出巩固措施，以防止同一问题在每次循环中都出现。对已解决的质量问题应给予肯定，并使之标准化。

PDCA 管理法应注意的问题：PDCA 管理法必须按顺序进行，四个阶段既不能缺少，也不能颠倒。它就像车轮一样，一边循环，一边前进。这个车轮必须依靠前厅部所有员工来推动，才能顺利地滚动前进。PDCA 循环不是简单的原地循环，每循环一次都要有新的、更高的目标。

二、内容控制

每一个阶段的服务质量，均可以从服务的设施设备与用品、服务程序与标准、服务态度与能力及服务效果与控制目标 4 个方面进行控制。

（一）设施设备与用品

计算机、电话交换机、钥匙及信件架、客房钥匙（门卡）、保险箱、刷卡机等所有前厅设备先进完好，无故障；保证充足的办公用品和各类表格文件的存量。

（二）服务程序与标准

准确测定各岗位上服务员的工作效率，制定各服务项目的标准服务程序和工作定额，通过有针对性的系统培训，确保服务员掌握过硬的业务技能和丰富的业务知识，必须具备良好的语言交际和沟通能力，能够熟练地使用和操作有关接待服务的设备设施。

（三）服务态度与能力

服务员应具有良好的职业道德和职业素养，有为客人提供优质服务、情感服务的主观愿望；着标准制服，注重仪容仪表的整洁大方、言谈举止的规范得体；微笑、主动、细致、快捷，时刻保持饱满的精神情绪和良好的工作状态；普通话标准，掌握一种以上外语，善于与客人进行有效沟通；快速办理入住登记、开房、贵重物品保管等业务；按规程向客人提供电话接转、客房预订、问询留言、行李服务、传真复印等服务；及时办理换房、加床、续租、结账等手续，懂得报表制作、钥匙（磁卡）发放等操作；严格在标准时限内完成前厅各项对客服务。

（四）服务效果与控制目标

在事前、事中及事后阶段，前厅各岗位的对客服务均遵守酒店规定，能够在标准服务时限内完成各项服务；能够处处体现为客人和酒店业务需要而服务，除了满足客人住店期间各种明确需求以外，同时还能满足客人在各种情况下隐含的潜在需求，使客人满意度提高。

三、前厅质检关键点控制

（一）时间与服务效率控制

服务效率与服务质量息息相关，效率的高低是衡量服务质量的重要参数。服务效率的高低主要取决于员工操作技能的熟练程度和被激励程度两个因素。为此，不少酒店都在积极采取措施，一方面通过加强培训来提高员工的操作熟练程度，另一方面尽量调动员工的积极性，并在此基础上对服务效率提出量化要求。其基本含义是：第一，酒店工作人员应该掌握在限定时间内完成相关工作的技能技巧。第二，酒店工作人员在具备基本技能后，必须在限定时间内完成操作。第三，并不是所有的服务都是时间越短越好，应控制在合理的时间范围之内。

实际上，客人是不可能为酒店服务效率计时的。将效率做出量化要求纯粹是酒店内部的一种管理方式，其主要作用在于督促员工在一个什么样的时间段内完成某项工作，或告诉员工完成某项工作大体应用多少时间。客人对服务质量的认可是非量化的、模糊的，最终是一种感觉，是包括时间与效率在内的各种因素综合在一起而产生的“好”或“不好”“满意”或“不满意”的直觉判断，并由此形成一个“好”或“不好”的思维定式，进而影响其在以后与酒店接触的各个阶段的感觉。为了保证前厅的高水平的服务，必须强调时间及效率管理。但是，服务现场是变幻莫测的，前厅服务又具有服务过程较短、服务时间性很强、服务方式较灵活等特点。所以不能将前厅服务标准及程序固定量化和细化，而只能规定最基本的程序与步骤，留一定弹性供服务员取舍变化。服务员更不可以机械地执行任何量化的时间标准，而是应该根据现场的具体情况灵活运用。

（二）质量标准和现场执行控制

酒店的质量标准往往是用文字条例的形式规定员工在酒店里的行为规范和行为准则。质量标准制定的目的是为了酒店的服务规范，而要达到规范的目的就必须确保组织成员人人遵守规则、执行标准。如前所述，不论是哪一级、哪一层的检查，在具体执行时都要考虑 3 个结合。

1.“明”和“暗”相结合

明察可以了解到被检查部门（岗位）在较为充分的准备之后的服务质量状况，虽然可能因事先的准备和“装饰”而缺乏真实性，但却可以反映出酒店服务质量在临近自己最高水平时的一个基本状态；与明察相比，尽管在暗访的过程中会发现过多的问题，但它反映的情况却是真实的。

2.“点”与“面”相结合

所谓“点”就是以检查人员的面貌出现，按照事先确定好要检查的部门（岗位）进行的检查；所谓“面”就是模拟来店客人，从进店入住登记开始，依次在酒店各个场所出现并进行各种活动，直至最后办理离店手续的检查。这种检查可以弥补传统检查容易疏漏许多部位（岗位）的缺陷。

3. “前”与“后”相结合

检查要强调连续性，就是在每一次检查前，注意对前次检查的回顾和总结，每一次新的检查，都要特别注意对前次所查问题的复查。前厅管理人员在检查过程中，要结合前厅服务的业务特点和现场实际情况，重点检查前台接待、问询、大厅礼宾服务、前台收银、公共区域的卫生清洁等质量标准执行情况，严格、全面、细致、公正、客观地做出评估、总结和处理。

任务总结

前厅工作人员应该对阶段控制和内容控制两个方面都要有完整的了解，这是做好前厅质量管理的基础性知识。此外，前厅工作人员还需要掌握酒店内部对前厅质检关键点的控制，以及各个关键点之间的关系。

任务拓展

1. 假设你在学校的教学酒店工作，请参照本任务的内容结合酒店实际，准备一个前厅质量控制阶段表。

2. 在内容控制方面，你认为需要优先考虑哪些方面?

3. 在本任务所学的前厅质检关键点中，你认为给前厅质量管理带来何种帮助?

4. 了解当地酒店都设置了哪些前厅质检的关键点。

任务二　前厅服务质量管理

【任务导入】

请学生以小组为单位参观学校教学酒店，分析、归纳前厅服务质量管理的内容，以此为基础讨论前厅服务质量标准有哪些?

【任务执行】

一、前厅的服务环境

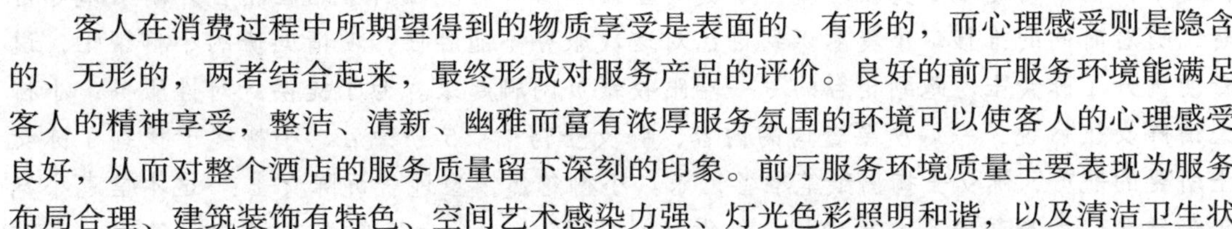

客人在消费过程中所期望得到的物质享受是表面的、有形的，而心理感受则是隐含的、无形的，两者结合起来，最终形成对服务产品的评价。良好的前厅服务环境能满足客人的精神享受，整洁、清新、幽雅而富有浓厚服务氛围的环境可以使客人的心理感受良好，从而对整个酒店的服务质量留下深刻的印象。前厅服务环境质量主要表现为服务布局合理、建筑装饰有特色、空间艺术感染力强、灯光色彩照明和谐，以及清洁卫生状况良好。应当在这些方面注意让客人能感到舒适、方便、安全和卫生，讲求服务环境的整体效果。

二、前厅服务设施设备

前厅的许多服务项目是依赖其设施设备而提供的，设施设备是提供这些服务的物质基础，这些设施设备的质量在很大程度上决定了所提供的服务质量。在前厅对客服务中主要有两大类设施设备；一类是直接供客人使用的；另一类是服务人员用以向客人提供服务的。前者如商务中心的打印机、计算机、会议设施等，其舒适性、完好程度、性能将直接影响客人的使用。后者如计算机系统、电话系统等，如性能不佳或维护保养不善也会影响内部操作和向客人提供服务，从而间接影响服务质量。因此，应加强各种客用和自用设备用品的维护保养，保证设备的完好程度。

三、前厅人员服务行为

质量即前厅服务人员用劳务形式直接创造的产品质量，这种质量是前厅服务质量的主要表现形式，其水平也最难控制。前厅服务是由一系列行为构成的总和，并且这一系列的行为之间可以互相影响共同作用于客人，最终形成对酒店服务质量的总体评价。在前厅服务中，服务人员的仪态、微笑、语言及应变能力等直接影响服务质量。服务行为质量主要包括服务态度、服务技能、语言、仪表仪容、礼节礼貌、行为举止、服务规范、职业道德、服务效率、精神面貌等方面内容。服务行为质量的高低取决于服务人员的素质以及前厅管理人员的组织能力和管理水平，因此，前厅服务质量控制具有对服务人员综合素质和自控行为能力要求高、依赖性强、服务过程短等特点。

知识链接

不靠谱的航班信息

某酒店的总台问询服务从来没有引起管理人员的重视，无论是总经理、前厅经理还是总台服务人员，都认为问询服务只不过是一种不直接产生效益而又简单的工作。一天陈女士来到总台询问三天后有无回程航班，服务员小莫微笑着接待了她，弄清客人的来意后。小莫从柜台的抽屉里翻出一本看上去已经有些年头的“航班信息小览”，认真查找起来，由于对这本小览很生疏，小莫有些摸不着头绪。陈女士站在柜台外耐心地等待着，随着时间的推移，小莫意识到自己对这次服务不能胜任，便请同班的小柳帮忙，说着便离开了陈女士，跑到柜台的另一端跟收银员闲聊起来。为了提供针对性服务，小柳又请陈女士叙说了一遍所要查询的内容，陈女士愕然。5分钟后，小柳终于找到了陈女士所要的航班，陈女士掏出纸笔准备记录。小柳忽然慎重地告诉陈女士：“这本信息小览年代已久，所查航班不一定确切，仅供参考。”陈女士听后愤然地说：“请你给我一个准确的答复。”事后，前厅经理受理了陈女士的投诉，并决定在总台工作例会上宣布几条问询服务质量标准，明确要求服务人员能以口头形式回答客人提出的任何问题，并以此作为考核员工的内容。员工对此不知所措，而问询服务质量依然没有得到提高。

此案例中的服务到底出现了哪些方面的问题？

四、宾客满意度

宾客满意度是前厅服务质量高低的最终反映。前厅服务是根据客人需要而直接向客人提供的，其质量高低，最终要让客人来检验和评价，客人对前厅服务的满意程度取决于他们对每一次具体服务的心理感受。因此，要提高客人满意度必须从客人的需求出发，做好客人期望管理，掌握客人心理，慎重妥善处理客人投诉，尤其注意客人隐含、潜在的需求，提供“满意＋惊喜”的服务，这是前厅服务质量控制所追求的最终目标。注重超出客人的事前期望，不断总结改进，力求以高水平的超值服务使客人满意。

就前厅服务而言，质量概念包含了有形和无形两个方面，即技术质量和功能质量，客人的满足程度是通过质量要素来衡量的。西方的酒店业在通过对客人的大量调查之后，还得出了这样的结论：客人对服务质量的满意程度并不简单地取决于技术质量和功能质量的高低，还取决于客人对前厅服务的期望质量与经验质量。期望质量和经验质量相比较得出的结果被称为感知服务质量，客人对酒店服务质量高低的评价最终要取决于感知质量。

（一）期望质量

它是指客人头脑中对前厅服务质量形成的一种期望值或期待的质量水平。客人对前厅服务的期望值通常是受以下因素影响而形成。

（1）客人的需求不同，对服务的期望值不同。俗话说“饥不择食”，客人对前厅某项服务的需求越强烈，他们所期望的服务质量水平就越低。例如，一个异常疲乏的客人到达酒店前厅，他所期望的服务质量仅仅是如何快速地办理入住登记手续，尽快进入房间休息，而对大堂的装饰、环境、气氛以至于服务人员的服装、态度、语言都无过高的期望。

（2）酒店的声誉和形象。声誉、形象越好，客人对酒店的期望值就越高。

（3）酒店进行的对外宣传活动最容易使客人在未购买酒店服务之前产生不同的期望值。

（4）人们的口头传颂，即口碑。一般是由酒店过去的业绩和客人过去的经验形成的。

（二）经验质量

它是指客人购买酒店的产品之后，对酒店服务（包括前厅服务）的技术质量、功能质量进行实际体验所获得的感受和印象。酒店服务的最终质量是客人将期望值与实际感受相比较后而获得的满足程度，通常会产生以下四种不同的结果：期望值高，实际感受好，客人感到如愿以偿，服务质量名副其实，感知服务质量高；期望值低，实际感受好，客人感受出乎意料的好，感知服务质量最高；期望值低，实际感受差，客人感受很一般，感知质量还可以被接受；期望值高，实际感受差，客人感到名不副实，产生极大失望，感知质量最低。实践证明，当酒店向客人提供某项服务时，即使有较高的技术质量和功能质量，但客人的感知质量仍可能很低，其主要原因是由于各种因素造成了客人过高的期望值，从而加大了期望质量与经验质量之间的差距。因此，前厅服务应在使客人产生适当的期望质量的前提下，通过提供优质服务，达到甚至超越客人的期望，使客人产生良好的实际感受，从而对前厅服务给予较高的评价并留下美好的印象。

五、制定前厅服务质量标准的程序

（一）信息搜集

酒店可以通过问卷调查和面谈的方式了解客人对酒店服务（包括前厅服务）的意见和要求，以及对服务质量的期望值；同时可以通过鼓励员工提出合理建议，了解现有标准和程序的可行性和合理性，以搜集制定服务质量标准所需的信息和资料。

（二）需求预测

根据搜集到的多方面信息和资料，酒店及前厅部管理者经过分析，可初步预测客人对服务的需求和对服务质量的期望，为制定服务质量的标准提供导向性依据。

（三）标准拟定

在初步确定客人需求和服务期望之后，由前厅部管理人员初步制定前厅部各工作岗位的服务质量标准并准备试行。

（四）标准试行

在前厅服务过程中试用新的服务质量标准，并了解客人和员工对新标准的意见和建议。

（五）信息反馈

在试行新标准过程中，可以通过各种方式了解客人和员工对新标准的意见和建议，及时将有关信息反馈给参与制定标准的有关人员，并对标准予以调整和修订。

（六）标准确定

根据客人和员工的反映，在反复调整与修改的基础上，最终可确定新的服务质量标准并开展相关培训，使前厅部各岗位员工尽快了解并严格遵循新的服务质量标准，开展对客服务，提高服务质量。

六、前厅服务质量标准的内容

前厅服务质量标准的内容通常包括前厅各项服务程序、服务时限、必需的设施设备、员工应有的工作态度和工作状态等。

（一）服务程序

前厅部服务程序即为各项基本服务（如客房预订、前台接待、问询留言、行李服务、商务服务等）的正确操作规程和操作步骤。服务程序规范服务人员的服务行为，确保客人无论何时入住酒店，都能享受到同等的服务。例如，万豪酒店集团下属所有酒店都使用一个服务质量标准，其服务程序保证客人无论下榻全球哪一家万豪酒店，都能得到同样的服务，享受到万豪酒店服务人员的热情与微笑。

（二）服务时限

在酒店尤其是商务型酒店前厅服务过程中，客人往往期望得到方便、准确、快捷的高效率服务。因此，前厅服务时间的长短就成为衡量服务效率和质量的重要标准。作为客人信息和接待服务信息集散地的前厅部，服务员的时间观念可以反映出整个前台接待系统中各部门、各岗位及各班次在协调合作上的一致性特点。在时间一致性方面，出现不协调的现象是在前厅服务过程中不允许的。否则，将使客人期待的相关服务得不到实现。例如，礼宾部在安排行李员运送已离店团队行李时，由于记错了时间，延误了运送行李，其结果将会非常严重，而且是无法弥补的。为了保证前厅部各项服务工作的质量，各岗位都制定了相应的服务时间限制，以确保员工在规定时间内准确、成功地完成对客服务。但是，这一时限的确定既要考虑员工的业务能力，又要考虑客人的期望和同行的情况。

需要注意的是，管理者不能脱离员工实际业务能力而片面追求服务时限，而是要在保证服务成功率的前提下，尽可能地加快速度、提高效率。以大中型商务酒店为例，总机转接客人电话为一分钟；客房预订和前厅接待（散客）的服务时限通常是 3~5 分钟。所有这些时间限制都是为了提高前厅员工的工作能力、服务效率和服务热情，提高客人对服务质量的感知，从而对前厅服务质量给予较高的评价。

（三）服务设施与设备

服务设施与设备是保证前厅部向客人成功、高效地提供全面服务的基础，包括前厅部各岗位的机器设备、办公用品、宣传销售资料等具体可见的硬件。服务设施决定了前厅的主要服务内容；而设备用品决定了服务能否按照程序要求准确无误地得以完成。假如前厅根本没有复印机、打印机等商务设备，就无法向客人提供相应的商务服务；没有高品质的商务服务设备，就不能保证服务的效果和成功率。同样是商务中心，五星级酒店和三星级酒店的服务项目就有很大的不同，造成这种不同的原因主要就是设施设备的差别。如果酒店使用的计算机管理系统较为陈旧，处理数据速度缓慢，同时缺少必要的服务用品，那么员工就无法在规定时限内完成对客服务，客人也就不可能对服务质量有好的评价。因此，在服务质量标准中必须明确规定：为在规定时限内完成规定服务程序，酒店应该提供相应的设施设备，以保障对客服务能高效、成功地完成。

（四）服务态度

酒店的产品多是无形的服务，产品质量在很大程度上取决于客人的主观感受，而不仅仅是可见的数字、外观、性能等。因此，服务人员对待客人的态度和感情，对客人对服务质量的感知有很大的影响。影响客人对服务态度感知的员工举止、表情、语言、精神状态等因素，都应在服务质量标准中加以规范，使员工明确哪些语言、行为、举止会给客人带来良好的印象，哪些又会引起客人的不适和反感。一方面，服务态度应表现为主动、热情、礼貌。另一方面，在对客服务过程中，还应该做到真诚，具有高度的责任感，并将微笑服务贯穿于每个服务过程的始终。

七、提高前厅服务质量的途径

（一）树立正确的服务观念

1. 理解服务的真正内涵

“服务”一词在汉语中的解释是服务就是为了集体（或别人的）利益或为某种事业而工作，它不以实物形式而以提供劳动的形式满足他人的某种特殊需要。而在英文中，“SERVICE（服务）”一词除了字面的意思外，通常由以下 7 个方面构成，即 Smile（微笑）、Excellence（优秀）、Ready（准备好）、Viewing（看待）、Invitation（邀请）、Creating（创造）、Eye（眼神）。

知识链接

换个视角理解“SERVICE”

从中文字面的意思很难去理解为客人提供服务时应具体怎么做，感觉有些虚无缥缈。但通过英文的解释便能一目了然，它使服务的概念更具体化，也更具操作性。

Smile：smile for everyone，意指微笑待客。在前厅服务过程中，要求每位员工对待客人要给以真诚的微笑。因为微笑是最生动、最简洁、最直接的欢迎辞。需要员工进行长期的自我训练和调节，以及专门培训，最终形成职业型的微笑，也就是说员工在服务时的微笑是不受时间、地点、人数多少、客人态度、自身心情等因素的影响。只有具备了专业型的微笑，客人在接受服务时才能感到春天般的温暖。

Excellence：excellence in everything you do，意指精通业务、要求员工对所从事工作的每一方面都应精通并能做得完美无缺。千里之行，始于足下。要想使自己精通业务，必须上好培训的每一课，并且在实际操作中不断总结与反思，取长补短，不断丰富自己的知识面，做到一专多能，服务时才能游刃有余。

Ready：ready at all times，意指随时准备为客人提供服务。工欲善其事，必先利其器。仅有服务意识是不够的，必须有事先的各种准备工作，这样在为客人服务时，才会得心应手。

Viewing：viewing every customer as special，意指将每一位客人都视为特殊的和重要的人物。这一点是员工常常忽略的环节，经常有消极服务现象发生，主要是员工看他穿戴比较随便、消费额较低和感觉没有派头等表面现象而产生的，这往往是导致客人投诉的直接原因。为避免这一现象的发生，就要求在日常培训时灌输给员工并且使员工牢牢记住："我们的工资、奖金和福利是由客人支付的，客人在我们这里消费次数多了，酒店的收入和利润增加了，我们的收入才能增加，福利才能得到改善。"

Invitation：inviting your customer to return，意指要真诚邀请每一位客人下次再度光临。热情好客是中华民族的美德，当客人离开时都会受到再次光临的邀请，关键在于每次为客人服务即将结束时，员工是否发自真心并且通过适当的体态语言（指人类通过身体的部位，经过长期实践积累、约定俗成的一种特殊语言）来邀请客人再次光临，这是给客人留下深刻美好印象的重要因素之一。

Creating：creating a warm atmosphere，意指为客人创造一个温馨的气氛。关键在于强调服务前的环境布置，服务过程中的节奏和谐、态度友善等，同时要尽可能掌握客人的偏好或特点，以此为客人营造"家"的感觉。

Eye：eye contact that shows we care，意指要用眼神表达对客人的关心。服务的细腻主要表现在对客服务中善于观察，揣摩客人心理、预测客人需求并及时提供服务，甚至在客人未提出要求之前，就能为客人做到，使客人倍感亲切，这也就是所谓的超前服务意识。

2. 优质服务是赢得客人的"金钥匙"

优质服务是指酒店员工为满足客人需要所提供的主动、热情、周到、细致、耐心等服务的思维和行为方式。服务意识是员工素质好坏的标志，也是酒店软件建设的关键。为提供高质量的前厅服务，培养员工的服务意识是最为关键的环节。培养员工的服务意识要强化训练，形成条件反射，增强应变能力，并用激励的方法巩固员工的服务意识。

3. 树立"客人至上"的服务宗旨

"客人至上"实际上就是把客人放在首位，即把客人的需要作为酒店服务活动的出发点，把追求客人的满意当成服务活动的宗旨。其关键在于"读懂"客人。只有充分理解客人的角色特征，掌握客人的心理特点，提供令客人舒适和舒心的服务，才能打动客人的心而赢得客人的认可。

4. 感情服务是前厅服务的灵魂

为了树立品牌意识，提高服务水平，有些酒店在全体员工中大力推行情感服务，情感服务注重"真诚"二字，不把客人当"上帝"敬而远之，而把客人当"亲人"亲而近之。在细腻的深层次服务上下功夫，让客人有一种"家"的感觉。

作为一名前厅服务人员，不仅要有丰富的知识、娴熟的技能，还要有一颗真挚的

“爱心”。只要把客人当成父母和兄弟姐妹来看待，设身处地地为他们着想，尽量满足他们一切合理的要求，就能使酒店的服务产生无穷的魅力。服务质量和情感注入是前厅服务员的服务标准，每一名服务员都要用自己的个性化服务来展现自己，用真诚的情感服务来赢得宾客。

（二）坚持标准化和制度化是服务质量的基本保证

首先是标准化，也就是说，服务工作的基本程序和标准应该是规范和统一的，只有这样才能保证由众多员工协作完成的前厅服务工作。标准化服务的关键是建立标准并严格执行。

在前厅工作实践中，赢得令人满意的服务质量的关键在于将服务人员重复性的操作行为在规范化的基础上进一步明确为制度化，并要求服务人员在处理不确定的客人实际需求中合理、灵活地寻求平衡。将服务人员重复性的操作行为规范化进而制度化主要有两种益处。第一，将规范化的服务标准上升为制度化，是用共同的行为标准代替了在实践中可能出现的因人而异的经验服务，从而在某种程度上消除了服务人员因个人主观因素造成的最终服务的随意性、不可预知性。众所周知，安全性是客人选择酒店的一个重要因素，稳定的、可以预知的酒店服务提供，在一定程度上可以缓解对客人心理安全感的冲击。与此同时，前厅部制定的服务质量标准，在一定程度上也是酒店在长期的经营实践中，大多数客人对酒店服务期望的总体阐述和表达。第二，重复性的操作行为的规范化、制度化使服务人员在以后的实践中有不断完善的可能。令人满意的服务质量是一个精益求精的追求过程，规范化的操作行为为服务人员不断地反省、改进提供了一个客观的参考依据，从而最终形成了每一位服务人员可以共同遵循的标准。其中，服务质量的规范化、制度化应主要包括具体的操作步骤、要求，现实操作质量的记录，反馈评估，分析总结和修订实施几个方面的内容。

（三）大力推行个性化与多样化服务

随着生活水平的提高，越来越多的客人追求个性化，求新与多变，针对这一类要求的服务，也就称为个性服务。标准化和规范化服务能够满足大多数客人重复性的一般要求，而对个别客人的特殊要求重视不够或估计不足。随着当今酒店业竞争的加剧，服务也越来越向着更深更广的角度发展，以更多的内容去应对千变万化的客人需求。服务质量的要求是永无止境的，而个性化服务正是向着“服务第一，宾客至上”的完美服务迈进了一大步，同时它也能赋予酒店本身一种独特的魅力，因为它能让每位住店的客人无论身份、地位有多么不同，都会觉得自己是这个酒店最重要的客人。

个性化服务英文称为 Personalized Service 或 Individualized Service，世界著名酒店品牌，如假日酒店、希尔顿、雅高、万豪及四季等，在经历百余年历史之后都已建立一套极为完整的服务管理规范，酒店从总经理到基层员工都无一例外地按制度办事，按标准工作，按规范服务，并在此基础上根据客人的不同需求，提供灵活的服务，以提高客人的满意度。这个层次的服务包括很多内容，如灵活服务、意外服务、用心服务、亲情服务、创新服务、特色服务、超值服务、贴心服务、细微服务等。这些服务的宗旨就是满足某些客人的特殊要求，打动客人的心，吸引客人。只有做好个性化和多样化服务，才能让客人把满意上升为惊喜。

（四）抓好前厅服务质量管理的关键环节

1. 制定明确的质量标准和严格的质检制度

前厅服务质量管理必须制定出明确的质量标准，但是由于酒店产品是由无形产品和有形产品组成，对于无形产品很难定出一个明确的标准，有人认为客人满意程度就是服务质量的标准，可是客人情况千差万别、各有各的要求，因此客人满意程度有高有低，它不是一个明确而稳定的标准。通过对前厅各个岗位制定出具体的服务规程，明确、规范酒店无形的服务，以描述性语言为质量标准，这是一个比较好的方法。质检制度是监督、检查服务质量状况的有效手段，有了严格的质检制度才能使质量标准被准确无误地执行，才能保证服务质量稳中有升。

2. 强化全员服务意识

服务质量是一个综合性的概念，就其内容来讲，包含设备设施、服务水平、实物产品、安全保卫等方面，其中任何一方面质量不合格，都会影响整个酒店服务产品的质量。所以，抓好服务质量必须酒店上下一齐动作、各个部门互相协作，全体员工真正树立“质量第一，质量高于一切”的意识，把“100–1=0”的质量原则深入到每一位员工心中。

3. 努力提高员工素质

前厅服务质量在很大程度上取决于员工的素质水平。因为酒店产品的生产、销售、消费三者是同时进行的，生产者与消费者直接见面，所以员工的素质水平也成了酒店产品质量的一个组成部分。为此，通过培训和思想教育，不断提高员工的技术水平、服务态度和精神面貌是前厅质量管理的重中之重。

4. 利用质量反馈信息，不断完善、提高服务质量

任何成功企业的产品都有一整套完善的产品质量信息反馈系统，利用反馈信息、不断改善自身产品。酒店产品也同样需要反馈质量信息，对存在的服务缺陷进行针对性的培训。另外，信息反馈还可以及时了解宾客的个性需求，为这些宾客提供个性化的服务，这既完善、提高了服务质量，同时也利于酒店不断提高自身服务质量标准，以适应市场需求。毋庸置疑，一家酒店在激烈的市场竞争中要站住脚，决定的因素很多，但最根本的就是产品质量，而要抓好产品质量，质量管理工作的成败是关键。只有在制定明确的质量标准和严格的质检制度的同时，全面强化全员服务质量意识，努力提高员工素质水平，以准确的质检反馈信息为依据，才能不断改正产品缺陷，达到保证和提高产品质量的目的。

（五）给员工授权是提升服务质量的妙方

对员工的授权不仅仅是简单意义上的授予其权力，而是管理人员在将必要的权力、信息、知识和报酬赋予服务一线员工的同时，让他们主观能动、富有创新地工作。也就

是说“授权”通过赋予服务人员一定的权力，来发挥他们的主动性和创造性。授权可以实现酒店内部有关信息、知识和报酬的共享，使员工对酒店和客人有较充分的了解，并因此备受激励。此外，授权还强调对员工的尊重，把员工从细枝末节的严格规定和制度中解放出来，让他们自己寻找解决问题的方法，并对自己的决定和行为负责。适当授权能唤起员工的工作责任感、创造性和对宾客的真切关怀。授权不但使员工工作更投入，而且还会使客人满意度增加。员工这种自我负责的、对客人热情而周到的服务，可以成为酒店保持竞争优势的有效举措之一。

任务拓展

1. 结合本任务，试讨论最能提升客户满意度的内容有哪些？
2. 和酒店的设施设备相比，服务行为有哪些特点？
3. 如何衡量服务质量标准的有效性？
4. 在质量管理标准的制定过程中，一线员工是否应参与？

任务总结

前厅工作人员应该掌握前厅服务质量管理的具体内容，并能结合实践认识到提升客户满意度有哪些层面。前厅服务质量的标准是前厅质量管理的核心内容，前厅工作人员应该对标准设置的原因以及常见的设置方法有足够的了解。质量管理已经成为最重要和最基本的管理方法。事实上，随着行业的发展，质量管理的新观念、新方法不断出现，质量管理的重点是对服务质量的管理，而对客服务的核心部门——前厅部，对服务质量则有着更高更严的标准和要求。

项目总结

在本项目中，我们学习了前厅服务质量控制和服务质量管理。前厅服务质量的好坏直接影响到客人满意度的高低，只有酒店管理层与前厅一线员工共同努力，才能做好前厅各项服务的质量管控工作。质量管理标准是本项目的核心内容，从设置到实施的过程中，客户的满意度与酒店的实际情况应当是最重要的考虑要素。

项目链接

全面质量管理的典范——丽思·卡尔顿酒店

丽思·卡尔顿目前是万豪酒店集团旗下的奢华品牌，尽管与其他很多国际奢华品牌相比，规模不是很大，但却以完美的服务、奢华的设施、精美的饮食和高端的价格成为酒店业的典范型品牌，一直是奢华和完美的代名词。

全面质量管理精髓

丽思·卡尔顿酒店的成功与其服务理念和全面质量管理系统密不可分。丽思·卡尔顿酒店的服务理念都来源这个品牌的创始人凯撒·里兹先生，引入他的服务理念对美国豪华酒店的发展提供了一整套新的观念。

今天，“丽思”已经成为豪华和完美的代名词。在《新英汉词典》中，它的中文注释是：极其时髦的；非常豪华的。

丽思·卡尔顿酒店在其服务理念的指导下，于1992年，作为酒店业中的第一个也是唯一的一个获得了“梅尔考姆·鲍尔特里奇国家质量奖”。这项奖是在美国国会授权下，以美国前商业部长命名，由美国国家技术与标准学会设立的最有权威的企业质量奖。

全面质量管理最初是在生产领域产生并得以应用的，丽思·卡尔顿酒店品牌的成功与其全面质量管理系统密不可分，其基本含义包括以下四个方面：

第一，强烈地关注顾客。

第二，坚持不断地改进。

第三，改进组织中每项工作的质量。

第四，精确地度量。

全面质量管理的指导方针

全面质量管理始于酒店公司总裁、首席经营执行官与其他13位高级经理，无论总经理还是普通员工都要积极参与服务质量的改进。高层管理者要确保每一个员工都投身于这一过程，要把服务质量放在酒店经营的第一位。高层管理人员组成了公司的指导委员会和高级质量管理小组。他们每周会晤一次，审核产品和服务的质量措施、宾客满意情况、市场增长率和发展、组织指示、利润和竞争情况等，要将其四分之一的时间用于与质量管理有关的事务，并制定两项策略来保证其市场上的质量领先者的地位，其第一项质量策略就是“新成员酒店质量保证项目”，高层管理者确保每一个新成员酒店的产品和服务都必须满足集团的顾客的期望。这一项目始于一个叫“7天倒计时”的活动，高层经理亲自教授新员工，所有的新员工都必须参加这项活动，公司总裁向员工们解释公司的宗旨与原则，并强调100%满足顾客的需求。100%满足顾客是丽思·卡尔顿酒店高层管理人员对质量的承诺。具体来说，公司遵循下列五条指导方针：

(1) 对质量承担责任。

(2) 关注顾客的满意。

(3) 评估组织的文化。

(4) 授权给员工和小组。

(5) 衡量质量管理的成就。

全面质量管理的黄金标准

1. 信条

对丽思·卡尔顿酒店的全体员工来说，使宾客得到真实的关怀和舒适是其最高的使命。

2. 格言

“我们是为女士和绅士提供服务的女士和绅士。”这一座右铭表达了两种含义：一是员工与顾客是平等的，不是主人和仆人，或上帝与凡人的关系，而是主人与客人的关系。二是酒店提供的是人对人的服务，不是机器对人的服务，强调服务的个性化与人情味。

3. 丽思·卡尔顿酒店将其服务程序概括为直观的三部曲，它们是：

（1）热情和真诚地问候宾客，如果可能的话，做到使用宾客的名字问候。

（2）对客人的需求做出预期和积极满足宾客的需要。

（3）亲切地送别，热情地说再见，如果可能的话，做到使用宾客的名字向宾客道别。

4. 基本准则

（1）具有丽思特色的服务战略——注重经历，创造价值。

（2）全面质量管理使丽思·卡尔顿酒店在竞争中处于有利位置，同时它在营销方面也不甘落后，采取一些有效的营销战略，使其经营管理更加面向顾客，它强调顾客的特殊活动，并通过其富有创造性的营销活动为顾客创造价值。

丽思·卡尔顿酒店通过对质量的严格管理取得了成功，它那枚由凯撒·里兹先生亲手设计的徽章走向了世界，由象征着财源的狮子头与英国皇家标记皇冠组合而成的图案代表着丽思·卡尔顿酒店的胜利越来越多地出现在我们的生活之中。

案例来源：万豪国际集团丽思·卡尔顿酒店

【专业英语】

1. guest history record 客史档案
2. complain 投诉
3. handling complaints 处理投诉
4. train 培训
5. job specification 工作规范
6. feedback control 反馈控制
7. empower 授权
8. job description 岗位职责
9. comment cards 征求意见卡
10. star rating 星级评定
11. personalized service 个性化服务
12. esteem 尊重
13. value 价值
14. rapid 快捷
15. small service 细微服务
16. procedure 程序

17. managerial function 管理职能
18. satisfaction 满意
19. efficiency 效率
20. authority 职权
21. responsibility 职责
22. product 产品
23. attitude 态度
24. coordinate 协调
25. quality of products 产品质量

项目评价

一、单选题

1. 以下属于前厅服务流程中售前服务的是（　　）。

A. 迎宾服务　　B. 行李服务　　C. 预订服务　　D. 结账服务

2. 以下属于前厅服务流程中售中服务的是（　　）。

A. 机场服务　　B. 行李服务　　C. 预订服务　　D. 结账服务

3. 以下关于前厅服务质量的叙述错误的是（　　）。

A. 服务质量具有不稳定性的特征

B. 客人评价是服务质量评价的重要途径

C. 内部检查是服务质量的检查手段之一

D. 星级评定属于内部检查

4. 不属于英文 SERVICE（服务）七方面的是（　　）。

A. Smile（微笑）　　B. Invitation（邀请）

C. Excellence（优秀）　　D. Considerate（体贴）

5. 服务质量标准程序不包括以下哪一项？（　　）。

A. 信息收集　　B. 需求预测　　C. 标准拟定　　D. 标准更新

二、简答题

1. 酒店服务质量可以从哪四个方面进行控制？
2. 在进行酒店服务质量检查时，需要考虑将哪三个方面相结合？
3. 客人对前厅服务的期望值通常受哪些因素影响？
4. 制定前厅服务质量标准的程序有哪些？
5. 提高前厅服务质量的途径有哪些？

✧ 实践活动

实训内容：

分小组实地采访当地一家高星级酒店的前厅部经理，请他谈谈如何实施前厅服务质量管理。在实施过程中，有哪些成功的经验与不足。采访后，你们有何收获，并完成一份采访报告。

实训目标：

1. 能够独立设计一份采访报告的框架。
2. 能够将采访内容结合本项目所学内容，从而形成一份理论联系实际的报告。

实训组织：

1. 给学生分组，并对小组成员进行分工。
2. 形成报告的框架，记录前厅经理的访谈内容。形成一份理论联系实际的报告。
3. 教师进行指导纠正，并对采访报告的要点进行总结。

实训评价：

评价内容		个人自评（30%）	小组评分（30%）	教师评分（40%）	综合评分
采访报告的设计（60分）	采访报告设计的完整性（15分）				
	采访报告设计的合理性（15分）				
	采访报告文字表达的质量（15分）				
	采访报告的针对性及特色（15分）				
采访报告与访谈的结合（40分）	访谈问题的设计（10分）				
	访谈内容的丰富性（10分）				
	理论联系实际（20分）				

国家精品在线开放课程
《前厅服务与管理》免费学习资源

项目十　前厅安全管理

项目导读

安全是酒店服务与管理的前提与基础，前厅工作人员要明确酒店应承担的安全责任，树立必要的安全意识，掌握必备的安全知识与技能。前厅工作人员要能够防患于未然，最大限度地防止安全事件的发生；并能够妥善处理前厅经营过程中发生的安全事件，以保证酒店宾客、酒店员工和酒店自身的各项安全。

学习目标

【知识目标】

· 熟悉酒店安全保障义务的主要内容

· 熟悉安全隐患的整治

· 掌握什么是安全事故、什么是安全隐患

· 掌握前厅安全管理的制度要求

【能力目标】

· 能够正确分析安全隐患的心理成因

· 能够掌握前厅安全管理的重要节点

· 能够正确处理前厅常见的安全事件

客人换房后钥匙未归还

某日凌晨1点左右，2024房间的客人来到总台称房间的钥匙遗失在房间，现在需要回房间，需要总台服务员开房门，这时总台服务员细致地与客人核对信息，核对无误后，总台服务员通知安全部和客房中心开门。这个时候住店客人提出房间静电较多，希望可以换一个房间，前台服务员立刻查看计算机系统很快找到干净的房间为其换至2120房间，这时前台已陆陆续续来了几位其他的客人，前台服务员看时间已晚，怕耽误原

2024房间的客人休息，为其做好新的房间钥匙后告诉客人：换完房间后2024房间的钥匙明天退房后一起还至总台。凌晨2点左右，安全部巡视发现2024房间的钥匙还插在门上未拔出，这时那位前台服务员后悔不已，意识到事情的严重性。

【分析点评】

这一事件存在严重的安全隐患。首先，前台员工未按照前台工作流程操作，换房流程应该是换房后总台及时收回前一间房的钥匙，这件事中总台服务员未能及时收回前一房间的钥匙。第二，如未及时收回前一房间的钥匙，应该及时移走前一房间的钥匙。客人将前一房间的钥匙插在门上，任何人员都可进入2024房间，存在非常大的安全隐患。

前台发生有关钥匙问题都是非常严重的，存在严重的安全隐患，可能会危及客人和酒店的安全。在以后工作中要严格按照前台工作流程操作，用心做好每一件事，在工作中要认真负责。

任务一　前厅安全保障义务认知

【任务导入】

一天，一对青年夫妇带着其4岁的女儿前来酒店住宿。这对夫妇正在酒店总台办理入住登记手续，而可爱的小女孩在大堂中开心地奔跑玩耍。突然，小女孩跑到了大厅玻璃门附近，但是没有看清楚门就撞了上去，并放声大哭起来……假设你是大堂副理，这时正当班。眼见这一幕，你将如何处理？酒店大厅玻璃门有没有更好的方法加以醒目的提示？

【任务执行】

随着人类社会进入21世纪，现代服务业得到充分的发展，人们几乎每天都生活在各种各样的经营者提供的服务中。同时，现代社会也赋予了经营者必要的安全保障的义务。

一、安全是前厅正常运营的基础

《现代汉语词典》中对“安全”的解释是“没有危险，不受威胁，不出事故”。自古以来，中国人就讲究“平安是福”，并提出了“居安思危”“安而不忘危”“存而不忘乱”等理念。马斯洛需要层次理论提出生理需要和安全需要是人的基础需要。从人本主义角度出发，安全是一切的基础。英国著名的法学家霍布斯曾说过一句不朽的法律格言：“人的安全乃是至高无上的法律。”与法律永相伴随的主要是人的价值。

现实生活中，酒店业普遍比较重视安全工作，无不把安全放在突出位置加以管理。有的酒店提出了“没有安全，就没有一切”的口号。从本质上讲，酒店的安全管理工作主要涉及客人的安全、员工的安全、酒店自身的安全。因此，前厅安全控制并不仅仅限于对客人安全的管理，还包括对员工安全的管理和前厅运营安全的管理等。

二、安全管理的基本常识

（一）安全隐患

根据安全管理的理论，安全隐患是指生产经营单位违反安全生产法律、法规、规章、标准、规程、安全生产管理制度的规定，或者其他因素在生产经营活动中存在的可能导致不安全事件或事故发生的不安全状态、人的不安全行为和管理上的缺陷，从性质上分为一般安全隐患和重大安全隐患。

（二）安全事故

安全事故是指生产经营单位在生产经营活动（包括与生产经营有关的活动）中突然发生的，伤害人身安全和健康，或者损坏设备设施，或者造成经济损失的，导致原生产经营活动（包括与生产经营活动有关的活动）暂时中止或永远终止的意外事件。按照事故原因划分可分为物体打击事故、车辆伤害事故、机械伤害事故、起重伤害事故、触电事故、火灾事故、灼烫事故、淹溺事故、高处坠落事故、坍塌事故、冒顶片帮事故、透水事故、放炮事故、火药爆炸事故、瓦斯爆炸事故、锅炉爆炸事故、容器爆炸事故、其他爆炸事故、中毒和窒息事故、其他伤害事故 20 种。

（三）隐患与事故

由于隐患是潜在的、隐蔽的，是在安全的状态下对人、机、环境、管理等方面可能造成事故的一种预判断，因此隐患给人们在直观上留下的教训或警示作用几乎都是一种假设和事态的局部延伸，缺少视觉或意识上的概念，无法抗拒行为人的侥幸心理和麻痹大意的思想。当隐患没有升级酿成事故时，就给行为人一种错误的信号；隐患并不必然会发生安全事故。殊不知某种隐患或危险在多次地隐性重复和叠加，当耦合条件与隐患的运动轨迹相交时，其交点就是发生事故的时间与空间，墨菲定律说明隐患概率肯定会升级为事故，不管隐患的初始值 P 如何之小，只要有 N 的存在，必然会触发事故。事故致因理论的轨迹交叉就充分阐释隐患与事故的关系，经验证明，一次安全事故的发生，是几十次甚至成百上千次未遂事故的反复出现才诱发的结果。

（四）隐患的成因

在安全管理中所指的隐患，是人的不安全行为和物的不安全状态，按照事故中物与人的定性比值是 3∶97，由此可见事故产生的原因都与人的不安全行为有关，即使是物的不安全状态，也是由人来操作和支配，那么在日常的安全工作中隐患是如何表现的呢？

1. 侥幸心理

这种心理认为，操作违章不一定会发生事故，往往认为“动机是好的”，不会受到责备，自信心很强，相信自己有能力避免事故发生。

2. 冒险心理

其表现为争强好胜，喜欢逞能，有违章行为而没造成事故的经历，把冒险当作英雄行为和邀功的资本。

3. 麻痹心理

其特征是经常干的工作，所以习以为常，并不感到有什么危险，因此满不在乎，没有注意反常现象和周边环境的变化因素，照常操作，责任心不强。

4. 简化心理

行为人把必要的安全规定、安全措施、安全防护认为是其实现目标的障碍，贪求一时之快。

5. 逆反心理

这是指行为人不接受正确的、善意的规劝和批评，坚持其错误行为。产生一种与常态行为相反的对抗心理。

6. 从众心理

缺乏分析，不顾事实一概服从多数，随大溜儿，不从众则感到有一种精神压力和被边缘化的感觉。缺乏一种独立的意志品质，缺乏主见，易受暗示和模仿，容易不加分析地接受别人意见并付诸实施。

7. 自私心理

这种心理与人的品德、责任感、修养、法制观念有关，它是以自我为核心，只要我方便而不顾他人，不计团队与集体的利益，不计后果。

（五）隐患的管理

安全隐患中物的不安全状态，可以采用隔离、防护、时间差、双手操作进行控制。但人的不安全行为如何控制是酒店管理者必须重视的首要问题，管理者的首要任务是人的动态管理。

当今，市场经济导致从业人员的价值取向、行为方式不断变化，新的行为性危险不断出现，发生事故的诱导因素增多，而传统安全管理模式已难以适应当前情况。为此，我们不仅要重视已有的物的不安全危险，还要主动地去识别人的不安全行为，变事后“亡羊补牢”式管理为事前管理，变被动管理为主动管理，牢牢掌握安全管理的主动权。

1. 发挥警示职能

提高全员参加安全管理的自觉性，用案例警示从业人员，你的个体的不安全行为会祸及全体，在安全生产面前的算式永远是“100−1=0”。

（1）激励机制。即调动积极性的正诱因，如奖励、改善工作环境等正面刺激。

（2）压力机制。即调动积极性的负诱因，如惩罚、警告等负面刺激。对于安全问题，负面刺激比正面刺激更重要。

（3）亲情机制。家庭是社会的最底层的分子结构，也是最牢靠的依托，单位的荣誉、奖惩让家庭共担，有了他们的支持和共识对行为人的帮助是立竿见影的。有时候家访一次或信函一次告诉家人在单位的近况，比起单位的数次动员效果要好得多。

2. 思想管理

对酒店从业人员的思想、生活、学习等状态进行关心、引导，给予必要的帮助，可以起到“润物细无声”的作用。良好的工作氛围、生活状态和同事关系能激发员工积极向上，正确对待工作中的压力与问题，正确及时地处理工作中发现的问题与隐患。

三、酒店经营者的安全保障义务

酒店经营者的安全保障义务，就是指经营者对购买、使用其产品，接受其服务，以及进入其经营场所的消费者、潜在的消费者的人身、财产安全依法承担的保障义务，具体包括产品安全保障义务、服务安全保障义务和经营场所安全保障义务。

知识链接

酒店经营者安全保障义务的相关理论及法律依据

我国法律、行政法规大量规定了各种具体情况下经营者或其他社会活动者对他人承担的安全保障义务。《消费者权益保护法》第18条规定：经营者应当保证其提供的商品或者服务符合保障人身安全、财产安全的要求。再如《物业管理条例》第36条规定：物业管理企业未能履行物业服务合同的约定，导致业主人身、财产安全受到损害的，应当依法承担相应的法律责任。当行为人依法律规定有作为义务而不作为时，就应承担法定的侵权责任。《消费者权益保护法》第7条、第18条第1款，《旅馆业治安管理办法》第3条，《公共娱乐场所消防安全管理规定》等法律法规都对经营者的安全保障义务做了直接或者间接的规定。

根据《中华人民共和国侵权责任法》第37条第一款的规定：“宾馆、商场、银行、车站、娱乐场所等公共场所的管理人或者群众性活动的组织者，未尽到安全保障义务，造成他人损害的，应当承担侵权责任。”《最高人民法院关于审理人身损害赔偿案件适用法律若干问题的解释》第6条第一款也规定：“从事住宿、餐饮、娱乐等经营活动或者其他社会活动的自然人、法人、其他组织，未尽合理限度范围内的安全保障义务致使他人遭受人身损害，赔偿权利人请求其承担相应赔偿责任的，人民法院应予支持。”因此，酒店作为公共场所的管理人，具有法律明文规定的安全保障义务。

酒店经营者的安全保障义务主要包括以下几方面具体内容：

（一）提供安全的产品、服务和设施

酒店在营业场所提供的产品、服务和设施要符合安全要求，防止造成宾客的人身和财产损失。安全保障义务人对于其所能控制场所的建筑物、运输工具、配套设施设备等的安全运行负有安全保障义务，否则应当对受害人的人身损害承担赔偿责任。例如，电梯的运行必须是良好的；前厅贵重物品寄存室的空间应为相对私密独立的；住店客人的

个人信息资料应当受到保护，并得到妥善管理；餐厅提供的菜肴必须是卫生安全的等。

（二）采取安全的保障措施

处于特殊法律关系之下的当事人一方应当采取必要的措施防止损害的发生，这些措施在不同的法律关系之下有不同的要求。一般来讲，为预防来自第三人对消费者的侵害，经营者应当保证其提供服务的场所的建筑设施的安全性，配备特定的防止危险的设备，如防盗设施、防火设施以及提供安全保证人员等措施。例如，酒店的建筑物均应配备一定的消防设施，并通过消防部门验收；酒店前厅部及其他营业区域应当安装监控设备，对安全事件加以防范或者应对。

（三）消除危险的义务

当危险发生后或可能发生时，酒店应该积极采取适当措施及时消除危险。这些危险可能是因为酒店的设施设备问题，也可能来自第三方的因素。这一义务要求前厅部定期检查服务设施设备和物件物品的安全，并且及时地采取有效措施消除危险，如大堂副理、礼宾员要时常检查大堂的感应门或旋转门处于良好的工作状态，发现不良情况时要及时报修，并引导客人。另外，如果前厅工作人员发现有危险的人物可能威胁客人的安全，也应该及时地采取措施，防范危险的发生。

（四）警告的义务

对于前厅服务设施、设备、产品、服务可能存在的危险，酒店应做出合理的说明和警示，告知危险的防范方法，从而有效地防止危险的发生。如果对不安全因素没有尽到提示、说明、劝告、协助义务，则可能是酒店服务管理上存在重大问题。例如，有一位女士在大堂吧咖啡厅喝完咖啡后，急匆匆地去洗手间补妆，结果大堂的地砖很滑，她一不小心就摔倒了，胳膊摔成了骨折，后法院判决酒店给予赔偿。所以，客房部（公共区域）员工在清扫大堂的公共区域时，要在清扫处立放类似“小心地滑”“当心滑倒”的告示牌，并设置清楚、必要的界限。

（五）提供救助的义务

英国的拉里·埃里奥特曾经说过：“自由市场本来就是不安全的，人类的境况本来就是不安全的。”当今的社会环境可以说是飞速发展、日新月异，也可以说是错综复杂、暗流涌动。在这样的社会环境下，即使酒店经营者足够谨慎，在营业场所内发生各种各样的伤害或事故也难以完全避免。虽然并不是每一个发生在酒店内的伤害事件都要由酒店承担责任，但是，酒店对于其营业场所内的人员却负有不可推卸的救助义务。

救助义务指的是：特殊法律关系的一方当事人因为危险状况的存在已经遭受了人身损害，另一方当事人要采取一切必要的措施，对其加以救助。例如，当客人在酒店内物品遭窃、受到恐吓、生病受伤时，酒店应当进行报警或将其及时送往医院救治等。

总之，酒店人员要有超乎常人的危险防范意识，对客人的人身、财产要给予足够的关注，即尽到合理的注意义务。同时，高度关注酒店员工和酒店自身的安全防范，在安全事件发生过程中要积极处理并做好善后工作。

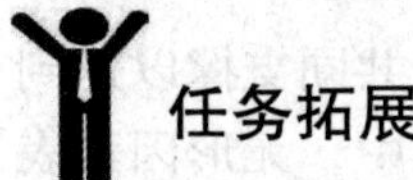

任务拓展

请搜集前厅服务与管理中发生的安全案例，制作成 PPT，供大家进行交流与分析。

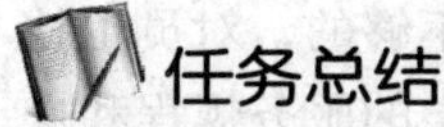

任务总结

安全第一，作为经营者，酒店有义务保障宾客的安全，这主要表现在酒店要提供安全的产品、服务和设施，要采取安全的保障措施，要消除危险，必要时要提出警告和提供救助等方面。安全管理中除了物的不安全实体，还有人在生产中的随机和不可控状态。而对人进行安全教育，对提高安全管理的水平具有重要的现实意义。做好人的安全思想教育，要“抓小防大”“超前防控”，做好人的随机性管理和动态管理，可以有效杜绝事故的发生。

任务二 前厅安全环境的营造

【任务导入】

某天晚上 10 点，两位外国男客人前来酒店办理了入住手续，并合开了一间标准房。刚进房不久，他俩来到总台要求兑换外币 200 美元。入职不久的小张接待了他们，按规定程序提供了兑换服务，并获得了客人的夸奖，对她的服务表示称赞。可是一小时后，这两位客人又来到总台，说明天要办大事、花大钱，要求兑换 3000 美元，还与小张有说有笑地聊天。小张看了看柜台中有足够的备用金，也就没多考虑，照例按当天的牌价进行了兑换。

第二天早晨，前台王领班来上早班。在与小张办理交接班手续时，领班忽然发现竟然有 3200 美元的假钞。

阅读以上案例，请分析一下这 3200 美元假钞是怎么回事？有何防范的措施？

【任务执行】

从服务角度出发，安全是让宾客满意的前提与基础。酒店在实现安全目标的过程中，要使宾客感受到酒店环境是安全而温馨的。

一、前厅安全制度和预案

（一）建立前厅安全制度

酒店安全应以预防为主。酒店安全保障只有在无形因素和有形因素共同支撑以达到统一的情况下，才能让宾客在生理上和心理上的安全感达到最大化。其中，无形因素表现为科学的管理体系。制度是行为的基础，安全制度可以为酒店员工提供行为预期，激励和约束员工的工作行为。因此，前厅部要制定全面的安全制度，该制度应该牵涉各个岗位、各个层级乃至各个服务环节。值得一提的是，光有制度是远远不够的，对员工技术技能的培训是减少服务失误、确保服务安全的条件之一。所以，科学的服务规程和操作程序也应被列入安全制度文件的范畴。

（二）制定前厅安全预案

预案，是指根据评估分析或经验，根据潜在的或可能发生的突发事件的类别和影响程度而事先制定的应急处置方案。制定预案的目的有两个，一是预防意外事件的发生；二是当意外事件一旦发生时，酒店能够按照有关部门制定的预案，及时、迅速、高效地控制事态的发展，保证酒店和客人的生命财产安全，所以，制定前厅安全预案十分必要。一份较完整的预案一般包括两大部分，即如何预防出事以及出了事如何处理。预案制定后，要定期组织有关人员进行演练，强化操作技能。对演练中暴露出来的问题可及时在预案中充实。前厅部应积极制定突然停电、计算机系统故障、总机交换机故障、接到客人报警、发生抢劫等紧急或突发事件的安全预案，力求将安全事故发生后的损失减少到最低程度。

二、前厅的安全管理节点

安全管理节点是指安全管理中需要重点关注或控制的环节、部位。明确安全管理节点所在，加强安全控制，是做好前厅安全工作的关键。

（一）关注前厅出入安全

1. 出入口安全控制

从安全防范角度来看，酒店的出入口不宜过多，尤其在夜间，除员工通道外，最好只设一个供客人使用的主要出入口，这样便于进行重点控制和客流控制。

礼宾员是前厅服务也是前厅安全维护的重要岗位。礼宾员在出入口为客人提供服务的同时，又充当着安全员的角色。礼宾员应该在工作中与酒店安全保卫人员密切合作，增强识别、防范和控制安全事故的能力。酒店还应当安装监控系统，保存监控录像，保障中控室的监控画面可以随时切换至出入口。

2. 大堂安全控制

酒店大堂是客人出入酒店的必经之地，其情况复杂，做好安全防范十分重要。例如，下雨或下雪时，要在大堂内外放置防滑垫；安保人员、大堂副理、礼宾员、总台员工均应密切注意客人的动向，细心观察，同时注意维持大堂秩序；要防止失窃，特别注意在总台办理入住手续和离店手续的客人随身物品的安全；夜深人静时仍要注意警戒；要利用好监控设备，任何时候发现可疑情况都应及时上报。

知识链接

店内人群的控制

店内人群控制是安全保卫中最困难的问题，酒店的特性以及传统的一贯的做法就是对公众的开放性。然而事实上并不是每位来店者都是真正受欢迎的。酒店是企业，所以可以拒绝不符合某种特定条件的人进店。对员工进行此类观点的培训是很重要的。培训的内容应该包括如何识别可疑人物，以及如何处置这些人物。在许多酒店，监视系统就起到了这方面的作用，因为员工不可能随时看到酒店的每个角落。监视系统通过摄像头、行动探测器和其他方法来识别在店人群；摄像头通常与安全部办公室、前台、总机等地方的显示器连接，都有专人监视。移动探测器和其他一些触发式安全装置能发出警报。

资料来源：美国饭店业协会教育学院系列教材《前厅部的运转与管理》

3. 电梯安全控制

电梯是通往客房区域的主要运载工具。为了保障客人的人身和财产安全，有些酒店对客用电梯的乘坐权限进行了设置，即通常只有住店客人才可凭房卡刷卡乘电梯至客房区域。此外，酒店采取设标牌提示和安装监控设备等措施维持宾客出入安全。酒店一般在电梯厅处设电梯服务员或保安巡逻，既可以为客人提供迎宾、叫电梯和问询等服务，又可抑制或防止闲杂人员或可疑人员随意进入客房楼层。

4. 消防通道安全控制

前厅人员首先应熟悉前厅消防疏散口位置，另外要保持前厅出入口畅通、无堆放物，且要有足够的光线或照明。在前厅消防疏散出入口安装紧急疏散装置和逃生方向标志，消防通道中的出入门平日应呈关闭状态但不锁死，以便发生火灾或紧急情况时，店内人员可疏散逃生。

前厅员工要接受有关如何报警、使用灭火器材、协助疏散客人以及逃生自救等方面的专门培训，掌握必要的救助防范技能。

（二）关注客人住宿安全

1. 住宿登记安全控制

前台接待人员要掌握相关法律法规知识，严格遵照法律法规办理客人的住宿登记。住宿登记表的填写要翔实，对客人的证件要进行登记、查验、扫描，要注意对证件有效期的识别，还特别要留意外宾的签证有效期限，防止逾期非法滞留。对于公安部门要求查控的对象或犯罪嫌疑人，前台要积极做好协查工作。

按照我国有关法律规定，客人在抵达酒店后24小时内，酒店要将住店客人信息报送当地公安机关。凡是已采用计算机与公安主管部门联网的酒店，要在每天上午12:00前把前一天的临时住宿登记信息输送到公安部门的计算机系统；没有联网的酒店（包括联网后因停电、机器故障等原因不能传输的单位）要每天上午派人把前一天的“临时住宿登记表”报送公安部门。

知识链接

证件号码一致的不同客人

某天晚上8点左右，一行两位先生来前台办理入住，小刘询问后了解其没有订房，客人说需要一间普通大床房，故为其开了一间大床房，告知其价格后客人同意并确认签字。后将客人证件输入酒店系统时，发现客人证件号码有重复入住的情况，小刘当时觉得证件号码相同很是奇怪，经过查询系统未发现有同样姓名的客人重复登记，随即联系了主管告知情况后，主管称先让客人入住，再查询其原因。后当让客人交押金时客人没有一张卡可以刷出钱，小刘就对客人产生了怀疑。后同行的另一位客人称他住在老楼并出示了房间钥匙和证件，称可以代付其费用。经过确认后，小刘发现其押金够，故同意客人代付要求并让客人留下联系方式并签字。

客人走后，小刘一直觉得奇怪：酒店并未有同姓客人入住为何证件号码一致，后告知当班领班小谈与其一起查询。小谈发现当两间房入住信息被摆到一起后，两位客人证件号码一致；起初以为是输错了号码，后在户管处确认复印件后发现其证件号码一致，但是客人名字和其他信息均不一致。小谈立即察觉这两个证件肯定有问题，随即请示领导，并把这一情况告知有关部门，户管随即联系了公安局外管部。随后警方来到酒店，警察前往客人房间，这两位客人被警察带走调查。

【点评分析】

1. 员工发现证件问题后能够及时汇报，发现自己不能判断的情况，没有擅自盲目地处理，而是逐级报告。

2. 在随后确定证件有问题的情况下，没有惊动客人，第一时间告知大堂和相关部门，对这两位客人做好关注和监控，防止客人在酒店对其他客人造成影响。

3. 前台时时关注此房间的签单情况，如有访客必须做好登记。

4. 加强员工培训，提高安全意识，严格把好住宿登记验证关，真正将各项安全制度落实到位，如有问题及时发现及时汇报。

2. 钥匙安全控制

目前，多数高星级酒店均安装了客房电子门锁，大大提高了宾客的出入安全。由于磁卡钥匙是通过计算机输入设定的信息才可使用，超过设定的时间就无法开启房门，故可做到“专卡专用”。同时，磁卡钥匙上不印有房号，这样既可避免客人因丢失钥匙造成的财物损失，又可使酒店可以重置使用钥匙。酒店在客人退房时一般会向客人收回钥匙。

酒店还备有应急钥匙，也称万能钥匙。有些酒店备有两套应急钥匙，一套由总经理保管，另一套存放在前厅收银处的保险箱内或大堂副理处。在紧急事件中，也只限于酒店指定人员使用，并需在记录簿上清楚地注明每次应急使用此钥匙的情况。

知识链接

酒店钥匙的安全控制

许多酒店都将钥匙分成不同的安全等级。最低一级是开启单个客房、办公室、仓库或会议室的钥匙。往上一级的称为分段总钥匙。用分段总钥匙来开启这一组房间就代替了许多把钥匙。楼层总钥匙又高了一个级别，这是用来开启整个楼层的客房。楼层总钥匙可能会有好几把不同样的。其中一把楼层总钥匙可以开启所有楼宇的客房，还包括其中的库房。另一把楼宇总钥匙涵盖了所有的公共区域，比如餐厅和会议室。一把全楼宇总钥匙可以开启楼宇内所有的门。紧急钥匙又称为 E 钥匙，可以开启所有门，包括从里面上锁的门。

所有钥匙不管属于哪一个等级都应得到控制。对每一位新入住的宾客，或对他们离店日期的变动，客房电子钥匙都会存有记录。其他种类的钥匙不需要经常重做，但仍需得到控制。例如，紧急钥匙只有得到酒店总经理或安全部经理的许可才能领取。领取 E 钥匙时应在安全日志上记录领取人的姓名、日期、时间、批准人、用途、领取钥匙的原因。使用 E 钥匙必须有一个限定的时间段。分段总钥匙和楼层总钥匙应在每天规定的时间发放。每个班次结束工作时应把原钥匙归还给安全检查点。如发现钥匙遗失或被偷，必须立即报告，以便采取相应措施使钥匙失效。

资料来源：美国饭店业协会教育学院系列教材《前厅部的运转与管理》

3. 收银安全控制

收银安全控制贯穿于客人入店、住店、离店的全过程。收银员在客人进店时要核实付款方式，为客人建立账户；在客人住店期间，做到走账迅速，记账及时、准确，处理外币兑换时注意假币的鉴别；客人离店时，准确迅速地为客人办理结账手续。前台不保留大量现金，营业中收到的现金款应定时上交至财务部，现金押送应由保安部负责。

4. 行李安全控制

前厅行李员在行李服务时，要按照酒店规定的操作规范进行，避免因自己的操作和管理不当而引起客人行李的丢失、损坏、被盗等意外的发生。所有行李服务，均应在行李服务工作本上进行清楚、准确、及时的记录，以便核对或者追溯。

行李房是存放客人行李物品、礼宾部服务设备及工具的地方，要保持行李房环境的安全卫生、物品摆放有序，同时，无关人员严禁随意进入行李房。

5. 访客接待安全控制

酒店一般规定在23：00以后婉拒来访会客者。前台或客房楼层服务台会对来访会客者进行询问并予以登记。必须在征得住店客人同意后，方可将客人房号告诉会客者，或按客人的要求答复来访会客者。

6.VIP客人接待安全控制

酒店对于VIP客人的入住通常会有特别的安保准备。如VIP客人抵店前，要对VIP客人可能所到之处进行严格检查，确定无危险品和不安全因素，要清理酒店大门前一定范围内的无关人员，疏通行车通道；VIP客人到达时，须加强对VIP客人行走路线的警戒。同时要注意“内紧外松”，尽可能减少对营业场所的影响。在实施特别安保时，酒店一般会制订好接待安全计划，有时会有公安、交管部门人员在场，酒店安保人员积极主动与其配合。

7. 商务楼层安全控制

入住商务楼层的客人，尤其是商务客人比较倾向保持私密性，有时甚至会要求为电话、传真加装保密装置，以防止泄露商业秘密。有些商务客人尤其是公务客人对商务楼层酒廊、楼层接待处等公共区域、会议室等也会提出安全和保密的要求。所以，商务楼层应尽量选择能单独分割开来的楼层，通常设在酒店较高的楼层，有些酒店也会提供专门的、个性化的“私人管家”式的保安服务，或采用先进的科技手段来确保商务楼层客人的安全和私密。

知识链接

10-1　设施设备评分表——标准6：安全设施

6	安全设施	16				
6.1	客房安全设施		8			
6.1.1	电子卡门锁或其他高级门锁			2		
6.1.2	客房门有自动闭合功能			1		
6.1.3	贵重物品保险箱			3		
6.1.3.1	位置隐蔽，照明良好，方便使用				1	
6.1.3.2	数量				2	
	100%的客房配备					2
	不少于50%的客房配备					1
6.1.4	客房配备逃生电筒，使用有效			1		
6.1.5	客房配备与宾客人数相等的防毒面具			1		
6.2	公共区域	6				

续表

6.2.1	有安保人员 24 小时值班、巡逻			2		
6.2.2	闭路电视监控			2		
	覆盖饭店所有公共区域。画面清晰，定期保存监控资料（以当地有关部门规定为准）					2
	电梯、大堂、走廊、停车场出入口等主要公共区域有闭路电视监控					1
6.2.3	通往后台区域有明显提示，有安全可靠的钥匙管理制度			1		
6.2.4	各通道显著位置设有紧急出口标志			1		
6.3	食品安全		2			
	设食品留样化验室，并有相应管理制度					2
	设食品留样柜					1

6.1.1“高级门锁”：计算机配置的机械锁视同高级门锁。

6.1.3.1“方便使用”：如贵重物品保险箱直接放置于地面，则视为不方便使用，该项目不得分。

6.1.4“逃生电筒”不是充电式可接受。其他内容参照相关具体释义。

资料来源：中国旅游出版社《旅游饭店星级的划分与评定释义》

（三）关注客人信息安全

现代网络信息技术好比一把“双刃剑”，在为人们带来便利的同时，也带来了难以避免的负面影响。例如，个人信息被泄露使不少公民利益受侵犯。中国社会科学院公布的《个人信息保护现状调研报告》指出，现在公民个人信息被滥用的情况日趋严重，除《刑法》中列举的几个适用单位，如金融、电信、教育、医疗等外，许多商店、汽车 4S 店、物业、美发店等，都要求顾客填写个人信息。而有些单位未能尽到妥善保管的义务，导致所掌握的客户个人信息被泄露。于是，社会上也出现了大量兜售诸如房主信息、车主信息的现象，并形成了一个产业链。该调研报告还显示，在接受调查的公众中，大约有 10% 的人经常接到知悉其详细信息的陌生电话的推销，大约有 50% 的人偶尔收到来自陌生电话的推销，大约有 81% 的人对个人信息遭滥用感到有压力或心情不快。

酒店前厅部由于住宿登记等的需要，掌握着宾客大量翔实的资料，对宾客资料进行保密而不外泄、不滥用，是前厅部义不容辞的责任。同时，前厅部有义务保护客人的隐私。多数酒店前厅部提供的免打扰服务或房号保密服务，受到客人的欢迎。然而有些时候，酒店保护客人隐私的意识还应再主动、再深化些。例如，日本一家酒店大堂的客人登记台也使用了隔断，以保护客人的信息资料。

三、前厅常见安全事件的处理

前厅的安全事件通常包括两大类：第一类是对客服务过程中的安全事件，如客人物品报失、客人遗留物品等；第二类是在前厅可能发生的意外事故，如火灾、停电、突发暴力事件、客人死亡等造成人员伤亡或物品损失的意外变故或灾害。除处理意外事故的技能技巧外，事故处理本身的安全控制也是前厅部一个值得关注的问题。

（一）客人物品报失处理

前厅服务员接到客人报失后，应首先问清失主姓名、房号、国籍等身份情况以及丢失财物的名称、数量、型号、规格等，并立即向大堂副理或酒店安全部反映，并按酒店工作程序规定和客人的要求，积极予以查找或联系相关人员。

针对客人报失，除了按酒店自身规定的程序和标准处理外，还要参照国家有关法律法规慎重行事。如果是因为客人行为不当造成物品遗失，则酒店无赔偿责任。但若因酒店过错或因酒店未尽到安全义务，则酒店要承担相应的赔偿责任。

（二）客人遗留物品处理

酒店对于客人遗留物品的处理有相应的规章制度。前厅服务员在总台、大堂、卫生间等公共区域发现客人遗留物品后，应及时上交，并做好登记，详细记录遗留物品的名称、数量、型号、规模及发现地点、捡拾人姓名等。对于暂时无人认领的遗留物品，可由酒店指定部门保管。有些酒店规定：对于贵重物品保管 6~12 个月，一般物品保管 3 个月，食品保管 3 天至 1 个月。超出该期限，酒店则按规定进行相应处理。

（三）停电事故处理

多数酒店采取双路供电，即当一路电路发生停电时，可启用另一条电路送电。如果在前厅发生突然停电，影响正常工作和服务秩序时，前厅服务员应首先保持镇静，稳定客人情绪，并向本部门和安全部、工程部报告，必要时协助大堂副理或安保人员安排或疏导客人。礼宾员应劝阻无关人员进入酒店，以防发生更多混乱。电梯服务人员应立即检查各台电梯，核实是否有客人被关在电梯内，并立即联系工程部人员采取积极措施。总台等处的重要计算机则应立即启动不间断电源，以防重要数据丢失。公共区域和重要部位应启动备用或应急照明。

（四）突发暴力事件处理

这类事件是指突然发生在酒店前厅的抢劫、行凶、斗殴、爆炸等治安事件甚至刑事案件。前厅突发暴力事件对客人、员工的人身和财产安全构成威胁，并会严重影响酒店声誉。由于事件的特殊性和危害性，前厅工作人员要积极、慎重、妥善地处理这类事件。

前厅工作人员在突发事件发生时，应利用工作之便见机行事，及时、镇静地向安全部报告，讲清案发现场情况。酒店安全部应视情况果断决定向当地派出所报案。事件处理过程中，前厅部有关人员要协助安保人员尽可能控制或者限制凶犯行动，保护现场，或积极向安保人员提供破案的线索。若出现客人或员工受伤情况，要安抚客人，积极联系医院救治受伤害的客人或者员工。

知识链接

住店宾客之间的纠纷和矛盾

某日早班，总台员工在前台遇到1801房客人要找2507房客人，正当员工为其拨通2507房客房电话时，面前的这位客人突然严厉地制止了员工联系2507房的客人，随后提出要求要换房到2507附近的房间，员工看了一下系统，因2507附近的房间都还没退房，故建议客人到中午再换房。

在1801房客人离开后，排房员又接到2507房客人的电话，询问是不是有人找他，并说千万不要让人找到他。得到这一信息后，两名总台员工觉得事有蹊跷，正犹豫能不能把1801房客人换到2507房附近的房间时，1801房客人又到前台询问换房一事，员工于是将情况汇报当班负责人，因考虑到客人正常换房需求，且已经答应客人换房。故只能同意为1801房客人换到2509房。

换房后不久，2507房客人打电话到总台，反映有人骚扰他，总台通报大堂及安保部门。后证实正是2509房客人骚扰2507房客人，其和2507房客人疑有债务纠纷。总台只得将2507房客人换到其他楼层，并做了保密设置。

【分析点评】

1. 此案例为住店宾客之间产生的纠纷和矛盾，总台员工在处理类似客人要求时，未从安全角度深入思考，一味迎合客人需求，险些扩大矛盾。

2. 总台在住店客人信息查询方面，应提高安全意识，多询问。

【建议做法】

1. 在发现客人之间可能存在矛盾时，应从安全角度考虑，尽量避免客人之间产生摩擦的可能。

2. 发现类似事件，第一时间上报大堂经理，安全处理。

3. 住店客人信息查询方面，应提高安全意识，保护住店客人的隐私。

（五）发生火情时的处理

酒店消防预案中明确规定，报火警可分二级处理。“一级报警”是指酒店员工发现火情后，应尽早向酒店消控中心报火警；“二级报警”是指由酒店消防中心确认火源、火情、火势后向全酒店报火警。因此，前厅工作人员一旦发现火情，要立即以人工报警方式向酒店消控中心报火警，并听从消控中心的指挥。

当需要前厅人员坚守工作岗位时，要保持镇定，并按火灾预案采取相关行动。例如，有的酒店规定：发生火情时，前厅人员要及时答复客人询问，安抚客人；要及时控制电梯，靠近电梯的前厅工作人员应将自动电梯落下，并劝阻客人不要乘坐电梯，不要回房间取物品等。

知识链接

金陵饭店成功举办应急疏散演练

为进一步增强员工和写字楼客户对灾害风险的防范意识，提高全员防火、反恐、防自然灾害的能力，熟悉和掌握疏散程序、掌握逃生自救技能，2017 年 6 月 6 日上午，金陵饭店举行了突发事件应急疏散演练活动。上午 9:30，随着烟雾和警铃声的响起，演练活动正式开始，来自写字楼中 IBM、通用电气、夏普、大金等公司的员工，以及酒店员工，在金陵饭店疏散引导员的指引下，有条不紊地快速撤离突发事件模拟现场。来自金陵饭店安全抢险队的队员迅速出动，携带消防设施，全副武装快速奔赴位于亚太商务楼和世贸中心楼的突发事件模拟现场进行抢险，与随后赶到增援的侯家桥中队官兵共同果断排除了险情。

南京市消防局防火处、南京市商业消防协会、侯家桥消防中队、鼓楼区人防办、华侨路派出所、街道人武部、慈悲社区等一同在现场观摩了本次演练，侯家桥消防中队的官兵还在现场进行了水炮车灭火和云梯车高楼灭火的演示。本次演练活动过程中，撤离演练快速有序，抢险队员出动迅捷果断，赢得了客人们的一致称赞。

金陵饭店始终将安全工作置于工作首位，除了每月例行的安全检查和消防系统检测外，还定期举行各类安全培训，利用新街口商圈联防联治消防资源，完善现有消防管理工作。在店内还设立微型消防站，加强消防安全宣传，不断努力为客人营造平安、和谐的环境，持续获得宾客的广泛好评。

（六）意外伤亡事件的处置

前厅部员工发现前厅区域内有人身意外伤亡事件发生，必须立即报告保安部，同时注意保护现场。保安部接到报告后，应记录时间、地点、报告人身份及大概伤亡性质，如工伤、疾病、意外事故等。接到报告后，保安部经理应立即到现场，同时通知值班经理和医务室，如涉及设备导致的工伤，应通知工程部。酒店总经理由保安部负责人通知。如遇死亡事件，酒店应向公安机关报告。前厅部必须积极协助保安部封锁现场，疏散围观人员，并和医务人员确定伤亡结果，立即组织抢救，大堂经理等人员迅速联系就近医院和急救中心。如事件涉及前厅部员工，由保安部和人事部共同负责处理善后工作；如事件涉及客人，由保安部和值班经理共同负责处理善后工作，如清点客人财物等。

（七）诈骗事件的处置

宾客入店时，必须规范填写临时住宿登记单，预交住房押金。前台服务员应严格执行公安机关关于住宿客人必须持有效证件（护照、身份证）办理住房登记手续的规定，对不符合入住要求的不予登记，并及时报告保安部和前厅部经理。对使用支票付账的国内宾客，应与支票发出单位核实，发现情况不实时，应设法将支票持有人稳住，速报保安部，待保安部人员赶到后一起进行处理。

住店宾客在酒店的消费金额超过预付押金金额时，酒店可根据情况要求其追加押金或直接结算。酒店各岗位收银员应熟悉银行支付款的“黑名单”，严格执行检查复核制度。收取现金时，应注意检查货币特别是大面值货币的真伪，发现假钞时，应及时报告保安部，由保安部和财务部出面处理。

前厅部发现持有假信用卡、假币者，应采取以下措施：同发卡银行联系，确定信用卡真伪，一经确认是假信用卡或假币，立即将其假信用卡、假币、护照或其他证件扣留；及时通知安保人员到场控制持假信用卡或假币者，防止其逃离或做出危害员工安全的行为；打电话报告值班经理、财务部和保安部。经保安部初步审理，视情况报告公安机关。

知识链接

不住店客人使用境外卡

某日，一名不住店男子在酒店前台询问酒店储值卡的相关事宜，简单了解后，决定办1万元的不记名储值卡。在办理过程中，因为是由新员工接待，对办卡流程不太熟练，于是请了老员工来帮忙处理。老员工发现客人并非住店客人，是中国人，但是客人却要求用外卡结账，当时就引起这名老员工的警觉，于是要求客人出示身份证件核对一下卡面上的姓名和其身份证件上的姓名是否一致，经核对无误后为其刷卡，并办好了储值卡。几日后，酒店接到中国银行电话，询问该笔消费时的具体细节……后经了解得知该名男子使用的这张信用卡，当天在南京多家五星级酒店都有大额消费，银行后台跟踪到这一信息，及时联系商户，提醒商户此持卡人有信用卡诈骗嫌疑，提醒各家酒店年关将至，注意财物安全。因此，对于中国人使用境外卡要尤为重视，提高警惕。

【建议做法】

1. 对于不住店的中国人使用境外卡在酒店消费时，要提高警惕，严格验卡，严格按照信用卡使用流程操作，必要时可以联系银行，取得相关授权后再完成刷卡消费。

2. 发现此类异常情况及时上报当班负责人、安全部和大堂副理。报告时要不被旁人所看到，这一做法值得我们很多酒店借鉴。

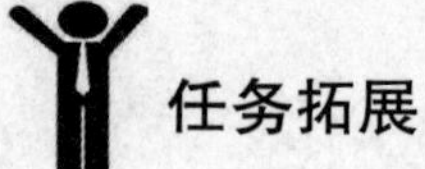

任务拓展

一位客人在前台拾到了一个 iPad 并转交酒店客房部。后失主到酒店领取，酒店前台联系客房部，确认型号、颜色、大小完全一致后，客房部随后将 iPad 送至前台，但客人当时不在，于是客房部让前台签收下来，便离开了前台，未履行跟客人交接的事宜。前台在客人回来后就直接将 iPad 还给客人，也并未留下客人的任何信息。后来捡到 iPad 的这位客人查询了事情处理的进展，了解情况后，他表示对酒店的处理过程非常不满。

1. 此案例中，酒店员工的处理过程有何不妥之处？

2. 如果你是这位当班的前台员工，你将如何处理此事？

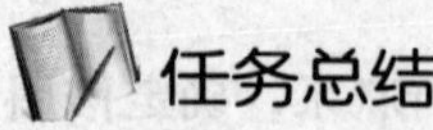

任务总结

酒店前厅需要建立安全制度，并制定配套的应急预案。在前厅经营管理过程中，前厅部所有员工要关注前厅安全管理的各节点，遇到情况及时反馈，凡事要防患于未然。同时需要掌握正确处理前厅常见安全事件的方法，将客人、员工以及酒店的安全损失降到最低。

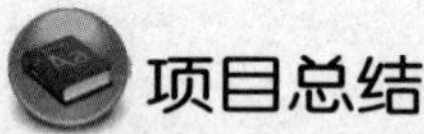

项目总结

在本项目中，我们学习了前厅安全保障义务和前厅安全环境的营造。安全是酒店前厅正常运营的基础，酒店作为公共消费场所，其前厅每天汇集了大量的人流、物流、资金流和信息流，风险时时存在。酒店在经营过程中要对服务对象承担合理的安全责任，也要保证酒店宾客、酒店员工和酒店自身的各方面安全。树立安全意识，掌握前厅安全管理的节点，知晓如何做好安全防范，掌握前厅服务过程中发生安全事件的处理方法，是前厅部所有人员的必备知识，也是保证酒店服务品质的关键所在。

项目链接

员工安全程序

不管酒店在技术和设备各方面做出了多大的投资，训练有素的员工仍是保障酒店安全的重要因素。虽然每家酒店情况各有不同，一些常见的安全措施还是共通的。其中的内容有：

1. 不在前台大声说出宾客房号。如果有人要问宾客住在哪间房，应带领他到酒店的内线电话处。总机话务员会接通该宾客的客房电话，但不会说出客房号码。同样，在给一位新抵店的宾客发放钥匙时不要在前台说出房号。房间号码应当手写或事先打印，书面告知宾客。

2. 前台接待员对任何来领取钥匙的人都要求其出示证件。如果证件上没有照片，那么领取钥匙的人还需提供一些酒店计算机系统中已存储的资料，如家庭地址、电话号码、单位名称等。

3. 客房服务员不应让无钥匙的人员进入客房，有人要求打开客房门时应带领此人去前台或打电话给酒店安全部。

4. 代客停车时应用三联单来控制车辆，第一联交宾客作为收据，第二联和第三联与车钥匙放在一起。当客人要取车时，第二联作为部门留存，第三联放在车上，在将车归还客人时，必须将客人手里的第一联和车上的第三联进行核对。有些酒店使用的是四联单。

5. 酒店应在客房内摆放“宾客安全须知”。美国饭店业协会印刷了“旅行者安全提示卡”（图10–1），阐述了宾客应注意的安全事项。

6. 当宾客要求将消费付款转到客房账单时，应要求他们出示客房钥匙或其他住店证明。

7. 对于可能涉及安全的问题，员工应立即报告。比如，客房走廊上的灯泡坏了应立即更换。紧急通道的门应保持开启状态，任何时候都不应上锁。任何安全问题应作为最先考虑解决的问题来处理。

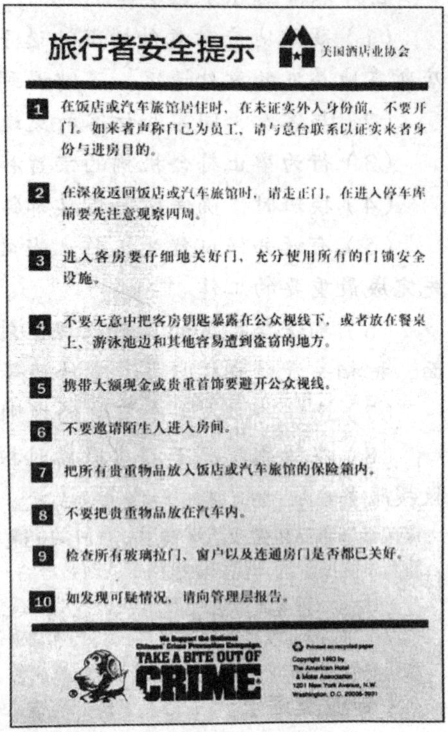

旅行者安全提示　美国酒店业协会

1 在饭店或汽车旅馆居住时，在未证实外人身份前，不要开门。如来者声称自己为员工，请与总台联系以证实来者身份与进房目的。

2 在深夜返回饭店或汽车旅馆时，请走正门。在进入停车库前要先注意观察四周。

3 进入客房要仔细地关好门，充分使用所有的门锁安全设施。

4 不要无意中把客房钥匙暴露在公众视线下，或者放在餐桌上、游泳池边和其他容易遭到盗窃的地方。

5 携带大额现金或贵重首饰要避开公众视线。

6 不要邀请陌生人进入房间。

7 把所有贵重物品放入饭店或汽车旅馆的保险箱内。

8 不要把贵重物品放在汽车内。

9 检查所有玻璃拉门、窗户以及连通房门是否都已关好。

10 如发现可疑情况，请向管理层报告。

TAKE A BITE OUT OF CRIME

图 10–1　旅行者安全提示卡

资料来源：美国饭店业协会（华盛顿 D.C.）

放眼看世赛

世界技能标准规范解读——工作组织和自我管理

1. 个人（选手）需要了解的知识点

（1）酒店提供的服务和设施以及相应的费率。比如，选手在向客人推荐酒店设施和服务的时候，需要根据虚拟酒店提供具体的价格向客人报价。如果未提供，报的价格需要符合行业标准。

（2）酒店入住登记手续的法律方面的要求，健康与安全、辨识、客户财物、客户的行为、酒精饮料的服务、货物销售和服务、数据保护等。

（3）为残障客人提供服务设施。比如，介绍酒店的轮椅通道、残疾人车位，为客人提供轮椅、分配残障客房。

（4）酒店行业前台运作的组成、角色和要求。不仅仅是前台，整个酒店的运作选手都需要了解。比如接机服务、订餐服务等，选手都要和对应的部门进行电话对接和沟通。

（5）上报（报告）的流程、轮班方式和员工的类型。

（6）客户周期的管理。

（7）可能光顾酒店的客户类型。

2. 个人（选手）应具备的能力

（1）高效地应对意外情况。选手需要了解酒店应对突发情况的规章制度，预判虚拟店所在地易发的意外情况，了解遇到客人生病、受伤等意外情况要如何处理。

（2）与客人、同事和访客打交道的时候保持健康和安全。

（3）行为举止符合机构的宗旨和目标。

（4）换班时，确保所有信息都传递给移交到下一班次。

（5）有效并保证优先工作。当处理多项任务工作时，需要判断事情的轻重缓急，优先完成最重要的工作。

（6）确保接待区的良好表现：外观、标识、清洁。接待完客人后，选手需要整理台面，把相关资料装订归类，宣传册等材料放回原位。

（7）遵守与客人安全有关的规则和指南。

（8）在紧急状况下酒店撤离时按照应急预案处理，发现意外情况第一时间通知紧急救援服务。

（9）保留客人的隐私，比如递还客人身份证时，反面朝上，保护客人身份证上信息。

（10）在有关酒店内货物销售、服务等方面遵守相关法规。

【专业英语】

1. emergency key（应急钥匙）：可以打开包括双锁客房门的钥匙。

2. handicap facilities（残障人士设施）：指专为残障客人设计的具有特殊接待功能的设施。

3. skipper（故意逃账者）：特征为无行李或少行李者，使用有问题的信用卡和假支票者等。

4. lost and found（失误招领处）：负责丢失物品的保管以及领取的地方。

5. damages（赔偿金）：由被告方支付的，对原告进行补偿为目的的钱款。

6. compensatory damages（补偿性赔偿金）：对原告所遭受的疼痛、损害以及因不能工作而遭受的经济损失、医疗和住院的费用、使用康复设施和家庭服务方面的开支予以赔偿。

7. foreseeability（可预见性）：基于对以往在酒店或周边社区发生的类似事故的知识，有适当理由可以预见可能发生的事故，从而采取预防措施。

8. punitive damages（惩罚性赔偿）：对引发错误行为者实施的罚款惩罚，也是通过施行惩罚对类似的行为起到威慑作用。

9. security（安全）：对人和财产给予保护。安全需要关注以下区域：客房、钥匙门锁、通道与周边、报警和通信系统、灯光系统、闭路电视系统、贵重物品保险箱、存货使用控制、财务程序、计算机安全、对含酒精饮料的服务管理、应急程序和安全章程以及资料保管。

项目评价

✧ 知识评价

一、单选题

1. (　) 的特征是经常干的工作，所以习以为常，并不感到有什么危险，因此满不在乎，没有注意反常现象和周边环境的变化因素，照常操作，责任心不强。

A. 自私心理　　B. 麻痹心理　　C. 简化心理　　D. 侥幸心理

2. 酒店经营者的安全保障义务不包括（　）。

A. 产品安全保障义务　　B. 服务安全保障义务

C. 经营场所安全保障义务　　D. 自然灾害安全保障义务

3. 以下关于客人物品报失的处理，说法不正确的是（　）。

A. 前厅服务员接到客人报失后，应首先问清失主姓名、房号、国籍等身份情况

B. 问清客人丢失财物的名称、数量、型号、规格等

C. 若因为客人行为不当造成物品遗失，酒店应承担小部分赔偿责任

D. 若因酒店过错或因酒店未尽到安全义务，则酒店要承担相应的赔偿责任

4. 当前厅部发现持有假信用卡、假币者时，以下措施中不正确的是（　）。

A. 同发卡银行联系，确定信用卡真伪，一经确认是假信用卡或假币，立即将其假信用卡、假币、护照或其他证件扣留

B. 及时通知保安人员到场控制持假信用卡或假币者，防止其逃离或做出危害员工安全的行为

C. 打电话报告值班经理、财务部和保安部

D. 立即报告公安机关

5. 前厅部需要关注的安全管理节点不包括（　）。

A. 客人外出安全　　B. 前厅出入安全　　C. 客人住宿安全　D. 客人信息安全

二、简答题

1. 请举出十种按照事故原因划分的安全事故。
2. 在日常的安全工作中，因人产生的安全隐患有哪些心理表现？
3. 请为酒店前厅部设计3个优秀安全管理标语。
4. 关于客人的住宿安全，前厅部需要关注哪些方面的问题？
5. 酒店前厅发生意外伤亡事件的处置程序是怎样的？

✧ 实践活动

实训内容：

以小组为单位，围绕“前厅意外受伤事件”编写一个情景模拟剧本，并分角色演绎出事情的起因、经过、结果，以及酒店前厅工作人员对此意外受伤事件的处理过程和结果。

实训目标：

1. 了解酒店前厅会有哪些意外受伤事件发生。

2. 能够正确处理酒店前厅常见的意外受伤事件。

实训组织：

1. 学生分组进行角色扮演，其他学生观察并互相点评。

2. 角色扮演的同学进行自我点评，说出优点和不足。

3. 教师进行指导纠正，并对前厅意外受伤事件的处理过程和结果进行分析、点评和总结。

实训评价：

考核内容	考核要点	个人自评（30%）	小组评分（30%）	教师评分（40%）	综合评分
情景模拟的编排与演绎（40分）	情景内容编排合理（10分）				
	仪容仪表符合岗位要求（10分）				
	情景演绎真实、生动（10分）				
	团队协作程度（10分）				
前厅意外受伤事件的处理过程及结果（60分）	保持冷静、不慌乱（5分）				
	熟悉酒店医务室服务相关制度（10分）				
	了解客人意外受伤的过程及原因，正确通知相关部门做出处理（10分）				
	能正确对客做出解释，有效安抚客人情绪（10分）				
	回答客人询问有条理，语言亲切（10分）				
	及时跟进事件发展和处理情况（5分）				
	对意外受伤事件进行信息记录，要求完整清晰（10分）				
合计					

国家精品在线开放课程
《前厅服务与管理》免费学习资源

项目十一　前厅人员管理

项目导读

作为前厅部的管理人员，应有很强的人力资源管理意识和人才意识，要明确前厅部的岗位和人员数量要求及人员工作安排要求；了解在人员缺位时如何招聘新员工并进行相应培训；同时要学会科学评估、有效激励员工，从而激发员工工作潜能、提高员工工作积极性及保证前厅部各项工作的正常运转。

学习目标

【知识目标】

- 熟悉影响前厅岗位员工数的因素及招聘的途径
- 熟悉前厅员工考评的方法和激励的原则
- 熟悉前厅员工排班需考虑的因素和方法
- 掌握前厅员工培训的内容和方法
- 掌握前厅员工考评的内容和程序
- 掌握前厅员工激励的方法

【能力目标】

- 能够对前厅各岗位进行正确排班
- 能够选择适当的方法对前厅员工进行培训
- 能够制定出针对前厅普通员工的考评方案
- 能够选择恰当的方式对前厅员工进行激励

案例导入

前厅部一个前台领班职位空缺，经理刘云将从两名候选人王林、陈宇中选择一位来填补该职位。两名候选人学历一样，在工作中都表现出色。其中王林专业知识过硬，对工作环节的各项标准了如指掌，陈宇则略弱些。在面试中，刘云问了几个有关如何对待表现不佳的员工方面的问题，例如当一名新员工的表现没有达到你预期的标准时，你怎么办？王林回答说："如果他还在试用期内，我会让他走人。"陈宇则说："我想跟他谈一谈，告诉他我发现的问题，然后问明原因。我将根据他的回答采取具体的对策，或是加强培训，或是在饭店找一份更适合他的工作。"在回答其他问题时，王林总是提到饭店的管理规定，建议给予员工书面警告或将其开除。很明显，王林的做法对员工来说是公平的，她主张用处罚的方式来改变员工行为。相反，陈宇大多选择和员工交谈，了解问题产生的原因，他倾向于通过沟通的方式求得问题的解决。

前厅部经理刘云拿不定主意，他喜欢陈宇的管理风格，但他的技术知识不足，同时还担心如果王林落选，她会因此而辞职，这将给工作带来重大损失。

1. 请你对案例中刘云的困惑进行剖析。

2. 如果你是前厅部经理，你将会做如何选择？为什么？

任务一　招聘与培训

【任务导入】

某酒店前厅部经理在上任一段时间后，发现最近客人针对前厅部员工服务质量方面的投诉越来越多。她仔细观察并分析后发现，主要是因为近期前厅新入职员工人数增加，由于她们刚刚走上工作岗位，对酒店基本情况、岗位服务技能和操作标准等方面还不熟悉，从而导致了客人的不满。如果你是这位前厅部经理，计划如何对这批新进员工进行培训呢？

【任务执行】

一、前厅部员工的招聘

（一）确定前厅岗位和员工数

1. 确定前厅部组织机构

前厅部要根据酒店规模大小、星级高低、经营特点及管理方式等确定前厅所需设置的岗位，如预订、礼宾、总台接待、总机、商务中心、大堂经理等岗位。

2. 分析服务流程，人员尽量精简

审视前厅各个岗位，在既能保证正常运转，又能保证服务质量，同时还能充分发挥员工潜能和提高工作效率的前提下，精简岗位人员，多培养一专多能的员工。例如，有些酒店将总台接待、问询和收银三个岗位合并，一位总台员工既是一名接待员，同时又是一名收银员和问询员。

3. 确定每一岗位所需要的员工数

其中主要需考虑四方面因素：

（1）考虑服务设施设备的数量、先进性及利用率，如在手工操作与管理的酒店，其前厅部员工数肯定多于已普及计算机操作与管理的酒店。

（2）要预测各岗位工作量。这取决于法定工作时间长短、实际工作时间的计算方法、员工工作效率和工作标准等。

（3）考虑客流量的大小，即平均出租率的高低和客人在酒店的平均逗留时间。平均出租率越高、客流量越大，工作量就越大；平均出租率越低、客人平均逗留时间越长、客流量越小，工作量也就相对较少。

（4）考虑其他综合因素的影响。例如季节，当地商业投资的环境，各类大型文化、体育、商务活动等。这些变动因素对酒店的出租率和客流量都会有很大的影响，也会直接影响前厅部各个岗位的工作量。

（二）与酒店人力资源部协作招聘

前厅部在确定岗位设置、员工数及对人员的标准要求后，招聘工作由酒店人力资源部负责。同时，包括前厅部在内的酒店各部门在运行过程中可能会持续性地提出用人需求。酒店行业存在着人员流动率高的特点，因此，酒店可能会经常出现人员缺口的问题。各部门会将人手不够的情况告知人力资源部，并提出所需人员的种类、数量及要求，然后由人力资源部负责解决。总的来说，人员招聘可以有两种途径：

1. 从酒店内部选拔调配

人力资源部可以做如下工作：根据员工的素质、数量、工作岗位和临时性，进一步确定人力需求，考察在岗的、具备一定知识技能的员工，以升迁的方式将他们安排在最合适的岗位；也可以按照酒店内各职级的水平和要求，发掘和训练所需人才并设计恰当的培训程序。

2. 进行外部招聘

当需要进行外部招聘时，人力资源部首先要制订招聘计划。招聘渠道一般有：去人力或劳动力市场招聘、在报纸等媒体上发布招聘广告、去学校招聘、从其他酒店“挖”人才等。

招聘工作虽然是人力资源部负责，但对于前厅部人员的甄选却需要人力资源部与前厅部共同配合，因为前厅部是最终用人部门。所以，有些酒店采取人力资源部先初选、前厅部再面试的方式，以保证所招人员符合岗位标准。而至于聘用手续的办理等，则大多是人力资源部的职责。

二、前厅部员工的培训

前厅部员工的培训就是按照一定的目的，有计划、有组织、有步骤地向前厅员工传递正确的思想观念、服务、营销、管理知识和技能的活动。

（一）对前厅部员工培训的意义

由于酒店业是劳动密集型的服务性行业，人员素质对酒店经营和运转的意义显得尤为重要。顾客满意才能给酒店带来客源和效益，而经过良好培训的高质量员工则可以带来顾客的高满意度，也就意味着更大的效益。

1. 提高前厅员工技能

培训的首要目的是保证员工具备胜任岗位工作所需的服务技能。由于大部分新招聘的初级员工对酒店工作的特点、性质、方法、技能及技巧等缺乏必要的了解，酒店人事部和前厅部首先要对其进行岗前培训，保证员工掌握基本的工作技能。同时还应针对前厅服务工作中出现的各种新问题，对其进行各类专题培训，以提高前厅员工的服务技能和技巧，保证对客服务工作的顺利完成。

2. 培养前厅业务骨干

前厅部对岗位工作表现出色、工作踏实勤恳的优秀员工进行有针对性的系统培训，采取长期外派、短期集中培训等多种方法将这些员工培养成为酒店前厅的业务骨干和后备管理力量。许多酒店都采取这一方式，鼓励员工参加继续教育，并积极创造条件，给予勤奋上进的优秀员工各种外出学习、参观、进修的机会，有些酒店甚至花费大量资金派遣员工出国接受培训。

3. 提高前厅服务质量

培训的最终目的就是不断提高酒店的对客服务质量。因此，前厅部应根据客人对酒店产品不断变化的需求以及整个行业新的发展态势，不断对前厅员工进行培训，促使员工掌握更多先进的、创新的服务理念和服务技能，以提高前厅服务质量。

4. 降低前厅经营成本

表面上看，培训似乎增加了酒店的营业支出，而事实上，培训从一定程度上对降低酒店的经营成本起了重要作用。实际工作中，我们会发现没有经过培训的前厅新员工工作效率较低、差错率较高，这对前厅部就意味着客人的高度不满和大量投诉，直接后果就是高额的“纠错”成本，间接损失是客人的不断流失，这些都将使酒店的经营成本不断上升。反之，经过系统全面培训的前厅熟练员工，其工作效率则较高，差错率也较低，就能减少酒店的“纠错成本”，从而吸引并稳定住酒店的客人，为酒店创造出理想的经营业绩。

5. 激励前厅员工

系统的培训不但可以帮助前厅员工掌握多种工作技能，同时也是对前厅员工的有效激励。不断接触新事物、学习新知识、掌握新技能，这些本身就是对前厅员工的挑战。人们总是希望从工作中获得一些东西，而不仅仅是付出。前厅员工通过培训获得了知识、技能，同时也获得了成就感和满足感，从而激励其更加努力地工作，把所学到的新知识和技能运用到前厅各岗位工作中去。

（二）前厅部员工培训的内容

前厅部员工培训能否产生效果，关键在于能否选择和确定合适的培训内容。由于前厅部员工层次不尽相同，因此根据不同层次、不同岗位设计相应的培训内容显得十分必要。

1. 前厅部操作层员工培训的内容

前厅部操作层员工是指直接为宾客提供服务的前厅员工，他们长期处于工作第一线，其服务态度、工作技能直接影响前厅及酒店的形象和服务水平。操作层员工的培训主要是提高员工的专业知识、服务技能和服务态度，重点是解决他们的动手能力。操作层员工的培训有岗前培训、在岗培训和转岗培训三种。

（1）岗前培训。岗前培训是指前厅新员工走上服务岗位以前的培训，目的是提高新员工的素质，使前厅新员工步入工作岗位后能尽快适应工作岗位的需要。为了保证新员工的业务素质，必须坚持“先培训，后上岗”的指导原则。岗前培训因培训内容侧重点不同又可分为一般性岗前培训与专业性岗前培训两类。

①一般性岗前培训。一般性岗前培训是指对新员工就酒店行业知识、酒店工作的性质与特点、酒店从业人员素质要求与职业道德、酒店情况介绍、接待礼仪、酒店规章制度等常识性内容进行培训，以增进新员工对酒店工作的了解。一般性岗前培训的内容包括服务观念培训、职业道德培训、前厅礼节礼貌培训、形体培训、安全知识培训、法律知识培训等。

②专业性岗前培训。专业性岗前培训，侧重于对前厅部新员工按不同岗位、工作性质进行有针对性的训练，要求员工在上岗前切实掌握前厅部业务的原则、规范、程序、技术与方法，在培训后能适应并胜任所分配的专业性工作。专业性培训的内容主要包括岗位职责、工作程序和操作标准、岗位计算机操作系统、专业外语等。在高星级酒店或外宾较多的酒店中，外语能力是前厅部员工与不同国籍宾客进行语言沟通所必备的业务能力。酒店对前厅部员工的外语能力一般要求较高，要求掌握 1~2 门外语，其中，英语是国际通用语言，前厅部员工都必须较好地掌握。

（2）在岗培训。在岗培训是指对前厅部在岗员工进行的以提高其工作能力为目标的不脱产的培训活动。在岗培训可以通过重复培训和交替培训来进行。重复培训可以提高前厅员工服务操作的熟练程度，使员工所掌握的技能技巧得到进一步提高。交替培训可以使前厅员工成为多面手，掌握两种以上的岗位技能，这对于岗位间的人力资源调配有很大的帮助。

（3）转岗培训。转岗培训是指由于工作需要或其他原因，将前厅部员工从一个岗位转到另一个岗位的培训。转岗培训与岗前培训较为相似，但培训对象有所不同。转岗培训要根据转岗人员的具体情况而定，有的需要进行全方位的系统培训，有的只需要在某一方面进行培训即可。

2. 前厅部管理人员培训的内容

（1）前厅部督导层管理人员培训。前厅部督导层管理人员，如主管、领班等，是酒店第一线的管理者。他们的工作重点主要是在第一线从事具体的管理工作，执行中、高层管理人员的指示和决策，其任务主要是精通前厅本职工作并完成本职任务。前厅督导层管理人员培训的内容主要是学习督导管理的基本原理，明确督导的基本职责，学习培训下属的方法；学习人事管理和劳动管理的基本理论；掌握沟通的基本方法；掌握人际关系技能；培养善于发现问题的意识，掌握开好小型班组会议的方法；掌握制订工作计划的一般方法；提高指挥、推动工作的能力。

（2）前厅部中层管理人员培训。前厅部中层管理人员主要是前厅部经理或副经理等人员，他们是前厅部的中坚力量，在酒店管理过程中起着承上启下、部门间协调的作用。前厅部中层管理人员的主要职责是根据酒店的方针、计划，负责编制前厅部的工作计划并负责组织实施。除了精通前厅部的经营管理外，前厅部中层管理人员还需了解与本部门业务有关的其他部门的工作情况。中层管理人员培训的内容主要有本职位所需的专业理论知识和相关知识；本部门的运行与管理、组织、控制、指挥能力的培养，尤其是沟通技巧和督导技巧；其他部门的一般知识；本部门员工的发展与培训。

（三）前厅部员工培训的方法

1. 讲授法

以知识性为主题的培训常采用这种培训方式，通过老师的讲解向学生传授知识和经验。这种方法的优点是时间集中，讲课不易受干扰，传授的知识比较全面、系统、容易接受；其缺点是单向输入，受训者难以主动参与。要使讲授法发挥好的效果，培训者一是要善于使用视听设备，将内容形象化、立体化，激发受训者的学习兴趣；二是要采用启发式教学方法，利用教师提问、集体思考、重点回答的方式，活跃课堂气氛；三是要在授课中精练语言，注意系统性和逻辑性；四是要对所讲授的原理、概念做出论证，使之具有说服力，令人信服。

2. 讨论法

讨论法是对某一专题由受训者进行讨论，由培训教师进行引导和归纳的培训方法，这种方法强调受训者的参与，对激发受训者的兴趣有较大帮助。讨论法分问题讨论法和案例研讨法。问题讨论法是由培训者提出问题，并设定一定的限制条件，组织和引导参加者开展讨论并给予提示，最终得出正确结论的一种方法。案例研讨法是让受训者对实践中的案例进行分析、研究，并提出自己的见解，最终通过分析比较，找出最佳解决方案的一种方法。讨论法适用于中、高级管理人员的培训，有利于启发和挖掘员工的分析能力、判断能力、比较能力、决策能力和创造能力，是一种省时而且有效的培训方法。但讨论法的组织、准备和实施也有一定的难度。

3. 角色扮演法

这是一种能够将学习与兴趣、特长结合起来的培训方法，常常由学员分别扮演各种特定的角色，如服务人员和客人，管理人员和基层员工等，通过模拟前厅不同职位和服务情景，提高受训者解决实际问题能力的方法。学员在表演过程中可感受气氛、获得知识、悟出道理，而其他观看的学员也能同时受到启发和教育。如通过模拟客人投诉的场景，来训练受训者解决常见问题的能力；模拟客人入住场景，训练员工的操作技能等。

在模拟的工作环境中，让前厅部员工亲自体验做宾客的感受，并以宾客身份评论其工作表现，从中获得对宾客需求的理解，以达到提高前厅服务质量的培训目的。

4. 操作示范法

操作示范法是最常用、最有效的基层培训方法，除由培训者亲自示范外，还包括用教学电影、幻灯片展示，还可以组织到现场参观学习。这种方法适用于程序类培训，如前厅入住接待程序、电话留言服务程序等。操作示范法的程序是先由培训者讲解操作理论与技术规范，并按照岗位规定的标准、程序进行示范。对于操作过程中的重点和难点可以反复示范和强化讲解，然后由受训者模仿演练，培训者进行指导，纠正错误，直至员工的操作达到标准。

5. 对话训练法

对话训练法是把前厅部员工在工作中与宾客的对话记录下来，在培训课上进行讨论分析，以增强员工语言能力和解决问题能力的一种培训方法。对话的内容主要是针对前厅部员工出现的不礼貌、态度粗暴、不懂业务、不了解酒店产品知识等方面的问题而设立的。通过对对话记录的反馈，可以提高员工的学习兴趣和学习效果，增强员工的工作信心和工作能力。

6. 管理游戏法

管理游戏法是针对前厅部中层管理人员的一种较先进的训练方法。管理游戏法具有生动、具体的特征。在运用这种方法进行训练时，参加培训的管理者会面临许多前厅经营管理过程中的实际问题，决策成功与失败的可能性同时存在，需要参加人员积极地参与训练，运用有关的管理理论与原则、决策力与判断力，对游戏中所设置的种种遭遇进行分析研究，采取有效办法解决问题，争取游戏的胜利。管理游戏的设计很重要，必须使参加培训的管理者在游戏般的气氛中有所领悟，有所收获。

除了以上几种方法外，还有一些非常方便、实用的方法可以采用，如影视录像、参观考察、交流研讨、单项竞赛等，前厅管理人员可以根据实际工作中的需求灵活选用。

（四）前厅部员工培训的程序

任何一项培训工作都必须首先确定需求，然后制定培训方案，予以实施，最后进行回顾、评估。前厅员工培训工作也一样，必须经过确定培训需求、制订培训计划、实施培训计划、评估培训效果4个步骤，并且循环往复，不断进行。

1. 确定培训需求

培训需求往往采用培训需求调查法，也就是通过问卷调查、平时观察、工作评价、约见面谈、服务质量检查、客人投诉分析等方式，发现前厅员工知识、能力、态度等方面的薄弱环节，提出有针对性的培训要求和目标。

2. 制订培训计划

为使前厅培训有计划、有步骤地进行，以达到培训目标要求，必须制订一个切实可行的培训计划。培训计划必须满足组织及员工两方面的需求，兼顾组织资源条件及员工素质基础，并充分考虑人才培养的超前性及培训结果的不确定性。制订培训活动详细计划的步骤如下：

（1）确立培训目标。前厅培训目标可以因岗设定，也可因项目或专题而定，但都要具体、明确。

（2）设计培训计划的大纲及期限。为前厅培训计划提供基本结构和时间阶段的安排。

（3）拟定培训课程表。为前厅受训人提供具体的日程安排，落实到详细的时间点上。

①培训时间。尽量安排在前厅经营淡季时组织进行，并明确起始日期及每日培训的具体课程及时间安排。

②培训地点。可以利用酒店自身条件设置培训场地或在酒店外部进行。

③培训内容。这是前厅培训计划的核心部分，要以培训应达到的目的为依据制定相关内容。

④培训对象。培训对象即培训接受者，可以按前厅培训对象的岗位、工种、职务、年龄、能力等不同情况予以组织安排。

⑤培训者。选择合适、称职的培训者，是保证培训效果的关键。可以由培训部专职训导员授课演示，或外请专家及有声望的管理人士等。

⑥培训设备。主要是指为加强培训效果，在前厅培训中为培训者配置如录像机、幻灯机、投影仪、电视、录音机、计算机等电教设备，以及必要的专业教学用的教具和工具等。

（4）设计学习形式。前厅部应根据培训计划安排和要求，采用多种方式进行培训。从培训时间安排上，分为脱产、半脱产、不脱产培训等。从培训的组织形式上，分为内部培训、委托培训、远程教学等形式。从培训方法选择上，各种培训方法具有各自的优缺点，为了提高培训质量，前厅管理人员可以根据培训对象的特点以及培训内容的需要，将各种方法配合运用。

（5）制定控制措施。在培训中，安排专职人员负责前厅培训活动的日常管理，使整个培训活动有序地进行。例如，执行考勤制度或签到制度等控制手段，监督培训计划的进展。

3. 实施培训计划

前厅培训组织人员根据拟订的培训计划，通知、召集参加培训人员，开始培训前应向参加培训的员工充分说明培训的必要性和对他们个人发展的益处，提高他们参加培训的积极性和主动性。培训应注意避免使用过分死板生硬的方法，培训材料应以文字材料为主，由培训实施人员讲解、辅导，帮助前厅被培训员工在计划时间之内完成培训计划，达到培训目标。

4. 培训评估效果

培训计划完成后，由前厅培训实施人员对参加培训人员进行考核。合格者予以奖励；不合格者要再次接受培训，并在限期内达到培训目标。若再次考核不合格则可考虑调动其工作。此外，前厅培训组织者应对培训效果进行相应的评估：培训目标的设定是否符合酒店、部门和员工的实际情况；培训方法是否有利于员工掌握培训内容；是否如期取得培训效果等。假如答案是肯定的，就应该总结经验；假如答案是否定的，就必须认真分析原因，调整并纠正培训过程中的偏差，以利于今后的培训工作。

前厅培训评估可以采用问卷调查方式，调查内容包括：前厅受训者对培训的课程设置、培训方法、培训教师的水平、培训效果的评价等。通过对试卷和技能考核的分析，了解培训的效果，也可通过对前厅受训者的跟踪调查来测评培训的效果。

（五）前厅部培训中的注意事项

1. 培训要考虑受训者的利益

由于员工是成人，成人教育的最主要特点在于学员对培训的需求讲求实用性，即这一项培训要能为受训者带来个人利益和个人发展。只有这样，受训者才会专心学习，否则他们将会视培训为一种负担或强迫。

2. 培训要讲求针对性

培训的内容要紧密结合酒店实际情况，以前厅部各岗位的实际工作需要为依据，岗位不同、职能不同，培训的需求及内容也应不同。

3. 培训要有系统性

人力资源部、前厅部要紧密配合，酒店层面培训与部门层面培训要有机结合，形成互相促进、协调合作的培训体系。

4. 培训要确立培训计划和目标

通过对培训需求的调查分析，确立酒店和部门培训的总体目标和具体目标，这样才可以使培训更有序、更有章可依。

5. 培训要进行考核与跟踪

培训没有考核等于没有培训。培训评估通常可以让新员工填写“员工培训评估表”或开座谈会，了解培训效果。另外，要对受训者在培训后的表现进行跟踪，以确定培训是否有效，是否需要改进，是否有新的需求等。

6. 培训要有持续性

酒店除了对新员工入职培训外，还要对在职员工进行持续性的培训，即对员工进行与其工作密切相关的文化知识学习、技能技巧训练。另外，对主管、领班的基层管理人员培训，对部门经理的培训等，都可以很好地促进他们职业的发展，促进酒店服务水平的提高。

任务拓展

酒店前厅部礼宾岗最近有2名行李员辞职了，导致礼宾岗无法正常运转，请你拟定一份前厅部行李员的职务说明（即用人标准），协助人力资源部尽快招聘到合适的人员。

任务总结

前厅员工招聘工作完成情况的好坏是能否建立一支高素质前厅员工队伍的基础。前厅部拥有合格员工仅仅是保证酒店前厅良好运转的第一步，还需要通过持续的培训，才能培养出具备高质量、高水平、高技能的稳定的前厅服务和管理人员。

任务二　排班、考评与激励

【任务导入】

某酒店新员工小郭刚入职时，工作积极，对客服务热情。但是，一次在为客人办理入住登记的时候，由于当时等候的客人较多，业务比较繁忙，小郭漏收了一位客人的入住押金，因此受到宋主管的严厉批评，并且被扣除了当月奖金，小郭非常不服气。此后，工作状态松散，对客服务提不起精神……

作为一名前厅部主管，你打算采取哪些措施，让小郭重新回到以前的工作状态？

【任务执行】

一、前厅部员工排班

领班或主管要对本岗位的员工进行工作排班。由于前厅部大多工作是需要两班制或者三班制运作的，所以，排班并不是一件轻而易举的事。排班时，既要遵从国家法律法规，又要考虑到每个班次的工作量并保证人手精简、够用，同时还要考虑到让每位员工都能劳逸结合。员工排班会对工资成本、员工生产率以及员工士气产生影响。

（一）排班需考虑的因素

（1）排班必须涵盖整个工作周，一般确定为从星期一到星期日。安排时要基于对酒店的业务预测。总台、礼宾处的业务一般以每日进出店预计人数为基础安排员工，预订部通常以什么时候预计有预订业务发生为基础进行安排。

（2）不同的酒店往往根据自己的业务特点及淡旺季情况对前厅部员工进行排班，排班需在下个工作周开始前一周或一个月公布，前厅部经理需要了解酒店关于加班时间和薪水的政策。

（3）制定排班表时，需要注明休息日、休假时间以及请假状况。员工休假或请假需要提前申请。

（4）排班需遵守国家相关法律法规。我国的《国务院关于职工工作时间的规定》中指出：劳动者每日工作时间不超过 8 小时，平均每周工作时间不超过 40 小时。如果一周工作时间超过 40 小时，酒店则应给员工安排补休或作为加班支付员工加班津贴。

（5）前厅部管理者需要根据预测业务量和可预见的员工在职状况，逐日复核排班表，必要时调整原先的排班状况，并及时通知员工。

知识链接

表 11-1 是南京某五星级酒店总台两周的排班表。该酒店总台为 24 小时服务，包括总台主管、领班在内共有员工 11 名。除了安排早、中、夜班外，还安排了白班及常日班，这是考虑到白天工作较繁忙的缘故。正常按一周工作 5 天，休息 2 天来排班，员工 3、5、6、7 由于前期欠酒店工时，故在本月较忙的时期需要还酒店工时，因此出现了一周只休一天的现象。

表 11-1　南京某五星级酒店总台排班表

日期	9	10	11	12	13	14	15	16	17	18	19	20	21	22
星期	MON	TUE	WED	THU	FRI	SAT	SUN	MON	TUE	WED	THU	FRI	SAT	SUN
主管	D	D	D	D	D	O	O	D	D	D	D	D	O	O
领班	B	B	B	O	O	D	D	B	B	B	O	O	D	D
员工 1	O	A	A	B	B	C	O	O	A	A	B	B	C	O
员工 2	O	O	A	A	B	B	B	C	O	O	A	A	B	B
员工 3	A	B	B	C	O	E	A	A	B	B	C	O	E	A
员工 4	A	A	B	B	C	O	E	A	A	B	B	C	O	E
员工 5	B	E	C	O	E	A	A	B	B	C	O	E	A	A
员工 6	B	C	O	E	A	A	B	B	C	O	E	A	A	B
员工 7	C	O	E	A	A	B	C	O	E	A	A	B	B	C
员工 8	O	A	A	B	A	O	O	O	A	A	B	B	C	O
员工 9	O	O	A	A	B	B	B	C	O	O	A	A	B	B
班次说明	A: 7:00–15:30　B: 15:00–23:00　C: 22:30–7:00　D: 8:30–17:00　E: 10:00–19:00													
	O：正常休息　W：婚假　S：病假　Y：年假　PH：公休日													

（二）排班的方法

根据酒店规模、等级的不同，前厅部可实行不同的排班方法。如果酒店实行前厅部 24 小时接待，就需要根据业务特点分为早班、中班、夜班或其他班次。在各班次排班时需要注意人员安排的充足，以满足对客服务的需要。另外要注意不同班次的时间安排，以免出现无效的超时工作等。

在排班实施过程中，往往因为酒店工作需要会出现临时加班等特殊情况，因此在排班上会出现一些变化，如调整班次时间长短、时间安排等。此类情况下，酒店可以考虑采用临时工的排班、弹性工作时间的安排、压缩工作天数以及分担工作任务等方法。

1. 聘用临时工

常见的临时工有学生、退休人员以及其他不愿成为正式工的人员，聘用临时工能给前厅部的安排增加灵活性，还有助于降低酒店工资福利成本。

2. 弹性工作时间

在前厅运转过程中经常会出现特殊接待任务，为提供高效高质的接待服务，往往会给资深员工安排弹性工作班次，即在有特殊接待任务的时期需要这些员工一直在岗，其他时间则安排休息。灵活弹性工作班次能提高员工的士气、生产率以及对工作的满意度。此外，实行弹性时间安排的前厅部，有时还能吸引较多高质量的员工。有时前厅管理者也会在前厅最繁忙的时间安排弹性工作班次，例如前厅结账高峰期、入住高峰期等。

3. 压缩工作天数

压缩工作天数是指根据酒店经营状况，结合前厅员工对工作时间的需求，将正常工作时间进行压缩，通过合理增加工作时长减少工作天数，实现增加休息天数的目的，这类排班方法比较受员工喜欢。

4. 分担工作任务

工作任务制是由两个或更多前厅部员工共同努力完成一项临时工作任务，在完成工作任务期间，工作时间实现弹性制或采取压缩工作天数的方法。工作任务制能较好地弥补和解决因为人员不足而产生的不能正常排班的问题。

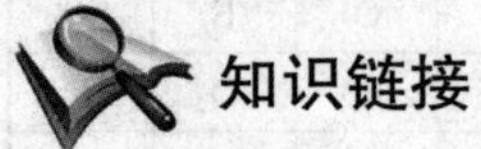

知识链接

工作班次

在大部分酒店，前厅部的员工每周工作40小时。前厅部不但要执行国家有关工资和工作时间的法规，在有些酒店还要受到工会、合同和规则的限制。作为一名前厅员工可能会被安排在不同班次工作，这要根据前厅工作的需要和员工人数而定。传统的前厅工作班次安排如下：

（1）日班上午7点～下午3点。

（2）晚班下午3点～晚上11点。

（3）大夜班晚上11点～上午7点。

近来的趋势是深夜期间前厅的对客服务项目减少了，这样上大夜班的员工人数也就减少了。前厅在这个时段只提供必要的、有限度的服务。在小型酒店，夜审员同时也是总台接待员。

前厅工作班次的安排与客情的变化有关。一个有弹性的工作时间安排可以使员工调整自己的上下班时间。一个班次中有些时段为繁忙时段，需要充足的人手。例如，一位总台接待员可以上清晨6点至下午2点的班，这样就能处理叫醒电话，还能比清晨7点上班更有效地处理宾客离店。另外，安排一位总台接待员上上午10点至下午6点的班，这样在员工用餐时间，就会有足够的人手为宾客顺利办理抵店手续。

其他班次安排有传统的每周5个8小时的工作班次；另一种是密集工作型排班：员工每周工作40小时，但工作日少于5天（如4天，每天10小时），还有岗位分担，是由两位或更多的兼职员工共同承担一个全职岗位。做法上可以每人轮流上全天班，也可以同时上班，但分别完成不同的工作。

资料来源：美国饭店业协会教育学院系列教材《前厅部的运转与管理》

二、前厅部员工考评

员工是酒店管理中最重要的因素。员工的工作绩效是推动酒店发展的重要动力。为了保证前厅部员工能够高效率地工作，前厅管理者不仅应挑选具有良好素质的员工，还应制定出完善的考评制度来了解员工，充分调动前厅员工的工作积极性，促使其不断努力工作。

（一）考评的目的

（1）有利于激励前厅员工更好地工作。通过对工作表现考评，能充分肯定前厅员工已取得的成绩和良好表现，以激发起前厅员工的进取心。

（2）有助于发现前厅员工工作中的不足，以采取相应的管理措施。通过工作考评可总结前厅员工工作中的不足，有针对性地帮助员工，也可作为进一步培训的需求，而纳入下一步的培训计划。

（3）为前厅员工日后的提、调职安排提供依据。通过考评可发现表现突出并具发展潜力的前厅员工，可有针对性地为其制订培训发展计划，提出更高的要求，为今后提升职务或担任责任更重的岗位工作打好基础。同时，也可以发现不称职的前厅员工，为确保工作质量，应调动或解聘其工作或职务。

（4）有助于改善前厅员工与管理者的关系。考评本身为前厅员工与管理者提供了双向沟通机会，能促进双方的了解。前厅管理者应充分把握住沟通机会，开展认真、客观、公正的考评。任何带有偏见的、不够客观公正的考评，将会恶化员工和其上级管理者之间的关系，对日后工作的开展造成不利的影响。

（二）考评的内容

前厅员工工作评估的具体项目相当多，但归纳起来主要有4个方面的内容，即德、能、勤、绩四个方面。

（1）德，主要是指前厅员工的职业道德，即前厅员工应遵守的行为规范和行为准则。如前厅员工的工作态度、责任心、个人品质和遵守员工守则、遵守酒店规章制度的情况等，都属于“德”的考察范围。

（2）能，是指前厅员工的工作能力。如前厅员工的业务能力、语言能力、理解能力、操作能力、沟通能力、协调能力、反应能力、身体状况等。

（3）勤，是指前厅员工爱业敬岗的工作态度和责任心。如员工的出勤情况、工作的主动性和积极性等。

（4）绩，是指前厅员工的工作成绩。如员工的工作数量、工作质量等。

（三）考评的方法

对前厅员工的考评是依据各岗位的“岗位职责”或“工作说明书”进行的，是对前厅员工履行岗位职责的情况进行评估。工作考评的方法很多，一般有：

（1）员工自我考评。前厅员工本人对在考评期内，按照“岗位职责”、工作程序和标准进行总结和鉴定。

（2）管理人员评价。由两名以上熟悉被考评员工工作的管理人员，组成评价小组对前厅员工的工作进行考评。

（3）班组评议法。由前厅员工所在班组对其在考评期内的工作表现、成绩进行考评和鉴定。

（4）比较式考评。这主要是按照考评内容和标准，对前厅员工进行相互比较、相互对照而得出比较性的考评结果，适用于对相同职务员工所进行的考核。

（5）目标考评。根据前厅被考评人员完成工作的目标情况来进行，管理人员应事先与被考评人员对需要完成的工作内容、时间期限、考核的标准进行沟通并达成一致，在期限结束时，依照原先制定的考核标准进行考评。

（6）综合考评。一方面是指对前厅员工在考评期限内各方面表现做出全面的综合评价；另一方面是将各类考评方法进行综合应用，以提高考评结果的客观性和可信度。

（四）考评的程序

1. 做好观察与考核记录

前厅部各级管理人员平时应做好对其员工工作表现的观察与考核记录，以保持工作考评的客观和公正。其考核记录内容包括前厅员工的出勤情况、服务态度、工作差错率、合作程度、服从意识、责任心、投诉情况等。

2. 填写工作考评表

通常，酒店每年对员工考评一次，其表格一般由酒店统一设计和印制（表 11–2）。为确保年度考评准确，前厅部应对员工进行月度或季度考评，视具体情况及时沟通。

表 11–2　某酒店前厅部基层员工考评表

<table>
<tr><td>姓名</td><td colspan="2"></td><td>职位</td><td></td><td>所属部门</td><td></td><td>直接上级</td><td></td></tr>
<tr><td colspan="9">□月度考评　□季度考评　□年度考评</td></tr>
<tr><td colspan="9">考评时间：自____年____月____日至____年____月____日</td></tr>
<tr><td colspan="3">考评项目</td><td colspan="5">考评要点</td><td>评分</td></tr>
<tr><td rowspan="5">工作态度</td><td colspan="2">考勤</td><td colspan="5">出勤状况（根据员工出勤表进行考评）</td><td></td></tr>
<tr><td colspan="2">工作主动性</td><td colspan="5">能积极主动地完成好本职工作</td><td></td></tr>
<tr><td colspan="2">工作责任心</td><td colspan="5">工作责任心强，能积极主动地为酒店着想</td><td></td></tr>
<tr><td colspan="2" rowspan="2">工作协作性</td><td colspan="5">服从上级指挥</td><td></td></tr>
<tr><td colspan="5">能够与本部门同事及其他部门人员主动配合，团结协作</td><td></td></tr>
</table>

续表

姓名		职位		所属部门		直接上级	
□月度考评 □季度考评 □年度考评							
考评时间：自____年____月____日至____年____月____日							
考评项目		考评要点				评分	
工作能力	专业技术能力	具有良好的专业知识，业务熟练，能胜任本职工作					
	沟通能力	能通过书面或口头的形式简明扼要地进行正确表达并达到应有的效果					
	创新能力	工作中勇于创新，有一定的创新成果					
工作业绩	投诉情况	没有造成客人投诉的行为					
	工作任务完成情况	工作计划完成率高					
	对客户的关注程度	对客户合理的需求进行积极响应并提出改进的办法					
	工作质量	能准确地完成工作并体现出应有的专业水平					

3. 进行考评面谈

客观、公正地填写“工作考评表”后，前厅部经理或主管应与被考评对象见面，就考评表上的各个项目及评分情况逐条向员工解释说明。为此，前厅部管理者应努力创造轻松、和谐的面谈气氛，选择好面谈的用词，强调其长处，对表现欠佳的员工在结束其面谈时应使用积极的话语加以鼓励并对其不足之处给予明确指出，应对事不对人，不应进行人身攻击或报复。“秋后算总账”是难以实现考评目的的，更难发挥激励的作用。

三、前厅部员工激励

员工激励是管理者激发员工的工作积极性、能动性和创造性的过程。有些前厅员工具有较高的素质和较好的服务技能，但在工作中却缺乏积极性、能动性，以致影响服务质量，这可以说是组织缺乏激励的表现。如果管理人员能运用好激励方法，可以很好地激发员工的工作潜能。

（一）激励的原则

员工工作效果和水平如何，取决于员工的工作能力和工作态度，工作能力可通过培训来提高，而工作态度只能靠激励来改变。有效激励，一般来说，要坚持以下原则：

1. 目标、需要、能力相结合原则

前厅管理人员在运用激励方法时，要把前厅员工需要、能力与目标结合起来，要以前厅员工自身需要与能力为前提，通过各种激励方式实现个人目标，同时实现前厅部以及酒店的目标。

2. 公正原则

激励是“分蛋糕的方法”，分蛋糕的方法会影响蛋糕的大小，激励是否公正会在很大程度上影响激励的效果。前厅管理人员在实施激励过程中要控制不公正性和非理性行为，避免“错赏一个人，伤害一大群”等类似情况的发生，要注意增加员工的公平感。

3. 时效性原则

不同的情景下，相同的激励内容和激励方式效果大不相同。拿破仑曾经说过：“最有效的奖励就是立即给鱼的奖励。”及时反馈、及时强化，在当时特定的情景下对激励对象才能产生巨大的心灵震撼，达到四两拨千斤的作用，从而提高激励的效果。因此，前厅管理人员在激励过程中，不论是奖励还是批评都要紧跟事件发生时间，及时实施，避免“雨后送伞式”的“延期”激励。

4. 针对性原则

任何激励内容和激励方式都要针对员工个人的实际需要予以实施，使激励激到“点子”上，通过满足员工需要来提高激励效果。前厅管理人员为提高激励的针对性，可以尝试采用自助餐式的、个性化的激励办法，即在激励数额相对固定的情况下，给前厅员工一定的自由度，让其选择适合自己需求的激励项目，从而有效避免“好心办坏事”的情况出现。

5. 适度原则

即要根据员工的实际表现确定激励的程度，力求使精神激励名副其实，物质激励恰如其分，同时激励员工数量的多少也要力求科学、合理。前厅管理人员在制定激励目标时不可过高，要让员工可望且可即，让其感觉到通过自身的努力能够达到。另外，激励中“度”的把握要尽量具体化，比如前厅管理人员可以提出“总台当月散客销售额较上月提高 5%”则予以奖励的方针，而不要以“做得好、工作出色”等笼统、模糊的概念进行奖赏。

6. 形式多样化原则

目前，某些酒店仍实行单一金钱奖励的激励方式，忽视了员工需求的多样性，这不但增加了酒店成本，还不能有效地调动员工的积极性，从而导致达不到管理者激励员工的目的。前厅管理人员应认识到，有效的激励必须克服单一化，坚持物质激励与精神激励相结合，内激励与外激励相结合，正强化与负强化相结合，情感与理性相结合。

（二）激励的方法

酒店中常用的正面激励方法有物质激励、目标激励、责任激励、竞争激励、奖惩激励、情感激励、参与激励、榜样激励等。

1. 物质激励

物质激励就是通过满足个人物质利益的需求来调动个人完成酒店工作的积极性和主动性。物质激励在物质生活不十分充裕的条件下能发生相当大的作用，如前厅部预订、接待等负责客房销售的岗位常采用销售提成的方法激励员工以门市价推销客房，或对已经预订的客人进行升级销售。在前厅范围内评选优秀员工和销售能手，或对受到客人表扬的员工给予一定的物质奖励，鼓励员工提高服务水平，保证服务质量。但是物质激励不是万能的，而且其作用总是有一定限度的。前厅管理者要注意将物质激励和其他激励方法结合起来应用，并且要做到公平合理。

2. 目标激励

人生如果失去目标，便失去了强有力的支撑，如果酒店前厅部有了正确而又有吸引力的目标，就能够激励员工奋发向上的斗志，因此，前厅部要制定部门总目标，明确阶段性的目标，以及各级管理层次以至于个人的具体目标，并且要把目标落实到个人身上。运用目标激励时，前厅部管理人员应注意目标要切合实际；目标应多层次，多方位；目标要与责任相联系。

3. 责任激励

即让员工认识并担负起应有的责任，激发其奉献精神，满足其成就感，促使其发挥自身最大的潜力。人如果没有责任驱动，生活节拍就会放慢；反之，一旦“重任在肩”，就会废寝忘食、孜孜不倦。在前厅部工作中，员工工作岗位的调整、工作量的增加、责任范围的扩大、决策权的给予等，对某些员工来说都是极大的鼓励和肯定，可以促使他们更加努力勤奋地工作。相反，如果员工认识不到自己应负的责任，就会放松对自己的要求，工作中出现懈怠现象。所以，前厅部管理人员应帮助员工认识和重视自己的责任，在运用责任激励时应注意：交给员工与其能力相当或稍大于其能力的责任，责任过大会使员工力不从心，从而失去激励的作用；要给员工一定的自主权，例如，应给予总台员工一定的优惠权，让其能够根据具体情况决定是否给予客人优惠，这样既能够增加前厅销售额，又可以激发其责任心。

4. 竞争激励

得到他人承认、受到别人尊重，具有成就感、荣誉感是马斯洛需要层次理论中较为高级的需要。酒店前厅部中主要是青年人，他们争强好胜、上进心强，对荣誉有强烈的需要。前厅部管理人员应利用这种心理特点，在部门内开展各种各样的竞赛活动，如英语口语竞赛、服务技能竞赛、销售竞赛等，从而激发前厅员工的潜能，发挥其工作积极性。在开展竞赛活动时，要注意竞赛目标的期望值，目标不能低得唾手可得，也不能高得使人可望而不可即。同时，评比一定要使参加者感到公平，这才能使竞争起到激励作用。

5. 奖惩激励

行为学家们通过实验发现一个法则：任何行为都可以通过奖励和惩罚来塑造。在前厅管理工作中，奖励是对前厅员工某种行为给予肯定，使这个行为能够得以巩固、保持，被称为“胡萝卜”。而惩罚则是一种对某种行为的否定，从而使之衰减、消退，被称为“大棒”，恰如其分的惩罚不仅能消除消极因素，还能变消极因素为积极因素。奖励和惩罚都能对前厅员工起到激励作用，两者相结合可以起到扶正祛邪的效果，对养成良好的工作氛围，推动前厅员工努力工作有积极的作用。前厅管理人员在运用奖惩激励的时候要做到及时奖惩，准确奖惩和因人而异。

6. 情感激励

情感是产生心理震动的有效武器，感情联系能产生更为持久的效应，起到融洽关系、协调感情、维系人心、减少内耗的作用。情感激励是指前厅管理人员通过与员工建立真挚的感情，获得员工的信任，使员工产生归属感，从而达到推动前厅工作的目的。情感激励具有强大的凝聚力，有助于形成团队精神，应用情感激励的关键是前厅管理者必须用自己真诚的感情去打动和征服员工，尊重、信任和关怀员工，经常为员工“理气”，使员工“顺气”，在工作中多一些培训、指导和实干，少一些指责、惩罚和埋怨。

7. 参与激励

每个员工都希望参与管理，酒店前厅部员工也不例外，他们总想拥有参与酒店管理、部门管理的发言权。因此，酒店前厅管理人员和人力资源部门的工作人员要善于给予前厅员工参与管理、参与决策和发表意见的机会，增强前厅员工的参与意识，鼓励前厅员工为酒店、部门的经营和发展出谋划策。

8. 榜样激励

“榜样的力量是无穷的”，有什么样的管理者，就有什么样的下属员工。一个组织的士气和精神面貌很大程度上取决于其领导成员。因此，前厅部管理人员在工作中要以身作则，以自己的工作热情、干劲去影响和激励下属员工。

员工激励的方式是多种多样的，前厅部管理人员要根据本酒店发展阶段、发展战略、企业文化等具体情况灵活运用适合自己部门的激励方法，设计个性化的激励机制。同时，激励是一种有效的管理方法，但不是唯一的方法，在实际管理工作中只有与其他方法有机地结合才能发挥激励的更大作用。

任务拓展

总台老员工小姚在与同事闲谈时，流露出离职的意向。作为前厅部经理，你一方面不知道她为何想离职，另一方面也很想挽留这位优秀员工。于是你决定与她好好谈一谈。请你就这次即将进行的谈话写一个沟通方案。

任务总结

员工是酒店管理中最重要的因素，员工的工作绩效是推动酒店发展的重要动力。为了保证前厅员工能够高效率地工作，前厅管理者要合理地排班，让员工承担适度的工作量，还应制定出完善的考评制度，更多地了解员工、帮助员工，最后还需结合一定的激励措施来鼓励先进、鞭策后进，从而最大限度地激发员工潜能，调动员工的积极性。

项目总结

在本项目中，我们学习了前厅人员的招聘、培训、排班、考评与激励。人力资源管理是酒店管理的重要组成部分，酒店前厅人员管理就是运用科学的方法，对酒店前厅人力资源进行有效利用和开发的过程。前厅管理人员通过与酒店人力资源部的协作招聘到具有良好素质的前厅员工，并通过长期的、有针对性的培训来不断提升前厅员工的服务技能和职业素养。与此同时，在工作过程中，还需要前厅管理人员建立完善的评估机制，运用有效的激励手段来激发员工工作潜能、提高员工工作的积极性，从而减少前厅员工的流失，提高酒店运营效率。

项目链接

现有员工培训需求评估

一份任务清单反映出一个岗位的全部工作职责。表 11–3 给出了总台接待员的任务清单样本。这份清单强调了行动，并且清楚地告诉员工，他将负责做什么。只要有可能，都应按每日工作的逻辑顺序列出任务，各项任务必须是看得见的，可衡量的。

前厅部经理（或主管经理）进行工作表现评估时只需将对应的栏目与员工表现相对照。应经常对新员工进行表现评估。这些评估应该起到强化作用，关注成功的地方和需要改进的地方。随着新员工越来越熟悉他们的工作，评估的频率可以降低，直至把他们完全培训好。

表 11–3　任务清单样本——总台接待员

1. 使用总台计算机系统
2. 使用总台打印机
3. 使用总台电话系统
4. 使用传真机
5. 使用复印机
6. 整理总台，准备入住登记
7. 使用前厅部工作日志
8. 制作并使用抵店名单
9. 预留和撤销预留客房
10. 建立预登记
11. 开始客人入住登记
12. 登记时确定付款方式
13. 获得信用卡授权
14. 发放并控制客房钥匙 / 钥匙牌
15. 完成客人入住登记
16. 运用有效的销售技巧
17. 为抵店团队做预登记以及入住登记工作
18. 带领客人参观客房
19. 客房尚未准备好时使用的候补名单
20. 在超卖情况下重新安置客人
21. 使用人工客房状况显示系统
22. 处理房间更换
23. 为客人办理保险箱业务
24. 为销售点准备现金报告
25. 经管并跟办信用检查报告
26. 处理客人信件、包裹、电报和传真
27. 管理客人信息指南
28. 准备地图并提供指路服务
29. 帮助客人提供特殊需要
30. 回答有关部门服务和活动的问题
31. 处理对客服务中的问题
32. 为客人兑换支票
33. 领取、使用上缴备用金
34. 邮寄客人账单和发票
35. 遵守保护客人隐私和安全的措施
36. 办理叫醒服务
37. 操作付费电影系统
38. 保证类预订客人的未抵店情况
39. 更新客房状况
40. 帮助客人办理将来的预订
41. 办理客人离店手续
42. 调整有争议的对客收费
43. 转移获准同意的客人收费
44. 办理自助离店
45. 处理客人延迟离店
46. 办理延迟收费
47. 保持总台干净整齐
48. 调整客房状态，与客房部报告一致
49. 准备最新客房状态报告
50. 执行大小检查
51. 盘存并申领总台补给品
52. 填写并上缴当班检查表
53. 处理急救
54. 对警报做出正确反应

资料来源：美国饭店业协会教育学院系列教材《前厅部的运转与管理》

【专业英语】

1. compressed schedule：压缩工作天数的安排。

2. cross-training：交叉培训。

3. internal recruiting（内部招聘）：经理在部门或酒店内部招募工作候选人的过程；方法包括交叉培训、接班计划、张贴空缺岗位以及保留召回名单。

4. external recruiting（外部招聘）：经理们寻找店外申请人填补空缺岗位的过程，也许要通过社区活动、实习生计划、上网招聘、临时职业介绍机构或招聘代理机构来完成。

5. incentive program（奖励计划）：以员工应付某种情况的能力为基础，给予员工特别表扬和奖励的计划；计划的规划方法可以不同，它是鼓励员工杰出工作表现的一种方法。

6. job description（岗位职责）：一张明细表，说明一项工作的全部重要职责，以及汇报关系、额外责任、工作条件与需要使用的设备和器材。

7. job analysis（工作分析）：确定各岗位需要的知识、各岗位需要完成的任务，以及员工完成任务必须达到的标准。

8. job knowledge（工作知识）：员工执行任务必须了解的信息。

9. job specifications（任职要求）：一张表，列出成功执行岗位职责中所列任务所需要的个人素质、技能以及性格。

10. motivation（激励）：激发一个人对某项工作、计划或某一问题的兴趣，让他对面临的挑战保持关注，承担责任。

11. orientation（入职培训）：用于培训新员工，使其掌握工作的基本要素，包括工作需要的技能和信息。

12. performance appraisal（工作评估）：是员工定期接受所属的经理或主管评价的过程，是评估工作表现、讨论员工提高技能、改进工作应采取的措施。

13. performance standard（工作标准）：一种要求达到的工作水准，设定了可以接受的工作质量。

14. recruitment（招聘）：寻找并筛选合格的申请人，填补现有的或即将出现的岗位空缺的过程；包括登广告或公布空缺岗位的消息，评价申请人以确定可以聘用谁。

15. task list（任务清单）：一张表，以重要性为顺序，列出一个工作的全部重要职责。

资料来源：美国饭店业协会教育学院系列教材《前厅部的运转与管理》

项目评价

✧ 知识评价

一、单选题

1. 确定每一岗位所需要的员工数时主要需考虑的因素不包括（　）。

A. 服务设施设备的数量、先进性及利用率

B. 要预测各岗位工作量

C. 考虑客流量的大小

D. 酒店的星级高低

2. 前厅操作层员工的培训不包括（ ）。

A. 岗前培训　B. 在岗培训　C. 转岗培训　D. 离职培训

3. 我国的《国务院关于职工工作时间的规定》中指出：劳动者每日工作时间不超过（ ）小时，平均每周工作时间不超过（ ）小时。

A. 8，40　B. 8，12　C. 12，48　D. 8，48

4. 前厅人员考评程序不包括（ ）。

A. 做好观察与考核记录　B. 填写工作考评表

C. 进行考评面谈　D. 通知办理转岗手续

5. 前厅部预订、接待等负责客房销售的岗位常采用销售提成的方法激励员工以门市价推销客房，或对已经预订的客人进行升级销售。这种激励方法属于（ ）。

A. 情感激励　B. 物质激励　C. 参与激励　D. 责任激励

二、简答题

1. 前厅部操作层员工和管理人员培训的内容有何区别？

2. 前厅部员工培训的方法有哪些？

3. 前厅部排班需考虑哪些因素？

4. 前厅部员工考评的方法有哪些？

5. 前厅部员工激励的方法有哪些？

✧ 实践活动

实训内容：

作为一名前厅主管，你将要对前厅新员工进行入职培训。请选择前厅某个岗位，编写一份针对该岗位的新员工入职培训方案，并组织其中的一次培训。

实训目标：

1. 能够编制酒店前厅某个岗位员工的培训方案。

2. 能够模拟独立完成或组织某项培训内容。

实训组织：

1. 学生分组进行角色扮演，其他学生观察并互相点评。

2. 角色扮演的同学进行自我点评，说出优点和不足。

3. 教师进行指导纠正，并对制订培训计划中的要点进行总结。

实训评价：

评价内容		个人自评（30%）	小组评分（30%）	教师评分（40%）	综合评分
新员工入职培训方案（60分）	培训方案设计的完整性（15分）				
	培训方案设计的合理性（15分）				
	培训方案文字表达的质量（15分）				
	培训内容的针对性及特色（15分）				
某项培训内容的组织实施（40分）	培训准备工作完备（10分）				
	培训内容准备充分（10分）				
	培训方法得当（10分）				
	语言表达流畅（10分）				
合计					

参考文献

1. Michael L. Kasavana 著，王培来、包伟英译，2015，前厅部的运转与管理（中文第二版）。北京：中国旅游出版社

2. 张智，2022，前厅服务与数字化运营。郑州：郑州大学出版社

3. 胡新桥，2021，酒店管理经营全案。北京：化学工业出版社

4. 郑红、颜苗苗，2020，智慧酒店理论与实务。北京：旅游教育出版社

5. 李勇、钱晔，2011，数字化酒店。北京：人民邮电出版社

6. 杨松，2017，前厅服务管理实务。北京：高等教育出版社。

7. 何玮、高明、章勇刚，2017，前厅服务与管理。北京：清华大学出版社

8. 罗伟、刘保丽，2017，酒店前厅客房管理。武汉：华中科技大学出版社

9. 孟庆杰、唐飞，2017，前厅客房服务与管理（第六版）。大连：东北财经大学出版社。

10. 徐文苑，2016，酒店前厅服务与管理。北京：高等教育出版社

11. 蔡登火，2016，前厅服务与管理。成都：西安交通大学出版社

12. 洪涛，2016，前厅服务与管理。北京：旅游教育出版社。

13. 孙茜、洪艳、张玲，2016，饭店前厅客房服务与管理。北京：旅游教育出版社

14. 欧阳驹、沈永青，2016，前厅、客房服务与管理。武汉：武汉理工大学出版社

15. 徐文苑，2016，酒店前厅服务与管理。北京：高等教育出版社

16. 人力资源和社会保障部教材办公室，2015，前厅与客房部运行管理实务。北京：中国劳动社会保障出版社。

17. 陈乃法、吴梅，2015，饭店前厅客房服务与管理（第三版）。北京：高等教育出版社。

18. 王培来，2015，酒店前厅运行与管理。北京：中国旅游出版社

19. 毛江海，2013，前厅服务与管理实务（第 2 版）。南京：东南大学出版社

20. 洪涛，2013，国家职业技能鉴定考试指导——前厅服务员（第 2 版）。北京：中国劳动社会保障出版社

21. 滕玮峰，2012，酒店前台实务。南京：南京师范大学出版社。

22. 罗峰、杨国强，2012，前厅服务与管理。北京：中国人民大学出版社

23. 龚维嘉、牛自成，2011，前厅服务与管理。北京：北京师范大学出版集团。

24. 中国就业培训技术指导中心组织，2010，前厅服务员。北京：中国劳动社会保障出版社。

免费教学支持说明

为帮助广大院校教师不断提升课程教学质量和效果，本教材在中国大学慕课网配套建有 2018 年国家精品在线开放课程、2022 年职业教育国家在线精品课程《前厅服务与管理》免费网络资源（https://www.icourse163.org/course/ JLTU–1001752162），提供课前导读、课前测试、教学视频、教学课件、单元测验、企业案例、专业英语、放眼看世赛、试题库等数字教学资源支持，可满足学生个性化、自主性和实践性的多元化职业学习需求。

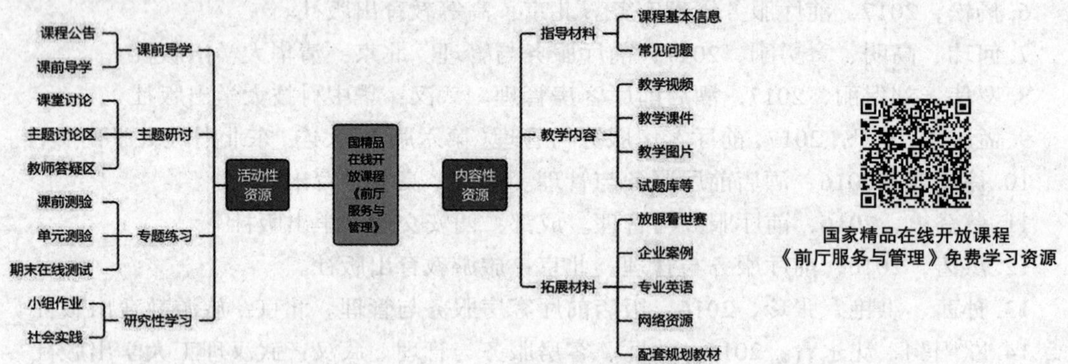

国家精品在线开放课程
《前厅服务与管理》免费学习资源

同时，为满足广大院校授课教师的教学需求，我们还免费提供与教材配套的教学课件、课后习题答案等教学资源。为尊重课件作者的知识产权，确保本资源仅为教学所用，烦请授课教师加入前厅课程交流 QQ 群获取“电子资源申请表”文档，并如实填写相关信息发送给群管理员。我们收到申请表审核无误后，将免费赠送本书配套教学课件等教学资源。

前厅课程交流群 QQ 号：877615543

前厅课程交流群 QQ 群二维码：

电子资源申请表

填表时间：____年____月____日

<table>
<tr><td>姓名</td><td>性别</td><td></td><td>出生年月</td><td></td><td>职务 / 职称</td><td></td></tr>
<tr><td>学校</td><td colspan="3"></td><td>院 / 系</td><td colspan="2"></td></tr>
<tr><td>专业</td><td colspan="3"></td><td>手机号</td><td colspan="2"></td></tr>
<tr><td>E-mail</td><td colspan="3"></td><td>QQ/ 微信号</td><td colspan="2"></td></tr>
<tr><td>联系地址</td><td colspan="3"></td><td>邮编</td><td colspan="2"></td></tr>
<tr><td>是否选作学生教材</td><td colspan="3"></td><td>学生人数（若已选作教材）</td><td colspan="2"></td></tr>
<tr><td colspan="7">您对与课件配套纸质教材的意见和建议，还希望提供哪些配套教学资源：</td></tr>
</table>

责任编辑：李冉冉
责任印制：冯冬青
封面设计：中文天地

图书在版编目（CIP）数据

前厅服务与管理 / 姜华主编. -- 2版. -- 北京 : 中国旅游出版社，2023.8（2025.7重印）

全国旅游高等院校精品课程系列教材 “十三五”江苏省高等学校重点教材 “十四五”职业教育国家规划教材

ISBN 978-7-5032-7179-3

Ⅰ. ①前… Ⅱ. ①姜… Ⅲ. ①饭店－商业服务－高等院校－教材②饭店－商业管理－高等院校－教材 Ⅳ. ①F719.2

中国国家版本馆CIP数据核字（2023）第137978号

书　　名：前厅服务与管理

作　　者：姜华主编
出版发行：中国旅游出版社
（北京静安东里6号　邮编：100028）
https://www.cttp.net.cn　E-mail:cttp@mct.gov.cn
营销中心电话：010-57377103，010-57377106
排　　版：北京旅教文化传播有限公司
经　　销：全国各地新华书店
印　　刷：北京明恒达印务有限公司
版　　次：2023年8月第2版　2025年7月第4次印刷
开　　本：787毫米 ×1092毫米　1/16
印　　张：21.75
字　　数：400千字
定　　价：42.00元
ISBN　978-7-5032-7179-3